ブルターニュ 日本
BRETAGNE JAPON 2012

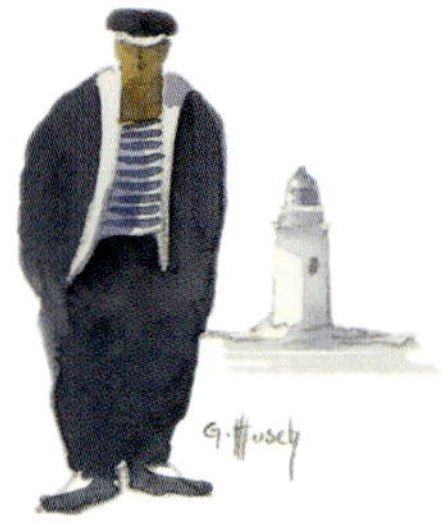

978-2-35678-062-1

ブルターニュ 日本

BRETAGNE JAPON 2012

Un archipel d'expositions
12 Musées

Liste des œuvres exposées

PALANTINES

« Odyssée de l'Imari »
Musée de la Compagnie des Indes de la ville de Lorient ....p. 4

« Nostalgie du Soleil levant – Le goût pour l'art japonais »
Musée des Beaux-Arts de Rennes ....p. 9

« L'art japonais »
dans les collections du Musée des Beaux-Arts de Brest ....p. 13

« La vague japonisante »
Brest, musée des Beaux-Arts ....p. 16

« L'arbre et la forêt, du pays du Soleil levant au Bois d'Amour »
Quimper, musée des Beaux-Arts ....p. 18

« Estampes bretonnes. La leçon japonaise »
Musée départemental breton, Quimper ....p. 21

« Henri Rivière, les détours du chemin d'un japonisant en Armor »
Saint Brieuc, musée d'Art et d'histoire ....p. 29

« Empreintes d'un voyage au Japon »
Lamballe, musée Mathurin Méheut ....p. 33

« Le Japon dans la correspondance de Mathurin Méheut »
Dinan, maison d'artiste de la Grande Vigne ....p. 38

« Le voyage de Francis Hennequin au Japon, un photographe de Douarnenez au pays du Soleil levant »
Douarnenez, Port-Musée ....p. 40

« Gyotaku, l'art de l'empreinte »
Musée de la pêche de Concarneau ....p. 42

« Odyssée de l'Imari »
Musée de la Compagnie des Indes de la ville de Lorient

9 juin - 2 septembre 2012

PARTIE I : LE MONOPOLE DE LA VOC . . . .

1- *Armoire à épices, au sigle de la VOC,*
XVIIIe siècle, laque, polychromie sur bois, factorerie asiatique sous la protection d'un *Indiaman* de la VOC armé de canons, 56 x 117 cm,
Lorient, musée de la Compagnie des Indes.
Acquis avec l'aide du FRAM Bretagne (2009.5.1).

2- *Siège de la VOC, Amsterdam,*
Milieu du XVIIe siècle, estampe, éd. Jacob van Meur, bâtiment édifié entre 1603 et 1633 par les architectes Daniel Stalpaert, Hendrick De Keyser, 30 x 19,5 cm,
Lorient, musée de la Compagnie des Indes (998.20.1).

3- *Vue de Batavia*, Java, Indonésie,
1750, estampe, vue d'optique, graveur JG Huquier. Daumont éd., 30 x 44 cm,
Batavia, actuellement Jakarta, est un comptoir de la VOC en Asie.
Lorient, musée de la Compagnie des Indes.
Acquis avec l'aide des Amis du musée (999.12.2).

4- *L'Îlot de Deshima,* baie de Nagasaki, Japon,
1669, estampe gravée à Amsterdam. Comptoir imposé à la VOC par les Japonais de 1641 à 1795, 35,5 x 26,5 cm,
Lorient, musée de la Compagnie des Indes (999.23.1.R).

5- *Jetons de la VOC,*
Fin du XVIIIe siècle, monnaie frappée sur cuivre par la VOC. Sigle surmonté d'un T pour Trincomalee et d'un C pour Colombo, Ceylan, 1,5 x 0,7 cm,
Lorient, musée de la Compagnie des Indes
(D 2009.0.1 à 3 - Dépôt de propriétaire privé).

6- *Coffre Namban*, Kyoto, Japon,
Époque Momoyama (1568-1615), bois laqué à décor de nacres incrustées (*aogai*) et *maki-e* d'or, motifs floraux et animaliers, ferrures de cuivre ciselé, 131 x 57 x 66 cm,
Paris, Musée national des Arts asiatiques - Guimet (MA 5154).

7- *Armure de Samouraï*, Japon,
Époque Edo, XVIIe siècle, plaques et lamelles de fer laqué noir, assemblage soie, masque surmonté de cornes réservées au *Bushi*, 160 x 40 cm,
Lorient, musée de la Compagnie des Indes (ML 202).

PARTIE II : IMARI JAPONAIS . . . .

1- *Tasse trembleuse et soucoupe*, Arita, Japon,
Début du XVIIIe siècle, porcelaine Imari, bleu de cobalt sous couverte, rouge de fer et or sur glaçure, 8,2 x 7,5 cm,
Lorient, musée de la Compagnie des Indes
(09.1.196 et 09.1.84 - Dépôt Rennes, musée des Beaux-Arts).

2- *Paire de plats*, Arita, Japon,
XVIIIe siècle, porcelaine Imari, polychromie rouge et vert sur la glaçure, rehauts d'or, 35,2 x 6,6 cm,
Lorient, musée de la Compagnie des Indes
(09.1.21 et 09.1.22 - Dépôt Rennes, musée des Beaux-Arts).

3- *Coupe*, Arita, Japon,
XVIIIe siècle, porcelaine Imari, palette bleu, rouge et or, 19, 5 x 8,5 cm,
Lorient, musée de la Compagnie des Indes
(09.1.37 - Dépôt Rennes, musée des Beaux-Arts).

4- *Cafetière*, Arita, Japon,
Début du XVIIIe siècle, porcelaine, paysage lacustre dans la palette Imari bleu, rouge et or, 29 x 25 cm,
Lorient, musée de la Compagnie des Indes
(09.1.74 - Dépôt Rennes, musée des Beaux-Arts).

5- *Paire de vases*, Arita, Japon,
Fin XVIIe, décor foral Imari dans le goût Kakiemon, ancienne coll. Robien (marquis de) 1698-1756, président du parlement de Bretagne, 50 x 28 cm, Lorient, musée de la Compagnie des Indes (794.1.740.1/2 – Dépôt Rennes, musée des Beaux-Arts).

6- *Plat à bord chantourné*, Arita, Japon,
Vers 1800, porcelaine, décor d'un vase fleuri dans la palette Imari bleu, rouge et or, diam. 31,3 cm,
Lorient, musée de la Compagnie des Indes (C 21).

7- *Vase couvert*, Arita, Japon,
Fin XVIIe siècle, porcelaine à effet brocart (*nishiki-e*) dans la palette Imari bleu, rouge et or,
Lorient, musée de la Compagnie des Indes (C 247 - Legs Rio).

8- *Paire de grands vases cornet*, Arita, Japon,
Fin XIXe siècle, motifs de fleurs et d'oiseaux branchés, dans la palette Imari, tonalités soutenues liées aux modes de fabrication,
Coll. G. Le Gars.

9- *Grand Plat*, Arita, Japon,
Vers 1880, décor rayonnant d'enfants joueurs et de phénix en cartouche dans une palette Imari bleu, rouge, vert et rehauts d'or, diam. 46,5 cm,
Coll. G. Le Gars.

10- *Grand Plat*, Arita, Japon,
XVIIIe siècle, décor rayonnant avec bouquets et phénix en réserve dans une palette Imari, bleu ardoise sous la glaçure, rouge et or en surface, diam. 46 cm,
Coll. G. Le Gars.

11- *Bouteille à saké aux Trois Amis*, Arita, Japon,
Début XVIIIe siècle, porcelaine Imari montée sur bronze doré à Paris, bleu sous couverte, polychromie et or sur la glaçure, 30 x 17 cm,
Coll. G. Le Gars.

12 – *Plat creux octogonal*, Arita, Japon,
XVIIIe siècle, porcelaine à décor Imari d'un vase fleuri en *tokonoma*, bleu de cobalt sous couverte, rouge de fer et rehauts d'or sur la glaçure, diam. 22 cm,
Coll. G. Le Gars.

13- *Pot pourri au coq*, Arita, Japon,
XVIIIe siècle, bol couvert en porcelaine à décor Imari bleu, rouge et or, monté sur bronze doré à Paris au début du XIXe siècle,
Coll. G. Le Gars.

14- *Plat aux papillons*, Arita, Japon,
XVIIIe siècle, porcelaine Imari à décor *kinrande* (brocart) (au centre, *kikumon* impérial à 16 pétales doubles), diam. 21,5 cm,
Coll. G. Le Gars.

15- *Pichet aux papillons*, Arita, Japon,
XVIIIe siècle, porcelaine Imari bleu, rouge et or de forme européenne à décor *kinrande* (brocart d'or),
Coll. G. Le Gars

16- *Cache-Pot*, Arita, Japon,
XIXe siècle, porcelaine à facettes hexagonales dans la palette Imari avec assemblage en écailles de tortue, 27 x 18 cm,
Coll. G. Le Gars.

17- *Plat Nabeshima*, Hizen, four officiel des Nabeshima, Japon,
Époque Edo, 1690-1720, motif des trois jarres (*sanko*), sur fond de motif *seigaihamon* (motif de vagues de la mer bleue), porcelaine blanche, bleu de cobalt sous couverte, émaux sur couverte, diam. 20 cm,
Paris, Musée national des Arts asiatiques - Guimet (G 1670).

18- *Coupe polylobée*, Hizen, fours d'Arita, Japon,
Époque Edo, vers 1670-1700, style Kakiemon, décor de pin, prunus en fleurs et oiseaux sur la couverte, diam. 17 cm,
Paris, Musée national des Arts asiatiques - Guimet (G 249).

19- *Bouteille à décor végétal et animalier*, Hizen, fours d'Arita, Japon,
XVIIIe siècle, style Imari, décor en bleu de cobalt sous couverte, émaux sur couverte, rehaut d'or, 23 cm,
Paris, Musée national des Arts asiatiques - Guimet (G 2319).

20- *Bouteille*, Hizen, fours d'Arita, Japon,
Début XVIIIe siècle, style Imari, décor bleu de cobalt sous couverte, émail rouge et or sur couverte, de bouquets de pivoines sur espalier et de chrysanthèmes à l'épaulement,
Paris, Musée national des Arts asiatiques - Guimet (G 2499).

21- *Plat Nabeshima*, Hizen, four officiel des Nabeshima, Japon,
Époque Edo, 1690-1720, décor d'*ajisai* (hortensia, plante introduite en Europe par les Hollandais), porcelaine blanche, bleu de cobalt sous couverte, émaux sur couverte,
Paris, Musée national des Arts asiatiques - Guimet (G 3246).

22- *Coupe Nabeshima*, Hizen, Japon,
Époque Edo, début XVIIIe siècle, roseaux (*ashi*) sur fond de *seigaihamon*, porcelaine blanche, bleu de cobalt sous couverte, rehauts de céladon et de brun de fer sur couverte, diam. 14 x14,7 cm,
Paris, Musée national des Arts asiatiques - Guimet (G 2593).

23- *Coupe en forme de courge*, Hizen, fours d'Arita, Japon, 2e moitié XVIIe siècle, *Shoki-Imari* (style Premier Imari), composition en *katami-gawari*, motifs géométriques et prunus, Paris, Musée national des Arts asiatiques - Guimet (G 3948).

24- *Bouteille*, Hizen, fours d'Arita, Japon, 1670-1690, style Kakiemon, bouteille en forme de tronc de bambou, branche de prunus et oiseaux en émaux polychromes sur couverte, H. 18,5 cm, Paris, Musée national des Arts asiatiques - Guimet (G 8194).

25- *Vase cornet*, Hizen, fours d'Arita, Japon, Époque Edo, 1e moitié XVIIe siècle, style Imari, porcelaine blanche à décor de prunus et cerisiers en fleurs en bleu de cobalt sous couverte, émaux et rehauts d'or sur couverte, Paris, Musée national des Arts asiatiques - Guimet (G 1963).

PARTIE III : IMARI CHINOIS . . . .

1- *Bassin de barbier*, Jingdezhen, Chine, 1re moitié XVIIIe siècle, Imari chinois à décor de pivoines, chrysanthèmes et lotus, pièce d'exportation, 34,5 x 29 x 6,5 cm, Lorient, musée de la Compagnie des Indes (17.31.1 - Dépôt Rennes, musée des Beaux-Arts).

2- *Plat*, Jingdezhen, Chine, 1er quart XVIIIe siècle, Imari chinois, porcelaine dite « sang et lait », sans bleu de cobalt à décor d'oiseau branché et de rivière, diam. 21,2 cm, Lorient, musée de la Compagnie des Indes (Don Jaffrézic, 2000.3.2).

3- *Verseuse*, Jingdezhen, Chine, 1er quart XVIIIe siècle, porcelaine de forme godronnée à décor floral dans la palette Imari bleu, rouge et or, pièce de commande, 20 x 14 cm, Lorient, musée de la Compagnie des Inde (Don des Amis du musée, 2000.4.9).

4- *Boîte à épices*, Jingdezhen, Chine, 1er quart XVIIIe siècle, porcelaine à pans coupés de style Imari avec un intérieur compartimenté, couvercle à prise en forme de bourgeon, 10,7 x 7 x 7 cm, Lorient, musée de la Compagnie des Indes (Don des Amis du musée, 2001.5.1).

5- *Aiguière sur piédouche*, Jingdezhen, Chine, 1er quart XVIIIe siècle, pièce de commande européenne dans la palette Imari, forme dite « en casque », 26 x 21 cm, Lorient, musée de la Compagnie des Indes (2000.6.1).

6- *Plat*, Jingdezhen, Chine, Époque Qianlong, 1re moitié du XVIIIe siècle, porcelaine d'exportation à motifs floraux dans la palette Imari, diam. 23 cm, Lorient, musée de la Compagnie des Indes (ML 336 C 147).

7- *Théière*, Jingdezhen, Chine, 1re moitié XVIIIe siècle, commande hollandaise décorée à Canton d'un couple au chien (gouverneur Duff), 11 x 16,5 cm, Lorient, musée de la Compagnie des Indes (ML 363 C 162).

8- *Pot à thé*, Chine, 1re moitié XVIIIe siècle, porcelaine de Jingdezhen achevée à Canton, commande hollandaise à décor dit « du gouverneur Duff », 16 x 6 x 6 cm, Lorient, musée de la Compagnie des Indes (ML 363 C 163).

9- *Tasse et soucoupe*, Chine, 1re moitié XVIIIe siècle, porcelaine de Jingdezhen achevée à Canton, commande hollandaise à décor dit « du gouverneur Duff », H. 6,5 cm, Lorient, musée de la Compagnie des Indes (ML 363 C 164-165).

10- *Plat dit « la Dame au parasol »*, Chine, 2è quart XVIIIe siècle, porcelaine de Jingdezhen achevée à Canton, commande hollandaise dans une palette Imari d'après un dessin de C. Pronk, diam. 22,3 cm, Lorient, musée de la Compagnie des Indes (ML 381 C 185).

11- *Tasse à thé et soucoupe*, Chine, 2e quart XVIIIe siècle, porcelaine de Jingdezhen achevée à Canton, commande hollandaise dans une palette Imari d'après un dessin de C. Pronk, diam. 11, 5 x 7,5 cm, Lorient, musée de la Compagnie des Indes (ML 383 C 187 et 188).

12- *Bouteille*, Jingdezhen, Chine, Vers 1720, porcelaine de style Imari d'un Hollandais sous une ombrelle, 25,2 x 9,5 cm, Lorient, musée de la Compagnie des Indes (ML 389 C 195).

13- *Coupelle coquille*, Jingdezhen, Chine, Époque Kangxi, début XVIIIe siècle, porcelaine d'exportation de style Imari, forme européenne inspirée de pièces d'orfèvrerie, 18 x 17,5 cm, Lorient, musée de la Compagnie des Indes (Don des Amis du musée, 2000.2.2).

14- *Coupelle coquille*, Jingdezhen, Chine Époque Kangxi, début XVIIIe siècle, porcelaine d'exportation de style Imari, forme européenne inspirée de pièces d'orfèvrerie, 18,2 x 17,4 cm, Lorient, musée de la Compagnie des Indes (Don des Amis du musée, 2000.2.1).

15- *Coupelle coquille*, Jingdezhen, Chine, Époque Kangxi, début XVIIIe siècle, porcelaine d'exportation de style Imari, forme européenne inspirée de pièces d'orfèvrerie, 16 x 16 cm, Lorient, musée de la Compagnie des Indes (Don des Amis du musée, 2000.2.3).

16- *Bol et soucoupe*, Chine,
1er quart XVIIIe siècle, porcelaine d'exportation dite « sang et lait » de fleurs et rochers dans la palette Imari simplifiée, diam. 11 x 5,7 cm, Lorient, musée de la Compagnie des Indes (Don Jaffrézic, 2000.3.9).

17- *Théière*, Jingdezhen, Chine,
1er quart XVIIIe siècle, porcelaine dite de « la Compagnie des Indes » dans la palette Imari, décor de rocher fleuri et barrière, 13 x 17,5 cm,
Lorient, musée de la Compagnie des Indes
(Don des Amis du musée, 2000.4.1).

18- *Pot à lait*, Jingdezhen, Chine,
1er quart XVIIIe siècle, porcelaine d'exportation dite de « la Compagnie des Indes », motifs floraux dans la palette Imari, 15,3 x 11 cm,
Lorient, musée de la Compagnie des Indes
Don des Amis du musée, 2000.4.2).

19- *Boîte à thé*, Jingdezhen, Chine,
Époque Kangxi, début XVIIIe siècle, porcelaine d'exportation dite de « la Compagnie des Indes », motifs floraux dans la palette Imari, 10,7 x 9 x 5,8 cm,
Lorient, musée de la Compagnie des Indes
(Don des Amis du musée, 2000.4.7).

20- *Boîte à thé*, Jingdezhen, Chine,
Époque Kangxi, début XVIIIe siècle, porcelaine d'exportation dite de « la Compagnie des Indes », motifs floraux dans la palette Imari, 11,5 x 8,5 x 5,4 cm,
Lorient, musée de la Compagnie des Indes
(Don des Amis du musée, 2000.4.8).

21- *Cabaret à thé*, dit « au lotus », Chine,
1re moitié XVIIIe siècle, porcelaine de commande adaptée au goût européen, motif de larges mailles en rouge de fer et or sur la glaçure, piédouche du pot à thé en vagues sculptées. Théière : 13, 2 x 19,2 cm, tasses : 4 x 7,4 cm, soucoupes : 2,3 x 12,2 cm, crémier : 10,5 cm, pot à thé : 10,5 cm,
Lorient, musée de la Compagnie des Indes
(Don des Amis du musée, 2004.4.1 / 2011.7.1.1 et 2).

22- *Paire de plats*, Jingdezhen, Chine,
2e moitié XVIIIe siècle, porcelaine dite « de la Compagnie des Indes », motifs floraux et mobiliers dans la palette Imari, diam. 22,5 cm,
Lorient, musée de la Compagnie des Indes
(ML 168 C 114 et 115).

23- *Plat, dit « la Dame au parasol »*, Jingdezhen, Chine,
Vers 1736-1738, porcelaine Imari chinois à décor de personnages, de volatiles et de paysage, pièce de commande pour la Compagnie des Indes hollandaise, d'après un dessin de C. Pronk, destinée à l'exportation, diam. 23,6 cm,
Lorient, musée de la Compagnie des Indes (ML 382 C 186).

24- *Plat*, Jingdezhen, Chine,
Époque Kangxi, début XVIIIe siècle, porcelaine d'exportation dite « sang et lait » : dames de qualité dans un jardin, diam. 22 cm,
Lorient, musée de la Compagnie des Indes (ML 400 C 250).

25- *Coupe et soucoupe*, Jingdezhen, Chine,
XVIIIe siècle, pièces de porcelaine Imari chinois à décor de personnages destinées à l'exportation, 11 x 6 x 3,1 cm,
Paris, Musée national des Arts asiatiques - Guimet (G 1532).

26- *Plat à décor floral*, Jingdezhen, Chine,
XVIIIe siècle, porcelaine Imari chinois, diam. 20 cm,
Paris, Musée national des Arts asiatiques - Guimet (G 223).

27- *Plat*, Jingdezhen, Chine,
Vers 1725, porcelaine Imari chinois : un homme, sa femme et leur chien dans un paysage (gouverneur Duff), diam. 23 cm,
Paris, Musée national des Arts asiatiques - Guimet (G 267).

28- *Bol*, Jingdezhen, Chine,
XVIIIe siècle, pièce de porcelaine Imari chinois à décor floral destinée à l'exportation, 7 x 15,5 cm,
Paris, Musée national des Arts asiatiques - Guimet (G 3005).

29- *Plat*, Jingdezhen, Chine,
Vers 1736-1738, porcelaine Imari à « la Dame au parasol », dans un jardin avec volatiles, pièce de commande pour la Compagnie des Indes hollandaise, d'après un dessin de C. Pronk, destinée à l'exportation, diam. 22,5 cm,
Paris, Musée national des Arts asiatiques - Guimet (G 337).

30- *Grand plat*, Jingdezhen, Chine,
1er quart XVIIIe siècle, porcelaine à décor Imari chinois, bleu sous couverte, rouge, or et orange sur couverte, inspiré des Imari japonais, diam. 56 cm,
Musée national de la céramique de Sèvres (MNC 1201-09).

PARTIE IV : PRODUCTIONS EUROPÉENNES . . . .

1- *Paire de vases cornets*, Saint-Pétersbourg (attribué à), Russie,
XIXe siècle, porcelaine à décor Imari de motifs floraux traditionnels, palette bleu, rouge et or sur fond blanc, influence de Bayeux, Coll. G. Le Gars.

2- *Corps de lampe à huile*, Bayeux, France,
Milieu XIXe siècle, porcelaine de style Imari à motifs floraux et de rochers acérés, bleu sous couverte, rouge-brun sur glaçure, rehauts d'or,
Coll. G. Le Gars.

3- *Coupe au bleuet*, Limoges, manufacture Raynaud, France,
Vers 1945, porcelaine à décor de petit feu sur couverte dans la palette Imari, bleu, rouge et or, sur fond blanc, 10 x 23 cm,
Coll. G. Le Gars.

4- *Set de vente à la bougie*, Staffordshire, Grande-Bretagne,
Début de l'ère Victorienne (1837-1901), faïence *bone china* à décor floral dans la palette Imari traditionnelle sur un plateau acajou, 38 x 26 cm,
Coll. G. Le Gars.

5- *Trio à thé*, Longton, manufacture Foley-Wileman, Grande-Bretagne,
1895, faïence *bone china* (à base de poudre d'os calciné) à décor rayonnant dans la palette Imari, 5 x 18 cm,
Coll. G. Le Gars.

6- *Bouillon sur présentoir*, Stoke-on-Trent, manufacture Ashworth, Grande-Bretagne,
1861, faïence *ironstone* à décor Imari de motifs floraux, bouquets en vase sur terrasse, 18,5 x 13,5 cm,
Coll. G. Le Gars.

7- *Présentoir*, Derby, manufacture Crown Derby, Grande-Bretagne,
Vers 1795, faïence *bone china* de style Imari aux motifs d'un jeté de fleurs dans les tonalités bleu, rouge, vert et or, 22 x 17 cm,
Coll. G. Le Gars.

8- *Cruche à l'hippocampe*, Shelton, Staffordshire, manufacture Ridgway, Grande-Bretagne,
1882, Art Nouveau, faïence de style Imari par les motifs, les tonalités et la composition,
Coll. G. Le Gars.

9- *Plat*, Delft, manufacture De Grieksche A, Delft, Hollande,
1er quart XVIIIe siècle, Delft doré, faïence au panier fleuri dans la palette Imari, 40,5 x 34,8 x 7,2 cm,
Musée national de la céramique de Sèvres (CL 7466).

10- *Plat*, Delft, manufacture De Grieksche A, Hollande,
1er quart XVIIIe siècle, Delft doré, faïence au décor central aux armes de Louis Alexandre de Bourbon (1683-1737), comte de Toulouse, amiral de France, diam. 22 cm,
Musée national de la céramique de Sèvres (MNC 3136).

11- *Plat*, Delft, manufacture De Grieksche A, Hollande,
Début XVIIIe siècle. Delft doré, faïence à décor central aux armes de Nicolas-Auguste de la Baume (1645-1716), marquis de Montrevel, diam. 22 cm,
Musée national de la céramique de Sèvres (MNC 15672).

12- *Plat*, Delft, Hollande,
Début XVIIIe siècle, Delft doré, faïence à décor central aux armes de Frédéric Ier, roi de Prusse de 1701 à 1713, diam. 22 cm,
Musée national de la céramique de Sèvres (MNC 16447).

13- *Paire de plats,* Meissen, Allemagne,
Vers 1730, porcelaine de style Imari à décor rayonnant dans la palette Imari de bleu sous couverte et de rouge et or sur la glaçure, diam. 22 cm,
Musée national de la céramique de Sèvres (MCSR XXXXV et XVI).

14- *Grand Plat,* Meissen, Allemagne,
Vers 1720-1740, période Höroldt, décor sur porcelaine d'un vase fleuri dans la palette Imari, diam. 35,8 cm,
Musée national de la céramique de Sèvres (MNC 2274.8).

15- *Théière Böttger,* Meissen, Allemagne,
Vers 1710-1720, période Böttger, découvreur de la porcelaine en Europe, décor sur porcelaine dans le goût Imari, 8,4 x 9,3 x 15,50 cm,
Musée national de la céramique de Sèvres (MNC 2274.12).

« Nostalgie du Soleil levant – Le goût pour l'art japonais »
Musée des Beaux-Arts de Rennes

6 juin - 26 août 2012

ESTAMPES JAPONAISES . . . .

Ashiyuki, *Pêcheur appelé Isoroku*,
Actif entre 1813 et 1831, bois gravé, impression polychrome (*nishiki-e*), 34,9 x 23,8 cm,
Rennes, musée des Beaux-Arts (don Ohya, 1959.37.467).

Ashiyuki, *Kasaya Sankatsu*,
Actif entre 1813 et 1831, bois gravé, impression polychrome (*nishiki-e*), 35,7 x 23,8 cm,
Rennes, musée des Beaux-Arts (don Ohya, 1959.37.468).

Ashiyuki, *Shijo Hisayoshi*,
Actif entre 1813 et 1831, bois gravé, impression polychrome (*nishiki-e*), 36,1 x 25,2 cm,
Rennes, musée des Beaux-Arts (don Ohya, 1959.37.469).

Ashiyuki Gigado, *Une Scène de Kabuki*,
Actif entre 1813 et 1831, bois gravé, impression polychrome (*nishiki-e*), 34,3 x 24 cm,
Rennes, musée des Beaux-Arts (don Ohya, 1959.37.470).

Ashiyuki Gigado, *Kajiwara et Aboshi*,
Actif entre 1813 et 1831, bois gravé, impression polychrome (*nishiki-e*), 37,3 x 51,1 cm,
Rennes, musée des Beaux-Arts (don Ohya, 1959.37.501).

Hokucho Shunshosai, *Kenshei Agemaki* (feuille 1),
Actif entre 1822 et 1832, bois gravé, impression polychrome (*nishiki-e*), 36,1 x 24,6 cm, détail d'un diptyque,
Rennes, musée des Beaux-Arts (don Ohya, 1959.37.477A).

Hokucho Shunshosai, *Higeno Genkyu* (feuille 2),
Actif entre 1822 et 1832, bois gravé, impression polychrome (*nishiki-e*), 36,1 x 24,6 cm, détail d'un diptyque,
Rennes, musée des Beaux-Arts (don Ohya, 1959.37.477B).

Hokuei, *Les Acteurs Iwai Shijaku I et Bandō Jūtarō : « Dame Osuma surprend le meurtrier de sa belle-sœur »*,
1832, bois gravé, impression polychrome (*nishiki-e*),
37 x 50,2 cm,
Rennes, musée des Beaux-Arts (don Ohya, 1959.37.488).

Hokuei, *Une Scène de Kabuki*,
Actif entre 1824 et 1837, bois gravé, impression polychrome (*nishiki-e*), 37 x 50,2 cm,
Rennes, musée des Beaux-Arts (don Ohya, 1959.37.489).

Hokuei, *Une Scène de Kabuki*,
Actif entre 1824 et 1837, bois gravé, impression polychrome (*nishiki-e*), 37 x 25 cm,
Rennes, musée des Beaux-Arts (don Ohya, 1959.37.491.1).

Hokuei, *Une Scène de Kabuki*,
Actif entre 1824 et 1837, bois gravé, impression polychrome (*nishiki-e*), 37 x 25,1 cm,
Rennes, musée des Beaux-Arts (don Ohya, 1959.37.491.2).

Hokuei, *Keijyo la courtisane*,
Actif entre 1824 et 1837, bois gravé, impression polychrome (*nishiki-e*), 37,6 x 51 cm, diptyque,
Rennes, musée des Beaux-Arts (don Ohya, 1959.37.493).

Hokuei, *Chinzei Hachiro Tametomo*,
Actif entre 1824 et 1837, bois gravé, impression polychrome (*nishiki-e*), diptyque, 37,6 x 51,2 cm,
Rennes, musée des Beaux-Arts (don Ohya, 1959.37.495).

Hokuei, *Inuda-Kobunko*,
Actif entre 1824 et 1837, bois gravé, impression polychrome (*nishiki-e*), diptyque, 37 x 50,2 cm,
Rennes, musée des Beaux-Arts
(don Ohya, 1959.37.496.1 et 1959.37.496.2).

Shunbaisai Hokuei, *Miyuki, la courtisane*,
Actif entre 1824 et 1837, bois gravé, impression polychrome (*nishiki-e*), 36,6 x 24,6 cm,
Rennes, musée des Beaux-Arts (don Ohya, 1959.37.482).

Shunbaisai Hokuei, *Kitsune tadanobou*,
Actif entre 1824 et 1837, bois gravé, impression polychrome (*nishiki-e*), 25,6 x 38,3 cm,
Rennes, musée des Beaux-Arts (don Ohya, 1959.37.486).

Shunbaisai Hokuei, *l'Acteur Nakamoura Shikan*,
1835. Actif entre 1824 et 1837, bois gravé, impression polychrome (*nishiki-e*), 37,2 x 25,4 cm, détail d'un diptyque,
Rennes, musée des Beaux-Arts (don Ohya, 1959.37.490.1).

Shunbaisai Hokuei, *l'Acteur Arashi Rikan II*,
1835, bois gravé, impression polychrome (*nishiki-e*), 37,3 x 25,4 cm, détail d'un diptyque,
Rennes, musée des Beaux-Arts (don Ohya, 1959.37.490.2).

Shunbaisai Hokuei, *Yaegiri*,
Actif entre 1824 et 1837, bois gravé, impression polychrome (*nishiki-e*), 37,6 x 51,2 cm,
Rennes, musée des Beaux-Arts (don Ohya, 1959.37.497).

Shunkosai Hokuei, *l'Acteur Irritate*,
Actif entre 1824 et 1837, bois gravé, impression polychrome (*nishiki-e*), 37,7 x 23 cm,
Rennes, musée des Beaux-Arts (don Ohya, 1959.37.478).

Shunkosai Hokuei, *l'Acteur Yzawa Tanomo*,
Actif entre 1824 et 1837, bois gravé, impression polychrome (*nishiki-e*), 35,5 x 24,1 cm,
Rennes, musée des Beaux-Arts (don Ohya, 1959.37.479).

Shunkosai Hokuei, *Motsuwaka-maru*,
Actif entre 1824 et 1837, bois gravé, impression polychrome (*nishiki-e*), 34,6 x 22,7 cm,
Rennes, musée des Beaux-Arts (don Ohya, 1959.37.480).

Shunkosai Hokuei, *Kisoyoshinara et sa femme Tomoe Gozen*,
Actif entre 1824 et 1837, bois gravé, impression polychrome (*nishiki-e*), 38,4 x 25,7 cm,
Rennes, musée des Beaux-Arts (don Ohya, 1959.37.481).

Shunkosai Hokuei, *Hachiman Taro et Abe Sadato*,
Actif entre 1824 et 1837, bois gravé, impression polychrome (*nishiki-e*), 25,2 x 37,6 cm,
Rennes, musée des Beaux-Arts (don Ohya, 1959.37.485).

Shunkosai Hokuei, *L'Histoire de huit chiens de Satomi*,
Actif entre 1824 et 1837, bois gravé, impression polychrome (*nishiki-e*), 37,4 x 50,7 cm,
Rennes, musée des Beaux-Arts (don Ohya, 1959.37.487).

Shunkosai Hokuei, *Une Scène de Kabuki*,
Actif entre 1824 et 1837, bois gravé, impression polychrome (*nishiki-e*), 36,9 x 50,1 cm,
Rennes, musée des Beaux-Arts (don Ohya, 1959.37.492).

Shunkosai Hokuei, *Asahina Tobei et sa femme Ouji*,
Actif entre 1824 et 1837, bois gravé, impression polychrome (*nishiki-e*), 37,6 x 51,4 cm, diptyque,
Rennes, musée des Beaux-Arts (don Ohya, 1959.37.494).

Shunkosai Hokuei, *Onano, la courtisane*,
Actif entre 1824 et 1837, bois gravé, impression polychrome (*nishiki-e*), 33,3 x 23,1 cm,
Rennes, musée des Beaux-Arts (don Ohya, 1959.37.476).

Shigenao et Kunihiro, *Yaegiri*,
1829. Actif entre 1813 et 1831, bois gravé, impression polychrome (*nishiki-e*), 37,6 x 51,2 cm, diptyque,
Rennes, musée des Beaux-Arts (don Ohya, 1959.37.497).

Kunihiro, *Kizuno Kansuke*,
Actif entre 1813 et 1831, bois gravé, impression polychrome (*nishiki-e*), 37,4 x 51,1 cm,
Rennes, musée des Beaux-Arts (don Ohya, 1959.37.503).

Sadayoshi Kaishuntei, *Konomura Hayatonosuke,*
Entre 1837 et 1853, bois gravé, impression polychrome *nishiki-e*), 35,8 x 23,1 cm,
Rennes, musée des Beaux-Arts (don Ohya, 1959.37.464).

Shigeharu, *Katsuma Gengobei et Kikuno*,
Actif entre 1821 et 1849, bois gravé, impression polychrome (*nishiki-e*), 26 x 37,6 cm, diptyque,
Rennes, musée des Beaux-Arts (don Ohya, 1959.37.498).

Shunshi, *Le Charpentier Rokuso et la jeune fille Osono*,
Actif entre 1825 et 1835, bois gravé, impression polychrome (*nishiki-e*), 37,4 x 51,1 cm, diptyque,
Rennes, musée des Beaux-Arts (don Ohya, 1959.37.504).

Tamikuni Kogado, *Ishikawa Goemon et Isayishi*,
Actif entre 1823 et 1826, bois gravé, impression polychrome (*nishiki-e*), 36,4 x 25 cm.
Rennes, musée des Beaux-Arts (don Ohya, 1959.37.462).

Tori-i Toshikuni, *Oubooghe Kintaro*,
2e ou 3e quart XIXe siècle, bois gravé, impression polychrome (*nishiki-e*), 36,1 x 24,4 cm,
Rennes, musée des Beaux-Arts (don Ohya, 1959.37.465).

Tori-i Toshikuni, *Ueda Keizaburo*,
2e ou 3e quart XIXe siècle, bois gravé, impression polychrome (*nishiki-e*), 35,5 x 24,5 cm,
Rennes, musée des Beaux-Arts (don Ohya, 1959.37.466).

Toshikuni Toyokawa, *Ishikawa Goemon*,
Actif entre 1816 et 1832, bois gravé, impression polychrome (*nishiki-e*), 35,1 x 23,4 cm,
Rennes, musée des Beaux-Arts (don Ohya, 1959.37.474).

PEINTURE

Jean-Francis Auburtin (1866-1930), *Hiroko*,
1906, gouache sur papier, 55,2 x 44,5 cm,
Coll. part.

KIMONOS

Ces kimonos d'apparat ont été confectionnés à la fin des années 1970 et ont été portés au moins une fois à l'occasion d'une cérémonie.

Furisode : Costume officiel, formel, fin, la longueur des manches destine le costume à de jeunes femmes.

Kakeshita : Type élaboré du *furisode*, porté sous l'*uchikake* ; il peut aussi être porté de manière autonome.

Uchikake : Kimono plus épais, un bourrelet de coton plombe l'ourlet, souvent utilisé comme robe de mariage.

Jūni-hitoe : Littéralement, « douze pièces », vêtement impérial, introduit au Japon vers le XIIe siècle, connu par les douze superpositions qui constituent ce costume.

Tomosode : Costume pour femme mariée, noir (*kuro tomosode*) en particulier lors d'un mariage est porté par la mère de l'épouse (noir), la longueur de manche est courte, très peu de motifs décoratifs.

Uchikake,
1975-1980, soie tissée et brodée, 178 x 65 cm,
Rennes, musée des Beaux-Arts (don Ville de Sendai, 1982.13.1).

Tomosode,
1975-1980, soie, 152 x 64 cm,
Rennes, musée des Beaux-Arts (don Ville de Sendai, 1985.3.1).

Uchikake,
1975-1980, soie brodée et brochée, 186 x 66 cm,
Rennes, musée des Beaux-Arts (don Ville de Sendai, 1985.3.2).

Furisode,
1975-1980, soie brochée, 177 x 67 cm,
Rennes, musée des Beaux-Arts (don Ville de Sendai, 1985.3.3).

Uchikake,
1975-1980, soie brodée et divers, 188 x 64 cm,
Rennes, musée des Beaux-Arts (don Ville de Sendai, 1985.3.4).

Kakeshita,
1975-1980, soie brodée, soie brochée et divers, 182 x 64 cm,
Rennes, musée des Beaux-Arts (don Ville de Sendai, 1985.3.7).

Jūni-Hitoe,
1975-1980, soie brochée et brodée, 181 x 64 cm,
Rennes, musée des Beaux-Arts (Don Ville de Sendaï, 1985.3.8).

Uchikake,
1975-1980, soie, 178 x 65 cm,
Rennes, musée des Beaux-Arts (don Ville de Sendai, 1985.3.9).

Furisode,
1975-1980, soie brochée et brodée, 170 x 64 cm,
Rennes, musée des Beaux-Arts (don Ville de Sendai, 1985.3.10).

Uchikake,
1975-1980, soie, 180 x 66 cm,
Rennes, musée des Beaux-Arts (don Ville de Sendai, 1985.3.11).

Tomesode,
1975-1980, soie, 158 x 63 cm,
Rennes, musée des Beaux-Arts (don Ville de Sendai, 1985.3.12).

CEINTURES

Kakeshita-Obi,
1975-1980, soie brochée, 26,5 x 417 cm,
Rennes, musée des Beaux-Arts (don Ville de Sendai, 1985.3.5).

Maru-Obi,
1975-1980, soie brochée, 32,5 x 409 cm,
Rennes, musée des Beaux-Arts (don Ville de Sendai, 1985.3.6).

Kakeshita-Obi,
1975-1980, soie brochée, 26,5 x 398 cm,
Rennes, musée des Beaux-Arts (don Ville de Sendai, 1985.3.13).

Obi,
1975-1980, soie, 30,5 x 414,5 cm,
Rennes, musée des Beaux-Arts (don Ville de Sendai, 1985.3.14).

Obi,
1975-1980, soie, 270 x 5,5 cm,
Rennes, musée des Beaux-Arts (don Ville de Sendai, 1985.16.5).

ACCESSOIRES

Éventail,
1975-1980, soie, 19,5 cm,
Rennes, musée des Beaux-Arts (don Ville de Sendai, 1985.16.1).

Pochette,
1975-1980, soie, 12,2 x 7 x 2 cm,
Rennes, musée des Beaux-Arts (don Ville de Sendai, 1985.16.2).

Épingle,
1975-1980, métal, 10,5 cm
(chaînette : environ 9,6 cm),
Rennes, musée des Beaux-Arts (don Ville de Sendai, 1985.16.3).

Bourrelets tissu,
1975-1980, coton, 36,5 cm,

Rennes, musée des Beaux-Arts (don Ville de Sendai, 1985.16.4.1, 2 et 3).

Ornement de passementerie,
1975-1980, carton et soie, 12,8 cm (pompon : 12 cm),
Rennes, musée des Beaux-Arts (don Ville de Sendai, 1985.16.6).

Ornement de passementerie,
1975-1980, carton et soie, 23,5 cm (pochette repliée), 31 cm (pochette ouverte),
Rennes, musée des Beaux-Arts (don Ville de Sendai, 1985.16.7).

Souliers Zöri,
1975-1980, cuir et matériaux divers, 23,5 cm,
Rennes, musée des Beaux-Arts
(don Ville de Sendai, 1985.3.15.1 et 2).

« L'art japonais » dans les collections du musée des Beaux-Arts de Brest

10 mars - 15 juin 2012

Armure de samouraï,
Japon, XIXe siècle, métal, cuir, textiles, cordes, 185 x 62 cm,
Brest, musée des Beaux-Arts (inv. 875.113 / 1-20).

IVOIRES

Boîte hémisphérique,
Japon, XIXe siècle, ivoire sculpté et gravé, 7,8 x 3,5 cm,
Brest, musée des Beaux-Arts
(inv. D.924.1.34 / 1-2. Dépôt de l'État, 1924).

Boîte rectangulaire,
Japon, XIXe siècle, ivoire gravé et peint, 3,5 x 6,5 x 3,5 cm,
Brest, musée des Beaux-Arts
(inv. D.924.1.45 / 1-2. Dépôt de l'État, 1924).

Boule,
Japon, XIXe siècle, ivoire gravé, diam. 5 cm,
Brest, musée des Beaux-Arts
(inv. D.924.1.38. Dépôt de l'État, 1924).

Bracelet,
Japon, XIXe siècle, ivoire gravé, 8,5 x 2,5 x 2 cm,
Brest, musée des Beaux-Arts
(inv. D.924.1.31 / 1-13. Dépôt de l'État, 1924).

Bracelet,
Japon, XIXe siècle, ivoire gravé, 24 x 1 x 0,5 cm,
Brest, musée des Beaux-Arts
(inv. D.924.1.37 / 1-12. Dépôt de l'État, 1924).

Étui cylindrique,
Japon, XIXe siècle, ivoire gravé, 9,1 x 4,6 cm,
Brest, musée des Beaux-Arts
(inv. D.924.1.44 / 1-2. Dépôt de l'État, 1924).

Étui rectangulaire,
Japon, XIXe siècle, ivoire gravé, 10,6 x 6,6 x 1 cm,
Brest, musée des Beaux-Arts
(inv. D.924.1.47 / 1-2. Dépôt de l'État, 1924).

Netzuke,
Japon, XIXe siècle, ivoire sculpté et gravé, 3,5 x 2,5 x 4,8 cm,
Brest, musée des Beaux-Arts (inv. 875.114).

Netzuke,
Japon, XIXe siècle, ivoire sculpté et gravé, 8 x 5,5 x 3,6 cm,
Brest, musée des Beaux-Arts
(inv. D.924.1.32. Dépôt de l'État, 1924).

Netzuke,
Japon, XIXe siècle, ivoire sculpté et gravé, 9,5 x 5,3 x 3 cm,
Brest, musée des Beaux-Arts (inv. D.924.1.33. Dépôt de l'État, 1924).

Sômin, *Netzuke*,
Japon, XIXe siècle, ivoire sculpté et gravé, 4,1 x 4,2 x 2,4 cm,
Brest, musée des Beaux-Arts (inv. D.924.1.36. Dépôt de l'État, 1924).

Okimono,
Japon, XIXe siècle, ivoire sculpté et gravé, 5,9 x 3,5 x 4,8 cm,
Brest, musée des Beaux-Arts
(inv. 914.1.160. Legs Danguillecourt, 1914).

Okimono,
Japon, XIXe siècle, ivoire sculpté et gravé, 7 x 5 x 6,2 cm,
Brest, musée des Beaux-Arts
(inv. 914.1.161. Legs Danguillecourt, 1914).

Okimono,
Japon, XIXe siècle, ivoire sculpté et gravé, 6,4 x 4,2 x 6 cm,
Brest, musée des Beaux-Arts
(inv. 914.1.163. Legs Danguillecourt, 1914).

Okimono,
Japon, XIXe siècle, ivoire sculpté et gravé, 5,9 x 5 x 13,9 cm,
Brest, musée des Beaux-Arts
(inv. 914.1.164. Legs Danguillecourt, 1914).

Okimono,
Japon, XIXe siècle, ivoire sculpté et gravé, 12,9 x 12,4 x 8 cm,
Brest, musée des Beaux-Arts
(inv. 914.1.165. Legs Danguillecourt, 1914.

Okimono,
Japon, XIXe siècle, ivoire sculpté et gravé, 8,2 x 8,2 x 5,5 cm,
Brest, musée des Beaux-Arts
(inv. 914.1.166. Legs Danguillecourt, 1914).

Okimono,
Japon, XIXe siècle, ivoire sculpté et gravé, 8,8 x 5,1 x 4,3 cm,
Brest, musée des Beaux-Arts
(inv. 914.1.167 / 1-2. Legs Danguillecourt, 1914).

Okimono,
Japon, XIXe siècle, ivoire sculpté et gravé, 13,6 x 5,4 x 4,9 cm,
Brest, musée des Beaux-Arts
(inv. 914.1.168. Legs Danguillecourt, 1914).

Okimono,
Japon, XIXe siècle, ivoire sculpté et gravé, 7,8 x 5,5 x 6,4 cm,
Brest, musée des Beaux-Arts
(inv. 914.1.169. Legs Danguillecourt, 1914).

Okimono,
Japon, XIXe siècle, ivoire sculpté et gravé, 10,6 x 3,9 x 4,7 cm,
Brest, musée des Beaux-Arts
(inv. 914.1.170. Legs Danguillecourt, 1914).

Shûmei, *Okimono*,
Japon, XXe siècle, ivoire sculpté et gravé, 24,5 x 9,5 x 7,5 cm,
Brest, musée des Beaux-Arts
(inv. 917.1.2. Acquis sur les fonds du legs Danguillecourt, 1917).

Plaque rectangulaire,
Japon, XIXe siècle, ivoire gravé, 4,7 x 9,3 x 0,5 cm,
Brest, musée des Beaux-Arts (inv. D.924.1.48. Dépôt de l'État, 1924).

Plaque rectangulaire,
Japon, XIXe siècle, ivoire gravé, 4,8 x 9,2 x 0,3 cm,
Brest, musée des Beaux-Arts (inv. D.924.1.49. Dépôt de l'État, 1924).

Pot à pinceaux,
Japon, XIXe siècle, bambou sculpté et gravé, 15,7 x 10 cm,
Brest, musée des Beaux-Arts
(inv. 914.1.181. Legs Danguillecourt, 1914).

Pot à pinceaux,
Japon, XIXe siècle, ivoire sculpté, 16,6 x 11,2 cm,
Brest, musée des Beaux-Arts
(inv. D.924.1.39. Dépôt de l'État, 1924).

Pot à pinceaux,
Japon, XIXe siècle, ivoire sculpté, 11 x 8,8 cm,
Brest, musée des Beaux-Arts
(inv. D.924.1.40. Dépôt de l'État, 1924).

Pot à pinceaux monté sur un socle,
Japon, XIXe siècle, ivoire peint et bois sculpté, 15 x 11,5 x 13,5 cm,
Brest, musée des Beaux-Arts
(inv. D.924.1.42 / 1-2. Dépôt de l'État, 1924).

Pot à pinceaux monté sur un socle,
Japon, XIXe siècle, ivoire et bois, 15,8 x 7,5 x 8,5 cm,
Brest, musée des Beaux-Arts
(inv. D.924.1.43 / 1-2. Dépôt de l'État, 1924).

LAQUES. . . . .

Bannette octogonale,
Japon, 1840-1844, laque noir et décor de nacre, 7,2 x 25,5,
Brest, musée des Beaux-Arts (inv. 2007.0.172).

Bannette octogonale,
Japon, 1840-1844, laque noir et décor de nacre, 7,2 x 25 cm,
Brest, musée des Beaux-Arts (inv. 2007.0.173).

Bol à couvercle,
Japon, 1840-1844, laque vert et or, intérieur rouge.
Bol : 6 x 11,6 cm – Couvercle : 3,3 x 10,6 cm,
Brest, musée des Beaux-Arts (inv. 2007.0.214 et 2007.0.217).

Bol à couvercle,
Japon, 1840-1844, laque vert et or, intérieur rouge.
Bol : 5,9 x 11,7 cm – Couvercle : 3,7 x 10,8 cm,
Brest, musée des Beaux-Arts (inv. 2007.0.215 et 2007.0.216).

Coffret à tiroirs,
Japon, XIXe siècle, bois laqué et métal, 38,4 x 46 x 23,7 cm,
Brest, musée des Beaux-Arts
(inv. 914.1.179 / 1-7. Legs Danguillecourt, 1914).

Coffret (grande tabatière à tiroirs),
Japon, vers 1840-1844,
bois laqué, nacre et métal, 22,7 x 23 x 34 cm,
Brest, musée des Beaux-Arts (inv. 2007.0.182. Legs Danguillecourt).

Coffret,
Japon, XVIIIe siècle, bois laqué, 6,2 x 28,2 x 25,5 cm,
Brest, musée des Beaux-Arts
(inv. D.924.1.7 / 1-12. Dépôt de l'État, 1924).

Inrō, avec *ojime* et *netsuke*,
Japon, XVIIIe siècle, laque noir et or, bois de cerisier, argent,
cordon de soie. *Inrō* : 7 x 8,5 x 2,5 cm – *Netsuke* :
4 x 3,4 x 2,8 cm – *Ojime* : 1,7 x 0,8 x 0,8 cm,
Brest, musée des Beaux-Arts
(inv. 914.1.178. Legs Danguillecourt, 1914).

Palanquin,
Japon, XIXe siècle, bois laqué noir, or, métal, passementerie, poupée vêtue de tissu broché, 23,4 x 26 x 18,9 cm,
Brest, musée des Beaux-Arts
(inv. D.2011.0.89. Dépôt de l'État, 1924).

OBJETS EN MÉTAL

Brûle-Parfum,
Japon, XIXe siècle, bronze et bois, 11,3 x 13,1 x 11,5 cm,
Brest, musée des Beaux-Arts
(inv. 914.1.151 / 1-3. Legs Danguillecourt, 1914).

Monnaie,
Japon, XVIIe siècle, métal, 2,3 x 1 cm,
Brest, musée des Beaux-Arts (inv. 914.1.156).

Monnaie,
Japon, XVIe siècle – XVIIe siècle, bronze, 2,4 x 1 cm,
Brest, musée des Beaux-Arts
(inv. 914.1.157. Legs Danguillecourt, 1914).

Monnaie,
Japon, 1835, bronze, 4,8 x 3,2 x 2 cm,
Brest, musée des Beaux-Arts
(inv. 914.1.158. Legs Danguillecourt, 1914).

Statuette Kouan Yin,
Japon, XIXe siècle, bronze, 53,5 x 23,5 x 19,3 cm,
Brest, musée des Beaux-Arts
(inv. 923.1.1. Acquis sur les fonds du legs Danguillecourt, 1923).

ESTAMPES

Eisen, *Japonaise fumant de l'opium*,
Japon, XIXe siècle, estampe, 36,6 x 24,9 cm,
Brest, musée des Beaux-Arts (inv. 875.127).

Eishi, *Courtisane avec ses deux suivantes*,
Japon, XIXe siècle, estampe, 35,5 x 22,7 cm,
Brest, musée des Beaux-Arts (inv. 875.119).

Eizan, *Mère et son enfant*,
XIXe siècle, estampe, 37,9 x 25,7 cm,
Brest, musée des Beaux-Arts (inv. 875.120).

Eizan, *Femme à sa toilette*,
Japon, XIXe siècle, estampe, 37,8 x 25,7 cm,
Brest, musée des Beaux-Arts (inv. 875.121).

Eizan, *Femme joignant les mains*,
Japon, XIXe siècle, estampe, 38 x 25,8 cm,
Brest, musée des Beaux-Arts (inv. 875.122).

Eizan, *Deux femmes*,
Japon, XIXe siècle, estampe, 34,5 x 26 cm,
Brest, musée des Beaux-Arts (inv. 875.123).

Eizan, *Femme (faisant un geste de répulsion)*,
Japon, XIXe siècle, estampe, 36,5 x 26,1 cm,
Brest, musée des Beaux-Arts (inv. 875.124).

Eizan, *Femme dansant*,
Japon, XIXe siècle, estampe, 38 x 26 cm,
Brest, musée des Beaux-Arts (inv. 875.125).

Eizan, *Femme dansant*,
Japon, XIXe siècle, estampe, 38 x 26 cm,
Brest, musée des Beaux-Arts (inv. 875.126).

Hokusai, *Le Tokaïdo de Tokyo à Kyoto*, deux volumes,
Japon, XIXe siècle, deux albums d'estampes en couleur,
22,5 x 16 x 0,8 cm,
Brest, musée des Beaux-Arts
(inv. 914.1.198 et 914.1.199. Legs Danguillecourt, 1914).

Hokusai, *La Manga*,
Japon, XIXe siècle, albums d'estampes en couleur,
22,7 x 15,7 x 0,7 cm,
Brest, musée des Beaux-Arts
(inv. 914.1.200 à 215. Legs Danguillecourt, 1914).

Tsuki Maro, *Japonaise fumant de l'opium*,
Japon, XIXe siècle, estampe, 38,1 x 25,9 cm,
Brest, musée des Beaux-Arts (inv. 875.118).

Taneshi Ko, *Les 100 vues du Fuji Yama*, trois volumes,
Japon, XIXe siècle, albums d'estampes en noir,
22,7 x 15,7 x 0,6 cm,
Brest, musée des Beaux-Arts (inv. 914.1.195, 914.1.196 et 914.1.197. Legs Danguillecourt, 1914).

Toyokuni, *Joueuse de Koto*,
Japon, XVIIIe siècle, estampe, 38 x 26,2 cm,
Brest, musée des Beaux-Arts (inv. 875.116).

Toyokuni, *Acteur dans un rôle de femme*,
Japon, XIXe siècle, estampe, 36,6 x 26 cm,
Brest, musée des Beaux-Arts (inv. 875.117).

« La vague japonisante »
Brest, musée des Beaux-Arts

25 juin - 4 novembre 2012

Jean-Francis Auburtin, *Voilier rouge à Goulphar, Belle-Île-en-Mer*,
Vers 1895, gouache sur papier, 51 x 67,3 cm,
Collection particulière.

Jean-Francis Auburtin, *Effet de nuages, la côte sauvage, Belle-Île-en-Mer*,
1896, gouache sur papier gris, 51 x 67,3 cm,
Collection particulière.

Jean-Francis Auburtin, *Les Sorcières ou les aiguilles de Port-Coton*,
Vers 1895-1896, gouache sur papier, 50 x 67 cm,
Collection particulière.

Jean-Francis Auburtin, *Le Phare du Paon à Bréhat*,
Septembre 1897, aquarelle et encre de Chine, 25,7 x 44 cm,
Collection particulière.

Jean-Francis Auburtin, *Les Cormorans*,
Vers 1897, gouache et encre de Chine, 65,5 x 100 cm,
Collection particulière.

Jean-Francis Auburtin, *Algues*,
1897, aquarelle et encre de Chine, 25,7 x 44 cm,
Collection particulière.

Jean-Francis Auburtin, *L'Île de Bréhat*,
1897, aquarelle et encre de Chine, 25,7 x 44 cm,
Collection particulière.

Jean-Francis Auburtin, *Homard*,
1897, aquarelle et encre de Chine, 25,7 x 44 cm,
Collection particulière.

Adolphe Beaufrère, *Rochers à Kerehon, Le Pouldu*,
1939, eau-forte, pointe-sèche sur papier, 16,2 x 20 cm,
Rennes, musée des Beaux-Arts (inv. 84.3.568. Don).

Adolphe Beaufrère, *Les Deux Femmes au bain*,
1re moitié XXe siècle, eau-forte, pointe-sèche sur papier,
19,5 x 16,7 cm,
Rennes, musée des Beaux-Arts (inv. 84.3.276. Don).

Émile Bernard, *Bord de mer en Bretagne, Saint-Briac*,
1888, huile sur toile marouflée sur contreplaqué, 70,3 x 91 cm,
Brest, musée des Beaux-Arts (inv. 985.5.1. Acquisition).

Maurice Denis, *L'Arrivée d'Ulysse (étude pour Nausicaa)*,
1914, fusain rehaussé à la craie sur papier bulle marouflé,
79 x 147 cm,
Brest, musée des Beaux-Arts (inv. 978. 16.1. Don).

Maurice Denis, *Bretonne dans une barque*,
1891-1892, huile sur bois, 28 x 39,5 cm,
Quimper, musée des Beaux-Arts (inv. 76.1.1. Acquisition).

Maurice Denis, *Soir de septembre*,
Vers 1911, huile sur toile, 65 x 94 cm,
Brest, musée des Beaux-Arts (inv. 987.6.1. Acquisition).

Maurice Denis, *Temps gris sur l'île* ou *Le Soir*,
Huile sur toile, 47,5 x 55,5 cm,
Douai, musée de la Chartreuse (inv. 2768. Acquisition).

Henry de Waroquier, *L'Île d'Arz vue de l'Île-aux-Moines*,
1910, aquarelle sur papier, 28 x 80 cm,
Rennes, musée des Beaux-Arts (D.81.1.5. Dépôt).

Alexander Harrison, *Marine, clair de lune*,
1893, huile sur toile, 97 x 130 cm,
Quimper, musée des Beaux-Arts
(inv. D 894.2.1. Dépôt du musée d'Orsay).

Hiroshige (Andô), *Les Tourbillons de Naruto à Awa*,
1855, série des vues des sites célèbres des soixante et quelques

provinces du Japon. 55e planche de la série
(70 planches, 1853-1856), *Nishiki-e*, 32,4 x 21,1 cm,
Paris, Musée national des Arts asiatiques Guimet.

Émile Jourdan, *Après la Tempête*,
1910-1914, huile sur toile, 60 x 81 cm,
Quimper, musée des Beaux-Arts (inv. 2005.14.1. Acquisition).

Georges Lacombe, *Vorhor, Vague grise* ou *Falaises à Camaret*,
Vers 1892, peinture à l'œuf sur toile, 82,5 x 61 cm,
Brest, musée des Beaux-Arts (inv. 969.1.1. Acquisition).

Georges Lacombe, *La Mer jaune, Camaret*,
1892, huile sur toile, 60,7 x 81,5 cm,
Brest, musée des Beaux-Arts (inv. 965.191.1. Acquisition).

Georges Lacombe, *Marine bleue. Effet de vagues*,
Tempera à l'œuf sur toile, 43 x 64,2 cm,
Rennes, musée des Beaux-Arts (inv. 1965. 21.1. Acquisition).

Georges Lacombe, *Étude de vagues et de voiliers*,
1893, fusain sur papier, 25 x 37 cm,
Rennes, musée des Beaux-Arts (inv.91. 4.1. Acquisition).

Maxime Maufra, *Pont-Aven, ciel rouge*,
1892, huile sur carton marouflé sur bois, 30 x 45 cm,
Brest, musée des Beaux-Arts (inv. 964.4.1. Acquisition).

Maxime Maufra, *Pont-Aven, ciel rouge*,
1892, huile et pastel sur papier, 32 x 47 cm,
Rennes, musée des Beaux-Arts (inv. 78.6.1. Acquisition).

Maxime Maufra, *Les Trois Falaises, Saint-Jean-du-Doigt*,
1894, huile sur toile, 60,4 x 72,5 cm,
Quimper, musée des Beaux-Arts (inv. 98.2.1. Acquisition).

Maxime Maufra, *Côte de Goulphar sous le soleil*,
1900, peinture à l'huile, 81 x 65 cm,
Rennes, musée des Beaux-Arts (inv. 52.4.3. Don).

Henri Moret, *Goulphar, Belle-Île-en-Mer*,
1895, huile sur toile, 92 x 73 cm,
Quimper, musée des Beaux-Arts
(inv. D. 98.1.1. Dépôt du musée d'Orsay).

René Quillivic, *Le Voilier*,
1920, gravure sur bois, 25,5 x 33 cm,
Brest, musée des Beaux-Arts (inv. 974.45.17. Acquisition).

René Quillivic, *Le Phare*,
1921, gravure sur bois, 52,5 x 39,5 cm,
Brest, musée des Beaux-Arts (inv. 974.45.16. Acquisition).

René Quillivic, *En Pleine Mer*,
1921, gravure sur bois, 39,5 x 52,5 cm,
Brest, musée des Beaux-Arts (inv. 974.45.14. Acquisition).

René Quillivic, *Devant l'Océan*,
1919, gravure sur bois, 52, 5 x 39,5 cm,
Brest, musée des Beaux-Arts (inv. 974.45.10. Acquisition).

René Quillivic, *Audierne*,
XXe siècle, gravure sur bois, 25,5 x 33 cm,
Brest, musée des Beaux-Arts (inv. 974.45.18. Acquisition).

René Quillivic, *Mer, deux bateaux*,
Gravure sur bois, 20 x 26 cm,
Quimper, musée des Beaux-Arts (inv. 90.2.5. Don).

René Quillivic, *Mer, le naufrage*,
1910-1914, gravure sur bois, 20 x 28 cm,
Quimper, musée des Beaux-Arts (inv.90.2.4. Don.).

Henri Rivière, *Les Falaises de Postolonnec, Morgat*,
1905, aquarelle, 40 x 25 cm,
Brest, musée des Beaux-Arts (inv. 972.3.1. Acquisition).

Henri Rivière, *Calme plat près de Bréhat*,
XXe siècle, lithographie, 24,3 x 59,8 cm,
Brest, musée des Beaux-Arts (inv.973.28.1. Acquisition).

Henri Rivière, *La Pointe du Raz*,
1907, aquarelle, 26 x 41 cm,
Brest, musée des Beaux-Arts (inv. 2011.0.195. Acquisition).

Henri Rivière, *Falaise à Morgat*,
1913, aquarelle, 26 x 41 cm,
Brest, musée des Beaux-Arts (inv. 2011.0.196. Acquisition).

Henri Rivière, *Le Château de Dinan*,
Septembre 1905, crayon et aquarelle sur papier, 26 x 41,2 cm,
Quimper, musée des Beaux-Arts
(inv. D 83.1.3. Dépôt du musée de Saint-Malo).

Henri Rivière, *Étude de vague*,
1892, aquarelle sur papier, 22,5 x 34 cm, Quimper, musée
des Beaux-Arts (inv. D 80.4.1. Dépôt du musée de Saint-Malo).

Claude-Émile Schuffenecker, *Paysage marin, falaise*,
Fin XIXe siècle, pastel sur papier, 12,5 x 18 cm,
Brest, musée des Beaux-Arts (inv. 963. 6.4. Acquisition).

Claude-Émile Schuffenecker, *Paysage breton, rochers*,
Fin XIXe siècle, pastel sur papier, 23 x 14,5 cm,
Brest, musée des Beaux-Arts (inv. 963.6.6. Acquisition).

« L'arbre et la forêt, du pays du Soleil levant au Bois d'Amour » Quimper, musée des Beaux-Arts

2 mars - 28 mai 2012

ESTAMPES JAPONAISES

Harunobu Suzuki (1725-1770), *Jeune Femme visitant un sanctuaire shinto*,
Vers 1767, estampe *nishiki-e*, 27,7 x 19 cm,
Paris, Musée national des Arts asiatiques - Guimet
(EO 1681, legs Isaac de Camondo, 1912).

Harunobu Suzuki (1725-1770), *Beauté prenant le frais au bord d'une rivière*,
1765, estampe *nishiki-e*, 26,9 x 20,4 cm,
Paris, Musée national des Arts asiatiques - Guimet
(EO 3259, legs Raymond Koechlin, 1932).

Harunobu Suzuki (1725-1770), *Femme marchant au bord d'une rivière*.
Estampe *nishiki-e*,
Paris, Musée national des Arts asiatiques - Guimet (EO 1684).

Harunobu Suzuki (1725-1770), *Deux Jeunes Filles sous un parapluie*,
1767-1768, estampe *nishiki-e*, 29,2 x 20,2 cm,
Paris, Musée national des Arts asiatiques - Guimet
(EO 1689, legs Isaac de Camondo, 1912).

Harunobu Suzuki (1725-1770), *La Lessive sous le cerisier en fleurs*,
Vers 1765-1771, estampe *nishiki-e*, 27,7 x 21 cm,
Paris, Musée national des Arts asiatiques - Guimet
(EO 1690, legs Isaac de Camondo, 1912).

Harunobu Suzuki (1725-1770), *Deux Jeunes Femmes parmi les cerisiers en fleurs*,
Estampe *nishiki-e*,
Paris, Musée national des Arts asiatiques - Guimet (MA 2128),

Hokusai Katsushika (1760-1849), Série des *36 Vues du mont Fuji*, 1830-1832,
Estampes *nishiki-e*,
Paris, Musée national des Arts asiatiques - Guimet
(EO 2819, don Louis Devillez, 1930).

Hokusai Katsushika (1760-1849), *Le Lac Suwa dans la province de Shinano*,
Série des *36 Vues du mont Fuji*,
1830-1832, estampe *nishiki-e*, 36,5 x 25,5 cm,
Paris, Musée national des Arts asiatiques - Guimet
(AA 381, legs Mme Charles Jacquin, 1938).

Hokusai Katsushika (1760-1849), *Ejiri dans la province de Suruga*,
Série des *36 Vues du mont Fuji*,
1830-1832, estampe *nishiki-e*, 25,5 x 38 cm,
Paris, Musée national des Arts asiatiques - Guimet
(EO 3286, legs Raymond Koechlin, 1932).

Hokusai Katsushika (1760-1849), *Branche de cerisier en fleur*,
Années 1820, estampe surimono,
Paris, Musée national des Arts asiatiques - Guimet (EO 1934).

Hokusai Katsushika (1760-1849), *Cerisier en fleurs et fauvette*,
1827, estampe surimono, 23,5 x 31,5 cm,
Paris, Musée national des Arts asiatiques - Guimet
(EO 1667, legs Isaac de Camondo, 1911).

Hokusai Katsushika (1760-1849), *Le Poète chinois Su Dongpo*,
Série *Miroir des vers chinois et japonais*,
1833-1834, estampe *nishiki-e*, 51 cm,
Paris, Musée national des Arts asiatiques - Guimet
(EO 1704, legs Isaac de Camondo, 1912).

Hokusai Katsushika (1760-1849), *Cent Vues du mont Fuji*,
3e volume, estampe, 22,7 x 16 cm,
Loches, Maison Lansyer (2011.0.6.0, legs Emmanuel Lansyer).

Hokusai Katsushika (1760-1849), *Cent Vues du mont Fuji*, 1834-1835, 2e volume, estampe, 20,5 x 16,5 cm, Loches, Maison Lansyer (2011.0.7.0, legs Emmanuel Lansyer).

Hokusai Katsushika (1760-1849), *Fruit et tronc d'arbre*, Recueil de dessins cursifs du vieillard Manji, estampe, 22 x 16 cm, Loches, Maison Lansyer (2001.0.8.0, legs Emmanuel Lansyer).

Hiroshige Utagawa (1797-1858), Série des *Cinquante-Trois Relais du Tōkaidō* , 1831-1834, estampes *nishiki-e*. Album complet MA 6199. Planches séparées AA 388, MA 2548, EO 2592, AA 390, EO 1983, EO 2811, EO 2809, EO 2485, EO 997, EO 3267, Paris, Musée national des Arts asiatiques – Guimet.

Hiroshige Utagawa (1797-1858), *Les Cerisiers à Arashiyama*, Série des *Vues célèbres de Kyoto*, Estampe *nishiki-e*, Paris, Musée national des Arts asiatiques – Guimet.

Hiroshige Utagawa (1797-1858), *Jardins d'iris à Horikiri*, Série des *Cent Vues des lieux célèbres d'Edo*, 1857, estampe *nishiki-e*, Paris, Musée national des Arts asiatiques - Guimet (EO 3264).

Hiroshige Utagawa (1797-1858), *Les Cerisiers en fleurs à Gotenyama*, Série des *Cent Vues célèbres d'Edo*, 1853, estampe *nishiki-e*, 21,8 x 34,4 cm, Paris, Musée national des Arts asiatiques - Guimet (EO 2501, don Émile Javal, 1921).

Hiroshige Utagawa (1797-1858), *Les Renards au nouvel an au pied d'un microcoulier à Oji*, Série des *Cent Vues célèbres d'Edo*, 1857, estampe *nishiki-e*, Paris, Musée national des Arts asiatiques – Guimet.

Hiroshige Utagawa (1797-1858), *Seba*, Série des *Soixante-Neuf Relais du Kisodaidö*, 32e vue, Vers 1830, estampe *nishiki-e*, 21,2 x 32,5 cm, Paris, Musée national des Arts asiatiques - Guimet (EO 3273).

Kunisada Utagawa (1786-1865), *Acteur de gauche : Nakamura Shikan II. Acteur de droite : Segawa Kikunijô V dans le drame* Motomishihana otogi Heike, 1828, estampe, 37 x 25,5 cm, Loches, Maison Lansyer (2011.0.3.0, legs Emmanuel Lansyer).

Toyokuni I Utagawa (1769-1825), *Acteur de gauche : Ichikawa Danjurō VII dans le drame* Kamkura santdaiki, Estampe, 37 x 26 cm, Loches, Maison Lansyer (2011.0.2.0, legs Emmanuel Lansyer).

Toyokuni I Utagawa (1769-1825), *Acteur à gauche et à droite : Motsumoto Koshirō V*, Estampe, 37 x 26 cm, Loches, Maison Lansyer (2011.0.10.0, legs Emmanuel Lansyer).

Hasegawa Sadanobu I (1809-1879), *Le Grand Torii du sanctuaire de Gion à Kyoto*, Série des *Vues célèbres de la capitale*, Estampe, 17,3 x 12,2 cm, Loches, Maison Lansyer (2011.0.9.0, legs Emmanuel Lansyer).

Sadakage Utagawa (actif entre 1818 et 1844), *Acteurs*, Estampe, 37 x 25 cm, Loches, Maison Lansyer (2011.0.1.0, legs Emmanuel Lansyer).

Kuniaki I Utagawa (actif entre 1850 et 1860) ou II (1835-1888), *Portrait d'une actrice*, Estampe sur papier crépon, 22 x 17 cm, Loches, Maison Lansyer (legs Emmanuel Lansyer).

Kuniaki I Utagawa (actif entre 1850 et 1860) ou II (1835-1888), *Portrait d'un acteur*, Estampe sur papier crépon, 23 x 17 cm, Loches, Maison Lansyer (legs Emmanuel Lansyer).

Kuniaki I Utagawa I (actif entre 1850 et 1860), *Portrait d'un acteur*, Estampe sur papier crépon, 26 x 19 cm, Loches, Maison Lansyer (legs Emmanuel Lansyer).

Yoshitora Utagawa (actif entre 1850 et 1880), Album contenant des planches d'Hiroshige Utagawa II, de Kunisada Utagawa et divers, *Sortir de nuit pour aller maudire quelqu'un et voir un mariage de renards*, Estampe, 37 x 25,5 cm, Loches, Maison Lansyer (2011.0.5.0, legs Emmanuel Lansyer).

Hiroshige Utagawa II (1826-1869), *La Rue Naka au quartier des plaisirs*, Série des *36 vues de la capitale de l'est*, Estampe sur papier crépon, 26 x 19 cm, Loches, Maison Lansyer (legs Emmanuel Lansyer).

Hiroshige Utagawa II (1826-1869), *Ochanomigu dans la neige*, Série *Edo-neishō-zue*, Estampe sur papier crépon, 23,5 x 17,5 cm, Loches, Maison Lansyer (legs Emmanuel Lansyer).

ÉCOLE DE PONT-AVEN ET NABIS. . . . .

Eugen Ballin, *Paysage*, 1891-1892, fusain sur papier, 30 x 34 cm,

Quimper, musée des Beaux-Arts
(84.2.2, acquis dans le commerce de l'art en 1984).

Émile Bernard, *L'Arbre jaune*,
Vers 1888, huile sur toile, 65,8 x 36,2 cm,
Rennes, musée des Beaux-Arts (1964.13.1, acquis).

Émile Bernard, *Bretonnerie. Trois Femmes étendant du linge*,
1889, zincographie, 25 x 32 cm,
Quimper, musée des Beaux-Arts
(D.60.2.4, dépôt du Musée national d'Art moderne).

Émile Bernard, *Bretonnerie. Trois Femmes et une vache dans un champ*,
Vers 1888-1889, zincographie, 33 x 25 cm,
Quimper, musée des Beaux-Arts
(D.60.2.3, dépôt du Musée national d'Art moderne).

Émile Bernard, *Bretonnerie. La cueilleuse de pommes*,
1889, zincographie, 21 x 23 cm,
Quimper, musée des Beaux-Arts
(79.2.2, acquis dans le commerce de l'art en 1979).

Émile Bernard, *Le Bois d'Amour*,
1888-1893, aquarelle, 21,6 x 27,1 cm,
Quimper, musée des Beaux-Arts
(78.2.1, acquis dans le commerce de l'art en 1978).

Robert Bevan, *Les Peupliers*,
Lithographie sur papier, 25,4 x 35,2 cm,
Quimper, musée des Beaux-Arts
(2001.7, acquis dans le commerce de l'art en 2001).

Charles Filiger, *Paysage du Pouldu*,
Vers 1892, gouache sur papier, 26 x 38,5 cm,
Quimper, musée des Beaux-Arts (84.3, acquis en 1984).

Paul Gauguin, *La Femme aux figues*,
1884, eau-forte et lavis sur zinc tirée à l'encre verte,
26,7 x 44,3 cm,
Quimper, musée des Beaux-Arts
(200.4.1, acquis dans le commerce de l'art en 2000).

Georges Lacombe, *La Forêt au sol rouge*,
1891, huile sur toile, 71,3 x 50,5 cm,
Quimper, musée des Beaux-Arts
(71.2.1, acquis dans le commerce de l'art en 1971).

Georges Lacombe, *Trois Bigoudènes dans la forêt*,
1894, peinture à l'œuf sur toile, 46 x 61,5 cm,
Quimper, musée des Beaux-Arts
(2009.4.1, acquis dans le commerce de l'art en 2009).

Armand Seguin, *La Bretonne*,
1983, pastel sur papier, 41 x 26 cm,
Brest, musée des Beaux-Arts
(977.11.1, acquis dans le commerce de l'art).

Armand Seguin, *La Glaneuse*,
1893, eau-forte sur papier, 23 x 23 cm,
Rennes, musée des Beaux-Arts (1960.2.1, acquis).

Paul Sérusier, *L'Incantation* ou *Le Bois sacré*,
1891, huile sur toile, 91,5 x 72 cm,
Quimper, musée des Beaux-Arts
(84.3.1, legs Henriette Boutaric, 1984).

Paul Sérusier, *Jeune Bretonne à la cruche*,
1892, huile sur toile, 92,5 x 73,5 cm,
Quimper, musée des Beaux-Arts
(82.4.10, acquis dans le commerce de l'art en 1982).

Paul Sérusier, *Paysage*,
Vers 1892-1895, fusain sur papier double face, 27 x 44 cm,
Quimper, musée des Beaux-Arts
(acquis dans le commerce de l'art en 1984).

Paul Sérusier, *Les Porteuses d'eau* ou *La Fatigue*,
1897, huile sur toile, 111 x 67 cm,
Brest, musée des Beaux-Arts
(967.1.1, acquis auprès de particuliers).

Paul Sérusier, *Le Passage du ruisseau*,
1897, huile sur toile, 111 x 67 cm,
Brest, musée des Beaux-Arts
(967.2.1, acquis auprès de particuliers).

Félix Vallotton, *Paysage avec des arbres* ou *Derniers rayons*,
1911, huile sur toile, 100 x 73 cm,
Quimper, musée des Beaux-Arts
(80.3.1, acquis dans le commerce de l'art en 1980).

Estampes bretonnes. La leçon japonaise
Musée départemental breton, Quimper

30 novembre 2012 - 3 mars 2013

I. LA DÉCOUVERTE - LES CERCLES JAPONISANTS. . . .

IMPRIMÉS

M. Kauffmann, Dutheil, *Intérieur de la Ferme japonaise du Trocadéro,*
In *le Monde illustré,* n° 1008, 22 juin 1878, p. 401, 1878,
gravure sur bois debout,
Quimper, Musée départemental breton.

Exposition universelle. Les rétrospectives étrangères au Trocadéro. L'Inde, la Chine, et le Japon,
In *Le Monde illustré,* n° 1129, 16 novembre 1878, p. 312-313,
gravure sur bois debout,
Quimper, Musée départemental breton.

Jardin et pavillon japonais.
In A. Quantin, *L'Exposition du siècle*, Paris,
Le Monde moderne, 1900, p. 199, gravure sur bois debout,
Quimper, Musée départemental breton (03612).

W. Woodward, Dumont, *La Maison japonaise du Trocadéro : vue intérieure,*
In *Les Merveilles de l'exposition de 1878*, Paris :
Librairie illustrée Dreyfous, 1878, pp. 236-237,
Quimper, Musée départemental breton (03612).

Revue *Le Japon artistique* (S. Bing édition), 1890,
Coll. part. (ancienne collection Jacques Beltrand).

A. Iacovleff et S. Elisseeff, *Le Théâtre japonais,* 1933,
Coll. part. (ancienne collection Jacques Beltrand).

ESTAMPES

Prosper-Alphonse Isaac, *Affiche pour la Société franco-japonaise de Paris,*
Vers 1910, bois gravé, impression polychrome, 36 x 26 cm,
Paris, Bibliothèque nationale de France, département des Estampes (EF 449. Don 1275).

Gravure par Prosper-Alphonse Isaac d'après un dessin de Charles Houdard. *Invitation pour le dîner des Amis de l'Art japonais,*
1913 ou 1914, bois gravé, impression polychrome,
Paris, Institut national d'Histoire de l'Art.

Prosper-Alphonse Isaac, *Invitation pour le dîner des Amis de l'Art japonais,*
1907, bois gravé, impression polychrome, 13 x 17,5 cm,
Paris, Institut national d'Histoire de l'Art.

Noguchi, *Invitation pour le dîner des Amis de l'Art japonais,*
1908, bois gravé, impression polychrome,
Paris, Institut national d'Histoire de l'Art.

Jules Chadel, *Invitation pour le dîner des Amis de l'Art japonais,*
1909, bois gravé, impression polychrome, 18 x 12,7 cm,
Paris, Institut national d'Histoire de l'Art.

Gravure et impression par Prosper-Alphonse Isaac, d'après un dessin de Francis Auburtin, *Invitation pour le dîner des Amis de l'Art japonais,*
1910, bois gravé, impression polychrome, 13,2 x 19 cm,
Paris, Institut national d'Histoire de l'Art.

Jules Chadel, impression par P.-A. Isaac (1858-1924),
Invitation pour le dîner des Amis de l'Art japonais,
1911, bois gravé, impression polychrome,
Paris, Institut national d'Histoire de l'Art.

Gravure et tirage par Prosper-Alphonse Isaac,
d'après un dessin de Georges Auriol.
Invitation pour le dîner des Amis de l'Art japonais.

1912, bois gravé, impression polychrome, 19,3 x 13,4 cm,
Paris, Institut national d'Histoire de l'Art.

Gravure et tirage par Prosper-Alphonse Isaac
d'après un dessin de Charles Houdard.
Invitation pour le dîner des Amis de l'Art japonais,
1912, bois gravé, impression polychrome,
Paris, Institut national d'Histoire de l'Art.

Jules Chadel, *Invitation pour le dîner des Amis de l'Art japonais,*
1912, bois gravé, impression polychrome, 13 x 19,5 cm,
Paris, Institut national d'Histoire de l'Art.

Jules Chadel, impression par P.-A.
Isaac, *Invitation pour le dîner des Amis de l'Art japonais,*
1914, bois gravé, impression polychrome,
Paris, Institut national d'Histoire de l'Art.

Georges Auriol, *Invitation pour le dîner des Amis de l'Art japonais,*
Bois gravé, impression polychrome, 13 x 18 cm,
Paris, Institut national d'Histoire de l'Art.

Jean-Francis Auburtin, *L'Ara qui rit,*
invitation pour le dîner des Amis de l'Art japonais,
1908, bois gravé, impression polychrome, 17,1 x 12,7 cm,
Coll. part. (ancienne collection Jacques Beltrand).

Gravure et impression par Prosper-Alphonse Isaac
d'après un dessin de Noguchi, *Calendrier des dîners des Amis de l'Art japonais,*
1908, bois gravé, impression polychrome, 13,4 x 18,3 cm,
Coll. part. (ancienne collection Jacques Beltrand).

Anonyme, *Invitation pour le dîner des Amis de l'Art japonais,*
Bois gravé, impression polychrome, 18,4 x 12,3 cm,
Coll. part. (ancienne collection Jacques Beltrand).

Hiroshige Ando, dit aussi Ichiryûsai, *Horikiri-no-hanasyôbu,*
XVIIIe siècle, bois gravé, impression polychrome, 34,1 x 22,3 cm,
Paris, Bibliothèque nationale de France, département des Estampes (ancienne collection Henri Rivière. Dation 2006, n° 69).

Prosper-Alphonse Isaac, *Invitation pour le dîner des Amis de l'Art japonais,*
1909, bois gravé, impression polychrome, 18,4 x 12,8 cm,
Coll. part. (ancienne collection Jacques Beltrand).

Georges Auriol, *Invitation pour le dîner des Amis de l'Art japonais,*
1909, bois gravé, impression polychrome, 19,3 x 13,3 cm,
Coll. part. (ancienne collection Jacques Beltrand).

Anonyme, *Invitation pour le dîner des Amis de l'Art japonais,*
Bois gravé, impression polychrome, 18,8 x 12,9 cm,
Coll. part. (ancienne collection Jacques Beltrand).

II. LE CABINET D'UN COLLECTIONNEUR . . . .

CÉRAMIQUE

Théophile Deyrolle, *Plat - Décor japonisant au combat de samouraïs,*
4e quart XIXe siècle, faïence polychrome, 2 x 26 x 31 cm,
Quimper, Musée départemental breton
(2008.6.1. Quimper, manufacture Porquier).

SCULPTURES

Masque de théâtre Nô : Dei gan « Yeux parsemés d'or »,
Début XVIIe siècle, bois sculpté, laque,
Coll. part. (ancienne collection Jacques Beltrand).

Masque de théâtre Nô : Akujo (masque de vieillard),
XVIIIe siècle, bois sculpté, laque,
Coll. part. (ancienne collection Jacques Beltrand).

Masque de théâtre Nô : Yase Onna (visage douloureux et maladif de femme),
XVIIIe siècle, bois sculpté, laque,
Coll. part. (ancienne collection Jacques Beltrand).

Masque de théâtre Nô : Kyo Gen,
XVIIIe siècle, bois sculpté, laque,
Coll. part. (ancienne collection Jacques Beltrand).

Masque de théâtre Nô : Fuki Jin (l'homme heureux),
XVIIIe siècle, bois sculpté, laque,
Coll. part. (ancienne collection Jacques Beltrand).

Tachibana Yoshitheru, *Masque de théâtre Nô : Uba* (Visage de vieille femme),
XVIIIe siècle, bois sculpté, laque,
Coll. part. (ancienne collection Jacques Beltrand).

Statue de dignitaire et sa chaise (*Kôbô daishi,* fondateur de la secte *Shingon*),
Fin XVIIe siècle, bois sculpté, laque, 96 x 64 x 46 cm,
Coll. part. (anciennes collections Georges Clemenceau et Jacques Beltrand).

Okimono : *les oiseaux,*
Bois, laque polychrome, 39 x 16 x 16 cm,
Coll. part. (ancienne collection Jacques Beltrand).

Takamura Kôun, *Okimono* :
Sarumawashi ou *montreur de singe avec enfant,*
Fin XIXe siècle, bois, 22 x 12,2 x 15,5 cm,
Coll. part. (ancienne collection Jacques Beltrand).

Takamura Kôun. *Okimono* : personnage légendaire et son tigre,
Fin XIXe siècle, bois, 35,5 x 17 x 13,5 cm,
Coll. part. (ancienne collection Jacques Beltrand).

Loutre.
Bois, 26,3 x 19 x 45 cm,
Coll. part. (ancienne collection Jacques Beltrand).

Okimono : Le Dieu de la chance,
Bois sculpté, 20 x 10 x 13 cm,
Coll. part. (ancienne collection Jacques Beltrand).

Deux statuettes,
12,5 x 6,8 x 9 cm / 12,3 x 6,5 x 8,4 cm.
Coll. part. (ancienne collection Jacques Beltrand).

Collection de Netsuke,
Bois et ivoire, Coll. part. (ancienne collection Jacques Beltrand).

OBJETS

Paravent,
Laque, 102,2 x 155 cm,
Coll. part. (ancienne collection Jacques Beltrand).

Boîte à thé : *Les Sept Dieux du bonheur,* 15,5 x 12,5 x 14 cm,
Coll. part. (ancienne collection Jacques Beltrand).

Coffret, décor d'éventails,
Bois laque d'or, 22 x 26 x 31 cm,
Coll. part. (ancienne collection Jacques Beltrand).

Collection de Tsuba,
Métal, Coll. part. (ancienne collection Jacques Beltrand).

Collection d'étuis de produits pharmaceutiques *Inrô,*
Bois, laque, Coll. part. (ancienne collection Jacques Beltrand).

Casque et armure de samouraï,
Fin XVe siècle et XIXe siècle, acier laqué noir, cuivre doré, soie,
Brest, musée des Beaux-Arts (875.113.1. à 17. Legs Layrle).

Dragon et petits personnages,
XIXe siècle, ivoire, 15,1 x 10,4 x 28,5 cm,
Brest, musée des Beaux-Arts (14.1.159. Legs Danguillecourt).

PEINTURE

Georges Geo-Fourrier, *Autoportrait « à la japonaise »,*
1920, encre et gouache sur papier, 27 x 16,5 cm,
Quimper, coll. part. (ancienne collection Geo-Fourrier).

ESTAMPES

Yoshikuni, *Combat de Sumo,*
Estampe triptyque, 37,7 x 81,5 cm,
Coll. part. (ancienne collection Jacques Beltrand).

Tsunoda Kunisada,
Estampe triptyque, 37 x 75 cm.
Coll. part. (ancienne collection Jacques Beltrand).

Shun Zan Katsukawa, *Samouraï à cheval,*
36,7 x 23 cm,
Coll. part. (ancienne collection Jacques Beltrand).

III. L'ESTAMPE JAPONAISE

IMPRIMÉS

Utamaro Kitagawa, Manga - Album illustré : *Le Livre des insectes*,
1788, 26,8 x 18,3 cm, Coll. part.

Hokusai Katsushika, *La Manga*, 1er volume,
1814, 22,8 x 15,8 cm,
Coll. part. (ancienne collection Jacques Beltrand).

Hokusai Katsushika, Manga : *Itakozeku shô* (« Chants d'Itako »),
1802, 18,2 x 12,2 cm,
Coll. part. (ancienne collection Jacques Beltrand).

Kono Bairei, Manga : Albums de dessins de tous les oiseaux,
volume 2,
1884, 25 x 16,4 cm,
Coll. part. (ancienne collection Jacques Beltrand).

Eisen, Manga (?),
Fin XVIIIe siècle, 22,4 x 14,9 cm,
Coll. part. (ancienne collection Jacques Beltrand).

ESTAMPES

Hokkei Totoya, *Visite de la servante céleste à un seigneur,* Surimono,
1833, bois gravé, impression polychrome, 21,1 x 17,9 cm,
Coll. part. (ancienne collection Jacques Beltrand).

Hokusai Katsushika, *Urashima et la tortue,* Surimono,
Bois gravé, impression polychrome, 21,5 x 18,5 cm,
Coll. part. (ancienne collection Jacques Beltrand).

Hokusai Katsushika, [sans titre], Surimono,
Bois gravé, impression polychrome, 21,6 x 18,6 cm,
Coll. part. (ancienne collection Jacques Beltrand).

Tsunoda Kunisada, *Une femme assise au bord de la rivière fume la pipe,* Surimono,
Bois gravé, impression polychrome, 19,7 x 18,3 cm,
Coll. part. (anciennes collections Henri Vever puis Jacques Beltrand).

Kuniyoshi Utagawa, [sans titre], Surimono,
Bois gravé, impression polychrome, 20 x 18 cm,

Coll. part. (anciennes collections Henri Vever puis Jacques Beltrand).

Shinsai Ryûryûkyo, Surimono,
Faucon sur son perchoir regardant un e-makimono,
Début XIXe siècle, bois gravé, impression polychrome,
20 x 18,4 cm,
Coll. part. (anciennes collections Henri Vever puis Jacques Beltrand).

Katsukawa Shuntei, *La Reine Seiôbo et son daim*, Surimono,
Bois gravé, impression polychrome, 19 x 16,8 cm,
Coll. part. (anciennes collections Henri Vever puis Jacques Beltrand).

Hokkei Totoya, *Casque de Samouraï*,
Bois gravé, impression polychrome, 20,5 x 18 cm,
Coll. part. (ancienne collection Jacques Beltrand).

Harunobu Suzuki, Série des *Sept Komachi,* style moderne,
Vers 1767, bois gravé, impression polychrome, 25 x 17,7 cm,
Coll. part. (ancienne collection Jacques Beltrand).

Harunobu Suzuki, *Jeune Femme à cheval et sa servante*,
Bois gravé, impression polychrome, 28 x 21 cm,
Coll. part. (anciennes collections Henri Vever puis Jacques Beltrand).

Tsunoda Kunisada, *Femme*,
Bois gravé, impression polychrome, 39,3 x 26,3 cm,
Coll. part. (ancienne collection Jacques Beltrand).

Utamaro Kitagawa (1753-1806),
Les Larmes qui perlent ou la pluie du soir,
Vers 1798-1799, bois gravé, impression polychrome,
36,7 x 23,9 cm,
Coll. part. (ancienne collection Jacques Beltrand).

Anonyme, *Femme à sa toilette,*
Vers 1780-1790, bois gravé, impression polychrome,
38,3 x 25,9 cm,
Coll. part. (ancienne collection Jacques Beltrand).

Utamaro Kitagawa, *Deux Femmes,*
Bois gravé, impression polychrome, 67,5 x 14,8 cm,
Coll. part. (ancienne collection Jacques Beltrand).

Utamaro Kitagawa, *Femme,*
Bois gravé, impression polychrome, 73,4 x 24,8 cm,
Coll. part. (ancienne collection Jacques Beltrand).

Toyohiro Utagawa, *Femme,*
Bois gravé, impression polychrome, 68,5 x 12 cm,
Coll. part. (ancienne collection Jacques Beltrand).

Hiroshige Ando, dit aussi Ichiryûsai, *Chiryû shuka uma-ichi, « la foire estivale aux chevaux »*,
40e station de la série *Les Cinquante-Trois Relais du Tōkaidō,*
Vers 1833-1834, bois gravé, impression polychrome,
22,8 x 35 cm,
Coll. part. (ancienne collection Jacques Beltrand).

Hiroshige Ando, dit aussi Ichiryûsai, *Le Fleuve Mie*,
44e station de la série *Les Cinquante-Trois Relais du Tōkaidō,*
Vers 1833-1834, bois gravé, impression polychrome,
24,5 x 37,2 cm,
Coll. part. (ancienne collection Jacques Beltrand).

Hiroshige Ando, dit aussi Ichiryûsai,
La Rue Yabu au pied d'Atago,
De la série *Les Cent Vues célèbres d'Edo*,
1857, bois gravé, impression polychrome, 33 x 21,5 cm,
Coll. part. (anciennes collections Henri Vever puis Jacques Beltrand).

Hiroshige Ando, dit aussi Ichiryûsai, *Pont sur le fleuve Toyo*,
De la série *Les Cinquante-Trois Relais du Tōkaidō*,
Vers 1833, bois gravé, impression polychrome, 18,1 x 25,8 cm,
Coll. part. (ancienne collection Jacques Beltrand).

IV. HENRI RIVIÈRE

IMPRIMÉS

Henri Rivière, « Au pays radieux des tours en porcelaine bleue »,
Illustration pour *A.* Mélandri, *Les Farfadets, conte breton*,
Paris, A. Quantin, 1886,
Quimper, Musée départemental breton (04559).

ESTAMPES

Hiroshige Ando, dit aussi Ichiryûsai, *Le Pont Nihon sous la pluie*,
44e station de la série *Toto Meisho (« Endroits célèbres de la capitale de l'Est »)*,
Bois gravé, impression polychrome, 24,5 x 37,5 cm,
Coll. part. (ancienne collection Jacques Beltrand).

Henri Rivière, *Homardier à l'embouchure du Trieux (Loguivy)*,
1893-1914, bois gravé, impression polychrome, 22,4 x 34,8 cm,
Quimper, Musée départemental breton (2011.4.2).

Hokusai Katsushika (1760-1849). *Ushibori dans la province de Hitachi.*
20e vue des *Trente-Six Vues du mont Fuji*,
Vers 1829-1833, bois gravé, impression polychrome,
26,2 x 38,6 cm,
Paris, Bibliothèque nationale de France, département des Estampes (ancienne collection Henri Rivière. Dation 2006).

Henri Rivière, *Départ des sardiniers à Tréboul*,
1893-1914, bois gravé, impression polychrome, 22,7 x 35 cm,
Quimper, Musée départemental breton (2011.4.1).

Henri Rivière, *Baie de La Fresnaye (Saint-Cast)*,
1891, bois gravé, impression polychrome, 23 x 34,8 cm,
Quimper, Musée départemental breton (2004.40.1).

Hokusai Katsushika, *Lueur du soir à Jungai*,
De la série *Huit Vues de Ryûkyû*,
1833, bois gravé, impression polychrome, 25 x 37,8 cm,
Coll. part. (ancienne collection Jacques Beltrand).

Henri Rivière, *Le Plateau de La Clarté (Ploumanac'h)*,
De la suite *Paysages bretons*, n° 15,
1891, bois gravé, impression polychrome, 22,3 x 34,5 cm,
Quimper, Musée départemental breton (2003.16.2).

Henri Rivière, *Vaches dans les champs de la Garde-Guérin*,
De la suite *Paysages bretons*, n° 6,
1890, bois gravé, impression polychrome, 22,6 x 34,5 cm,
Quimper, Musée départemental breton (2003.15.1).

Henri Rivière, *Un Grain (Saint-Briac)*,
De la suite *Paysages bretons*, n° 19.
1922, bois gravé, impression polychrome, 21 x 30,6 cm,
Paris, Bibliothèque nationale de France, département
des Estampes (dation 2006).

Henri Rivière, *Petit Bois au béret* (Douarnenez),
De la suite *Paysages bretons*, n° 37,
Vers 1930, bois gravé, impression polychrome, 22,3 x 35,7 cm,
Quimper, Musée départemental breton (2011.32.1).

Henri Rivière, *Une Femme et une vache,*
Pointe de La Haye (Saint-Briac),
De la suite *Paysages bretons*, n° 16,
1890, bois gravé, impression polychrome, 22,6 x 34,3 cm,
Quimper, Musée départemental breton (2003.6.1).

Henri Rivière, *Le Fossoyeur du cimetière Saint-Jeran*
à Tréboul (Douarnenez), De la suite *Paysages bretons*,
1914, bois gravé, impression polychrome, 22 x 34 cm,
Quimper, Musée départemental breton (2007.3.1).

Henri Rivière, *L'Écume après la vague – Tréboul, la mer : études de vagues*, n° 5,
1892, bois gravé, impression polychrome, 23 x 35 cm,
Quimper, Musée départemental breton (979.3.1).

Henri Rivière, *Coup de vent, la vague vient de taper*
et retombe en cascades (Tréboul),
1892, bois gravé, impression polychrome, 23 x 35 cm,
Paris, Bibliothèque nationale de France, département
des Estampes (dation 2006).

Henri Rivière, *Vague frappant contre le rocher et retombant en arceau (Pointe de Leidé)*,
1892, 1914, bois gravé, impression polychrome, 23 x 35 cm,
Paris, Bibliothèque nationale de France, département
des Estampes (dation 2006).

Hokusai Katsushika, *Sous la vague au large de Kanagawa*,
Vers 1829-1833, bois gravé, impression polychrome,
26,2 x 38,8 cm,
Paris, Bibliothèque nationale de France, département
des Estampes (ancienne collection Henri Rivière, dation 2006).

V. LA MER

ESTAMPES

Auguste Lepère, *Les Lames déferlent, marée de septembre*,
1901, bois gravé, impression polychrome, 28 x 39,5 cm,
Paris, Bibliothèque nationale de France,
département des Estampes.

Jules Chadel, *Douarnenez, entrée de la ria du Port-Rhu vue de Tréboul*,
1922, bois gravé, impression polychrome,
Paris, Bibliothèque nationale de France,
département des Estampes.

Jules Chadel, *Le Port de commerce de Douarnenez*,
Vers 1930, bois gravé, impression polychrome,
Paris, Bibliothèque nationale de France, département des Estampes.

Jules Chadel, *Douarnenez*,
1930, bois gravé, impression polychrome, 29,4 x 44 cm,
Quimper, Musée départemental breton (2003.20.1).

Henri Guérard, *Soleil couchant à Honfleur*, Mauve sur fond jaune,
Vers 1895, bois gravé, impression en deux tons, 46,5 x 29,7 cm,
Paris, Bibliothèque nationale de France, département
des Estampes (EF 477-fol, t. 4., ancienne collection Eugène Béjot).

Henri Guérard, *Soleil couchant à Honfleur*, Noir sur fond blanc,
Vers 1895, bois gravé, impression en deux tons, 46,5 x 29,7 cm,
Paris, Bibliothèque nationale de France, département
des Estampes (EF 477-fol, t. 4., ancienne collection Eugène Béjot).

Henri Guérard, *Soleil couchant à Honfleur*, Noir sur fond bleu,
Vers 1895, bois gravé, impression en deux tons, 46,5 x 29,7 cm,
Paris, Bibliothèque nationale de France, département
des Estampes (EF 477-fol, t. 4., ancienne collection Eugène Béjot).

Hiroshige Ando, dit aussi Ichiryûsai, *Arai Kaijo-ichiri-han Funawatashi-no-zu*,
1841-1842, bois gravé, impression polychrome, 19,5 x 31,6 cm,
Paris, Bibliothèque nationale de France, département
des Estampes (inv. 642, photo 693. Dation 2006).

Amédée Joyau, *Rentrée des sardiniers, Douarnenez*,
Épreuve d'état, une couleur, 1898 ou 1899, bois gravé.
Paris, Bibliothèque nationale de France (SNR-3).

Amédée Joyau, *Rentrée des sardiniers, Douarnenez*,
Épreuve d'état, deux couleurs, 1898 ou 1899, bois gravé,

impression polychrome.
Paris, Bibliothèque nationale de France (SNR-3).

Amédée Joyau, *Rentrée des sardiniers, Douarnenez.*
1898 ou 1899, bois gravé, impression polychrome, 15,7 x 39,7 cm,
Quimper, Musée départemental breton (2007.9.3).

Amédée Joyau, *Roscoff, séchage des voiles*,
1904, bois gravé, impression polychrome, 18 x 27 cm,
Paris, Bibliothèque nationale de France
(SNR-3. Ancienne collection Joyau, don A. Curtis).

Amédée Joyau, *Roscoff. Brume.*
1903, bois gravé, impression polychrome, 20 x 27,9 cm,
Paris, Bibliothèque nationale de France
(SNR-3. Ancienne collection Joyau, don A. Curtis).

Amédée Joyau, *Roscoff, les voiles rouges.*
1904, bois gravé, impression du Bois de trait, 19,8 x 27,5 cm,
Paris, Bibliothèque nationale de France
(SNR-3. Ancienne collection Joyau, don A. Curtis).

Amédée Joyau, *Roscoff, les voiles rouges.*
1904, bois gravé, impression polychrome, 19,8 x 27,5 cm,
Paris, Bibliothèque nationale de France
(SNR-3. Ancienne collection Joyau, don A. Curtis).

Amédée Joyau, *Goélettes au soleil couchant, Roscoff*
ou *Roscoff, les goélettes*,
1904, bois gravé, impression du Bois de trait, 18,8 x 27,2 cm,
Paris, Bibliothèque nationale de France
(SNR-3. Ancienne collection Joyau, don A. Curtis).

Amédée Joyau, *Goélettes au soleil couchant, Roscoff*
ou *Roscoff, les goélettes*,
1904, bois gravé, impression polychrome, 18,8 x 27,2 cm,
Paris, Bibliothèque nationale de France
(SNR-3. Ancienne collection Joyau, don A. Curtis).

Amédée Joyau, *Roscoff, gros temps, marée basse*,
1904, bois gravé, impression polychrome, 20 x 27,8 cm,
Quimper, Musée départemental breton (2005.37.6).

Amédée Joyau, *Roscoff matinée claire*,
1903, bois gravé, impression polychrome, 18 x 27,5 cm,
Quimper, Musée départemental breton (2005.37.5).

Georges-Arthur Jacquin, *Tartane*,
Non daté, bois gravé, impression polychrome, 20 x 25,5 cm,
Paris, Institut national d'Histoire de l'Art.

Georges-Arthur Jacquin, *L'Envol*,
Non daté, bois gravé, impression polychrome,
31,5 x 24,5 cm,
Paris, Institut national d'Histoire de l'Art
(ancienne collection Jacques Doucet).

Georges-Arthur Jacquin. *(Maison sur la côte).*
Non daté, bois gravé, impression polychrome, 31,5 x 25 cm,
Paris, Institut national d'Histoire de l'Art
(ancienne collection Jacques Doucet).

Georges-Arthur Jacquin, *La Lande de Keriolet* (?),
Non daté, bois gravé, impression polychrome, 25 x 31,7 cm,
Paris, Institut national d'Histoire de l'Art
(ancienne collection Jacques Doucet).

Georges-Arthur Jacquin, *Pins*,
Non daté, bois gravé, impression polychrome, 25 x 31,5 cm,
Paris, Institut national d'Histoire de l'Art
(ancienne collection Jacques Doucet).

Prosper-Alphonse Isaac, *Paysage*,
Non daté, bois gravé, impression polychrome, 32,2 x 23,2 cm,
Paris, Bibliothèque nationale de France,
département des Estampes (EF 449. Don 1275).

Hiroshige Ando, dit aussi Ichiryûsai, *Mitsuke Tenryu-gawa-no-zu*,
1833-1834, bois gravé, impression polychrome,
24,4 x 36,5 cm,
Paris, Bibliothèque nationale de France,
département des Estampes (ancienne collection Henri Rivière.
Dation 2006, n° 152).

Prosper-Alphonse Isaac, *Carcasse de bateau à Cancale*,
Vers 1912, bois gravé, impression polychrome, 21,5 x 30,8 cm,
Paris, Bibliothèque nationale de France,
département des Estampes (EF 449. Don 1275).

Prosper-Alphonse Isaac, *Barque*,
Non daté, bois gravé, impression polychrome, 21,5 x 30,8 cm,
Paris, Bibliothèque nationale de France,
département des Estampes (EF 449. Don 1275).

Prosper-Alphonse Isaac. *Environs de Rotterdam.*
Non daté, bois gravé, impression polychrome, 26,5 x 33,7 cm,
Paris, Institut national d'Histoire de l'Art.

Kuniyoshi Utagawa, [sans titre],
Autour de 1842, bois gravé, impression polychrome, 28,5 x 18,5 cm,
Coll. part. (ancienne collection Jacques Beltrand).

Prosper-Alphonse Isaac, *Bateau en Hollande*,
Non daté, bois gravé, impression polychrome,
26,5 x 33,7 cm,
Paris, Institut national d'Histoire de l'Art.

PEINTURE

Amédée Joyau, *Voiles rouges, Roscoff,*
Non daté, aquarelle,
Paris, Bibliothèque nationale de France
(SNR-3. Ancienne collection Joyau, don A. Curtis).

Amédée Joyau, *Goélettes au soleil couchant, Roscoff* ou *Roscoff, les goélettes,*
Non daté, aquarelle, Paris, Bibliothèque nationale de France (SNR-3. Ancienne collection Joyau, don A. Curtis).

VI. ÉLÉGANCES PARISIENNES, PROCÉDÉS JAPONAIS .

Table de travail de graveur (Auguste Lepère, puis Jacques Beltrand) ainsi que bois d'impression et outils (gouges, burins, bédanes, loupe, etc.).
Coll. part. (ancienne collection Jacques Beltrand).

ESTAMPES

Henri Rivière, *Chantier de la tour Eiffel,*
1889, bois gravé, impression polychrome, 21,6 x 34,2 cm.
Paris, Bibliothèque nationale de France, département des Estampes (dation 2006).

Auguste Lepère, *Le Palais de Justice, vu du pont Notre-Dame,*
1889, bois gravé, impression polychrome, 15,8 x 30,2 cm.
Paris, Bibliothèque nationale de France, département des Estampes.

Hiroshige Ando, dit aussi Ichiryûsai, *Nichô-me Shibai-no-zu,*
1832-1834, bois gravé, impression polychrome, 22,7 x 34,6 cm,
Paris, Bibliothèque nationale de France, département des Estampes (inv. 213, ancienne collection Henri Rivière. Dation 2006).

Auguste Lepère, *Convalescente, madame Lepère,*
1892, bois gravé, impression polychrome, 40 x 29,5 cm,
Paris, Bibliothèque nationale de France, département des Estampes (Ef 423 a 1).

Auguste Lepère, *La Petite Fille au pot* ou *On va goûter,*
1890, bois gravé, impression polychrome, 21,4 x 14 cm,
Coll. part. (ancienne collection Jacques Beltrand).

Jacques Beltrand, *Almanach 1897,*
Bois gravé, impression à l'eau, 32,7 x 23,3 cm,
Coll. part. (ancienne collection Jacques Beltrand).

Jacques Beltrand, *La Place Saint-Michel,*
1903, bois gravé, impression polychrome, 23,5 x 25,7 cm,
Quimper, coll. part.

Jacques Beltrand, *La Rue Valette à Paris,*
Bois gravé, impression en camaïeu, 19,6 x 24 cm,
Quimper, coll. part.

Adolphe Beaufrère, *La Toilette,*
1900, bois gravé, impression polychrome, 35,5 x 20 cm,
Paris, Bibliothèque nationale de France, département des Estampes.

Adolphe Beaufrère, *Femmes au tub* ou *Le Bain,*
Vers 1900, bois gravé, impression polychrome, 32,5 x 21 cm,
Rennes, musée des Beaux-Arts.

Amédée Joyau, *Anna. Femme se recoiffant,*
1899, bois gravé, impression polychrome, 41 x 22,2 cm,
Paris, Bibliothèque nationale de France, département des Estampes (SNR-3. Ancienne collection Joyau, don A. Curtis).

Amédée Joyau, *Boulevard Malesherbes, Paris,*
1888 ou 1899, bois gravé, impression polychrome, 24,5 x 15,2 cm,
Paris, Bibliothèque nationale de France, département des Estampes (SNR-3. Ancienne collection Joyau, don A. Curtis).

DESSIN

Auguste Lepère, Dessin préparatoire sur matrice bois pour *La Convalescente,*
1892, dessin au fusain, rehauts de craie sur bois, 41,1 x 29,8 x 2,3 cm,
Coll. part. (ancienne collection Jacques Beltrand).

VII. BESTIAIRE . . . .

ESTAMPES

Utamaro Kitagawa, Manga, défait : *Le Livre des insectes* (serpent et salamandre),
1788, 21 x 31,6 cm, Coll. part.

Henri Guérard, *Les Pigeons,*
1891, bois gravé, impression polychrome, 46,5 x 35,6 cm,
Paris, Bibliothèque nationale de France, département des Estampes (Don 2540-477-9).

Georges-Arthur Jacquin, *Pélicans,*
Non daté, bois gravé, impression polychrome, 11,4 x 10,6 cm,
Paris, Institut national d'Histoire de l'Art (ancienne collection Jacques Doucet).

Georges-Arthur Jacquin, *Grenouille et pélican,*
Non daté, bois gravé, impression polychrome, 11,6 x 10,6 cm,
Paris, Institut national d'Histoire de l'Art (ancienne collection Jacques Doucet).

Mathurin Méheut, *Gode chassant,*
Non daté, bois gravé paru dans *la Gazette des Beaux-Arts,*
1913, bois gravé, impression en deux tons, 21,4 x 8,3 cm,
Quimper, Musée départemental breton (2008.7.5).

Mathurin Méheut, *Dindons,*
Autour de 1910, bois gravé, impression polychrome deux tons rouge et noir, 17,2 x 22,4 cm,
Quimper, Musée départemental breton (2008.7.3).

Mathurin Méheut, *Bélier et brebis*,
Autour de 1910, bois gravé, impression polychrome deux tons rouge et noir, 17,2 x 22,4 cm,
Quimper, Musée départemental breton (2008.7.4).

Prosper-Alphonse Isaac, *Coq*,
Non daté, bois gravé, impression polychrome, 23 x 34,5 cm,
Paris, Bibliothèque nationale de France, département des Estampes (EF 449. Don 1275).

Yanagawa Shigenobu, *Coq et poussins*.
Début XIXe siècle, bois gravé, impression polychrome, surimono, papier gaufré et micacé, 19,9 x 18,5 cm,
Coll. part. (ancienne collection Henri Vever, puis Beltrand).

Georges Geo-Fourrier, *Cigale*,
1923, bois gravé, impression polychrome, 9,5 x 6,5 cm,
Quimper, Musée départemental breton (2006.27.1 à 3. Ancienne collection Geo-Fourrier).

Hiroshige Ando (1797-1858), dit aussi Ichiryûsai. *Kani et saba* (« crabe et maquereau ») *et asagao* (« volubilis »),
De la série *Les Grands Poissons*,
Autour de 1840, bois gravé, impression polychrome, 25,6 x 37 cm,
Coll. part. (ancienne collection Jacques Beltrand).

Hiroshige Ando, dit aussi Ichiryûsai, *Dorade et deux rougets avec poivre du Japon*
De la série *Les Grands Poissons*,
Autour de 1840, bois gravé, impression polychrome, 25,5 x 37 cm,
Coll. part. (ancienne collection Jacques Beltrand).

Hiroshige Ando, dit aussi Ichiryûsai, planche de la série *Les Grands Poissons*,
Autour de 1840, bois gravé, impression polychrome, 25 x 37 cm,
Coll. part. (ancienne collection Jacques Beltrand).

CÉRAMIQUE

Mathurin Méheut, 10 pièces du service de *La Mer*
(Un pichet, deux plats et sept assiettes),
1925-1930, Quimper, Faïencerie Henriot,
Quimper, Musée départemental breton (988.12).

VIII. FIGURES BRETONNES, TECHNIQUES NIPPONES . . . .

IMPRIMÉS

Tony Beltrand, *Croquis de Bretagne et d'ailleurs*,
Paris, Louis Conard éditeur, 1903. L'un des 20 exemplaires sur Japon avec suite de bois sur Chine. [Illustration de couverture *Femme de Saint-Brieuc*],
1903, gravure sur bois en deux tons, 20,7 x 13,7 cm,
Quimper, Musée départemental breton.

ESTAMPES

Utagawa Kunimasa, *Iwai Kumesaburô*,
1801, bois gravé, impression polychrome, 14,1 x 10,4 cm,
Paris, Bibliothèque nationale de France, département des Estampes (inv. 373, ancienne collection Henri Rivière. Dation 2006).

Adolphe Beaufrère, *La Buveuse de cidre*,
1904, bois gravé, 19,5 x 17,5 cm,
Quimper, Musée départemental breton (2003.24.37).

Adolphe Beaufrère, *La Buveuse de cidre*,
Autour de 1904, bois gravé, impression polychrome, 19,4 x 17,5 cm,
Quimper, Musée départemental breton (2007.7.1).

Adolphe Beaufrère, *Petite Bretonne*,
Autour de 1904, bois gravé, impression polychrome, 17,5 x 19,5 cm,
Paris, Bibliothèque nationale de France, département des Estampes (EF 472 - 8 fol.).

Georges Geo-Fourrier, *Les Costumes de fête*,
1938, bois gravé, impression polychrome sur fond argenté, 35,1 x 25,6 cm,
Quimper, Musée départemental breton (2006.26.1).

Harunobu Suzuki (1725-1770). *La Poétesse Onomo Komachi*,
Vers 1767, bois gravé, impression polychrome, 27,8 x 20,7 cm,
Coll. part. (ancienne collection Jacques Beltrand).

Georges Geo-Fourrier, *N-D. De La Joie (Brûleur de goémon)*,
1936, bois gravé, impression polychrome, 26,7 x 35,4 cm,
Quimper, coll. part. (ancienne collection Geo-Fourrier).

Georges Geo-Fourrier, *Douarnenez, la cale noire*,
1933, bois gravé, impression polychrome, 26,5 x 34,5 cm,
Quimper, coll. part. (ancienne collection Geo-Fourrier).

PEINTURE

Jules Chadel, *Étude de Bretonne assise (Douarnenez ?)*,
1920-1921, lavis d'encre, 28,7 x 26,4 cm,
Quimper, Musée départemental breton (2005.37.8).

Jules Chadel, *Étude de femme de Bretonnes au lavoir*,
1920-1921, lavis d'encre, 23 x 31 cm,
Quimper, Musée départemental breton (2005.37.9).

Henri Rivière,
les détours du chemin d'un japonisant en Armor
Saint Brieuc, musée d'Art et d'Histoire

9 février - 13 mai 2012

Henri Rivière, *Saint-Efflam,*
1914, aquarelle et crayon, 20 x 40 cm,
Coll. part.

Henri Rivière, *Loguivy,*
Juillet 1906, aquarelle, 25,7 x 40,5 cm, Coll. part.

Henri Rivière, *L'Orage sur la lande,*
Août 1905, aquarelle, 25,5 x 41 cm,
Coll. part.

Henri Rivière, *Homardier à l'embouchure du Trieux,*
Autour de 1890, estampe 23 x 35 cm,
suite *Les Paysages bretons*, série de 40 gravures sur bois,
Coll. part.

Henri Rivière, *Matin de brume,*
1902, lithographie, 34 x 22 cm,
Coll. part.

Henri Rivière, *Loguivy,*
1891, août, aquarelle, 21,9 x 33,4 cm,
Paris, Bibliothèque nationale de France,
dép. Estampes et Photographie (dation 2006, FRBNF41100501).

Henri Rivière, *Loguivy,*
1898, juillet, aquarelle, 33,3 x 23,8 cm,
Paris, Bibliothèque nationale de France,
dép. Estampes et Photographie (dation 2006, FRBNF41100472).

Henri Rivière, *Loguivy,*
1897, août, aquarelle, 34,5 x 23 cm,
Paris, Bibliothèque nationale de France,
dép. Estampes et Photographie (dation 2006, FRBNF41100473).

Henri Rivière, *Loguivy,*
1897, juillet, aquarelle, 34,4 x 23 cm,
Paris, Bibliothèque nationale de France,
dép. Estampes et Photographie (dation 2006, FRBNF41100493).

Henri Rivière, *Loguivy,*
1898, août, aquarelle, 22 x 33 cm,
Paris, Bibliothèque nationale de France,
dép. Estampes et Photographie (dation 2006, RBNF41093363).

Henri Rivière, *Loguivy,*
1898, septembre, aquarelle, 22 x 33 cm,
Paris, Bibliothèque nationale de France,
dép. Estampes et Photographie (dation 2006, RBNF41093373).

Henri Rivière, *Loguivy, Landiris, la pluie,*
1898, septembre, aquarelle, 22 x 33 cm,
Paris, Bibliothèque nationale de France,
dép. Estampes et Photographie (dation 2006, RBNF41093379).

Henri Rivière, *Loguivy, Landiris, soir rouge sur le Trieux,*
1898, août, aquarelle, 22 x 33 cm,
Paris, Bibliothèque nationale de France,
dép. Estampes et Photographie (dation 2006, RBNF41093381).

Henri Rivière, *Loguivy,*
1899, juin, aquarelle, 22 x 33 cm,
Paris, Bibliothèque nationale de France,
dép. Estampes et Photographie (dation 2006, RBNF41093388).

Henri Rivière, *Loguivy,*
1899, juillet, aquarelle, 22 x 33 cm,
Paris, Bibliothèque nationale de France,
dép. Estampes et Photographie (dation 2006, RBNF41093395).

Henri Rivière, *Loguivy,*
1900, juin, aquarelle, 22 x 33 cm,
Paris, Bibliothèque nationale de France,
dép. Estampes et Photographie (dation 2006, RBNF41093577).

Henri Rivière, *Loguivy,*
1900, juin, aquarelle, 22 x 33 cm,
Paris, Bibliothèque nationale de France,
dép. Estampes et Photographie (dation 2006, FRBNF41093589).

Henri Rivière, *Loguivy,*
1900, août, aquarelle, 22 x 33 cm,
Paris, Bibliothèque nationale de France,
dép. Estampes et Photographie (dation 2006, FRBNF41093634).

Henri Rivière, *Bréhat,*
1902, août, aquarelle, 33 x 22 cm,
Paris, Bibliothèque nationale de France,
dép. Estampes et Photographie (dation 2006, FRBNF41094445).

Henri Rivière, *Loguivy,*
1909, août, plume et lavis d'encre, 26,5 x 41,5 cm,
Paris, Bibliothèque nationale de France,
dép. Estampes et Photographie (dation 2006, FRBNF41285973).

Henri Rivière, *Loguivy, embouchure du Trieux,*
1897, crayon noir, 32,7 x 44,5 cm,
Paris, Bibliothèque nationale de France,
dép. Estampes et Photographie (dation 2006, FRBNF41286288).

Henri Rivière, *Loguivy,*
1909, août, crayon noir, 26,5 x 41,5 cm,
Paris, Bibliothèque nationale de France,
dép. Estampes et Photographie (dation 2006, FRBNF41285992).

Henri Rivière, *Loguivy,*
1906, aquarelle, 41,4 x 26,3 cm
Rennes, musée des Beaux-Arts (1972-23-1. Acquis).

Henri Rivière, *Bord de mer avec quatre voiliers,*
Non daté, aquarelle, 22,5 x 34,3 cm,
Rennes, musée des Beaux-Arts (1974-22-1. Acquis).

Henri Rivière, *Averse sur la mer,*
1890, bois gravé imprimé en couleurs, 22,7 x 34,1 cm,
Rennes, musée des Beaux-Arts (1974-22-3. Acquis).

Henri Rivière, *Bréhat à l'embouchure du Trieux, Loguivy,*
1905, aquarelle, 26,5 x 41,5 cm
Rennes, musée des Beaux-Arts (1953-3-8. Acquis).

Georges Toudouze, *Henri Rivière, peintre et imagier,*
Paris, Henry Floury, 1907, 176 pages, 33 planches,
Rennes, musée des Beaux-Arts.

J. Braz, *Portrait d'Henri Rivière,*
1909, huile sur toile, 60 x 44 cm,
Coll. part.

Henri Rivière, *Enterrement à Trestraou,*
1891, bois gravé imprimé en couleurs, planche n° 28 de la série des *Paysages bretons*, série de 40 gravures sur bois,
Coll. part.

Henri Rivière, *La Balise,*
1907, gravure sur zinc,
Coll. part.

Henri Rivière, *Saint-Briac,*
Matrice bois,
Coll. part.

Henri Rivière, *La Céramique musulmane dans l'art d'Extrême-Orient,*
1913, Coll. part.

Henri Rivière, *Vanneuses,*
1891, bois gravé imprimé en couleurs, planche n° 34 de la série des *Paysages bretons*, 23 x 35 cm,
Paimpol, collection Armel Galerie.

Henri Rivière, *Les Bords du Trieux au crépuscule,*
1903, lithographie, planche n° 6 de la série *Le Beau Pays de Bretagne*, 35 x 23 cm,
Paimpol, collection Armel Galerie.

Henri Rivière, *Première Étoile à Landiris,*
1907, lithographie, planche n° 10 de la série *Le Beau Pays de Bretagne*, 35 x 23 cm,
Paimpol, collection Armel Galerie.

Henri Rivière, *Loguivy, le Trieux,*
1910, aquarelle, 26,5 x 41,5 cm,
Brest, musée des Beaux-Arts (2011.0.197. Don).

Henri Rivière, *Loguivy, près de la baie de Launay,*
1909, aquarelle, 26,5 x 41,5 cm,
Brest, musée des Beaux-Arts (2011.0.199. Don).

Henri Rivière, *Loguivy, le Gros Rocher,*
1909, aquarelle, 41,5 x 26,5 cm,
Brest, musée des Beaux-Arts (2011.0.198. Don).

Henri Rivière, *Lavoir au Haut Trestraou,*
1891, lithographie, 22,5 x 34 cm,
Brest, musée des Beaux-Arts (2011.0.200. Don).

Henri Rivière, *Rocher sur le Trieux,*
1910, eau-forte, 28 x 41 cm,
Quimper, Musée départemental breton (2005-7-3. Acquis).

Henri Rivière, *Launay mal nommé,*
1910, estampe, 22,1 x 34,9 cm,
Quimper, Musée départemental breton (2005-7-4. Acquis).

Henri Rivière, *Le Trieux à Kermarie,*
1912, lithographie, planche n° 15 de la série

Le Beau Pays de Bretagne, estampe, 23 x 35,5 cm,
Quimper, Musée départemental breton (2003-7-1. Acquis).

Henri Rivière, *Balise sur le Trieux,*
1908, lithographie, planche n° 11 de la série
Le Beau Pays de Bretagne, 23 x 35,5 cm,
Quimper, Musée départemental breton (973-33-1. Acquis).

Henri Rivière, *Le Vieux Moulin à Loguivy,*
1910, lithographie, planche n° 13 de la série
Le Beau Pays de Bretagne, 23 x 35,6 cm,
Quimper, Musée départemental breton (2004-6-2. Acquis).

Henri Rivière, *Entrée du port de Ploumanac'h,*
1914, lithographie, planche n° 17 de la série
Le Beau Pays de Bretagne, 23,2 x 35,7 cm,
Quimper, Musée départemental breton (2003-6-2. Acquis).

Henri Rivière, *Le Port de Loguivy à marée basse,*
1905, lithographie, planche n° 8 de la série
Le Beau Pays de Bretagne, 23,1 x 35,8 cm,
Quimper, Musée départemental breton (2003-7-2. Acquis).

Henri Rivière, *Loguivy le soir,*
1904, lithographie, planche n° 7 de la série
Le Beau Pays de Bretagne, 23 x 35 cm,
Quimper, Musée départemental breton (2003-17-2. Acquis).

Henri Rivière, *L'Île de Bréhat,*
1913, lithographie, planche n° 16 de la série
Le Beau Pays de Bretagne, 22,8 x 35,3 cm,
Quimper, Musée départemental breton (2002-24-3. Acquis).

Henri Rivière, *Cimetière de Perros-Guirec,*
1891, bois gravé imprimé en couleurs, planche
n° 27 de la série des *Paysages bretons*, 22,6 x 33,4 cm,
Quimper, Musée départemental breton (2002-23-1. Acquis).

Henri Rivière, *L'Averse,*
1901, lithographie, planche n° 7 de la série
La Féérie des Heures, 29,5 x 64,5 cm,
Quimper, Musée départemental breton (2002-18-4. Acquis).

Henri Rivière, *La Neige,*
1902, lithographie, planche n° 14 de la série
La Féérie des Heures, 24 x 59,9 cm,
Quimper, Musée départemental breton (2004-6-11. Acquis).

Henri Rivière, *La Brume,*
1901, lithographie, planche n° 4 de la série
La Féérie des Heures, 59,8 x 23,9 cm,
Quimper, Musée départemental breton (2004-6-5. Acquis).

Henri Rivière, *Pleine Lune,*
1902, lithographie,
planche n° 9 de la série La Féérie des Heures,
60 x 24 cm,
Quimper, Musée départemental breton (2004-6-7. Acquis).

Henri Rivière, *Pleine Lune,*
1902, lithographie, planche n° 9 de la série
La Féérie des Heures, 59,8 x 23,9 cm,
Quimper, Musée départemental breton (2004-6-8. Acquis).

Henri Rivière, *La Nuit,*
1902, lithographie, planche n° 16 de la série
La Féérie des Heures, 24,1 x 61 cm,
Quimper, Musée départemental breton (2004-6-12. Acquis).

Henri Rivière, *Le Cap,*
1908, lithographie, planche n° 16 de la série
Aspects de la nature, 54,5 x 83 cm,
Quimper, Musée départemental breton (2003-17-1. Acquis).

Henri Rivière, *Le Lever de lune,*
1898, lithographie, planche n° 10 de la série
Aspects de la nature, 54,6 x 82,8 cm,
Quimper, Musée départemental breton (2004-6-19. Acquis).

Henri Rivière, *Le Hameau,*
1899, lithographie, planche n° 15 de la série
Aspects de la nature, 54,4 x 83 cm,
Quimper, Musée départemental breton (2004-6-21. Acquis).

Henri Rivière, *Soir d'été,*
1897, lithographie, planche n° 2 de la série
Aspects de la nature, 54,5 x 82,8 cm,
Quimper, Musée départemental breton (2004-6-16. Acquis).

Inrō décoré de nuages et de vagues,
Japon, XIXe siècle, bois laqué, 7,5 x 6,8 x 2,4 cm,
Paris, musée des Arts décoratifs (acquis 36865).

Inrō décoré de pins,
Japon, XVIIIe siècle, bois laqué, 6,2 x 4,7 x 1,9 cm,
Paris, musée des Arts décoratifs (acquis 36856).

Tsuba,
Japon, XVIIIe siècle, fer, diam. 8 cm,
Paris, musée des Arts décoratifs (acquis 36874).

Tsuba type Marubori,
Japon, XVIIe siècle, fer, diam. 8 cm,
Paris, musée des Arts décoratifs (acquis 36875).

Henri Rivière, *Projet pour Hayashi*,
1904, maquette tapisserie, 103 x 34 cm,
Paris, musée des Arts décoratifs (22 188).

Henri Rivière, *Embouchure du Trieux à Landiris, Loguivy*,
XXe siècle, aquarelle, 41 x 26 cm,
Paris, musée des Arts décoratifs (CD 5401 27).

Henri Rivière, *Loguivy en juillet*,
1909, aquarelle, 41,5 x 26 cm,
Paris, musée des Arts décoratifs (CD 5401 23).

Henri Rivière, *Loguivy*,
1906, aquarelle, 41,5 x 26 cm,
Paris, musée des Arts décoratifs (CD 5401 33).

Ishikawa Toyonobu illustrateur, Ehon Azuma no mori,
La Forêt de l'est : trente-six images d'acteurs, 1752,
Paris, Musée national des Arts asiatiques Guimet (BG 43933K 2 vol.).

Ueda Akinari auteur, Watanabe Nangaku, Kawamura Bunpô,
illustrateurs, *Concours de poèmes comiques sur la route,*
1811,
Paris, Musée Guimet (BG 43934 1 vol.).

Kuwagata Keisai illustrateur, Sôka Ryakugashiki,
Méthodes de dessins rapides de fleurs et de plantes, 1813,
Paris, Musée Guimet (BG 43936 1 vol.).

« Empreintes d'un voyage au Japon »
Lamballe, musée Mathurin Méheut

1er avril - 31 décembre 2012

Les œuvres présentées sont toutes de Mathurin Méheut.

TRACES DE JAPONISME AVANT LE JAPON . . . .

Charbonniers en forêt,
1912, gravure sur bois, 22,8 x 41,8 cm,
collection particulière.

Gode chassant,
1912, gravure sur bois, 21 x 8,2 cm, collection Gilles Baratte.

Crabe,
Non daté, gravure en deux tons monogramme,21,2 x 28 cm,
collection Denise Delouche.

Batik,
Non daté (avant 1914), tissu imprimé, 33,5 x 33,5 cm,
collection Gilles Baratte.

Hermine : étude,
Non daté, gouache, encre noire sur papier, 57 x 39 cm,
Lamballe, musée Mathurin Méheut (inv. 72.10.D 7).

Revue « Art et décoration »,
juillet 1905, Librairie centrale des Beaux-Arts, Émile Lévy,
Lamballe, musée Mathurin Méheut (inv. 1998.1.3).

Livre illustré « Étude d'animaux »,
1911, Librairie centrale des Beaux-Arts, Émile Lévy,
Lamballe, musée Mathurin Méheut (inv. 1984.1.1).

Livre illustré « Étude de la mer : Manche et Océan »,
1924 (réédition de l'ouvrage original de 1913),
Librairie centrale des Beaux-Arts, Émile Lévy,
Lamballe, musée Mathurin Méheut (inv. 1988.1.1).

Bateau en mer,
Non daté, pierre noire craie sur papier, 19 x 28,7 cm,
Lamballe, musée Mathurin Méheut (inv. 72.02.A 7).

MÉHEUT AU JAPON . . . .

HAWAÏ

Chirurgien bagnard,
1914, gouache, mine de plomb sur papier, 32,5 x 48,7 cm,
Lamballe, musée Mathurin Méheut (inv. 72.11.C 2).

SCÈNES QUOTIDIENNES

Japonaise et son bébé,
Non daté, mine de plomb, gouache sur papier, 35 x 23 cm,
collection particulière.

Jeune Mère japonaise,
1914, pierre noire, gouache sur papier, 12 x 17,5 cm,
collection particulière.

Paysan au travail,
Non daté, crayon gras noir sur papier, 17 x 24 cm,
collection particulière.

Paysan au travail,
Non daté, crayon gras noir sur papier, 13 x 15 cm,
collection particulière.

Croquis de paysan,
1914, crayon gras noir, gouache sur papier, 26,5 x 18,8 cm,
Lamballe, musée Mathurin Méheut (inv. 72.16.B 20).

Porteur de palanche,
1914, crayon gras noir, gouache sur papier, 20,4 x 14,4 cm,
Lamballe, musée Mathurin Méheut (inv. 72.16.B 18).

PITTORESQUE

Mademoiselle Inabata faisant la cérémonie du thé,

Kyoto, 22 juillet 1914, crayon gras noir, aquarelle sur papier,
Lamballe, musée Mathurin Méheut (inv. 72.16.B 1).

Femme à l'éventail en kimono,
1914, crayon gras noir sur papier, 25 x 17 cm,
Lamballe, musée Mathurin Méheut (inv. 72.16.B 3).

Japonaises en kimono,
1914, crayon gras noir, aquarelle sur papier, 15 x 21 cm,
Lamballe, musée Mathurin Méheut (inv. 72.16.B 13).

Japonaise : étude,
1914, mine de plomb, gouache sur papier, 25 x 17 cm,
Lamballe, musée Mathurin Méheut (inv. 72.16.B 21).

Scène de kermesse,
1914, mine de plomb, gouache sur papier, 18 x 28,7 cm,
Lamballe, musée Mathurin Méheut (inv. 72.16.B 22).

Étude de cervidé,
1914, crayon gras noir sur papier, 20,3 x 25,9 cm,
Lamballe, musée Mathurin Méheut (inv. 72.16.A 4).

Un Connaisseur, Kyoto,
1914, mine de plomb sur papier, 16,7 x 25 cm,
Lamballe, musée Mathurin Méheut (inv. 72.16.B 9).

TEMPLES ET PAYSAGES

Revue « l'Illustration », 26 août 1916,
Paris, Éditions de l'Illustration (inv. 1980.1.1).
Lamballe, musée Mathurin Méheut.

Le Pèlerin et les biches sacrées,
Non daté, mine de plomb, gouache sur papier, 58 x 73 cm,
collection particulière.

Nara,
Non daté, aquarelle, crayons gras sur papier, 19 x 13 cm,
collection particulière.

Danseuses sacrées à Nara,
Non daté, encre noire, gouache sur papier, 30 x 50 cm,
collection particulière.

Nara, les biches sacrées,
1914, gouache, encre noire sur papier, 27 x 46,5 cm,
Lamballe, musée Mathurin Méheut (inv. 2010.1.8).

Montée vers le deuxième Torii du Kasuga, Nara,
1914, mine de plomb, gouache sur papier, 18 x 28,8 cm,
Lamballe, musée Mathurin Méheut (inv. 72.16.B 19).

Galerie rouge à Nara,
1914, crayon gouache sur papier, 35 x 28 cm,
collection particulière.

Biches sacrées à l'entrée d'un temple shintoïste dans la forêt de Nara,
1914, crayon, gouache sur papier, 28,5 x 41,5 cm,
collection particulière.

Temple boudhiste Kiyomizu-Dera,
1914, crayon, gouache sur papier, 35,5 x 28,5 cm,
collection particulière.

Temple japonais,
1914, crayon gras noir, aquarelle sur papier, 33 x 25 cm,
collection Gilles Baratte.

Sampan,
1914, mine de plomb sur papier, 22,2 x 16,2 cm,
Lamballe, musée Mathurin Méheut (inv. 72.16.A 6).

Sakaï, 10 juin 1914,
Crayon gras noir, encre brune, lavis sur papier, 44,6 x 29,6 cm,
Lamballe, musée Mathurin Méheut (inv. 72.16.C 3).

Lettre de Mathurin Méheut à la famille Henriot, « Grues sacrées, Nara »,
Non daté, encre, aquarelle sur papier, 31 x 40 cm,
collection particulière.

Lettre de Mathurin Méheut à Mme Joseph Henriot, « Danseuses sacrées suivies de ses biches »,
Non daté, encre, aquarelle sur papier, 31 x 40 cm,
collection particulière.

Lettre de Mathurin Méheut à Joseph Henriot, Biches devant un temple, Paris, 19 avril 1927,
Encre, aquarelle sur papier, 31 x 40 cm,
collection particulière.

LE THÉÂTRE

Au Théâtre,
1914, crayon gras noir, aquarelle sur papier, 17 x 25 cm,
Lamballe, musée Mathurin Méheut (inv. 72.16.B 4).

Sur une scène de Théâtre Nô,
1914, crayon gras noir, aquarelle sur papier, 15,3 x 21,2 cm,
Lamballe, musée Mathurin Méheut (inv. 72.16.B 14).

Prêtres musiciens lors d'une cérémonie,
1914, crayon gras noir, encre sur papier, 16,3 x 20,4 cm,
Lamballe, musée Mathurin Méheut (inv. 72.16.B 16).

Les Saltimbanques,
Non daté, crayon et aquarelle sur papier, 37 x 29 cm,
collection particulière.

ÉCHOS DU VOYAGE AU JAPON . . . .

AFFIRMATION DES THÉMATIQUES DÉJÀ TRAITÉES PAR MÉHEUT AVANT SON VOYAGE

Étude de biches,
Non daté, encre noire, gouache sur papier, 32 x 47,4 cm,
Lamballe, musée Mathurin Méheut (inv. 72.10.C 166).

Étude de biches,
Non daté, encre noire, gouache sur papier, 32 x 47,4 cm,
Lamballe, musée Mathurin Méheut (inv. 72.10.C 167).

Étude de daim,
Non daté, crayon gras noir, gouache sur papier, 34 x 34,8 cm,
Lamballe, musée Mathurin Méheut (inv. 72.10.C 146).

Les Biches,
Non daté, estampe, 20 x 10 cm,
collection Gilles Baratte.

Cerfs en forêt,
Non daté, encre noire, gouache sur papier, 31 x 20 cm,
Lamballe, musée Mathurin Méheut (inv. 72.10.B 642).

Cerfs en forêt,
Non daté, encre noire, gouche sur papier, 26 x 22,4 cm,
Lamballe, musée Mathurin Méheut (inv. 72.10.B 643).

Étude de daim,
Non daté, crayon gras noir, gouache sur papier, 31 x 24,7 cm,
Lamballe, musée Mathurin Méheut (inv. 72.10.B 532).

Daim,
Non daté, crayon gras noir, gouache sur papier, 21,4 x 16,5 cm,
Lamballe, musée Mathurin Méheut (inv. 72.10.A 122).

Biche,
Non daté, crayon gras noir, mine de plomb sur papier, 14 x 21 cm,
Lamballe, musée Mathurin Méheut (inv. 72.10.A 124).

Daim,
Non daté, mine de plomb sur papier, 20,7 x 15,7 cm,
Lamballe, musée Mathurin Méheut (inv. 72.10.A 125).

Menu des « Messageries maritimes »
pour le paquebot Georges Philippar,
Non daté, 24,5 x 31,8 cm,
Lamballe, musée Mathurin Méheut (inv. 1992.3.6).

Brochure publicitaire des « Messageries maritimes »,
1923, Imprimerie Hermieu, Paris, 21 x 13,5 cm,
Lamballe, musée Mathurin Méheut (inv. 1995.1.1).

Petit Catalogue d'expositionde la Galerie Bernheim Jeune,
1955, collection Gilles Baratte.

Bulletin de la vie artistique,
Paris, 1er mai, 1922,
collection Gilles Baratte.

Carte postale des « Messageries Maritimes » :
Laboureurs japonais, non daté,
Lamballe, musée Mathurin Méheut (inv. 2011.1.1).

Menu des « Messageries maritimes » :
Un temple shintoïste au Japon, non daté,
collection Gilles Baratte.

Les Tortues sacrées sur fond de lotus,
Non daté, gouache, rehauts d'or et tempéra sur papier
marouflé sur toile, 97 x 165 cm,
collection particulière.

Lettre de Mathurin Méheut à Yvonne Jean-Haffen,
« Paris décembre 1951, souvenirs de projets d'étoffes imprimées »,
Non daté, 31 x 40 cm,
Dinan, Maison d'artiste de la Grande Vigne (LM 286D).

LE FORMAT EN LONGUEUR

La Senne,
Non daté, caséine sur toile, 70 x 200 cm,
collection particulière.

La Senne,
Non daté, mine de plomb, gouache sur papier, 20 x 25,3 cm,
Lamballe, musée Mathurin Méheut (inv. 72.02.B 213).

Passage du Cap,
Non daté, gouache, encre noire sur papier, 28,5 x 127,5 cm,
Lamballe, musée Mathurin Méheut (inv. 72.13.HF 2).

LES OBLIQUES ET LE POINT DE VUE PLONGEANT

Goémoniers sur leurs drômes,
1957, caséine sur carton, 76 x 106 cm,
Lamballe, musée Mathurin Méheut (inv. 72.03.HF 1).

Boîte J. Le Bras,
Non daté, Dinard, carton imprimé, 5 x 22 cm diam.,
collection Gilles Baratte.

Voiles brunes,
Non daté, gouache sur papier, 10,5 x 17,5 cm,
Lamballe, musée Mathurin Méheut (inv. 72.02.Z 2).

Pêcheurs à bord d'un sardinier,
Non daté, pierre noire, gouache, crayon gras de couleur
sur papier, 16,5 x 19,5 cm,
Lamballe, musée Mathurin Méheut (inv. 72.02.A 77).

Sardiniers,
Non daté, crayon gras noir, gouache sur papier, 20,3 x 27 cm,
Lamballe, musée Mathurin Méheut (inv. 72.02.B 48).

Sardiniers à quai,
Non daté, pierre noire, crayon gras de couleur sur papier,
20,5 x 28,8 cm,
Lamballe, musée Mathurin Méheut (inv. 72.02.B 15).

Sardiniers,
Non daté, pierre noire, encre brune sur papier, 8,2 x 13,7 cm,
Lamballe, musée Mathurin Méheut (inv. 72.02.Z 1).

LA COMPOSITION EN « GRILLE »

Les Grands Filets,
Non daté, caséine sur toile, 140 x 190 cm,
collection particulière.

Forêt dans les Landes,
Non daté, crayon gras de couleur, crayon gras noir sur papier,
37,5 x 28 cm,
Lamballe, musée Mathurin Méheut (inv. 72.14.C 45).

Forêt dans les Landes,
Non daté, crayon gras de couleur, crayon gras noir sur papier,
37,5 x 28 cm,
Lamballe, musée Mathurin Méheut (inv. 72.14.C 47).

La Hunaudaye,
Non daté, pierre noire, gouache sur papier, 29 x 37 cm,
Lamballe, musée Mathurin Méheut (inv. 72.13.C 26).

Lièges sous bois,
Non daté, crayon gras, gouache, mine de plomb sur papier,
31,5 x 25,5 cm,
Lamballe, musée Mathurin Méheut (inv. 72.14.B 21).

La Ferme de Saint-Yves,
Non daté, crayon gras noir, crayon gras de couleur sur papier,
32,3 x 25 cm,
Lamballe, musée Mathurin Méheut (inv. 72.04.B 273).

Le Gros Chêne,
Non daté, gouache, crayon gras noir sur papier, 44,5 x 65 cm,
Lamballe, musée Mathurin Méheut (inv. 72.17.D 2).

Étude de forêt,
Non daté, aquarelle sur papier, 75 x 58 cm,
collection particulière.

Lettre de Mathurin Méheut à Yvonne Jean-Haffen,
« La forêt hallucinante : chênes-lièges, récolte »,
Non daté, 31 x 40 cm,
Dinan, Maison d'artiste de la Grande Vigne (LM 94C).

LE DÉCOUPAGE DU MOTIF PAR LE CADRE

Ramendage des filets à bord de la chaloupe,
Non daté, crayon gras noir, crayon gras de couleur sur papier,
32 x 47 cm,
Lamballe, musée Mathurin Méheut (inv. 72.02.C 7).

Départ vers le large,
Non daté, gouache, encre noire sur papier, 32 x 40,8 cm,
Lamballe, musée Mathurin Méheut (inv. 72.02.C 26).

Femmes de Saint-Cado à l'aviron,
Non daté, gouache, crayon gras noir sur papier, 30,3 x 45,2 cm,
Lamballe, musée Mathurin Méheut (inv. 72.02.C 50).

En route,
Non daté, gouache, crayon gras noir, gouache sur papier,
28,8 x 36,8 cm,
Lamballe, musée Mathurin Méheut (inv. 72.02.C 62).

Goémonière à la civière, Pays bigouden,
Non daté, encre noire, lavis sur papier, 29,3 x 19 cm,
Lamballe, musée Mathurin Méheut (inv. 72.03.B 66).

Au large dans le creux de la lame,
Non daté, crayon gras, gouache sur papier, 20,4 x 29,7 cm,
Lamballe, musée Mathurin Méheut (inv. 72.02.B 90).

Lettre de Mathurin Méheut à Yvonne Jean-Haffen,
« Vérifications des vérins avant le lancement Paul Doumer »,
Non daté, 31 x 40 cm,
Dinan, Maison d'artiste de la Grande Vigne (LM 42B).

L'ESTAMPE

Le Ramendage des filets,
1921, gravure en taille d'épargne, 31,4 x 38,4 cm,
collection Gilles Baratte.

Saint Guénolé, 1920,
1921, gravure en taille d'épargne, 31,5 x 39 cm,
collection Gilles Baratte.

VITESSE ET JUSTESSE DU GRAPHISME DE MÉHEUT, CONFIRMÉES PAR SES RENCONTRES AVEC LES CALLIGRAPHES JAPONAIS

Canards,
Non daté, gouache, crayon gras noir sur papier, 14,8 x 28 cm,
Lamballe, musée Mathurin Méheut (inv. 72.10.B 836).

Hirondelle nourrissant ses petits, 9 juillet 1915,
Crayon gras, mine de plomb sur papier, 30,4 x 23 cm,
Lamballe, musée Mathurin Méheut (inv. 72.10.B 907).

Combat de coqs,
Non daté, crayon gras, gouache sur papier, 32 x 47 cm,
Lamballe, musée Mathurin Méheut (inv. 72.10.C 221).

Combat de coqs,
Non daté, crayon gras noir, crayon gras de couleur sur papier, 17,7 x 24 cm,
Lamballe, musée Mathurin Méheut (inv. 72.10.A 157).

Coq,
Non daté, pierre noire, crayon gras de couleur sur papier, 13,5 x 19,7 cm,
Lamballe, musée Mathurin Méheut (inv. 72.10.A 151).

Étude de feuillage,
Non daté, pierre noire, gouache sur papier, 26 x 25,5 cm,
Lamballe, musée Mathurin Méheut.

Étude de fougères,
Non daté, mine de plomb, gouache sur papier, 21,8 x 17,5 cm,
Lamballe, musée Mathurin Méheut.

Étude de feuille,
Non daté, pierre noire, sanguine sur papier, 36,5 x 22,5 cm,
Lamballe, musée Mathurin Méheut.

Étude de feuillage,
Non daté, pierre noire, gouache sur papier, 51 x 33,2 cm,
Lamballe, musée Mathurin Méheut.

Étude de feuillage,
Non daté, crayon gras, mine de plomb sur papier, 49 x 30,8 cm,
Lamballe, musée Mathurin Méheut.

Lettre de Mathurin Méheut à Yvonne Jean-Haffen,
« Printemps et animaux 1948 au Paradou »,
31 x 40 cm,
Dinan, Maison d'artiste de la Grande Vigne (LM 188D).

Lichens,
Non daté, pierre noire sur papier, 20,8 x 14,5 cm,
Lamballe, musée Mathurin Méheut.

Paysage enneigé,
Non daté, crayon gras noir, gouache sur papier, 24,5 x 20,3 cm,
Lamballe, musée Mathurin Méheut.

LES FAÏENCES

Huit miniatures de « Mon Village » dans une coupe circulaire dans le goût des jardins japonais,
Non daté, faïence polychrome, 8 cm,
Quimper, musée de la Faïence (inv. 2008-1-01381).

Chapelle Notre-Dame de la Joie « Mon Village »,
Non daté, faïence polychrome, 8 cm,
collection particulière.

Jatte à décor de boa,
Avant 1922, Manufacture Henriot, diam. 25 cm,
Quimper, musée de la Faïence (inv. 2008-1-01437).

Assiette du Service Prunier : la langouste,
1932-1933, Villeroy & Boch, Mettlach, diam. 25 cm,
Lamballe, musée Mathurin Méheut (inv. 1986.1.6).

Deux Perdrix,
Non daté, grès émaillé, Manufacture nationale de Sèvres, 15 x 15 x 10 cm,
collection particulière.

Plat rond « Cormorans et poissons »,
Années 1940, faïence à émail blanc bleuté, diam. 36 cm,
collection Gilles Baratte.

Le Japon dans la correspondance de Mathurin Méheut Dinan, maison d'artiste de la Grande Vigne

19 mai - 30 septembre 2012

Les œuvres présentées sont toutes de Mathurin Méheut.

Nara - La Danseuse sacrée dans la galerie rouge,
Juillet 1927, encre, gouache aquarellée, 31 x 40 cm,
Dinan, Maison d'artiste de La Grande Vigne (LM 51).

La Danse du miroir - Danseuses sacrées à Nara,
Juillet 1927, encre, gouache aquarellée, 31 x 40 cm,
Dinan, Maison d'artiste de La Grande Vigne (LM 52).

[*sans titre : dragons, pont et torii*],
Juillet 1927, encre, gouache aquarellée, 31 x 40 cm,
Dinan, Maison d'artiste de La Grande Vigne (LM 53).

Jonques japonaises à Osaka (sans texte),
1927, encre, gouache aquarellée, 31 x 40 cm,
Dinan, Maison d'artiste de La Grande Vigne (LM 93).

Portique shintoïste à Kyoto (sans texte),
1927, encre, gouache aquarellée, 31 x 40 cm,
Dinan, Maison d'artiste de La Grande Vigne (LM 94),

Sous-Bois à Nara,
Septembre 1927, encre, gouache aquarellée, 31 x 40 cm,
Dinan, Maison d'artiste de La Grande Vigne (LM 95).

Types japonais,
1927, encre, gouache aquarellée, 31 x 40 cm,
Dinan, Maison d'artiste de La Grande Vigne (LM 96).

Les Danseuses aux biches à Miyajima,
Septembre 1927, encre, gouache aquarellée, 31 x 40 cm,
Dinan, Maison d'artiste de La Grande Vigne (LM 97).

Marée montante à Myajima l'île sacrée - Biche et son faon regagnant la forêt,
Septembre 1927, encre, gouache aquarellée, 31 x 40 cm,
Dinan, Maison d'artiste de La Grande Vigne (LM 98).

La Grosse Cloche à Kyoto heurtée par les pèlerins,
1927, encre, gouache aquarellée, 31 x 40 cm,
Dinan, Maison d'artiste de La Grande Vigne (LM 99).

Types de théâtre populaire, Kyoto,
1927, encre, gouache aquarellée, 31 x 40 cm,
Dinan, Maison d'artiste de La Grande Vigne (LM 100).

Laboureur japonais dans la montagne près de Kyoto,
Septembre 1927, encre, gouache aquarellée, 31 x 40 cm,
Dinan, Maison d'artiste de La Grande Vigne (LM 102).

Une Fontaine sacrée à Nara,
1927, encre, gouache aquarellée, 31 x 40 cm,
Dinan, Maison d'artiste de La Grande Vigne (LM 103).

Teinturiers japonais à Osaka,
Septembre 1927, encre, gouache aquarellée, 31 x 40 cm,
Dinan, Maison d'artiste de La Grande Vigne (LM 104).

La Prière devant le temple du renard sacré - Forêt de Kioto (sic) - un terrier sacré,
1927, encre, gouache aquarellée, 31 x 40 cm,
Dinan, Maison d'artiste de La Grande Vigne (LM 105).

[*sans titre : groupe assis sous des lampions – biches flairant des théières*],
1927, encre, gouache aquarellée, 31 x 40 cm,
Dinan, Maison d'artiste de La Grande Vigne (LM 106).

La Montagne sacrée Nara,
Septembre 1927, encre, gouache aquarellée,

31 x 40 cm,
Dinan, Maison d'artiste de La Grande Vigne (LM 107).

Nara,
Septembre 1927, encre, gouache aquarellée, 31 x 40 cm,
Dinan, Maison d'artiste de La Grande Vigne (LM 108).

Dans le parc d'Inabata Kyoto,
1927, encre, gouache aquarellée, 31 x 40 cm,
Dinan, Maison d'artiste de La Grande Vigne (LM 109).

Jardinier japonais Nara,
Septembre 1927, encre, gouache aquarellée, 31 x 40 cm,
Dinan, Maison d'artiste de La Grande Vigne (LM 110).

[*sans titre : biche suivie d'un faon*],
1927, encre, gouache aquarellée, 31 x 40 cm,
Dinan, Maison d'artiste de La Grande Vigne (LM 111).

Dans le fond les temples shintoïstes bâtis sur pilotis – le grand torii à marée basse Miyajima,
Septembre 1927, encre, gouache aquarellée, 31 x 40 cm,
Dinan, Maison d'artiste de La Grande Vigne (LM 112).

[*sans titre : cerf et biche – faon*],
Septembre 1927, encre, gouache aquarellée, 31 x 40 cm,
Dinan, Maison d'artiste de La Grande Vigne (LM 113).

L'Entrée sud de Kasuga,
1927, encre, gouache aquarellée, 31 x 40 cm,
Dinan, Maison d'artiste de La Grande Vigne (LM 114).

La Tortue de pierre - Tortues sacrées au menhir,
Septembre 1927, encre, gouache aquarellée, 31 x 40 cm,
Dinan, Maison d'artiste de La Grande Vigne (LM 117).

Daims s'enivrant avec les tiges de printemps. Nara,
1927, encre, gouache aquarellée, 31 x 40 cm,
Dinan, Maison d'artiste de La Grande Vigne (LM 118).

Grues sacrées dans une des enceintes de Miyajima,
Septembre 1927, encre, gouache aquarellée,
31 x 40 cm,
Dinan, Maison d'artiste de La Grande Vigne (LM 122).

Nobumata, école de Kano,
1927, encre, gouache aquarellée, 31 x 40 cm,
Dinan, Maison d'artiste de La Grande Vigne (LM 124).

Nobumata école de Kano,
Septembre 1927, encre, gouache aquarellée, 31 x 40 cm,
Dinan, Maison d'artiste de La Grande Vigne (LM 125).

[*sans titre. id.*],
1927, encre, gouache aquarellée, 31 x 40 cm,
Dinan, Maison d'artiste de La Grande Vigne (LM 126).

École de Kano,
1927, encre, gouache aquarellée, 31 x 40 cm,
Dinan, Maison d'artiste de La Grande Vigne (LM 127).

Entrée de tombeau près Kyoto,
Septembre 1927, encre, gouache aquarellée, 31 x 40 cm,
Dinan, Maison d'artiste de La Grande Vigne (LM 128).

[*sans titre : groupement étrange d'animaux sculptés sur table basse et petits personnages*],
1927, encre, gouache aquarellée, 31 x 40 cm,
Dinan, Maison d'artiste de La Grande Vigne (LM 129).

Parc de Nara,
Septembre 1927, encre, gouache aquarellée, 31 x 40 cm,
Dinan, Maison d'artiste de La Grande Vigne (LM 130).

Fontaines japonaises,
1927, encre, gouache aquarellée, 31 x 40 cm,
Dinan, Maison d'artiste de La Grande Vigne (LM 131).

Les Pigeons sacrés. Nara,
1927, encre, gouache aquarellée, 31 x 40 cm,
Dinan, Maison d'artiste de La Grande Vigne (LM 132).

Printemps à Kioto,
Mai 1934, encre, gouache aquarellée, 31 x 40 cm,
Dinan, Maison d'artiste de La Grande Vigne (LM 132B).

Bûcherons en forêt de Nara,
1927, encre, gouache aquarellée, 31 x 40 cm,
Dinan, Maison d'artiste de La Grande Vigne (LM 133).

La Prière devant les statues géantes de Nara,
1927, encre, gouache aquarellée, 31 x 40 cm,
Dinan, Maison d'artiste de La Grande Vigne (LM 134).

Japonaise préparant le thé,
1927, encre, gouache aquarellée, 31 x 40 cm,
Dinan, Maison d'artiste de La Grande Vigne (LM 135).

Le Grand Torii de Miyajima,
Vers 1920-1930, fresque sur panneau d'isorel, 130 x 95 cm,
Dinan, Maison d'artiste de La Grande Vigne.

« Le voyage de Francis Hennequin au Japon, un photographe de Douarnenez au pays du Soleil levant » Douarnenez, Port-Musée

19 mai - 30 juin 2012

Les œuvres présentées sont toutes de Francis Hennequin.

Miyajima, le torii vu à travers les arbres soir,
Vers 1912, négatif sur plaque de verre stéréoscopique, 3702,
Coll. part.

Miyajima, barques échouées sur la plage,
Vers 1912, négatif sur plaque de verre stéréoscopique, 3704,
Coll. part.

Miyajima, barques à travers les arbres,
Vers 1912, négatif sur plaque de verre stéréoscopique, 3706,
Coll. part.

Mer intérieure, barques,
Vers 1912, négatif sur plaque de verre stéréoscopique, 3708,
Coll. part.

Mer intérieure, détroit, contre-jour,
Vers 1912, négatif sur plaque de verre stéréoscopique, 3710,
Coll. part.

Mer intérieure, barque de montagne,
Vers 1912, négatif sur plaque de verre stéréoscopique, 3712,
Coll. part.

Onomichi, gros arbre japonais,
Vers 1912, négatif sur plaque de verre stéréoscopique, 3714,
Coll. part.

Onomichi, cimetière, la ville,
Vers 1912, négatif sur plaque de verre stéréoscopique, 3716,
Coll. part.

Onomichi, arbres dans les îles,
Vers 1912, négatif sur plaque de verre stéréoscopique, 3718,
Coll. part.

Kyoto, Chion-in, escalier,
Vers 1912, négatif sur plaque de verre stéréoscopique, 3720,
Coll. part.

Kyoto, Chion-in, petit jardin,
Vers 1912, négatif sur plaque de verre stéréoscopique, 3722,
Coll. part.

Kyoto, temple sud, mendiant, balustrade,
Vers 1912, négatif sur plaque de verre stéréoscopique, 3724,
Coll. part.

Kyoto, pagode fontaine,
Vers 1912, négatif sur plaque de verre stéréoscopique, 3726,
Coll. part.

Kyoto, temple des pigeons, la cour,
Vers 1912, négatif sur plaque de verre stéréoscopique, 3728,
Coll. part.

Kyoto, Higashi Honganji, colonnes, pigeons,
Vers 1912, négatif sur plaque de verre stéréoscopique, 3730,
Coll. part.

Nara, daims dans le parc,
Vers 1912, négatif sur plaque de verre stéréoscopique, 3732,
Coll. part.

Nara, daims, torii, escalier,
Vers 1912, négatif sur plaque de verre stéréoscopique, 3734,
Coll. part.

Nara, fontaine vue de face,
Vers 1912, négatif sur plaque de verre stéréoscopique, 3736,
Coll. part.

Nara, bonze à la fontaine,
Vers 1912, négatif sur plaque de verre stéréoscopique, 3738,
Coll. part.

Lac Biwa, estacade pêcheurs,
Vers 1912, négatif sur plaque de verre stéréoscopique, 3740,
Coll. part.

Lac Biwa, temple, vue d'ensemble,
Vers 1912, négatif sur plaque de verre stéréoscopique, 3742,
Coll. part.

Lac Biwa, petit pavillon, sous-bois (temple),
Vers 1912, négatif sur plaque de verre stéréoscopique, 3744,
Coll. part.

Hozu, dans les rapides,
Vers 1912, négatif sur plaque de verre stéréoscopique, 3746,
Coll. part.

Arashiyama, train de bois,
Vers 1912, négatif sur plaque de verre stéréoscopique, 3748,
Coll. part.

Arashiyama, le pont,
Vers 1912, négatif sur plaque de verre stéréoscopique, 3750,
Coll. part.

Tokyo, temple, petites Japonaises,
Vers 1912, négatif sur plaque de verre stéréoscopique, 3752,
Coll. part.

Nikko, temple contre jour,
Vers 1912, négatif sur plaque de verre stéréoscopique, 3754,
Coll. part.

Nikko, grand torii vu à travers une porte,
Vers 1912, négatif sur plaque de verre stéréoscopique, 3756,
Coll. part.

Nikko, le grand temple, escalier,
Vers 1912, négatif sur plaque de verre stéréoscopique, 3758,
Coll. part.

Nikko, porte du grand temple,
Vers 1912, négatif sur plaque de verre stéréoscopique, 3760,
Coll. part.

Nikko, devant le grand temple, candélabre,
Vers 1912, négatif sur plaque de verre stéréoscopique, 3762,
Coll. part.

Nikko, le tombeau,
Vers 1912, négatif sur plaque de verre stéréoscopique, 3764,
Coll. part.

Nikko, partie sud, lanterne, Japonaises,
Vers 1912, négatif sur plaque de verre stéréoscopique, 3766,
Coll. part.

Nikko, partie sud un tombeau,
Vers 1912, négatif sur plaque de verre stéréoscopique, 3768,
Coll. part.

Nikko, Japonaises au bord du lac,
Vers 1912, négatif sur plaque de verre stéréoscopique, 3770,
Coll. part.

Lac Chuzenji, le pont,
Vers 1912, négatif sur plaque de verre stéréoscopique, 3772,
Coll. part.

Lac Chuzenji, estacades barques,
Vers 1912, négatif sur plaque de verre stéréoscopique, 3774,
Coll. part.

Lac Chuzenji, grands arbres, femme, barque,
Vers 1912, négatif sur plaque de verre stéréoscopique, 3776,
Coll. part.

Port de Yokohama,
Vers 1912, négatif sur plaque de verre stéréoscopique, 3778,
Coll. part.

Lac Hakone, Fujiyama,
Vers 1912, négatif sur plaque de verre stéréoscopique, 3780,
Coll. part.

« Gyotaku, l'art de l'empreinte » musée de la Pêche de Concarneau

17 juin - 30 septembre 2012

Boshu Nagase, *Girelle, coris julis,*
18 décembre 2000, impression sur papier, 46 x 34 cm,
Monaco, Musée océanographique de Monaco,
Fondation Albert Ier, Prince de Monaco (ICO 0174).

Boshu Nagase, *Sar commun, Diplodus sargus sargus*,
13 décembre 2000, impression sur papier, 46 x 34 cm,
Monaco, Musée océanographique de Monaco,
Fondation Albert Ier, Prince de Monaco (ICO 0176).

Boshu Nagase, *Feuille, citharus linguatula*,
16 mars 2001, impression sur papier, 46 x 34 cm,
Monaco, Musée océanographique de Monaco,
Fondation Albert Ier, Prince de Monaco (ICO 0178).

Boshu Nagase, *Orphie, belone belone*,
2001, impression sur papier, 100 x 68 cm,
Monaco, Musée océanographique de Monaco,
Fondation Albert Ier, Prince de Monaco (ICO 0233).

Boshu Nagase, *Barbier, anthias anthias*,
2001, impression sur papier, 27 x 29,5 cm,
Monaco, Musée océanographique de Monaco,
Fondation Albert Ier, Prince de Monaco (ICO 0370).

Boshu Nagase, *Chimère commune, chimaera monstrosa*,
17 janvier 2001, impression sur papier, 45 x 34 cm,
Monaco, Musée océanographique de Monaco,
Fondation Albert Ier, Prince de Monaco (ICO 372).

Boshu Nagase, *Girelle et serran écriture, coris julis, Serranus scriba*,
15 décembre 2000, impression sur papier, 46 x 34 cm,
Monaco, Musée océanographique de Monaco,
Fondation Albert Ier, Prince de Monaco (ICO 0373).

Boshu Nagase, *Grondin perlon, chelidonichthys lucernus*,
24 janvier 2001, impression sur papier, 46 x 34 cm,
Monaco, Musée océanographique de Monaco,
Fondation Albert Ier, Prince de Monaco (ICO 0376).

Boshu Nagase, *Dorade marbrée, lithognathus mormyrus*,
23 mars 2001, impression sur papier, 46 x 34 cm,
Monaco, Musée océanographique de Monaco,
Fondation Albert Ier, Prince de Monaco (ICO 0378).

Boshu Nagase, *Baudroie rousse, lophius budegassa*,
12 janvier 2001, impression sur papier, 45,8 x 34,3 cm,
Monaco, Musée océanographique de Monaco,
Fondation Albert Ier, Prince de Monaco (ICO 0379).

Boshu Nagase, *Mulet cabot, mugil cephalus*,
25 janvier 2001, impression sur papier, 64 x 55 cm,
Monaco, Musée océanographique de Monaco,
Fondation Albert Ier, Prince de Monaco (ICO 0381).

Boshu Nagase, *Oblade, oblada melanura*,
2001, impression sur papier, 45 x 34 cm,
Monaco, Musée océanographique de Monaco,
Fondation Albert Ier, Prince de Monaco (ICO 0382).

Boshu Nagase, *Pageot commun, pagellus erythrinus*,
4 mars 2001, impression sur papier, 46 x 34 cm,
Monaco, Musée océanographique de Monaco,
Fondation Albert Ier, Prince de Monaco (ICO 0383).

Boshu Nagase, *Pagre à points bleus, pagrus caeruleostictus*,
6 décembre 2000, impression sur papier, 46 x 34 cm,
Monaco, Musée océanographique de Monaco,
Fondation Albert Ier, Prince de Monaco (ICO 0384).

Boshu Nagase, *Raie miroir, raja miraletus*,
28 janvier 2001, impression sur papier, 45,5 x 34,3 cm,
Monaco, Musée océanographique de Monaco,
Fondation Albert Ier, Prince de Monaco (ICO 0386).

Boshu Nagase, *Maquereau commun, scomber scombrus*,
4 février 2001, impression sur papier, 49 x 41 cm,
Monaco, Musée océanographique de Monaco,
Fondation Albert Ier, Prince de Monaco (ICO 0387).

Boshu Nagase, *Rascasse brune, scorpaena porcus*,
21 janvier 2001, impression sur papier, 46 x 34 cm,
Monaco, Musée océanographique de Monaco,
Fondation Albert Ier, Prince de Monaco (ICO 0388).

Boshu Nagase, *Rascasse rouge, scorpaena scrofa*,
10 mars 2001, impression sur papier, 54 x 53 cm,
Monaco, Musée océanographique de Monaco,
Fondation Albert Ier, Prince de Monaco (ICO 0389).

Boshu Nagase, *Sole commune, solea solea*,
19 décembre 2000, impression sur papier, 46 x 34 cm,
Monaco, Musée océanographique de Monaco,
Fondation Albert Ier, Prince de Monaco (ICO 0391).

Boshu Nagase, *Mendole, spicara maena*,
11 avril 2001, impression sur papier, 46 x 34 cm,
Monaco, Musée océanographique de Monaco,
Fondation Albert Ier, Prince de Monaco (ICO 0394).

Boshu Nagase, *Crénilabre rouquié, symphodus mediterraneus*,
22 janvier 2001, impression sur papier, 46 x 34 cm,
Monaco, Musée océanographique de Monaco,
Fondation Albert Ier, Prince de Monaco (ICO 0395).

Boshu Nagase, *Crénilabre paon, symphodus tinca*,
avril 2001, impression sur papier, 46 x 34 cm,
Monaco, Musée océanographique de Monaco,
Fondation Albert Ier, Prince de Monaco (ICO 0396).

Boshu Nagase, *Torpille marbrée, torpedo marmorata*,
11 janvier 2001, impression sur papier, 46 x 34 cm,
Monaco, Musée océanographique de Monaco,
Fondation Albert Ier, Prince de Monaco (ICO 0397).

Boshu Nagase, *Chinchard à queue jaune, trachurus mediterraneus*,
30 décembre 2000, impression sur papier, 46 x 34 cm,
Monaco, Musée océanographique de Monaco,
Fondation Albert Ier, Prince de Monaco (ICO 0399).

Boshu Nagase, *Grondin lyre, trigla lyra*,
19 mars 2001, impression sur papier, 53 x 45 cm,
Monaco, Musée océanographique de Monaco,
Fondation Albert Ier, Prince de Monaco (ICO 0400).

Boshu Nagase, *Poisson volant du Japon, cheilopogon agoo*,
Non daté, impression sur papier, 57 x 53 cm,
Monaco, Musée océanographique de Monaco,
Fondation Albert Ier, Prince de Monaco (ICO 0182).

Boshu Nagase, *Grondin gris, eutrigla gurnardus*,
Non daté, impression sur papier, 50 x 41 cm,
Monaco, Musée océanographique de Monaco,
Fondation Albert Ier, Prince de Monaco (ICO 0183).

Boshu Nagase, *Podothecus sachi*,
Non daté, impression sur papier, 56 x 49 cm,
Monaco, Musée océanographique de Monaco,
Fondation Albert Ier, Prince de Monaco (ICO 0188).

Boshu Nagase, *Mérou jaune, epinephelus awoara*,
Non daté, impression sur papier, 53 x 45 cm,
Monaco, Musée océanographique de Monaco,
Fondation Albert Ier, Prince de Monaco (ICO 0200).

Boshu Nagase, *Mérou bossu, cromileptes altivelis*,
Non daté, impression sur papier, 55 x 48 cm,
Monaco, Musée océanographique de Monaco,
Fondation Albert Ier, Prince de Monaco (ICO 0201).

Boshu Nagase, *Mérou à points bleus, cephalopholis taeniops*,
Non daté, impression sur papier, 54 x 48 cm,
Monaco, Musée océanographique de Monaco,
Fondation Albert Ier, Prince de Monaco (ICO 0202).

Boshu Nagase, *Vivaneau à raies bleues, lutjanus kasmira*,
Non daté, impression sur papier, 40 x 31 cm,
Monaco, Musée océanographique de Monaco,
Fondation Albert Ier, Prince de Monaco (ICO 0204).

Boshu Nagase, *Pompaneau lune, trachinotus blochii*,
Non daté, impression sur papier, 42 x 32 cm,
Monaco, Musée océanographique de Monaco,
Fondation Albert Ier, Prince de Monaco (ICO 0205).

Boshu Nagase, *Plie du Pacifique, platichtys stellatus*,
Non daté, impression sur papier, 51 x 45 cm,
Monaco, Musée océanographique de Monaco,
Fondation Albert Ier, Prince de Monaco (ICO 0208).

Boshu Nagase, *Colas dentu, pristipomoides typus*,
Non daté, impression sur papier, 55 x 48,5 cm,
Monaco, Musée océanographique de Monaco,
Fondation Albert Ier, Prince de Monaco (ICO 0209).

Boshu Nagase, *Poisson perroquet, scarus ghobban*,
Non daté, impression sur papier, 55 x 48,5 cm,
Monaco, Musée océanographique de Monaco,
Fondation Albert Ier, Prince de Monaco (ICO 0210).

Boshu Nagase, *Branchiostegus japonicus*,
Non daté, impression sur papier, 49 x 42 cm,
Monaco, Musée océanographique de Monaco,
Fondation Albert Ier, Prince de Monaco (ICO 0211).

Boshu Nagase, *Silure du lac Biwa, silurus biwaensis*,
Non daté, impression sur papier, 50 x 42,5 cm,
Monaco, Musée océanographique de Monaco,
Fondation Albert Ier, Prince de Monaco (ICO 0212).

Boshu Nagase, *Salvelinus leucomaenis leucomaenis*,
Non daté, impression sur papier, 70 x 49 cm,
Monaco, Musée océanographique de Monaco,
Fondation Albert Ier, Prince de Monaco (ICO 0213).

Boshu Nagase, *Carangue aîle bleue, caranx melampygus*,
Non daté, impression sur papier, 55 x 49 cm,
Monaco, Musée océanographique de Monaco,
Fondation Albert Ier, Prince de Monaco (ICO 0215).

Boshu Nagase, *Maquereau espagnol, scomber japonicus*,
Non daté, impression sur papier, 70 x 48 cm,
Monaco, Musée océanographique de Monaco,
Fondation Albert Ier, Prince de Monaco (ICO 0216).

Boshu Nagase, *Pavillon espagnol, gonioplectrus hispanus*,
Non daté, impression sur papier, 54 x 50 cm,
Monaco, Musée océanographique de Monaco,
Fondation Albert Ier, Prince de Monaco (ICO 0217).

Boshu Nagase, *Takifugu rubripes*,
Non daté, impression sur papier, 70 x 50 cm,
Monaco, Musée océanographique de Monaco,
Fondation Albert Ier, Prince de Monaco (ICO 0218).

Boshu Nagase, *Saumonée léopard, plectropomus leopardus*,
Non daté, impression sur papier, 55 x 47 cm,
Monaco, Musée océanographique de Monaco,
Fondation Albert Ier, Prince de Monaco (ICO 0219).

Boshu Nagase, *Cyprin doré, carassius auratus auratus*,
Non daté, impression sur papier contrecollé sur carton souple,
53 x 43 cm,
Monaco, Musée océanographique de Monaco,
Fondation Albert Ier, Prince de Monaco (ICO 0220).

Boshu Nagase, *Diagramme à bandes, plectorhinchus lineatus*,
Non daté, impression sur papier contrecollé sur carton souple,
44 x 39 cm,
Monaco, Musée océanographique de Monaco,
Fondation Albert Ier, Prince de Monaco (ICO 0221).

Boshu Nagase, *Mérou malabar, epinephelus malabaricus*,
Non daté, impression sur papier contrecollé sur carton souple,
45 x 38 cm,
Monaco, Musée océanographique de Monaco,
Fondation Albert Ier, Prince de Monaco (ICO 0222).

Boshu Nagase, *Scorpaena izensis*,
Non daté, impression sur papier, 67,5 x 50 cm,
Monaco, Musée océanographique de Monaco,
Fondation Albert Ier, Prince de Monaco (ICO 0224).

Boshu Nagase, *Anguille du Japon, anguilla japonica*,
Non daté, impression sur papier, 50 x 42 cm,
Monaco, Musée océanographique de Monaco,
Fondation Albert Ier, Prince de Monaco (ICO 0225).

Boshu Nagase, *Bar du Japon, lateolabrax japonicus*,
Non daté, impression sur papier, 49,5 x 41 cm,
Monaco, Musée océanographique de Monaco,
Fondation Albert Ier, Prince de Monaco (ICO 0229).

Boshu Nagase, *Kareius bicoloratus*,
Non daté, impression sur papier, 49,5 x 41 cm,
Monaco, Musée océanographique de Monaco,
Fondation Albert Ier, Prince de Monaco (ICO 0230).

Boshu Nagase, *Bécune chevronnée, sphyraena putnamae*,
Non daté, impression sur papier, 90 x 59 cm,
Monaco, Musée océanographique de Monaco,
Fondation Albert Ier, Prince de Monaco (ICO 0232).

Boshu Nagase, *Ayu, plecoglossus altivelis*,
Non daté, impression sur papier, 44,5 x 34,5 cm,
Monaco, Musée océanographique de Monaco,
Fondation Albert Ier, Prince de Monaco (ICO 0360).

Boshu Nagase, *Perche noire, micropterus punctulatus*,
Non daté, impression sur papier, 43,5 x 37 cm,
Monaco, Musée océanographique de Monaco,
Fondation Albert Ier, Prince de Monaco (ICO 0362).

Boshu Nagase, *Crabe nageur, portunus convexus*,
Non daté, impression sur papier contrecollé sur carton souple,
40 x 32 cm,
Monaco, Musée océanographique de Monaco,
Fondation Albert Ier, Prince de Monaco (ICO 0365).

Boshu Nagase, *Perroquet à museau rayé, scarus rivulatus*,
Non daté, impression sur papier, 40 x 32,3 cm,
Monaco, Musée océanographique de Monaco,
Fondation Albert Ier, Prince de Monaco (ICO 0366).

Boshu Nagase, *Poisson archer, toxotes jaculatrix*,
Non daté, impression sur papier, 41,5 x 32,5 cm,
Monaco, Musée océanographique de Monaco,
Fondation Albert Ier, Prince de Monaco (ICO 0367).

Boshu Nagase, *Saint-Pierre du Pacifique, zeus faber*,
Non daté, impression sur papier, 45 x 34 cm,
Monaco, Musée océanographique de Monaco,
Fondation Albert Ier, Prince de Monaco (ICO 0368).

Boshu Nagase, *Spare japonaise, pagrus major*,
Non daté, impression sur papier, 45 x 34 cm,
Monaco, Musée océanographique de Monaco,
Fondation Albert Ier, Prince de Monaco (ICO 0369).

Boshu Nagase, *Vivaneau la flamme, etelis coruscanus*,
Non daté, impression sur papier, 136 x 69 cm,
Monaco, Musée océanographique de Monaco,
Fondation Albert Ier, Prince de Monaco (ICO 0425).

Boshu Nagase, *Empereur moris, lethrinus nebulosus*,
Non daté, impression sur papier, 61,4 x 51,5 cm,
Monaco, Musée océanographique de Monaco,
Fondation Albert Ier, Prince de Monaco (ICO 0634).

Nakanishi, *Grondin volant, daicocus peterseni*,
Circa 1998, impression sur soie marouflée sur carton, 53 x 46 cm,
Monaco, Musée océanographique de Monaco,
Fondation Albert Ier, Prince de Monaco (ICO 0187).

Nakanishi, *Stephanolepis cirrhifer*,
Circa 1998, impression sur soie marouflée sur carton, 48 x 32 cm,
Monaco, Musée océanographique de Monaco,
Fondation Albert Ier, Prince de Monaco (ICO 0192).

Nakanishi, *Oplegnathus punctatus*,
Circa 1998, impression sur soie marouflée sur carton, 73 x 50 cm,
Monaco, Musée océanographique de Monaco,
Fondation Albert Ier, Prince de Monaco (ICO 0194).

Nakanishi, *Sacura margaritaceus*,
Circa 1998, impression sur soie marouflée sur carton, 53 x 35 cm,
Monaco, Musée océanographique de Monaco,
Fondation Albert Ier, Prince de Monaco (ICO 0195).

Nakanishi, *Spare japonaise, pagrus major*,
Circa 1998, impression sur soie marouflée sur carton, 73 x 50 cm,
Monaco, Musée océanographique de Monaco,
Fondation Albert Ier, Prince de Monaco (ICO 0196).

Nakanishi, *Heteropriacanthus cruentatus*,
Circa 1998, impression sur soie marouflée sur carton, 43 x 26 cm,
Monaco, Musée océanographique de Monaco,
Fondation Albert Ier, Prince de Monaco (ICO 0197).

Nakanishi, *Cardeau hirame, paralichthys olivaceus*,
Circa 1998, impression sur soie marouflée sur carton, 95 x 68 cm,
Monaco, Musée océanographique de Monaco,
Fondation Albert Ier, Prince de Monaco (ICO 0236).

Takahiro Saito, *Pagre à tête noire, acanthropagrus schlegeli*,
2000, impression sur tissu, 65 x 47 cm,
Monaco, Musée océanographique de Monaco,
Fondation Albert Ier, Prince de Monaco (ICO 0185).

Takahiro Saito, *Terpuga arabesque de Okhotsk, pleurogrammus azonus*,
Non daté, impression sur tissu, 57 x 54 cm,
Monaco, Musée océanographique de Monaco,
Fondation Albert Ier, Prince de Monaco (ICO 0231).

Okano, *Verasper moseri*,
Non daté, impression sur tissu, 59 x 42 cm,
Monaco, Musée océanographique de Monaco,
Fondation Albert Ier, Prince de Monaco (ICO 0355).

Wakase-Do, *Dorade royale, pagrus major*,
1989, impression sur tissu, 94,5 x 51 cm,
Monaco, Musée océanographique de Monaco,
Fondation Albert Ier, Prince de Monaco (ICO 0636).

Boshu Nagase, *Bar européen, dicentrarchus labrax*,
2001, impression sur papier, 46 x 34 cm,
Monaco, Musée océanographique de Monaco,
Fondation Albert Ier, Prince de Monaco (ICO 0407).

Boshu Nagase, *Bar européen, dicentrarchus labrax*,
2001, impression sur papier, 46 x 34 cm,
Monaco, Musée océanographique de Monaco,
Fondation Albert Ier, Prince de Monaco (ICO 0408).

Boshu Nagase, *Bar européen, dicentrarchus labrax*,
2001, impression sur papier, 46 x 34 cm,
Monaco, Musée océanographique de Monaco,
Fondation Albert Ier, Prince de Monaco (ICO 0409).

Boshu Nagase, *Bar européen, dicentrarchus labrax*,
2001, impression sur papier, 46 x 34 cm,
Monaco, Musée océanographique de Monaco,
Fondation Albert Ier, Prince de Monaco (ICO 0410).

Boshu Nagase, *Bar européen, dicentrarchus labrax*,
2001, impression sur papier, 46 x 34 cm,
Monaco, Musée océanographique de Monaco,
Fondation Albert Ier, Prince de Monaco (ICO 0411).

Jean-Pierre Guilleron, *Poisson d'Atlantique*,
Non daté, impression sur papier rehaussé d'aquarelle, diptyque,
90 x 70 et 90 x 70 cm,
Collection de l'artiste.

Râmine, *Sardines, sardina pilchardus*,
Non daté, impression sur papier rehaussé d'acrylique, 52 x 52 cm,
Collection de l'artiste.

Râmine, *Rougets, mullus surmuletus*,
Non daté, impression sur papier rehaussé d'acrylique, 52 x 52 cm,
Collection de l'artiste.

Râmine, *Limande, limanda limanda*,
Non daté, impression sur papier journal, 52 x 52 cm,
Collection de l'artiste.

Râmine, *Limande, limanda limanda*,
Non daté, impression sur papier journal, 52 x 52 cm,
Collection de l'artiste.

À l'heure de la publication de cet ouvrage, la date de l'exposition du Musée de Morlaix, consacrée à « Geffroy, Monet, Rodin, un cercle de japonisants » reste incertaine. Aussi la liste des œuvres exposées n'est-elle pas fournie.

ブルターニュ 日本
BRETAGNE JAPON 2012

Un archipel d'expositions
12 Musées

PALANTINES

Bretagne – Japon 2012
Un archipel d'expositions

En 1854, le traité de Kanagawa amorce les échanges avec la Grande-Bretagne, la Russie, les Pays-Bas et la France : laques, soies et porcelaines, objets d'arts et estampes affluent sur le continent européen, créant un engouement qui va très vite devenir une source majeure d'inspiration pour l'art occidental. Toute une génération d'artistes et de collectionneurs s'imprègne des techniques et des arts issus de « ce peuple d'esthètes [...] qui n'a rien pu laisser dans son élan naturel », comme l'écrivait Henri Michaux dans *Un Barbare en Asie*. Les artistes occidentaux découvrent la place que l'art japonais laisse à l'aléatoire, aux formes irrégulières, aux motifs vermiculés, aux courbes stylisées inscrites dans des cadrages insolites : une révolution profonde du regard qui bouleverse, selon Edmond de Goncourt, l'optique occidentale.

L'art japonais fascine autant Monet, Van Gogh, que Gauguin ou Georges Lacombe, dont le tableau *Marine bleue, Effet de vague* de 1893 exposé au musée des Beaux-Arts de Rennes, est un chef-d'œuvre du genre, mais aussi Paul Sérusier, Mathurin Méheut, ou encore le plus « japonard » des Nabis, Pierre Bonnard. Ils découvrent dans les estampes japonaises dont Ernest Chausson était féru, celles d'Hokusai, d'Hiroshige, de Sharaku, d'Utamaro, « peintre des maisons vertes », les sources lointaines d'un nouveau langage que l'impressionnisme, l'Art nouveau et l'Art déco exploreront sans discontinuité et qui se poursuivra jusqu'aux abstractions de l'après-guerre. La littérature, avec Pierre Loti, la décoration intérieure, la musique avec Debussy et Puccini : tous les arts vont connaître l'impact du japonisme, devenu un phénomène esthétique total.

Douze musées bretons, riches de collections significatives du japonisme, retracent cette onde de choc que des artistes de premier plan associèrent au pouvoir d'attraction de la lumière de Bretagne, aux rêves des voyages maritimes, à la force des traditions.

Je souhaite saluer chaleureusement le remarquable travail mené, sous la houlette de l'Association des Conservateurs des musées de Bretagne, par les équipes des musées bretons, mais aussi par les nombreux acteurs culturels régionaux qui ont été sensibles à cette démarche, afin de mettre en lumière, dans un parcours en archipel sur les quatre départements, des œuvres majeures illustrant ce croisement si singulier entre la Bretagne et le Japon.

Frédéric Mitterrand,
ministre de la Culture et de la Communication.

Une manifestation emblématique

« Bretagne-Japon » est une manifestation emblématique de l'année 2012 que confirme son inscription sur la liste des « expositions d'intérêt national », décernée par le ministre de la Culture et de la Communication. Illustrations des rapports artistiques entre le Japon et la Bretagne du XVIIIe siècle jusqu'à l'époque contemporaine, ces expositions démontrent une nouvelle fois l'ouverture de la Région Bretagne à ses outre-mer et l'importance des échanges qui, bien avant que ne soit proclamée la revendication de diversité, témoignent de l'ouverture et des apports réciproques entre les cultures.

Dans ce voyage vers l'Extrême-Orient en Bretagne, tant à travers les techniques d'inspiration japonaise que dans l'histoire de leur développement sur le sol breton, j'ai plaisir et intérêt à relever les singularités des escales (autrement dit des musées) qui ont bien voulu porter et accueillir cette belle aventure culturelle.

Celles du Finistère sont nombreuses avec les legs de marins à Brest, la confrontation passionnante du japonisme avec les œuvres de l'École de Pont-Aven et des Nabis dans les musées de Quimper, la rencontre avec le cercle des artistes japonisants du XIXe siècle à Morlaix.

En outre, le Port-Musée de Douarnenez ouvre le parcours à la photographie tandis que le musée de la Pêche de Concarneau donne à voir la pratique toujours actuelle du *gyotaku*, travail graphique réalisé à partir d'empreintes de poissons pris dans les filets des pêcheurs japonais.

En Côtes-d'Armor, opportunité exceptionnelle, des pièces de la collection japonaise d'Henri Rivière habitent les cimaises du musée de Saint-Brieuc aux côtés des œuvres d'inspiration japonaise qu'il exécuta lors de ses séjours en Bretagne, tandis que Lamballe et Dinan permettent de découvrir l'étonnante période japonisante de cet artiste très populaire en Bretagne qu'est Mathurin Méheut.

La part des arts décoratifs revient au musée de la Compagnie des Indes de Lorient et au musée des Beaux-Arts de Rennes, dont la collection de kimonos, très peu connue du public, révèle à la fois le somptueux répertoire décoratif et la persistance des traditions dans le Japon moderne.

L'ouverture de cette opération à l'opéra et au spectacle vivant, aux bibliothèques, à l'Université (Rennes 2), au musée de Bretagne qui proposera films et conférences, à l'Atelier régional de restauration, renforce à l'évidence son rayonnement et témoigne de la synergie développée à cette occasion entre les domaines artistiques et les grands pôles de la vie culturelle qui font la richesse du territoire régional.

Le public doit avoir conscience que cette manifestation, exemplaire en terme de coopération des musées bretons et exceptionnelle du point de vue de l'investissement de l'association des conservateurs, l'est aussi par sa qualité scientifique et les dispositifs pédagogiques qu'elle met en œuvre à leur intention. La publication de ce catalogue, trace de l'événement et outil scientifique de référence, en donne un aperçu.

La participation, aux côtés de l'État et des collectivités territoriales, de mécènes passionnés, est un motif supplémentaire de se réjouir de cette initiative originale, fidèle à la vocation de valorisation, de diffusion des collections et de démocratisation culturelle qui caractérise les musées bénéficiant de l'appellation « musées de France » en Bretagne.

Michel Cadot,
préfet de la Région Bretagne, préfet d'Ille-et-Vilaine.

Un intérêt culturel et scientifique mais aussi touristique et politique

Les musées de Bretagne ont travaillé ensemble pour lancer « Bretagne-Japon 2012, un archipel d'expositions », projet inédit et ambitieux qui couvre toute notre région. Je suis heureux de saluer l'initiative par cet avant-propos au catalogue, qui restera comme l'empreinte de ces douze expositions dans les musées bretons.

Le projet a pris naissance dans les musées. Cette idée d'un archipel d'expositions sur le territoire breton, qui mettrait en avant les liens denses et originaux entre la Bretagne et le Japon, a germé il y a quelques années dans l'esprit de conservateurs de Bretagne. Ceux-ci ont constaté que nous avions en Bretagne beaucoup d'œuvres et d'objets très pertinents sur ce sujet : d'une part nos musées sont riches d'objets japonais collectionnés par des voyageurs bretons attirés par l'Extrême-Orient, dès le XVIIIe siècle ; d'autre part l'esthétique japonaise a énormément marqué les artistes qui ont travaillé en Bretagne et qui l'ont représentée à la fin du XIXe siècle. Par la suite, Henri Rivière ou Mathurin Méheut, amoureux de la Bretagne, ont à leur tour été séduits et influencés par les couleurs et les lignes du Pays du Soleil levant. À travers leurs expositions, les musées de Bretagne ont souhaité valoriser leurs propres fonds régionaux ou développer leurs thèmes de prédilection sous cet angle japonais.

Cette belle idée, pour se traduire concrètement et se dévoiler au grand public, a nécessité une collaboration étroite des conservateurs réunis en association (l'Association des conservateurs des musées de la Région Bretagne), et de leurs équipes. Je souhaite féliciter cet esprit de coopération qui permet aujourd'hui aux Bretonnes et aux Bretons, ainsi qu'aux touristes de notre région, de suivre un parcours artistique et culturel sur tout notre territoire.

La Région a soutenu et appuyé ce projet dès ses débuts, au regard de son intérêt culturel et scientifique mais aussi touristique et politique. La Bretagne est aujourd'hui encore très sensibilisée aux relations avec le Japon, héritage de liens diplomatiques et économiques qui perdurent. Le Japon est un pays ami de notre région, et nous avons eu l'occasion de le démontrer suite au terrible séisme de mars 2011. « Bretagne-Japon 2012 » est aussi, en ce sens, un hommage des Bretons à la culture japonaise.

Jean-Yves Le Drian,
président de la Région Bretagne.

Auteurs des textes

Jean-Marie BÉCHU,
directeur du musée de la Pêche, Concarneau.

André CARIOU,
conservateur en chef, directeur du musée des Beaux-Arts, Quimper.

Kelig-Yann COTTO,
conservateur, directeur du Port-Musée, Douarnenez.

Françoise DANIEL,
conservatrice en chef, directrice du musée des Beaux-Arts, Brest.

Denise DELOUCHE,
historienne de l'art, professeur émérite de l'Université Rennes 2.

Laurence IMBERNON,
conservatrice-ajointe au musée des Beaux-Arts, Rennes.

Geneviève LACAMBRE,
conservatrice générale honoraire du patrimoine, chargée de mission au musée d'Orsay.

Georges LE GARS,
professeur honoraire, agrégé d'histoire et de géographie.

Philippe LE STUM,
conservateur en chef, directeur du Musée départemental breton, Quimper.

Patricia PLAUD-DILHUIT,
maîtresse de conférences et chercheur en histoire de l'art à l'Université Rennes 2.

Sommaire

Un archipel d'expositions, L. Imbernon, P. Plaud-Dilhuit ..... p. 13

La Bretagne, le Japon et le japonisme, G. Lacambre ..... p. 18

Journal de mon voyage à Cherbourg, à Brest et à Nantes, A. Tokugawa ..... p. 30

Chronologie ..... p. 32

La Compagnie des Indes à la rencontre de l'Imari, G. Le Gars ..... p. 36

Nostalgie du Soleil levant, le goût de l'art japonais, L. Imbernon ..... p. 46

Les collections japonaises du musée des Beaux-Arts de Brest, G. Lacambre ..... p. 56

Geffroy, Monet, Rodin, un cercle de japonisants, P. Plaud-Dilhuit ..... p. 64

La vague japonisante, F. Daniel ..... p. 72

L'arbre et la forêt, du Pays du Soleil levant au Bois d'Amour, A. Cariou ..... p. 82

Estampes bretonnes, la leçon japonaise 1890-1935, P. Le Stum ..... p. 92

Henri Rivière, un japonisant en Bretagne, P. Le Stum ..... p. 104

Mathurin Méheut : Japon et japonisme, D. Delouche ..... p. 114

Mathurin Méheut : souvenirs du Japon choisis pour Yvonne Jean-Haffen, D. Delouche ..... p. 124

Francis Hennequin : de la Cornouaille au Japon, K.-Y. Cotto ..... p. 134

L'art et la pêche au Japon, J.-M. Béchu ..... p. 144

Glossaire ..... p. 154

Bibliographie ..... p. 156

Remerciements ..... p. 159

NdE : Les illustrations précédées de la mention « fig. » correspondent à des œuvres exposées ; celles accompagnées de la mention « ill. » complètent ici le propos des auteurs.

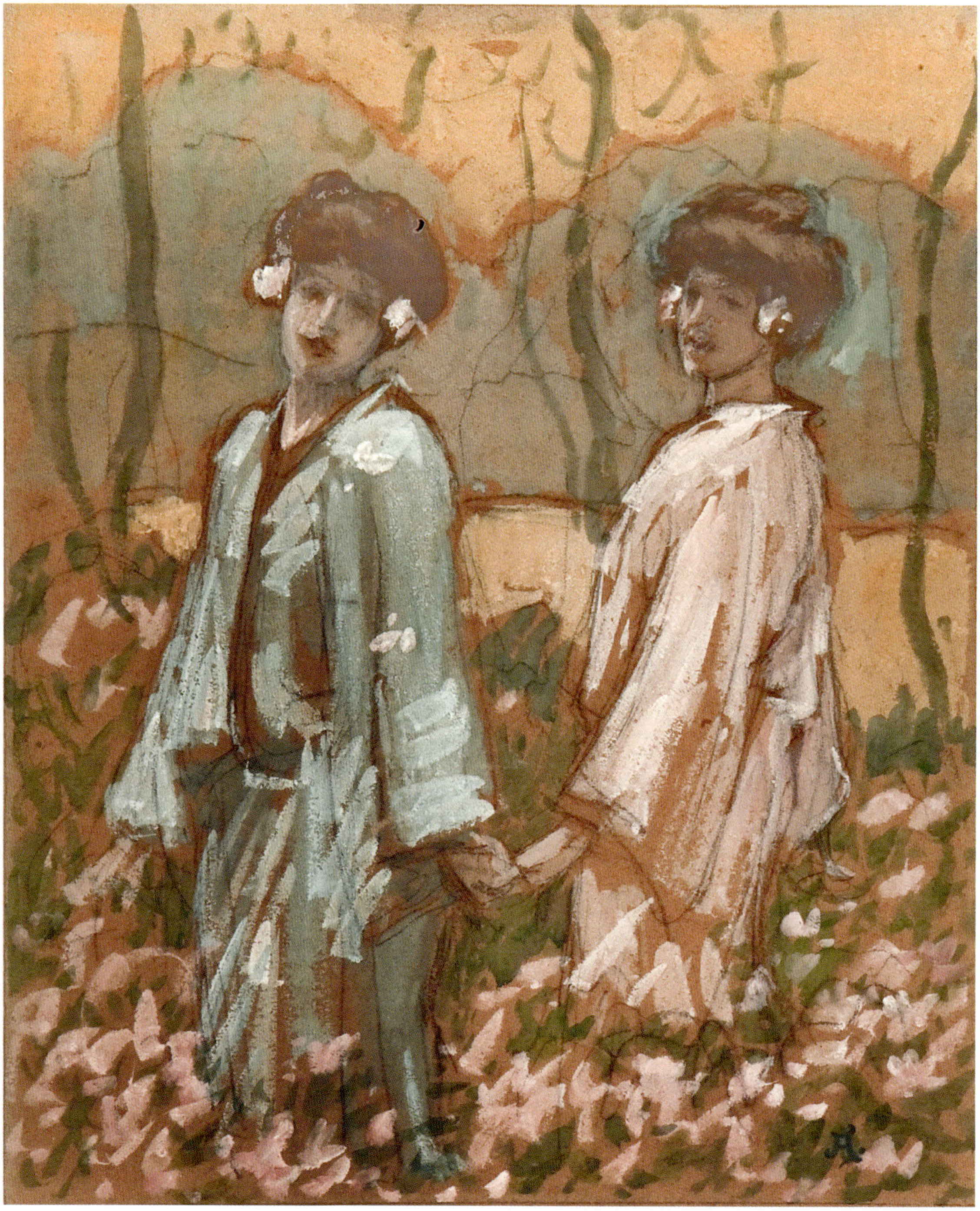

Jean-Francis Auburtin, *Hanako*,
1906, gouache, 55,2 x 44,5 cm.
Collection particulière.

Un archipel d'expositions…

Laurence Imbernon
Patricia Plaud-Dilhuit

Douze musées bretons accompagnés de l'Atelier régional de Restauration et de plusieurs institutions culturelles régionales se sont associés afin de produire douze manifestations, réparties tout au long de l'année 2012. Initié par notre collègue Florence Rionnet, le projet de rassembler les œuvres de collections publiques témoignant de l'expression du japonisme en Bretagne devint bientôt réflexion collégiale.
Dans une même perspective, nous réunissions visuellement les formes artistiques qui ont traversé la fin du XIXe siècle européen dans les domaines de la peinture, du dessin et de l'estampe, largement représentés dans les collections bretonnes. Entre l'École de Pont-Aven, l'esthétique symboliste et l'ambition décorative des Nabis, les formes que nombre d'artistes ont, dans une même période, puisées dans la culture japonaise, offrent une multiplicité de sources artistiques que nous avons pu distinguer dans les collections des musées de Bretagne. Tandis qu'un soutien financier régulier, tant de la part de l'État par le biais de la DRAC de Bretagne que de la Région Bretagne, est venu appuyer le travail de nos équipes durant plusieurs années, en lien avec les collectivités locales et territoriales dont nous dépendons, il nous est bien vite apparu que le japonisme en Bretagne s'appuyait aussi sur des sources artistiques plus reculées, ouvrant de futures expositions aux objets japonais des collections plus anciennes dont nous avons la charge.

Déjà, une première exposition *Gyotaku, l'art de l'empreinte*, proposée par le musée de la Pêche à Concarneau, a inauguré le parcours en juin 2011. Elle commémore l'avènement d'une technique du XIXe siècle et un savoir-faire contemporain, avec l'œuvre d'un artiste qui renouvelle aujourd'hui une esthétique née au Japon. L'exposition rappelle combien les collections de musées bretons s'appuient sur un patrimoine maritime, domaine économique et scientifique que notre région partage avec l'archipel japonais. Cette première exposition conduit les rapprochements intellectuels que suscite notre projet, entre collections anciennes et perception contemporaine d'une culture, celle du Japon, qui a « ressourcé » une part non négligeable de l'art occidental.

Car à plusieurs reprises, dans l'histoire, l'art japonais a inspiré l'Occident et les collections des musées bretons portent la trace de ces différentes impulsions artistiques.

La première influence est née de l'étonnement suscité par la céramique asiatique, importée en

Europe aux XVIIe et XVIIe siècles. De nouvelles formes, de nouvelles techniques artistiques, fonctionnelles et décoratives, apparaissent. Les Hollandais, qui ont alors le monopole du commerce avec le Japon, importent la porcelaine japonaise, puis se tournent vers des centres de production chinois, bien moins onéreux. À travers les siècles, le goût et la curiosité de l'Autre restent souvent monnayables... Ils commercialisent en grande quantité des porcelaines à fleurs bleues, qui finissent par inspirer la fabrication de la porcelaine à motif. En retour, les bleus de Delft sont exportés à la cour du *shogun*. La qualité des céramiques japonaises est très appréciée et leurs décors largement imités par les manufactures de porcelaine européennes. Le marché artistique naissant entre Europe et Asie est l'un des motifs de l'exposition du musée de la Compagnie des Indes de Lorient, consacrée à l'histoire de la porcelaine Imari, tour à tour chinoise et japonaise.

La seconde influence artistique du Japon sur l'Occident est sans conteste issue de la diffusion des estampes, notamment celles de l'*ukiyo-e*, « images du monde flottant », vers le milieu du XIXe siècle, alors que le Japon de l'époque d'Edo est encore fermé aux échanges commerciaux, jusqu'en 1868. Le goût pour l'estampe se répand très vite dans le Paris de la seconde moitié du XIXe siècle, qui va devenir le centre du japonisme. On peut acheter des estampes à bas prix, mais des esthètes, les Goncourt ou Montesquiou[1], ont les moyens d'acquérir aussi des œuvres d'artistes célèbres au Japon. Cet intérêt esthétique suscite une première réflexion passionnante : dès le Second Empire on fait commerce d'estampes japonaises, les lettrés, les écrivains, les artistes s'emploient à créer leurs cercles de diffusion, alors qu'au Japon, l'art de la gravure sur bois, qui s'est développé à partir de la fin du XVIIIe siècle comme art populaire, est resté méprisé jusqu'après la seconde guerre mondiale, près d'un siècle plus tard. C'est à travers cette lecture que le musée des Beaux-Arts de Rennes présente une sélection de ses feuilles japonaises. L'exposition du Musée départemental breton, à Quimper, est consacrée à la technique de la gravure sur bois, soulignant combien l'esthétique de l'estampe japonaise va métamorphoser la pratique et l'expression de nombreux graveurs français et bretons. Les présentations d'estampes soulignent les principes énoncés par l'historien de l'art Shuichi Kato dans une fine étude[2]. Il rappelle combien la notion d'« influence » est difficilement descriptible dans ses attentes et ses objectifs. Plus exactement, la réciprocité des intérêts qu'un groupe partagerait avec un autre ne serait pas forcément de même nature. C'est aussi le cas pour une troisième forme d'influence japonaise sur l'art européen. Certains décors et le style de l'ère d'Edo ont en effet, à la fin du XIXe et au début du XXe siècle, inspiré l'architecture et la décoration de l'Art Nouveau dans de nouvelles conceptions de l'espace ou des objets de la vie quotidienne. Ces inspirations restent plus discrètes dans les collections publiques bretonnes, tandis que les grandes forces de la peinture japonaise de l'époque d'Edo (teintes plates, absence de perspective illusionniste et absence d'effets d'ombre et de lumière) sont sensibles dans un grand nombre d'œuvres présentées dans les expositions de « Bretagne-Japon ».

[1] Droz, Antoine : *Les Curiosités esthétiques de Robert de Montesquiou,* Genève, Droz, 1996.

[2] Kato, Shuichi, *Japon, la vie des formes,* Paris, La Bibliothèque des Arts, 1992.

Il ne faut pas toutefois oublier que l'Occident, à plusieurs reprises, a aussi manifestement influencé le Japon, notamment de la fin d'Edo à l'ère Meiji, où s'impose cet impact. Après l'astronomie, la géographie et la médecine dans les siècles précédents, le XIXe siècle européen transmet au Japon, après les arts et la littérature, sa part des sciences et technologies industrielles. De leur côté, les artistes occidentaux, sitôt qu'ils eurent acquis une connaissance de l'art et de la culture japonais (les expositions universelles ont beaucoup joué dans cet apport) ont sans aucun doute choisi dans l'art japonais les traits les plus à même de répondre à leurs propres recherches. De ce pays resté mystérieux de par son isolement économique volontaire (plus de deux siècles des Tokugawa), qui leur paraît ne pas avoir subi l'influence d'œuvres d'art ayant un autre registre ou contexte culturel, les artistes et critiques perçoivent une forme d'art archaïque (Baudelaire, dès 1861 évoque le « primitivisme des estampes »). Le japonisme devient l'emprunt et l'assimilation des inspirations japonaises, tandis que les artistes occidentaux apportent leur réception personnelle d'un art qui renouvelle leur expression de l'espace pictural.

C'est par des témoignages de ces échanges, échelonnés dans le temps, que se sont imposés les thèmes des expositions qui tout au long d'une année vont faire éclore une redécouverte de la culture japonaise. En amont, il importe de s'investir dans l'étude de la provenance des œuvres des collections bretonnes. Un rappel s'impose : les premières collections, privées, d'objets japonais proviennent dès le XVIe siècle d'échanges commerciaux qui ne vont pas tarder à se renforcer grâce au développement des activités maritimes des nations européennes naissantes. La vogue du « cabinet de curiosités » va faire affluer en Europe, à partir du XVIIe siècle, quantité d'objets provenant des quatre continents que l'on connaît alors. Le président du Parlement de Bretagne Christophe-Paul, marquis de Robien[3], alors qu'il constitue sa collection d'objets étrangers durant la seconde moitié du XVIIIe siècle, accorde une place privilégiée aux objets asiatiques. Une certaine curiosité géopolitique anime Robien. C'est à travers les ouvrages dont il peut disposer qu'il connaît le Japon, voire ses héros européens avec *la Vie de François Xavier, jésuite, apôtre des Indes et du Japon,* dans son édition de 1683. La méthodologie documentaire du marquis toutefois nous échappe. Si ces objets, aujourd'hui qualifiés d'« extra-européens », sont fort scrupuleusement décrits et dessinés par le marquis, le réseau de leur acheminement est souvent passé sous silence. L'exposition de quelques-uns de ces trésors est aujourd'hui installée dans le cabinet de curiosités du musée des Beaux-Arts de Rennes.

On le sait, dons et legs fournissent une bonne partie de l'approvisionnement des objets étrangers dans les collections, phénomène statistiquement repérable dans l'histoire des musées. Les voyageurs au long cours, marins et militaires, ont ponctuellement apporté leur moisson culturelle, qu'il s'agisse de « pacotille d'exportation » (art de la miniature, avec les *netsukes*, figurines ou poupées, petits masques *nô*) ou bien d'armes et d'objets rares ou luxueux. La collection de Brest excelle en la matière : le musée reçut le legs d'un officier de

[3] Aubert Gauthier, *Le Président de Robien, Gentilhomme et savant dans la Bretagne des lumières*, Rennes, Presses universitaires de Rennes, 2001.

marine, F.A. Danguillecourt, constitué d'objets rapportés du Japon par son beau-père, le vice-amiral Cécille, qui avait tenté dès 1844 de négocier avec le roi des îles de Ryûkyû, puis un dépôt du Musée naval du Louvre en 1924.
Le legs Layrle rassemble estampes et albums. Ce dernier est de ces dons généreux qui ont considérablement enrichi les collections des musées de Bretagne, comme au musée de La Cohue à Vannes, ou au musée de Pont-Aven. L'une des deux expositions du musée des Beaux-Arts de Brest est consacrée à ces collections exotiques. C'est un don plus récent et combien délicat[4] qui permet à Rennes d'exposer plusieurs somptueux kimonos, répliques habitées de modèles classiques, en provenance de Sendai. Et parmi les 1200 estampes du musée se distinguent, outre des tirages tardifs, des ensembles d'estampes japonaises de plusieurs écoles du XIXe siècle, fonds également légués au XXe siècle.

Est-il nécessaire de dire combien la lecture est vecteur de diffusion de la connaissance et a participé à la découverte du Japon ? C'est également à travers l'institution qui aujourd'hui soutient cette ambition, le réseau Livres et Lecture en Bretagne[5], que le projet va se traduire (le Japon est en 2012 le sujet du Salon du Livre). La création musicale parfois aussi participe du japonisme, comme l'Opéra de Rennes permettra de le découvrir en présentant cette année *la Princesse jaune* de Camille Saint-Saëns. Si les voyageurs qui ont pu visiter le Japon ont restitué leur expérience par des publications d'ouvrages littéraires, certains ont fait appel, à partir de la fin du XIXe siècle, à ce support moderne qu'est la photographie. Le Port-Musée de Douarnenez rappelle le voyage d'un passionné de photographie, Francis Hennequin, qui transcrivit, voici cent ans, les transformations d'un Japon en pleine mutation économique, à travers ses images stéréoscopiques.

Mais le japonisme reste la matière vive à laquelle nombre d'expositions sont consacrées. Le rôle des cercles de japonisants, réunissant artistes, critiques et amateurs, peut être évoqué autour des collections du musée de Morlaix, riche d'une toile de Monet, réalisée en 1886 à Belle-Île où il fait la connaissance de Gustave Geffroy, jeune critique d'art d'origine bretonne. Ils partagent la même admiration pour l'art japonais que leurs amis Rodin ou Clemenceau et participent à la diffusion de la culture et de l'art japonais à une époque où le japonisme est à son apogée. Plusieurs expositions monographiques rendent compte de l'énergie créatrice des artistes, qui ont séjourné en Bretagne lorsqu'ils n'en étaient pas originaires, à s'emparer de ce que le Japon leur offre. Henri Rivière, peintre et collectionneur dont les rivages bretons sans ombre rappellent Utamaro, est un artiste qui a consacré une partie de son œuvre à des recherches très abouties sur la technique de la gravure sur bois en couleur, cherchant à retrouver les techniques de fabrication des estampes japonaises, apportant ainsi une importante contribution au développement de l'estampe originale en France à la fin du XIXe siècle. Mathurin Méheut est représenté par deux fois, au musée de Lamballe qui porte son nom et à la Maison d'artiste de la Grande Vigne

[4] Les kimonos ont été offerts par Sendai à Rennes dans le cadre du jumelage, signé entre les deux villes en 1967.
Les villes de Brest et Yokosuka sont également jumelées, depuis 1971.
[5] EPCC créé en 2008 soutenu par la Région Bretagne, la DRAC, les départements des Côtes-d'Armor, du Morbihan, du Finistère, d'Ille-et-Vilaine, de Loire-Atlantique et de la Communauté d'agglomération de Rennes-Métropole.

à Dinan. Ce sont ses souvenirs du Japon, qu'il visite en 1914, que nous retrouverons dans ses œuvres et dans une riche correspondance illustrée avec une élève et collaboratrice amie, Yvonne Jean-Haffen.

Deux manifestations, enfin, donnent au japonisme une lecture axée sur des ensembles d'œuvres traitant d'une thématique significative. Le musée des Beaux-Arts de Brest rend hommage à la vague (thème ô combien emblématique depuis Hokusai). Les œuvres qui la représentent (celles de Georges Lacombe, celles de Maurice Denis) reprennent les faisceaux de lignes courbes privilégiés par la peinture de l'École Rimpa, à l'époque d'Edo, et des compositions où les rythmes en arabesques et les couleurs en aplats participent de l'esthétique des Nabis. Le musée des Beaux-Arts de Quimper présente peintures et estampes, avec un ensemble de bois gravés en couleurs japonais et parallèlement, des estampes des artistes nabis et symbolistes de la collection, Sérusier ou Lacombe encore.

Ces expositions monographiques et thématiques permettent de montrer combien la notion de japonisme est riche d'interprétations singulières, les artistes se nourrissant très individuellement de ce que l'art japonais leur a proposé, apports techniques, traitement de la couleur, synthèse de la forme, et, en particulier, expression spatiale renouvelant points de vue et compositions.

Le nombre significatif d'œuvres à thématique à la fois bretonne et japoniste témoigne du succès de la Bretagne comme destination privilégiée pour d'innombrables artistes pendant toute cette période, avec parmi eux des artistes novateurs sachant s'écarter d'une seule vision folkloriste. La Bretagne a ainsi été un lieu privilégié où les expériences les plus audacieuses ont pu être menées, des prémisses de la démarche sérielle de Monet au synthétisme de l'art de Gauguin et de tous ces artistes appartenant aux cercles japonisants. Et quand la région reste, pour certains d'entre eux, teintée d'un certain exotisme, c'est au Japon qu'il est volontiers fait référence[6], ce qui par exemple fait dire à Henri Rivière : « Nous voici de nouveau en Bretagne, ce beau pays si japonais[7] ».

Des premiers voyageurs parcourant les mers, des ports bretons vers la lointaine Asie, des artistes et amateurs admirant l'art japonais découvert à la fin du XIXe siècle, à ceux qui peuvent se rendre au Japon, comme Francis Hennequin ou Mathurin Méheut au début du XXe siècle, la Bretagne a joué un rôle certain dans l'histoire des relations entre l'Occident et le Japon dont cet archipel d'expositions réalisées à partir des collections des musées montre la richesse.

[6] Comme l'est aussi le Midi de la France pour Vincent Van Gogh arrivant en Arles en 1888.
[7] Henri Rivière à Tademasa Hayashi, carte postale, 1905.

La Bretagne, le Japon et le japonisme

Geneviève Lacambre

Les Portugais qui ont ouvert la voie vers l'Inde par le cap de Bonne-Espérance abordent par hasard sur l'île de Tanegashima, au sud de Kyûshû, en 1542 ou 1543. Bientôt est entreprise la christianisation du Japon, avec la figure centrale du jésuite saint François Xavier qui débarque en août 1549 à Kagoshima. Le prosélytisme des missionnaires portugais et espagnols inquiète rapidement le pouvoir central, ce qui entraîne des persécutions, des martyrs et l'interdiction du christianisme.

Au début du XVIIe siècle, les Hollandais puis, pendant dix ans, les Anglais des nouvelles Compagnies des Indes orientales viennent commercer et s'installent dans l'île d'Hirado (ill. 1) avec l'appui du seigneur local. Finalement, seuls les Hollandais protestants furent tolérés, mais obligés de s'installer en 1641 à Deshima (ill. 2), un îlot artificiel dans la baie de Nagasaki construit peu avant pour les Portugais. Une administration sourcilleuse pourra désormais les surveiller. Le président de Robien (1698-1756), collectionneur érudit, n'ignorait rien de tout cela puisqu'il possédait l'édition française, parue en 1680 à Amsterdam, de l'ou-

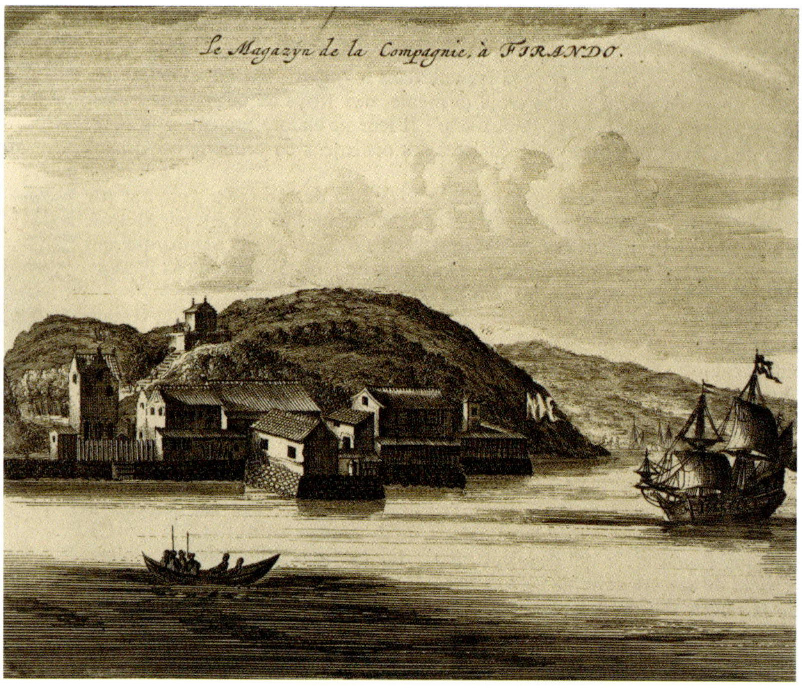

Ill. 1. *Comptoir hollandais à Hirado*, gravure dans Arnoldus van Bergen [Montanus], *Ambassades mémorables…*, 1680, p. 24, Rennes, Bibliothèque Rennes Métropole (ancienne collection de Robien).

Page de droite :
Ill. 2. Anonyme français, XVIIIe siècle, *Comptoir hollandais de Deshima, à Nagasaki*, dessin encre brune et plume, d'après Montanus, 1680, entre les p. 50 et 51, 17,5 x 14,5 cm. Rennes, musée des Beaux-Arts (ancienne collection de Robien).

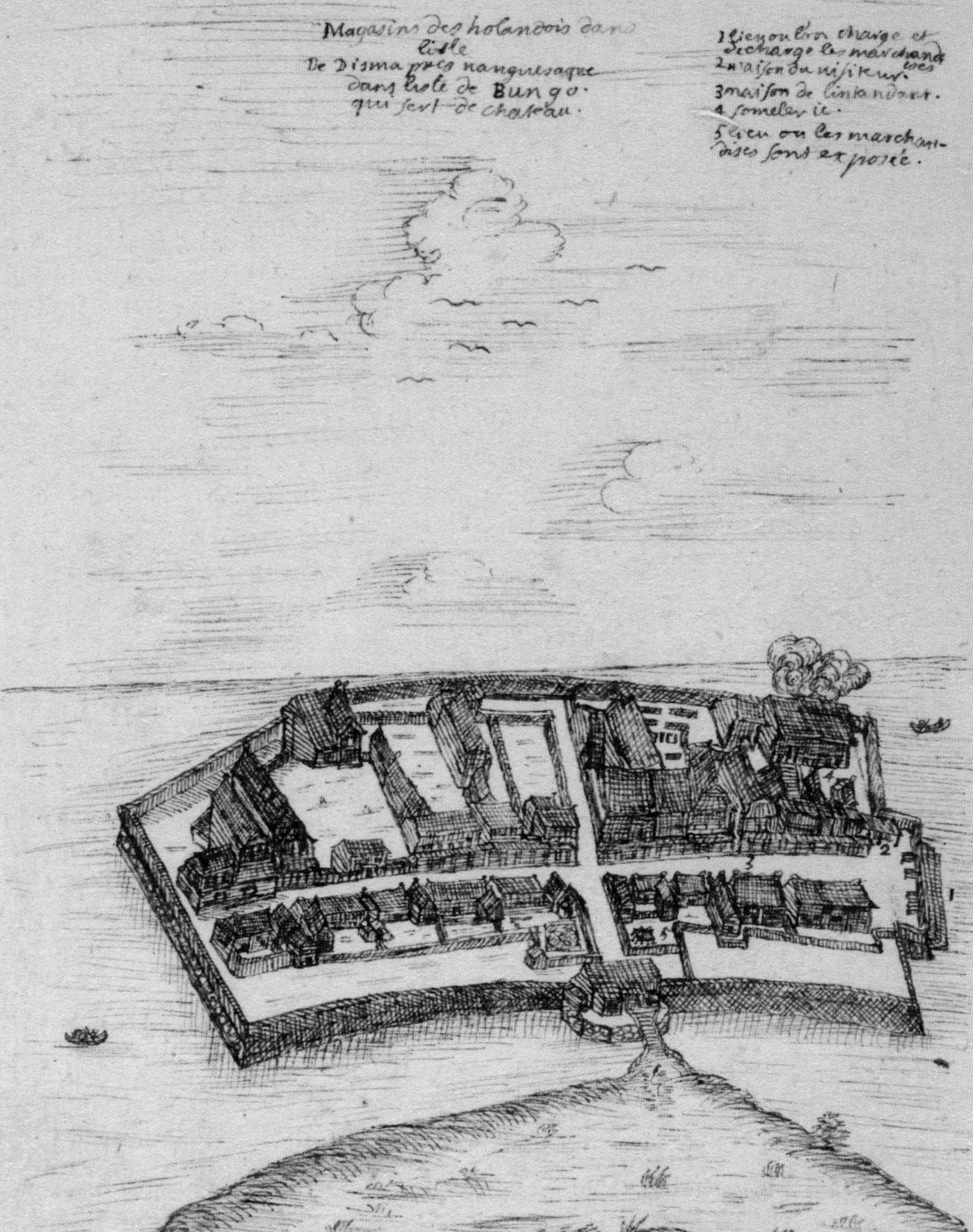
Magasins des holandois dans
lisle
De Disma pres nanguesaque
dans lisle de Bungo.
qui sert de chateau.
1 lieu ou lon charge et
decharge les marchandises
2 maison du visiteur.
3 maison de lintandant.
4 someler ie.
5 lieu ou les marchandises sont exposé.

vrage d'Arnoldus van Bergen [Montanus], *Ambassades mémorables de la Compagnie des Indes Orientales des Provinces Unies, vers les empereurs du Japon* dont les gravures de l'exemplaire, maintenant à la bibliothèque de Rennes[1], inspirèrent deux dessins de sa collection conservés au musée des Beaux-Arts. La puissante Compagnie hollandaise des Indes orientales, la VOC, installée à Batavia (maintenant Jakarta) dans l'île de Java, puis après sa disparition en 1799, le gouvernement hollandais, vont être le seul lien commercial direct entre l'Occident et le Japon jusqu'au traité signé avec les États-Unis en 1854 après l'accostage en force des bateaux noirs du Commodore Perry dans la baie d'Uraga en 1853.

Mais si les Français ne sont pas de l'aventure, ils peuvent trouver des productions japonaises, des porcelaines ou des objets en laque notamment, fort prisés, lors de leurs expéditions le long des côtes de l'Afrique (les premières vont jusqu'à Madagascar) ou au Cap, fondé par les Hollandais en 1652 qui, avec son fort et son potager, devient une étape indispensable pour le ravitaillement des navires. Quelques protestants français vinrent s'y installer après la révocation de l'édit de Nantes en 1685. Diverses compagnies éphémères tentèrent leur chance au XVIIe siècle, dont l'une fut créée sur l'initiative du maréchal de La Meilleraye (1602-1664) ; ce cousin de Richelieu joua un rôle important à Port-Louis dont il devint gouverneur en 1637. Son fils, qui lui succéda en 1654, épousa en 1661 une nièce de Mazarin dont il prit le nom. C'est de cette famille que provient le superbe coffre Mazarin (la clé française porte ses armes) fait à Kyôto vers 1640, chef-d'œuvre des collections japonaises du Victoria & Albert Museum de Londres. Pour l'instant, la première date certaine de son histoire est 1800, lorsque le duc de Bouillon le cède au flamboyant écrivain et collectionneur anglais William Beckford.

Dans le souci de convertir au christianisme les populations asiatiques, une Compagnie pour les voyages de la Chine, du Tonkin, de la Cochinchine et des îles adjacentes est fondée à Paris en 1658 ; elle est présente notamment à Siam. Chargée de missions d'évangélisation, elle se livre aussi au commerce. Quelques années plus tard, en 1664, Colbert crée la Compagnie française des Indes orientales. Les bateaux français fréquentent les ports de l'Inde, font escale à Batavia d'où rayonne la VOC et atteignent Canton en 1700 avec le voyage de *l'Amphitrite*, parti de Port-Louis sur ordre du roi. En outre, il ne faut pas négliger le résultat imprévisible de la contrebande ou d'actes de piraterie sur les mers du monde, dans l'Atlantique, aussi bien que du côté des îles Ryûkyû (actuellement Okinawa), ainsi que le commerce entre les pays d'Asie du Sud-Est où les marins chinois ont un rôle capital. Le jésuite Jean-Baptiste du Halde, dans son ouvrage sur la Chine de 1736, consacre un chapitre à ce sujet, « Du commerce des Chinois avec le Japon », notant la présence d'« ouvrages de vernis », c'est-à-dire en laque. En effet, « il ne s'en fait point de pareil dans le reste du monde. Le prix n'en est pas réglé mais les Chinois ne s'en chargent guère, dans la crainte où ils sont de ne pouvoir s'en défaire : quand ils en apportent, ils le vendent extrêmement cher [...]. Les marchands d'Emouy [Amoy] et de Ningpo sont ceux qui s'en chargent le plus volontiers, parce qu'ils les portent à Manille et à Batavia, et qu'ils y gagnent considérablement avec les Européens qui sont avides

[1] Saisi à la Révolution, ce livre contient l'*ex-libris* du président de Robien.

de ces sortes d'ouvrages »[2].

C'est ainsi que, parmi les cadeaux innombrables préparés à Siam par le roi Phra Narai et son premier ministre Constant Faulkon qui rêvait d'y installer un comptoir français pour concurrencer les Hollandais (on sait que ce fut un cuisant échec), l'ambassade de Siam de 1686 avait apporté à la cour de Versailles de nombreux objets japonais[3], cabinets, coffres, plats en laque, paravents, costumes, etc. Mais si cette ambassade débarqua à Brest (le souvenir en est perpétué par la rue de Siam) et si les ambassadeurs de Siam passèrent par le sud de la Bretagne, la Loire et Orléans, les ballots contenant d'innombrables cadeaux parfois volumineux gagnèrent Le Havre par mer et atteignirent la capitale par la Seine.

Jusqu'au Second Empire, la Bretagne n'a aucun rapport direct avec le Japon, mais des objets peuvent y parvenir, comme ceux de la collection du président de Robien (1698-1756), maintenant au musée des Beaux-Arts de Rennes, après avoir transité par la Hollande ou par la Chine et l'Asie du Sud-Est. L'intérêt de ce collectionneur érudit est certain, comme le montre la présence de plusieurs ouvrages français sur le Siam dans sa bibliothèque. Il faut citer aussi son neveu, Pierre-Louis-Achille de Robien, dit « le Chinois » (1736-1793)[4], un peu jeune pour lui avoir fourni des objets orientaux (il avait vingt ans à sa mort) mais qui, de Canton où il devient chef de comptoir en 1772, a pu faire parvenir certaines pièces saisies à la Révolution chez son fils Paul-Christophe de Robien (1732-1799).

Il faut attendre le traité de commerce et d'amitié signé entre la France et le Japon en octobre 1858, pour que s'établissent progressivement ces échanges qui vont créer une mode nouvelle et de profondes mutations dans l'esthétique occidentale. Deux délégations japonaises sont venues en France en 1862 et 1864, en passant par l'Égypte et Marseille, la voie la plus rapide même avant l'inauguration du canal de Suez en 1869, mais elles ne se rendirent pas en Bretagne. L'intérêt du gouvernement japonais de la fin d'Edo pour une modernisation rapide du pays avait abouti au choix d'un ingénieur français, Léonce Verny, pour construire un arsenal à Iokoska [Yokosuka], non loin du nouveau port commercial de Yokohama. Revenu en France, il avait lancé le 29 septembre 1865 un avis de recrutement pour quatre ans auquel avaient répondu trois ouvriers de l'arsenal de Brest. En 1866, ils avaient embarqué de Marseille sur un navire allemand. L'un d'eux, Gabriel Léostic (1833-1892), charpentier contremaître, y resta jusqu'en 1873 avant de revenir à Brest. Sont également cités les noms de Pons et de Cordenner[5].

Arrivé aussi par Marseille en 1867, à l'occasion de l'Exposition universelle de 1867, comme représentant de son frère qui devait être le dernier *shogun* de la lignée des Tokugawa au pouvoir depuis le début du XVIIe siècle, le jeune prince Akitake Tokugawa (1853-1910) resta en Europe après l'exposition, tandis que se mettait en place, en 1868, le gouvernement direct de l'empereur Meiji qu'il servit par la suite. Pour se mettre au courant des technologies de pointe, il fit le tour des ports français. Dans son *Journal*, il décrit en

---

[2] Du Halde, 1736, vol. 2, pp. 205-207.

[3] Impey et Jörg, 2005, pp. 351-354. Un mot, qui n'avait pu alors être déchiffré parmi les cadeaux à Madame la Dauphine, peut se lire « fausse male » [malle] et doit correspondre à une chaise percée en laque du Japon, vraisemblablement celle dont les panneaux ont été utilisés sous Louis XVI pour décorer deux meubles royaux…

[4] Frèches, 1974, n° 1, pp. 39-42.

[5] Cf. Segalen, 1975, n° 1, pp. 49-56.

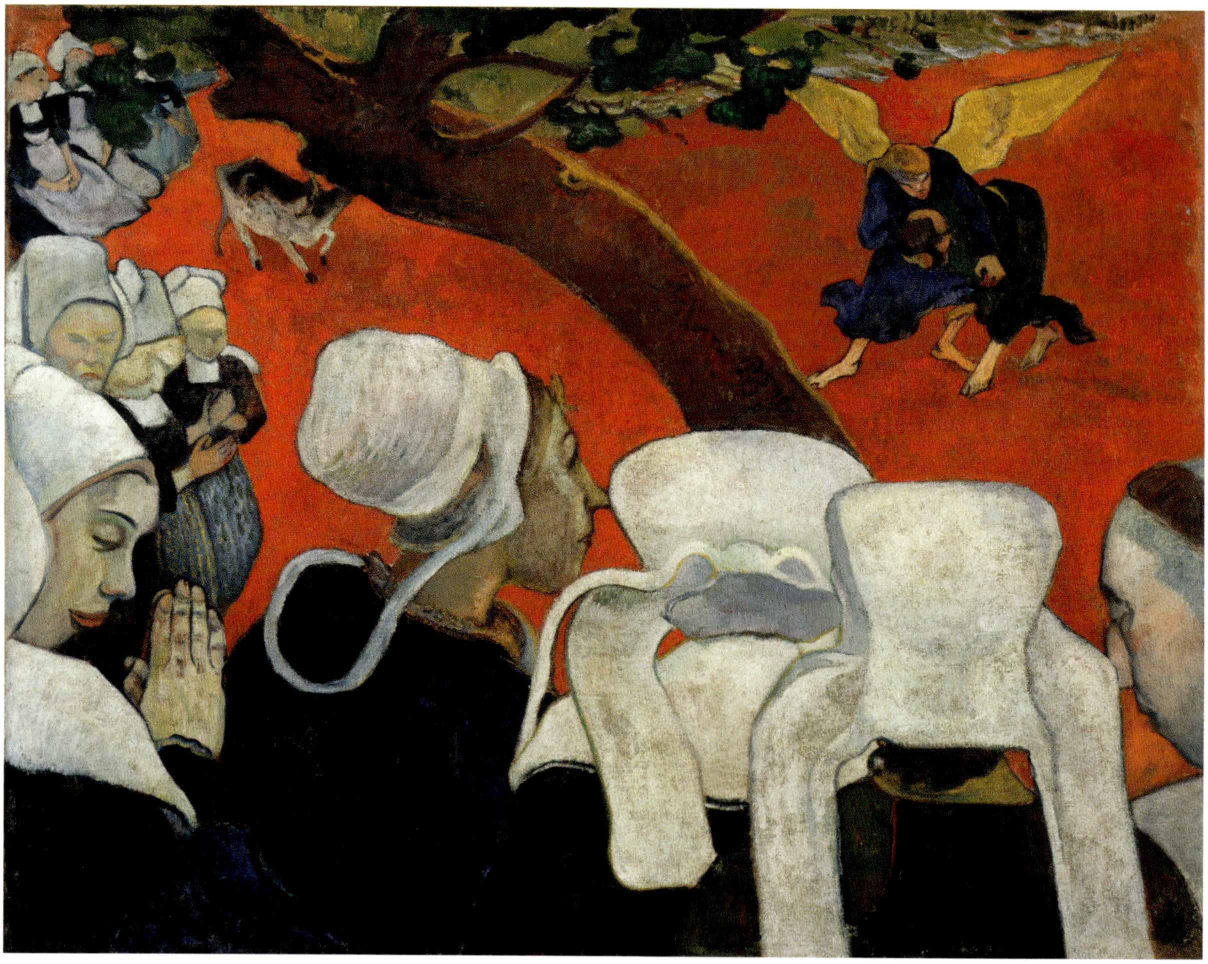

Ill. 3. Paul Gauguin, *La Vision du sermon*, 1888, huile sur toile, 73 x 92 cm. Edimbourg, National Gallery of Scotland.

français son voyage en août 1868 entre Cherbourg et Nantes, avec deux journées passées à Brest. Accompagnés du lieutenant-colonel Villette nommé par Napoléon III, ce jeune garçon et deux Japonais de sa suite M. Sibousawa et M. Kicouti sont, semble-t-il, les premiers habitants du Pays du Soleil levant à atteindre le Finistère (voir extrait p. 30).

L'Exposition universelle de 1867 à Paris est en effet la première à laquelle le Japon participe officiellement. Ses envois ont un succès immédiat et viennent confirmer la mode grandissante pour les curiosités du Japon qui se développe depuis le retour de l'ambassade française du baron Gros après le traité de 1858. Il faut noter que la Chine, vaincue lors du sac du Palais d'été en 1860, a perdu de son prestige au profit du Japon. Les marchands de thé de la rue Vivienne, *La Porte chinoise* ou *À l'Empire céleste* ajoutent la rubrique « japonaiseries » dans l'annuaire du commerce Didot-Bottin dès 1862, année où ouvre également la boutique de *Curiosités japonaises* de M. et Mme Desoye, au 220 rue de Rivoli.
Les écrivains commencent à s'y presser, les frères Goncourt, Baudelaire, Théophile Gautier ou encore Émile Zola et José Maria de Heredia. Les artistes,

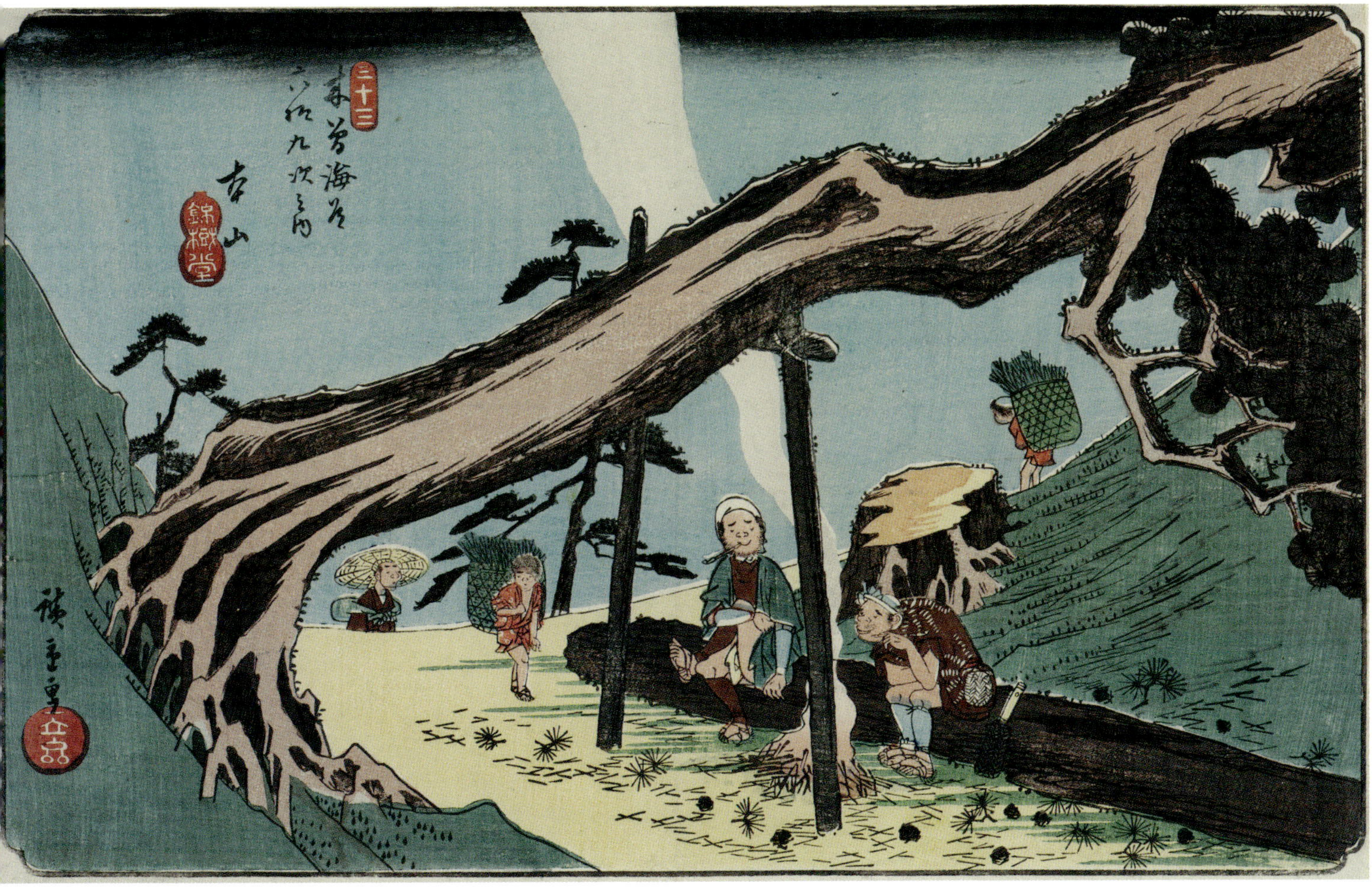

Ill. 4. Hiroshige, *Motoyama*,
n° 33 des *Soixante-Neuf Stations du Kisokaidô*,
1834-1842, xylogravure polychrome *(nishiki-e)*, 22,4 x 35,2 cm.
Boston, Museum of Fine Arts.

James McNeill Whistler, Zacharie Astruc, Édouard Manet, Claude Monet, Félix Bracquemond et bientôt Gustave Moreau se passionnent pour les livres illustrés et les estampes modernes de l'*ukiyo-e* aux couleurs vives, parfois de modestes crépons. Les volumes de la *Manga* ou des *Cent Vues du mont Fuji* de Hokusai circulent de main en main. À partir de 1863, un village comme Barbizon est fourni en estampes japonaises par des peintres qui en apportent de Paris, Charles Tillot par exemple ou l'Américain William Perkins Babcock, qui devait léguer sa collection d'estampes et d'albums au Museum of Fine Arts de Boston ; elles sont ardemment disputées par Théodore Rousseau ou Jean-François Millet.

Le graphisme des vagues dans les livres illustrés de Hokusai ou les estampes de Hiroshige n'échappent pas à Courbet lorsqu'il peint la mer en Normandie entre 1865 et 1869. Les paysages de Hiroshige (dont le nom n'est pas encore connu) se présentent en feuilles aussi bien qu'en albums en accordéon. Champfleury reproduit en 1870, juste avant la guerre, l'une des *Cent Vues célèbres d'Edo* sur la première page du numéro spécimen de *l'Imagerie nouvelle* : c'est une « gravure japonaise » représentant une « vue d'Yeddo » avec une petite tortue en gros plan suspendue à l'anse d'un seau, tandis que le mont Fuji est minuscule à l'arrière-plan. Une autre feuille de la même série, avec un aigle aux ailes déployées dans la partie supérieure, inspire quelques mois plus tard la composition du *Pigeon*[6] de Puvis de Chavannes qui place de la même façon un faucon ennemi pour évoquer le siège de Paris[7].

La dissymétrie, les mises en page surprenantes, la partie suffisant à évoquer l'ensemble audacieusement coupée par le bord de la feuille, le naturalisme enfin fascinent les artistes qui cherchent leur voie en dehors de l'académisme du temps.

Le mot « japonisme » est popularisé par Philippe Burty dans des articles de 1872. Outre les diplomates, les militaires et les commerçants, les premiers amateurs à visiter le Japon sont Henri Cernuschi et Théodore Duret, partis à la hâte à la fin de la Commune. Cernuschi y constitue une collection exposée à son retour au Palais de l'Industrie en 1873, à l'origine du musée qu'il lègue à la ville de Paris en 1896[8] ; c'est lui qui incite le marchand Philippe Sichel à aller se fournir directement sur place. Ce dernier en rapporte en 1874 quatre cent cinquante caisses de curiosités, estampes et livres illustrés[9] qui trouvent rapidement des amateurs. En 1875, le marchand Siegfried Bing se spécialise dans les arts d'Extrême-Orient, mais ne visite le Japon (où il a déjà des correspondants) qu'en 1880.

La mutation sociale engagée par l'empereur Meiji a pour conséquence l'apparition sur les marchés d'objets plus ou moins anciens devenus inutiles et démodés, un mouvement qui s'accentue au fil des ans, surtout après l'Exposition universelle de 1878. Un article d'Ernest Chesneau dans la *Gazette des Beaux-Arts* du 1er septembre et du 1er novembre 1878, intitulé « le Japon à Paris », est le témoin de cette mode qui envahit tout. Émile Guimet et Félix Régamey, qui ont voyagé au Japon en 1876, participent avec de nombreux amateurs parisiens à l'exposition rétrospective organisée alors au palais du Trocadéro ; on peut y voir aussi quelques objets anciens en laque, de Kôrin notamment, prêtés par le musée de Tokyo. On découvre également les grès irréguliers et comme « sauvages » de la cérémonie du thé, si différents des vases d'exportation en porcelaine brillamment colorée. Ils eurent une influence notable sur la production de grès artistiques en France et ils n'échappèrent pas à Paul Gauguin : Félix Fénéon devait bientôt comparer ses céramiques aux grès des potiers de Takatori dont les fours traditionnels dans la région de Fukuoka existent encore[10].

Paris reste le plus important relais de diffusion en France. Pour la Bretagne, c'est le succès de publications comme les *Voyages pittoresques*, puis le développement du chemin de fer dans les dernières années du Second Empire, avec pour conséquence le tourisme balnéaire, qui vont déterminer le développement du japonisme dans de nombreux villages côtiers où se rendent les artistes en quête d'authenticité.

Parmi les Japonais venus à Paris en 1878, Hosui Yamamoto (1850-1906), déjà formé à la technique occidentale de peinture au Japon, suit l'enseignement de Gérôme et reste en France jusqu'en 1887 ; il se lie avec Judith Gautier qui l'invite dans sa villa, *le Pré-des-Oiseaux*, à Saint-Énogat (Dinard).

---

[6] Paris, musée d'Orsay.
[7] Cat. exp.1988, Paris et Tokyo, p. 29.
[8] Cf. Marquet, 1998 et Maucuer, 2011.
[9] Cf. Sichel, 1883 et Put, 2000.
[10] Cat. exp. 1988, Paris et Tokyo, p. 30.

En 1883, il y couvre d'une végétation japonisante les murs d'un pavillon en bois, toujours conservé[11]. Il prépare aussi des illustrations pour *les Chauves-Souris* (1893) de Robert de Montesquiou, japonisant notoire, autre invité de Judith Gautier en Bretagne. C'est encore en 1878 qu'arrive Tadamasa Hayashi (1853-1906), traducteur de la Kiriu Kôshô Kaisha, une compagnie de production d'objets d'art pour l'exportation, créée au moment de l'Exposition universelle de Vienne en 1873 et dont le représentant est Kensaburo Wakai.

Hayashi devient un précieux informateur pour Louis Gonse qui prépare un ouvrage sur *l'Art japonais*. Les deux volumes richement illustrés paraissent en 1883 et constituent une première tentative pour établir une histoire des différents aspects de l'art japonais : l'illustration renseigne sur la richesse des collections privées parisiennes. Celles-ci sont à l'honneur, cette même année 1883, dans l'exposition organisée par Gonse à la galerie Georges Petit. Le catalogue compte plus de trois mille numéros d'objets d'art, peintures et estampes, provenant de marchands (Wakai ou Bing) et surtout d'amateurs dont Sarah Bernhardt qui, plus tard, s'installera à Belle-Île.

Hayashi, associé à Wakai, puis seul dès 1884, s'installe comme marchand à Paris et fait connaître les estampes du XVIIIe siècle et les objets anciens du Japon. Il participe au numéro consacré au Japon de la revue *Paris illustré* (1er mai 1886) que dirige l'imprimeur Charles Gillot, grand collectionneur et bientôt un de ses plus fidèles clients. Pour la première fois en France, des estampes représentant de belles femmes d'Utamaro y sont reproduites.

Claude Monet, qui était de la première génération des amateurs d'estampes japonaises et qui va jusqu'à transformer la propriété de Giverny où il s'installe en 1883 en jardin japonais, séjourne à Belle-Île en 1886 : il se rappelle les paysages de Hiroshige lorsqu'il peint la mer et les rochers de Port-Coton.

Une autre villégiature bretonne, Saint-Briac, est visitée pour la première fois par Henri Rivière en 1885 sur le conseil de son camarade d'atelier Paul Signac, lui-même japonisant. Bien souvent, Rivière voit, lui aussi, les paysages bretons à travers les estampes de Hiroshige, mais c'est à Hokusai et à ses *Trente-Six Vues du mont Fuji* qu'il fait référence quand il commence en 1888 sa série des *Trente-Six Vues de la tour Eiffel*. En 2009, une exposition monographique au Japon le présentait comme le « maître français de l'*ukiyo-e* ».

Paul Gauguin, qui a participé aux dernières expositions du groupe impressionniste, se rend pour la première fois à Pont-Aven en 1886 et y rencontre Émile Bernard. Lors de son séjour de 1888, il peint le chef-d'œuvre de la nouvelle esthétique synthétique, *la Vision du sermon*[12] (ill. 3). Sur le thème biblique de la lutte entre Jacob et l'ange, traité si différemment avant lui par Delacroix à la fin de sa vie pour une chapelle de l'église Saint-Sulpice à Paris ou par Gustave Moreau en 1878[13], Gauguin donne une variation bretonne tout imprégnée de la mémoire des modèles japonais qui lui étaient familiers autant qu'à Émile Bernard ou à leur ami Vincent Van Gogh. Aux livres illustrés d'Hokusai, aisément accessibles, car ils font l'objet de rééditions dans le Japon de Meiji, il emprunte des lutteurs peints, jusque dans leur taille réduite, à la manière de ceux croqués dans les pages du troisième volume de la *Manga*, mais aussi le groupe de spec-

[11] Takashina, n° 109, 1995, pp. 60-62.
[12] Edimbourg, National Gallery of Scotland.
[13] Fogg Art Museum, Cambridge, Mass.

tateurs vus de dos que sont les Bretonnes en cercle au premier plan[14]. L'arbre en travers de la composition rappelle le parti utilisé par Hiroshige dans *Motoyama* (ill. 4), l'une des *Soixante-Neuf Stations du Kisokaidô,* la route de montagne entre Edo et Kyôto, ou encore dans *Pruniers en fleurs à Kameido,* une des *Cent Vues célèbres d'Edo,* celle-là même qu'avait copiée Van Gogh. Enfin l'irréelle prairie rouge reprend les fonds unis des estampes *ukiyo-e* contemporaines, des portraits d'acteurs de Kunichika (1835-1900) par exemple.

Lorsqu'il peint en 1889 *la Belle Angèle* [15] (ill. 5), il utilise un cadrage japonais dont les sources sont aussi bien tel démon riant (Hannya) de Hokusai (ill. 6) que, de nouveau, l'une des *Cent Vues célèbres d'Edo* de Hiroshige[16] avec le demi-cercle de la fenêtre d'une maison de thé s'ouvrant sur un paysage.

On sait aussi qu'en octobre 1888 à Pont-Aven, Gauguin avait conseillé à Sérusier de peindre avec des couleurs pures (celles-là même des crépons japonais) un paysage du Bois d'Amour qui deviendra *le Talisman*[17] des futurs Nabis, ses condisciples à l'Académie Julian. Ils peuvent visiter, à l'Exposition universelle de 1889, le café Volpini où exposent, autour de Gauguin, de nombreux artistes qui passent l'été en Bretagne.

Aucun n'ignore la publication d'une revue mensuelle, dirigée par Siegfried Bing, *le Japon artistique. Documents d'art et d'industrie,* dont les trente-six numéros paraissent de mai 1888 à avril 1891[18]. Imprimée par Charles Gillot, elle est illustrée de planches en couleurs et d'innombrables vignettes. Parmi les collaborateurs, citons l'ami de Rodin et de Monet, Gustave Geffroy qui est d'origine bretonne, ou encore Ary Renan, dont le père, l'historien Ernest Renan, est natif de Tréguier. Le premier écrit deux articles sur « les paysagistes japonais » en décembre 1890 et janvier 1891. Le second est l'un des auteurs importants de la revue puisque son nom apparaît dans quatre livraisons, deux sur « la Mangwa d'Hokousai » en décembre 1888 et janvier 1889, deux sur « les animaux dans l'art japonais » en janvier et février 1890. Peintre au symbolisme délicat, il représente la mer et les rochers de l'île de Bréhat lors de ses visites en Bretagne.

Par ses planches et ses articles dus à des auteurs français, anglais et allemands, *le Japon artistique* modifie sensiblement l'image que l'on se faisait de l'art japonais et son rôle est indéniable comme agent rénovateur de la création artistique occidentale toutes techniques confondues, de l'art décoratif à la peinture et la sculpture. La hiérarchie des genres en est bousculée, annonçant l'épanouissement de l'Art Nouveau. Dans le dernier numéro, Roger Marx conclut avec emphase que cette influence est comparable à celle de l'Antiquité au temps de la Renaissance.

Une *Exposition de la gravure japonaise* a lieu en 1890 à Paris à l'École des beaux-arts, avec un catalogue préfacé par S. Bing dont le texte paraît également dans *le Japon artistique* de mai 1890. C'est lui encore qui signe la préface de l'exposition d'Estampes d'Outamaro et de Hiroshige dans les galeries Durand-Ruel en 1893. Cette présentation est d'une importance particulière pour les adeptes de la gravure originale, d'un point de vue technique autant qu'esthétique.

Conséquence notable de ce nouveau regard sur

---

14 Cat. exp. 1988, Paris et Tokyo, p. 318 et cat. exp., 2009, Quimper.

15 Paris, musée d'Orsay.

16 Cat. exp., 1988, Paris et Tokyo, n° 257, p. 196.

17 Paris, musée d'Orsay.

18 Cf. Lacambre, 2008, pp. 127-144.

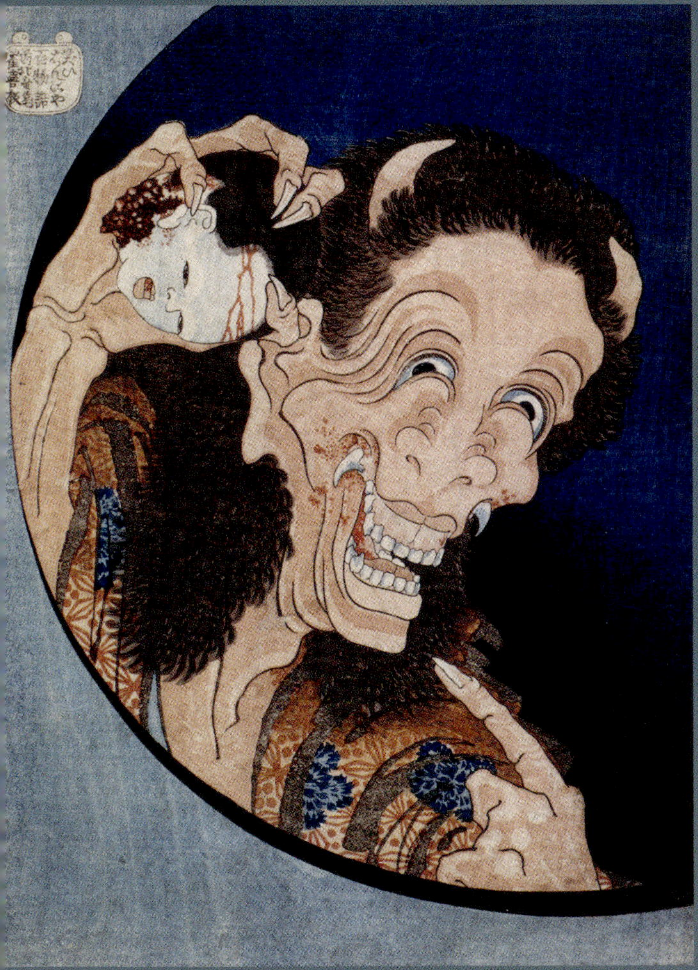

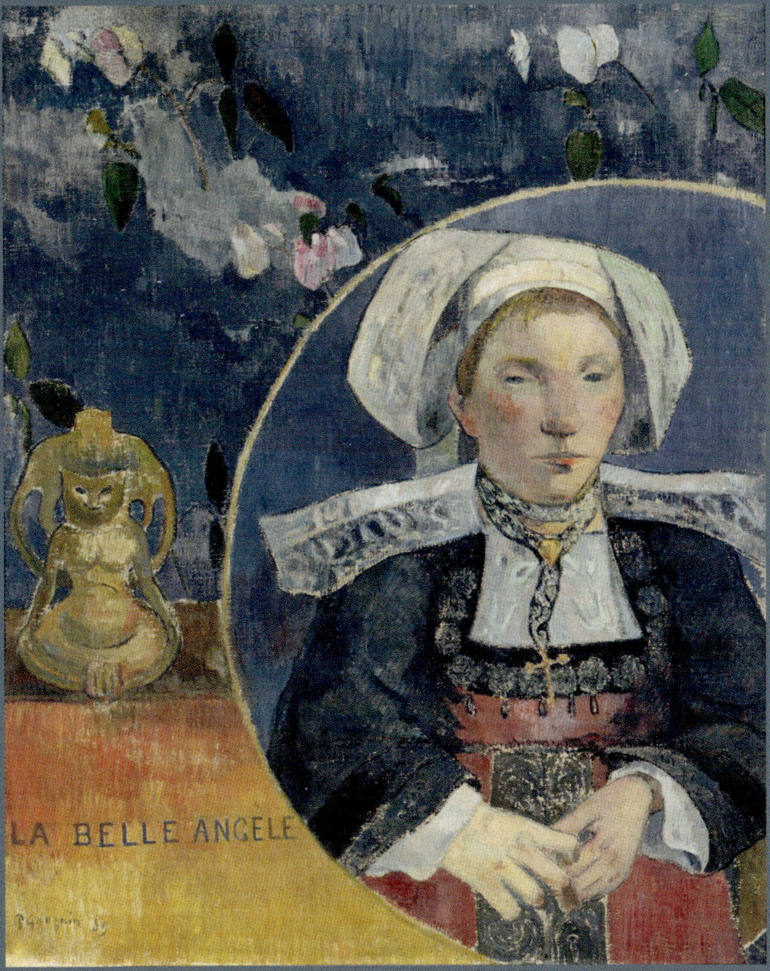

Ill. 6. Hokusai, ***Hannya*, *Démon riant*,**
de la série des *Cent Contes de fantômes,*
1831, xylogravure polychrome (*nishiki-e*), 25,8 x 18,6 cm.
Paris, Musée national des Arts asiatiques Guimet.

Ill. 5. Paul Gauguin, ***La Belle Angèle, hôtelière à Pont-Aven,***
1889, huile sur toile, 92 x 73 cm.
Paris, musée d'Orsay.

l'art japonais, le musée du Louvre ouvre une section d'Extrême-Orient (transférée en 1945 au musée Guimet) avec des objets choisis dans les collections ethnographiques du musée de la Marine et des dons d'amateurs, le premier étant (toujours lui) S. Bing en décembre 1891.

Le grand rival de Bing dans un marché de l'art japonais florissant, Hayashi, toujours actif, sait faire venir du Japon des estampes anciennes aux coloris naturels dont la gamme sourde de vert, de jaune et d'orangé est reprise par les Nabis ou les affichistes de la fin du siècle. Hayashi sert aussi d'informateur et de traducteur à Edmond de Goncourt lorsque ce dernier rédige ses monographies consacrées à *Outamaro, le peintre des maisons vertes* (1891), puis à *Hokusai* (1896). Quelques années plus tard, il est nommé commissaire de la présentation de l'art japonais à l'Exposition universelle de 1900. On peut y découvrir des aspects, insoupçonnés jusque-là, de l'art ancien du Japon au point qu'elle marque la fin d'une première phase du japonisme. On sait aussi les liens qu'il entretient avec Henri Rivière à qui il commande un grand décor pour sa maison de Tokyo, en échange d'objets japonais à choisir dans son fonds.

La dernière décennie du XIXe siècle et le début du XXe siècle sont riches de grandes ventes publiques des collections des premiers amateurs de curiosités japonaises : Burty en 1891, Goncourt en 1897, Hayashi en 1903, Gillot en 1904, Bing en 1906 et bien d'autres. Cela aboutit à une redistribution auprès de nouveaux collectionneurs des trésors accumulés depuis la fin du Second Empire.

Les artistes du début du XXe siècle, Matisse et les fauves, restent fascinés par les vives couleurs et les aplats des estampes japonaises modernes toujours accessibles à petit prix chez les libraires ou dans les grands magasins, comme le sont les pochoirs, ces feuilles rigides de papier brun découpé[19] (*katagami*) utilisées dans l'industrie textile. Elles sont progressivement remplacées au Japon par de nouveaux procédés d'impression importés d'Occident. Trente ou quarante ans après les estampes, les pochoirs envahissent à leur tour, dès le début des années 1890, les boutiques européennes et apportent de nombreux motifs plats en réseau, utiles aux artistes décorateurs jusqu'à être l'une des composantes de l'Art Nouveau, puis du style 1925.

Au cours du XXe siècle, d'autres aspects de l'art japonais sont découverts, notamment la pureté de l'architecture traditionnelle en bois. Ainsi, dans les années 1930, la villa impériale de Katsura, construite au XVIIe siècle dans les environs de Kyôto, apparaît, par la simplicité de ses lignes, comme un chef-d'œuvre « moderne » qui remplace dans l'esprit des architectes novateurs un monument classique comme le Parthénon.

Cependant, les événements historiques qui conduisent à la seconde guerre mondiale, suivis au Japon par une période de reconstruction nécessaire et de reconversion, font oublier le rôle que sa production artistique a joué en Europe durant la seconde moitié du XIXe siècle. Accessible, car moins exotique qu'il n'y paraît en raison des contacts établis à l'époque d'Edo malgré la fermeture du pays, l'art japonais découvert au XIXe siècle intervient dans le développement du naturalisme, de l'impressionnisme et de ses suites, comme dans le renouveau des arts décoratifs, à une époque où les formules traditionnelles s'épuisent dans l'académisme et l'éclectisme. Il est significatif que l'importante exposition *les Sources du XXe siècle,*

[19] Cf. cat. exp. 2006, Paris.

organisée par le Conseil de l'Europe au Musée national d'Art moderne de Paris en 1961, ne souffle mot de l'influence japonaise sur les différentes formes de l'Art Nouveau et des Sécessions européennes. Depuis lors, la recherche, tant aux États-Unis qu'en Europe et au Japon, et de nombreuses expositions ont remis en lumière l'existence du japonisme, compris non seulement comme le goût des amateurs collectionnant des objets du Pays du Soleil levant, mais comme un stimulant de la création occidentale, indispensable à l'émergence de la modernité.

Bibliographie

Du Halde, Jean-Baptiste, *Description géographique, historique, chronologique, politique, et physique de l'empire de la Chine et de la Tartarie chinoise, enrichie des cartes générales et particulières de ces pays, de la carte générale et des cartes particulières du Thibet, & de la Corée ; & ornée d'un grand nombre de figures & de vignettes gravées en tailledouce,* La Haye, 1736, 4 vol.

Frèches, José, « Le goût asiatique des Robien », *La Revue du Louvre et des musées de France,* 1974, n° 1.

Impey, Oliver et Jörg, Christiaan, *Japanese Export Lacquer 1580-1850,* Amsterdam, 2005.

Lacambre, Geneviève, « La revue *Le Japon artistique* (1888-1891) et les publications périodiques en histoire de l'art », *l'Europe des revues (1880-1920), estampes, photographies, illustrations,* dir. Stead, Evanghélia et Védrine, Hélène, Paris, 2008.

Marquet, Christophe (dir.), « Henri Cernuschi (1821-1896) : homme politique, financier et collectionneur d'art asiatique », *Ebisu. Études japonaises,* numéro hors-série, Maison franco-japonaise, Tôkyô, hiver 1998.

Maucuer, Michel, « La copie des objets asiatiques au XIXe siècle : Émile Reiber, Théodore Deck et la collection Cernuschi », *La Revue des musées de France. Revue du Louvre,* 2011-3.

Moscatiello, Manuela, *Le Japonisme de Giuseppe De Nittis. Un peintre italien en France à la fin du XIXe siècle,* Berne, 2011.

Put, Max, *Plunder and pleasure : Japanese art in the West : 1860-1930,* Leyde, 2000.

Segalen, A.P., « Des ouvriers de l'arsenal de Brest envoyés au Japon en 1865 », *les Cahiers de l'Iroise,* 1975, n° 1.

Sichel, Philippe, *Notes d'un bibeloteur au Japon,* Paris, 1883.

Takashina, Erika, « Un décor japonais en Bretagne », *Revue de l'art,* n° 109, 1995.

Tokugawa Akitake bakumatsu taiô nikki [Journal du séjour en Europe de Akitake Tokugawa], édition établie par Masato Miyachi, Matsudo (Chiba), musée municipal d'Histoire Tojo, 1997.

Van Bergen, Arnoldus [Montanus], *Ambassades mémorables de la compagnie des Indes Orientales des Provinces Unies, vers les empereurs du Japon,* Amsterdam, 1680.

Catalogues d'exposition :

1988, Paris, Galeries nationales du Grand Palais – Tokyo, Musée national d'Art occidental, *Le Japonisme.*

2006, Paris, Maison de la Culture du Japon à Paris, *Katagami. Les pochoirs japonais et le japonisme.*

2009, Quimper, musée des Beaux-Arts, *Paul Gauguin,* la Vision du sermon. *L'invention du synthétisme.*

Journal de mon voyage à Cherbourg, à Brest et à Nantes

Akitake Tokugawa

Le récit du prince Akitake Tokugawa, qui raconte dans son Journal *son voyage dans l'ouest de la France pendant l'été 1868, commence à son arrivée à Cherbourg le 2 août et s'achève à Nantes le 10. Il y parle de son séjour, du 5 au 8 août, en Bretagne, écrivant en français, avec quelques rares maladresses et anglicismes, maintenus ici dans une version originale.*

Mercredi 5 août

À midi nous sommes partis du Mans en chemin de fer, nous sommes entrés en Bretagne ; à 7 heures nous sommes arrivés à St. Brieuc, où nous avons dîné dans la gare. Vers 11 heures du soir nous étions à Brest où nous avons couché dans un hôtel très sale, l'hôtel de Provence.

Jeudi 6 août

Le matin à 9 heures nous sommes allés avec le Colonel et Mr. Kicouti au bord de la mer : nous avons regardé le port du commerce, où il y avait un assez grand nombre de bateaux ; puis nous sommes entrés dans le château : nous avons demandé le gardien pour qu'il nous conduisît partout ; malheureusement il n'était pas chez lui. Nous avons alors traversé le fameux Pont Impérial qui est construit tout en fer, et a 114 mètres de long. Il se partage en deux moitiés qui tournent l'une à droite, l'autre à gauche pour laisser passer les bateaux avec leurs mâts. On me dit que pour faire tourner ce grand pont, il suffit de deux hommes : c'est une chose vraiment merveilleuse. Vers 10 heures et demi nous sommes retournés au château ; cette fois le gardien y était, il nous a conduits d'abord dans une vieille tour, où nous avons vu d'anciennes cuisines : nous avons vu aussi les oubliettes : c'est là que dans les anciennes guerres on mettait les prisonniers ; les malheureux, enfouis dans la terre, ne voyaient plus la lumière du jour. Ce château a été construit il y a 1 200 ans environ ; il est très curieux à visiter.

Après déjeuner, nous avons visité l'arsenal ; nous sommes entrés d'abord dans la salle d'armes puis nous avons vu les machines pour faire des canons. Ensuite, en marchant à côté du port, nous avons vu des vaisseaux cuirassés terminés et en construction. Après cela nous sommes entrés dans les ateliers de corderie de la Marine : c'est un vaste établissement, long de 400 mètres, et, je crois, plus considérable que celui de Cherbourg. Vers 4 heures, nous sommes rentrés à l'hôtel ; il faisait un temps abominable, beaucoup de brouillard ; cela m'a rappelé tout à fait l'Angleterre.

Vendredi 7 août

Le matin à 9 heures nous avons fait une promenade en voiture avec le Colonel et Mr. Kicouti dans les environs de la ville, et nous sommes entrés dans une vieille église. En revenant nous nous sommes arrêtés devant la gare où le Colonel a demandé l'heure du départ du train pour Nantes. Après déjeuner, vers deux heures, nous sommes allés au port du commerce où nous avons pris un petit bateau. Nous voulions voir l'immense rade de Brest. Mais il tembait (*sic*) de la pluie, le vent était assez violent et les vagues entraient un peu dans notre bateau : nous avons dû changer de direction. Le tour de la rade est d'à peu près 9 lieues. En revenant, notre bateau a passé près d'un grand vaisseau appelé *la Bretagne* : il a quatre ponts ; il sert maintenant aux élèves de la Marine. À 6 heures nous sommes rentrés à l'hôtel. Après le dîner en prenant le café dans la chambre de Mr. Sibousawa, nous avons entendu la musique qui jouait sur la place du Champ de Bataille.

Samedi 8 août

Le matin à 8 heures nous sommes partis de Brest en chemin de fer. Vers 11 heures le train s'est arrêté un instant dans la petite ville de Quimper ; en y passant, le Colonel m'a dit qu'il y avait dans cette petite ville un grand figuier, dont l'ombre s'étend à peu près à 6 000 mètres de terrain. À une heure le train s'est arrêté à la ville de Lorient, où nous avons déjeuné. Il paraît que c'est un grand port militaire ; vers 7 heures du soir nous sommes arrivés à Nantes et nous sommes descendus à l'hôtel de France. En arrivant dans la ville, le train passe tout près de la Loire.

Chronologie

1543
Le 23 septembre, les Portugais atteignent le Japon. Trois marins, poussés par un typhon, échouent sur Tanegashima, une île de l'archipel Okinawa au sud du Japon. Débuts du commerce avec ceux que les Japonais nomment *Namban* (barbares du sud).

1615-1868
Époque d'Edo, dynastie des Tokugawa.

1616
Le commerce avec les Européens est limité à Nagasaki et Hirado.

1619
François Caron, émigré aux Pays-Bas, est le premier Français à poser le pied au Japon. Nommé par Colbert, il fonde la Compagnie française des Indes orientales en 1664.

1622
Grande persécution des chrétiens : 55 missionnaires et convertis sont exécutés à Nagasaki.

1635
Fermeture du pays.

1639
Expulsion des Portugais de Deshima.
Les Hollandais seront les seuls Européens autorisés à pénétrer au Japon.

1688-1703
Période Genroku.
Dans son Cabinet de curiosités, commencé autour de 1740, le président du Parlement de Bretagne Christophe-Paul de Robien (1698-1756) fait entrer plusieurs objets japonais, dont une laque Namban.

1800
Autour de 1800, émergence d'un art bourgeois, essor du théâtre *kabuki* et de la diffusion d'estampes polychromes (*Ukiyo-e*).

1854
Ouverture forcée des ports au commerce avec l'étranger par le commodore américain Matthew Perry : convention de Kinagawa.

1855
Paris, Exposition universelle, présentation d'objets japonais au pavillon de la Hollande.

1858
Traité de paix, d'amitié et de commerce signé à Edo (Tokyo actuel) pour l'ouverture de relations diplomatiques entre les deux pays.

1862
Première ambassade japonaise en Europe avec comme interprète M. Léon de Rosny.
À Paris, l'ambassade visite l'atelier de photographie de Nadar, boulevard des Capucines, où a lieu en 1874 la première exposition du groupe d'artistes indépendants nommés « impressionnistes ».
Whistler achète à Paris des gravures sur bois et des estampes japonaises en couleur.

1864
La seconde mission japonaise en Europe visite notamment la manufacture de Sèvres.

1865
Création du collège franco-japonais à Yokohama ; le français était jusqu'alors enseigné depuis 1808 à l'École des langues étrangères de Nagasaki par les Hollandais.
Construction des chantiers navals de Yokosuka et des ateliers de Yokohama. Une centaine d'ingénieurs français y participent, jusqu'en 1876.

1866
Abbé Mermet de Cachon, *Dictionnaire français, anglais, japonais*, Paris.
Eugène Rousseau commande à Félix Bracquemond un service de table en faïence fine, à motifs de flore et de faune empruntés à des albums et livres illustrés japonais.

1868

Akitake Tokugawa, frère du *shogun*, émissaire de la première délégation japonaise pour l'Exposition universelle de Paris, voyage en Bretagne. Il rédige en français un carnet dans lequel il décrit son séjour.
Création par un petit groupe d'artistes et de critiques de la Société du Jing-Lar. Parmi ses membres : Z. Astruc, Ph. Burty, F. Bracquemond, A. Jacquemart...

1868-1912

Ère Meiji. Proclamation de la Constitution de l'ère Meiji. Ouverture du Japon à l'étranger.

1868

E. Manet expose au Salon le *Portrait de Zola* (musée d'Orsay) ; l'écrivain y est représenté dans son bureau près d'un paravent japonais et d'une estampe de Kuniaki II.

1870

Aimé Humbert, *Le Japon illustré,* Paris.

1871

Léon de Rosny, « L'Empire japonais et les Archives de M. de Siebold » *in le Journal asiatique* et *Anthologie japonaise*. Premier professeur de japonais à l'École spéciale des Langues orientales dès 1865.
Henri Cernushi et Théodore Duret arrivent au Japon en octobre. Monet séjourne en Hollande où il aurait vu des estampes japonaises pour la première fois.

1872

De mai 1872 à février 1873 Philippe Burty (1830-1890), publie une série d'articles dans *la Renaissance littéraire et artistique,* intitulés *Japonisme.*
La première de la représentation de l'opéra-comique de Camille Saint-Saëns, *la Princesse jaune*, est donnée le 12 juin salle Favart à Paris.

1873

Exposition des *Beaux-Arts de l'Extrême-Orient* organisée par H. Cernuschi au Palais de l'Industrie à Paris.

1874

Théodore Duret, *Voyage en Asie : le Japon, la Chine, la Mongolie, Java, Ceylan, l'Inde,* Calmann-Lévy, Paris.
À la première exposition impressionniste, Zacharie Astruc expose des aquarelles à thèmes japonisants, comme le fait aussi Emmanuel Lansyer au Salon.

1875

Siegfried Bing ouvre à Paris son premier magasin d'objets d'Extrême-Orient.
La troupe japonaise de Yedo donne des représentations à Paris, aux Folies-Bergère, Jules Chéret en réalise l'affiche.

1876

Émile Guimet (1836-1918), industriel lyonnais et Félix Régamey (1844-1907), dessinateur, partent pour un voyage d'étude des religions en Asie. Ils séjournent trois mois au Japon, collectionnent les bronzes, les faïences, et rapportent plus de 300 peintures religieuses et 600 statues.

1877

Début de l'industrialisation du Japon.
Architectes et urbanistes européens circulent au Japon.
Théophile Gautier, *L'Orient*, Paris.

1878

Exposition universelle de Paris. Wakaï Kensaburo organise la section rétrospective japonaise, secondé par Hayashi Tadama (1854-1906), interprète et vendeur, qui restera à Paris jusqu'en 1905. 430 exposants japonais. Wakai présente pour la première fois des céramiques en grès.
Un artiste japonais fait une démonstration de peinture à l'aquarelle chez Philippe Burty, en présence d'Edmond de Goncourt.
Wakaï K., *Notes sur la peinture japonaise,* traduit du japonais et commenté par T. Hayashi.

1880

Siegfried Bing fait son premier voyage au Japon.

1881

Edmond de Goncourt, dans l*a Maison d'un artiste*, décrit le Cabinet d'Extrême-Orient de sa maison d'Auteuil.

1882

Le Salon central de l'Exposition des arts décoratifs, à Paris est consacré aux arts de l'Asie. Y sont notamment exposés des masques japonais.

Théodore Duret publie « l'art japonais – les livres illustrés » et « les albums imprimés – Hokusai », dans la *Gazette des Beaux-Arts*.

1883

Louis Gonse (1846-1921), critique d'art et collectionneur d'objets japonais, rédacteur en chef-gérant de la *Gazette des Beaux-Arts*, organise l'*Exposition rétrospective de l'Art japonais au Musée japonais temporaire*, Paris, et publie *l'Art japonais,* Paris, ouvrage réalisé avec l'aide de Hayashi.
Le catalogue de l'exposition comprend plus de trois mille numéros.
Est organisé à l'Union centrale des arts décoratifs le *Salon annuel des peintres japonais* (première année).
Hosui Yamamoto est le premier peintre japonais venant en Bretagne. Il décore en 1883 un pavillon de thé japonais dans la propriété de Judith Gautier à Saint-Enogat en Dinard.

1885

Transfert du musée Guimet de Lyon à Paris. Depuis 1945, il est devenu le département des Arts asiatiques du musée du Louvre.
Pierre Loti séjourne au Japon, *Madame Chrysanthème,* Paris.
Judith Gautier, *Poèmes de la libellule,* illustrés par Yamamoto, traduits du japonais par M. Saionzi.

1886

Au printemps, Paul Gauguin s'installe à Pont-Aven.
En septembre, Monet séjourne à Belle-Île, il y rencontre John-Peter Russell et Gustave Geffroy.

1887

Philippe. Burty, *Le Japon artiste,* Paris.
Vincent Van Gogh organise une exposition de ses estampes japonaises au café *le Tambourin,* à Paris.

1888

S. Bing fonde le *Japon artistique*, revue mensuelle de luxe, contributions de L. Gonse, Ed. de Goncourt, Roger Marx... n°1, mai 1888 à n°36, avril 1891.
Avril, au théâtre de l'Odéon à Paris, première de *la Marchande de sourires, pièce japonaise,* de Judith Gautier.

1889

À l'Exposition universelle de Paris, le Japon est représenté par 675 exposants.

1890

Exposition de la Gravure japonaise, organisée par S. Bing à l'École des Beaux-Arts de Paris. Rassemble 760 gravures, 430 livres et recueils de collectionneurs.

1891

Vente de la collection Philippe Burty, publication du *Catalogue de peintures et d'estampes japonaises, de miniatures indo-persanes, de livres relatifs à l'Orient et au Japon,* Paris.
Ed. de Goncourt, *Outamaro, le peintre des maisons vertes,* Paris. Ouvrage réédité en 1901, lu par les artistes et abondamment commenté par la presse ; du même auteur, *l'Art japonais au XVIII*e.
Félix Regamey, revue *le Japon pratique,* Paris.

1893

S. Bing expose des œuvres d'Utamaro et d'Hiroshige à la galerie Durand-Ruel, à Paris. Il en rédige le catalogue.

1894-1895

Guerre du Japon avec la Chine.

1894

Exposition internationale de Lyon.

1895

De retour des États-Unis, Bing transforme sa galerie d'objets d'art extrême-orientaux, qui devient galerie *de l'Art Nouveau.*
Ed. de Goncourt, *Hokusai.*

1896

Décès de E. Cernuschi qui lègue à la Ville de Paris son hôtel et les collections d'art chinois et japonais qu'il renfermait. Création du musée Cernuschi, Paris.
Claude Monet fait installer un petit pont japonais et un jardin d'eau dans sa propriété de Giverny.

1897

Vente de la collection d'Ed. de Goncourt à l'hôtel Drouot,

à Paris. Catalogue : *Arts de l'Extrême-Orient, objets d'art japonais et chinois,* introduction de S. Bing.

1898
L. Gonse, « L'art japonais et son influence sur le goût européen », in *la Revue des Arts décoratifs.*

1900
Exposition universelle de Paris. Hayashi nommé commissaire général de la section japonaise, qui présente 2128 exposants.
Le Cabinet des estampes de la Bibliothèque nationale acquiert la collection de Théodore Duret. Il en a rédigé le catalogue.
La troupe de Sada Yacco joue au théâtre de la Loïe Fuller.
Fondation de la Société franco-japonaise de Paris.

1901
Fondation de l'École française d'Extrême-Orient.

1902
Vente de la collection Hayashi à l'hôtel Drouot à Paris. Catalogue préfacé par S. Bing.

1903
Exposition *Trois Maîtres japonais* à la Galerie de l'Art Nouveau de S. Bing.

1904
Guerre russo-japonaise.
En juin, publication de l'ouvrage collectif *Un groupe d'artistes*, dédié *Aux victimes de la guerre russo-japonaise.*

1906
Rodin rencontre l'actrice japonaise Hanako à l'Exposition coloniale de Marseille.

1907
Hanako commence à poser pour Rodin.
Un « Dîner japonais » mensuel est organisé par les Amis de l'art japonais.

1909
Première *Exposition de l'estampe japonaise* au Pavillon de Marsan, avec les œuvres de Haronobu, Kyionaga, Masanobu.
Le jardin japonais d'Albert Kahn, à Boulogne, est achevé.

1911
Robert Mallet-Stevens, « L'Architecture au Japon », in *La Revue*, Paris. Elie Faure, *Histoire de l'art : l'art médiéval*, Paris. Un chapitre est consacré au Japon.

1912-1926
Ère Taishô.

1912
Exposition d'estampes d'Utamaro au musée des Arts décoratifs (Paris). Le catalogue est rédigé par Jean Lebel.

1914
Entrée du Japon dans la première guerre mondiale.
Exposition d'estampes d'Hiroshige, Pavillon de Marsan, Paris.
Mathurin Méheut, bénéficiant d'une bourse de la fondation Albert Kahn, fait un tour du monde et séjourne au Japon.

1921
Paul Claudel est nommé ambassadeur de France à Tokyo. Il assurera ses fonctions jusqu'en 1927.

1922
Exposition d'art japonais à Paris par la Société nationale des Beaux-Arts : présentation de peintures, sculptures, arts décoratifs, œuvres anciennes et modernes, laques, kakémonos…

1926-1989
Ère Shôwa.
Au Japon, industrialisation et influence de la civilisation occidentale.

1967
Jumelage des villes de Rennes et de Sendai.

1971
Jumelage des villes de Brest et de Yokosuka.

La Compagnie des Indes à la rencontre de l'Imari

Georges Le Gars

Lorsque le *Soleil d'Orient*, fleuron de la toute nouvelle Compagnie française des Indes orientales, largue les amarres en 1672 pour appareiller vers les Indes, non seulement ce vaisseau laisse une partie de son nom au quartier qui l'a vu naître, l'Orient, future ville de Lorient, mais il symbolise, par son baptême, le lien qui existe désormais entre le grand commerce maritime et le pouvoir. Parmi les produits convoités, la porcelaine occupe une place de choix, notamment au cours du XVIIIe siècle. La concurrence entre les Européens est rude car au siècle précédent, Portugais, Hollandais puis Anglais ont pris une certaine avance sur le royaume de France.

Dans ce contexte, c'est principalement à la Bretagne, avec ses infrastructures portuaires de Nantes, Lorient et Saint-Malo, qu'incombe l'éminente responsabilité de combler un retard jugé inacceptable par Louis XIV. Cette importante contribution régionale s'avère déterminante pour l'ensemble du pays : elle permet à la France d'être au rendez-vous de la mondialisation des échanges maritimes au cours du XVIIIe siècle.

Passé le siècle des grands voyages de découverte, les Portugais établissent à partir de 1600, des relations avec la plupart des peuples asiatiques pour d'importants échanges commerciaux. Très rapidement, ils sont marginalisés par la puissante Compagnie orientale des Provinces-Unies, la V.O.C. *(Verenigde Oost-Indische Compagnie)* fondée à Amsterdam en 1602 (fig. 2). Les Hollandais imposent leur quasi-monopole dans les transactions entre l'Extrême-Orient et l'Occident. Pourtant les Portugais, avant eux, ont largement contribué à faire découvrir aux Européens la porcelaine chinoise, déjà vieille de mille ans, en important en masse les porcelaines *Kraak*.

Cette porcelaine typique fabriquée dans le sud de la Chine, à Jingdezhen, sous les derniers empereurs de la longue dynastie Ming commencée en 1368, connaît un arrêt brutal avec la disparition du dernier de ses empereurs, Chongzhen, en 1644. Les guerres intestines opposent depuis le début du siècle le peuple majoritaire des Hans dirigé par les empereurs Ming et le peuple des Mandchous. Le conflit pénalise l'économie chinoise, en particulier le centre de production porcelainière de Jingdezhen. Les nouveaux maîtres de la Chine, les Qing,

Fig. 1. Chine, Jingdezhen, bouteille,
Un Hollandais avec son ombrelle,
Vers 1720, porcelaine Imari, glaçure, bleu de cobalt sous couverte, polychromie sur couverte, métal, bois, 25,2 x 9,5 cm.
Lorient, musée de la Compagnie des Indes.

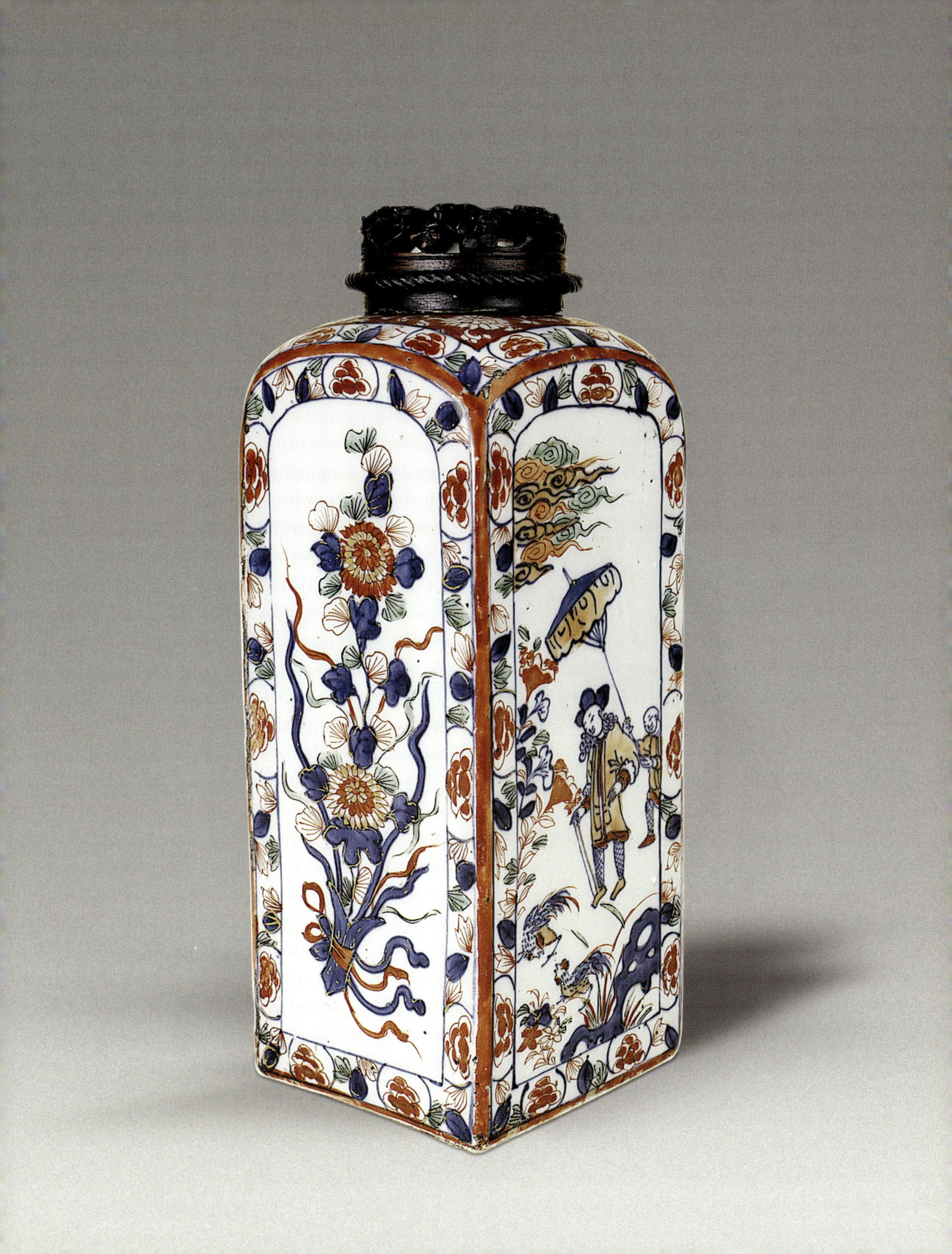

ne peuvent empêcher la poursuite des guerres civiles dans le sud du pays. Les Chinois, pourtant au sommet de leur art sous les derniers Ming, devront patienter et laisser provisoirement la place aux Japonais dont les fours savent désormais maîtriser les hautes températures qui transforment le kaolin en porcelaine. La puissante V.O.C., coupée de sa source d'approvisionnement, se tourne naturellement vers les producteurs japonais auxquels elle impose de produire du « Chinois bleu et blanc » pour ne pas interrompre l'alimentation d'un marché bien installé en Europe. Rapidement, les fours de ce nouveau producteur sont en mesure de proposer autre chose que de simples copies, car la maîtrise de la polychromie progresse à grands pas. La compagnie hollandaise est présente dans la région en mouillant depuis 1608 à Hirado, petite île à l'entrée de la grande baie d'Imari, située dans le sud du Japon au nord-ouest de l'île de Kyûshû. La V.O.C. confie la direction de son comptoir d'Hirado au Français François Caron. Les transac-

Fig. 2. Van Meurs Jacob,
La Maison des Indes orientales à Amsterdam,
1662, gravure, 19,5 x 30 cm.
Lorient, musée de la Compagnie des Indes.

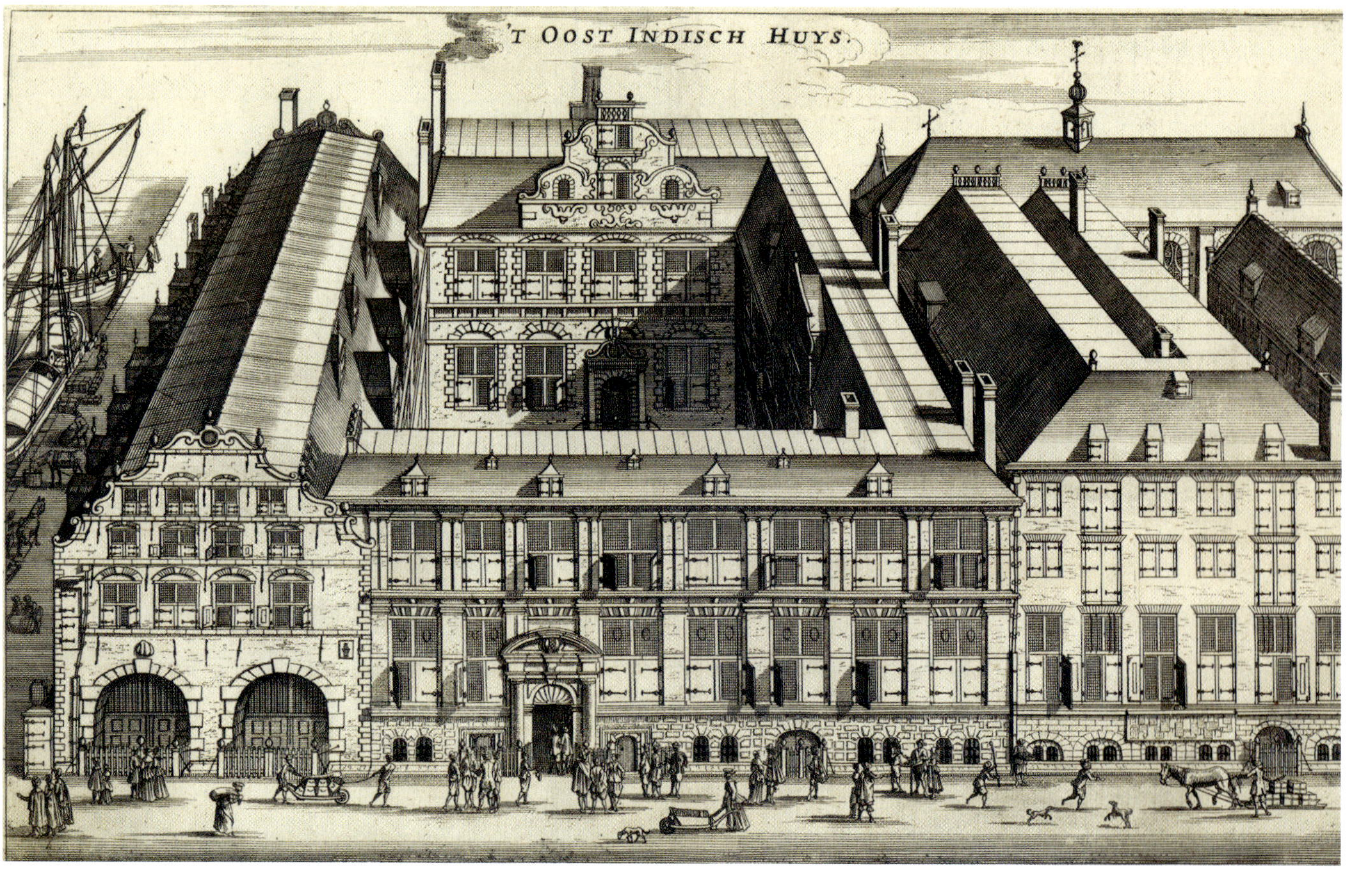

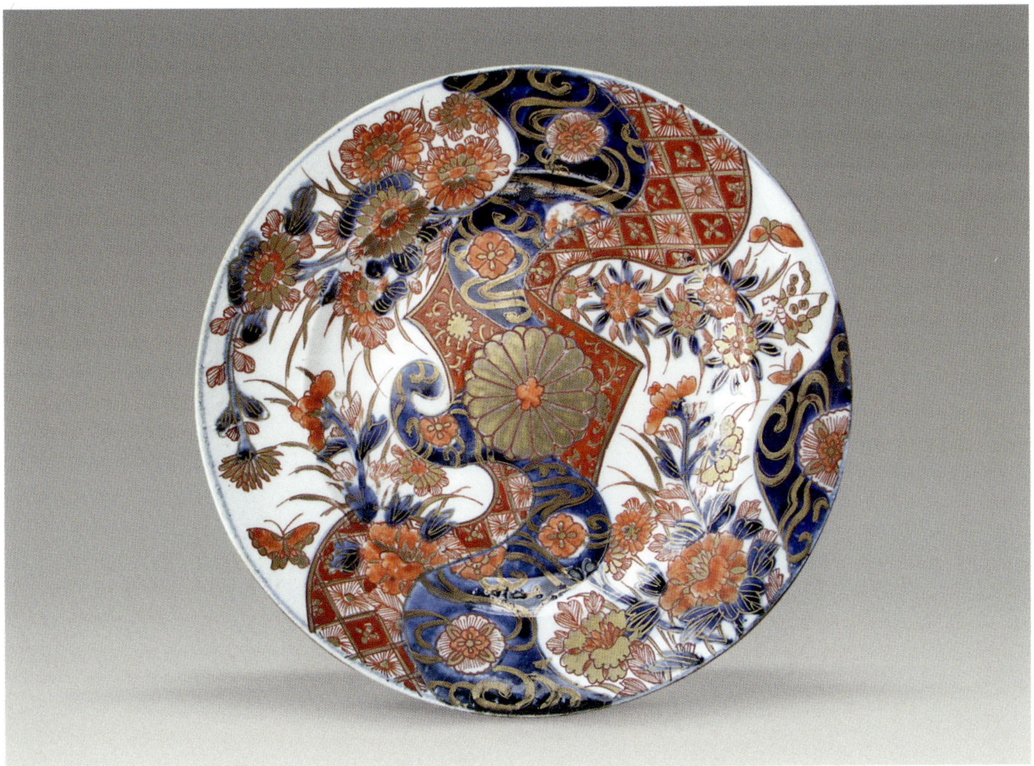

Fig. 3. Arita, Japon, *Plat aux papillons*, XVIIIe siècle, porcelaine Imari, glaçure, bleu de cobalt sous couverte, polychromie sur couverte, 21,5 cm. Coll. G. Le Gars.

tions avec les Japonais s'établissent dans un climat tendu depuis la prise du pouvoir par le clan Tokugawa. Ces chefs de guerre pratiquent volontiers la chasse aux chrétiens catholiques. Dans ce contexte, les Portugais sont expulsés du Japon et quittent l'îlot de Deshima, qu'ils occupent en baie de Nagasaki. En 1641, les Hollandais sont contraints, à leur tour, d'abandonner Hirado pour Deshima, îlot bien surveillé, symbole de la politique dite du *sakoku* (« cadenas » en japonais). Jusqu'en 1757, seuls les Hollandais maintiennent une présence occidentale au Japon.

Ils pèsent de tout leur poids pour orienter les décors d'une porcelaine qui doit avantageusement suppléer à la raréfaction des pièces chinoises. Les négociants chinois, quant à eux, observent impuissants ce producteur émergent. Les fours chinois tournent au ralenti avant d'être pratiquement détruits au milieux du XVIIe siècle. De son côté, le Japon s'isole mais offre néanmoins des produits d'une qualité irréprochable. La Chine laisse ainsi involontairement au Japon un court créneau dont ce dernier profite de manière exemplaire, avant de revenir sur le devant de la scène.

L'île de Kyûshû dispose à Arita d'un gisement de kaolin, argile nécessaire à la fabrication de la porcelaine. En 1616 selon la tradition, le Coréen Ri Sampei y installe des fours montant aux hautes températures, autour de 1 400 °C. Il peut obtenir

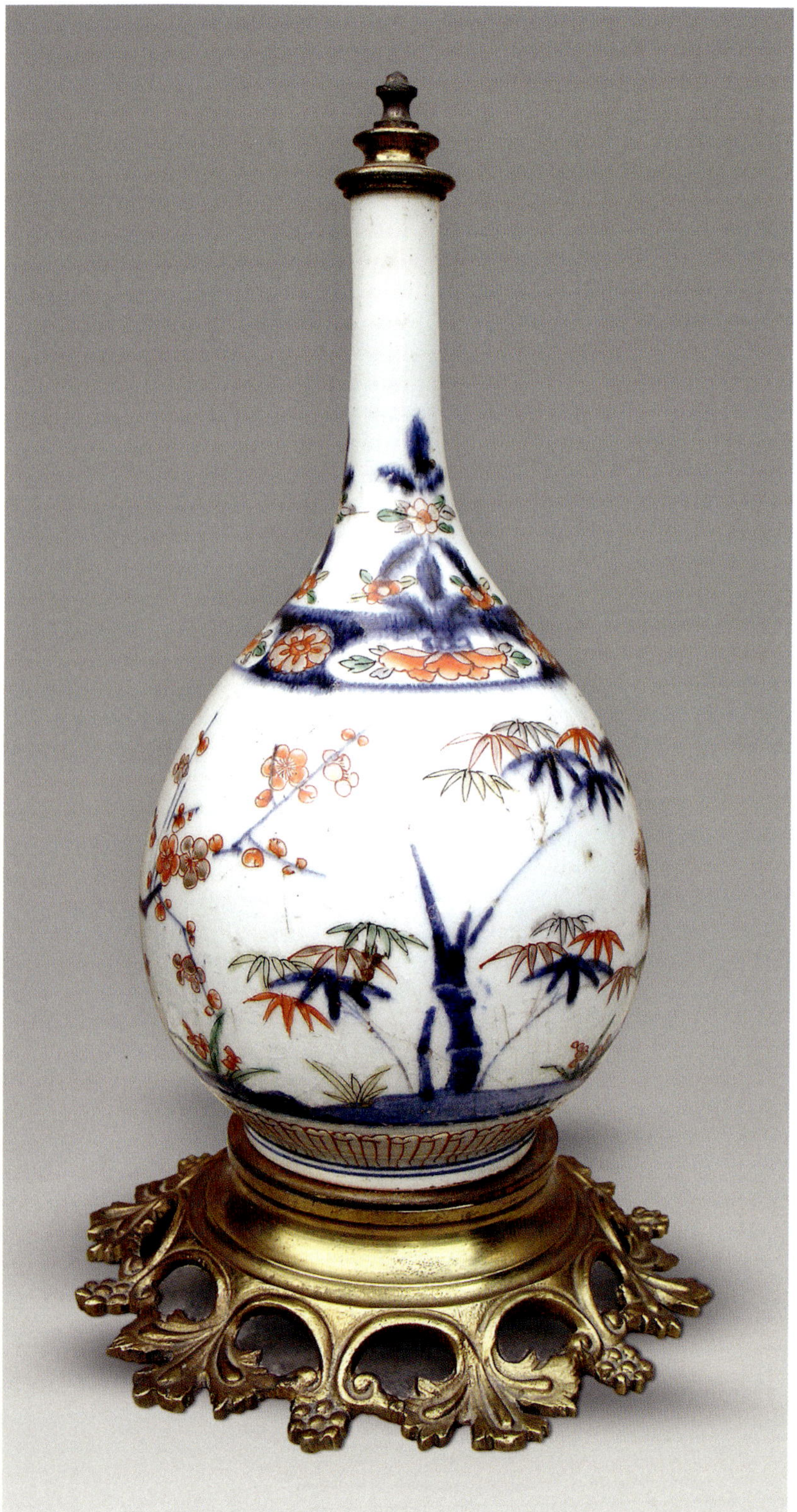

ainsi la fameuse porcelaine, mettant fin au monopole chinois vieux de plus de sept siècles. La mise au point des techniques propres à la fixation et à l'obtention d'une polychromie prend quelques années et, vers 1644, le style *Kakiemon* d'une grande originalité est mis au point par le céramiste éponyme. Cette technique fut probablement rapportée de Chine par Kakiemon lui-même. Ses successeurs ont rapidement diversifié la palette des émaux aux aspects aquarellés. Le graphisme des lignes souvent brisées est également l'une des caractéristiques de ce style. Le départ de la V.O.C. en 1757 entraîne pratiquement son extinction.

Un autre style a vu le jour pratiquement au même moment. Les Japonais l'appellent *Nabeshima*, du nom d'une grande famille formant un clan puissant dans le Kyûshû. Ces seigneurs dirigent la production porcelainière d'Arita et se réservent le meilleur des techniques et des artistes-émailleurs en les isolant dans le site très protégé d'Okawachiyama. Les pièces nées dans ces fours sont aujourd'hui classées par les Japonais « biens culturels notoires » et font l'objet d'un véritable culte. Cette porcelaine principalement produite à la fin XVIIe siècle et au début du suivant n'arrive qu'exceptionnellement en Occident. Enfin, à côté de ces deux grands styles, un troisième voit le jour autour de 1660, plus sobre dans sa palette, qui bénéficie d'une grande popularité. L'Imari devient par excellence la porcelaine d'exportation.

Cette céramique de commande aux émaux simpli-

Fig. 4. Arita, Japon, *Bouteille à saké aux Trois Amis*, Début du XVIIIe, porcelaine Imari montée à Paris en bronze doré, glaçure, bleu de cobalt sous couverte, polychromie sur couverte, dont le graphisme s'apparente au style *Kakiemon*, 30 x 17 cm. Coll. G. Le Gars.

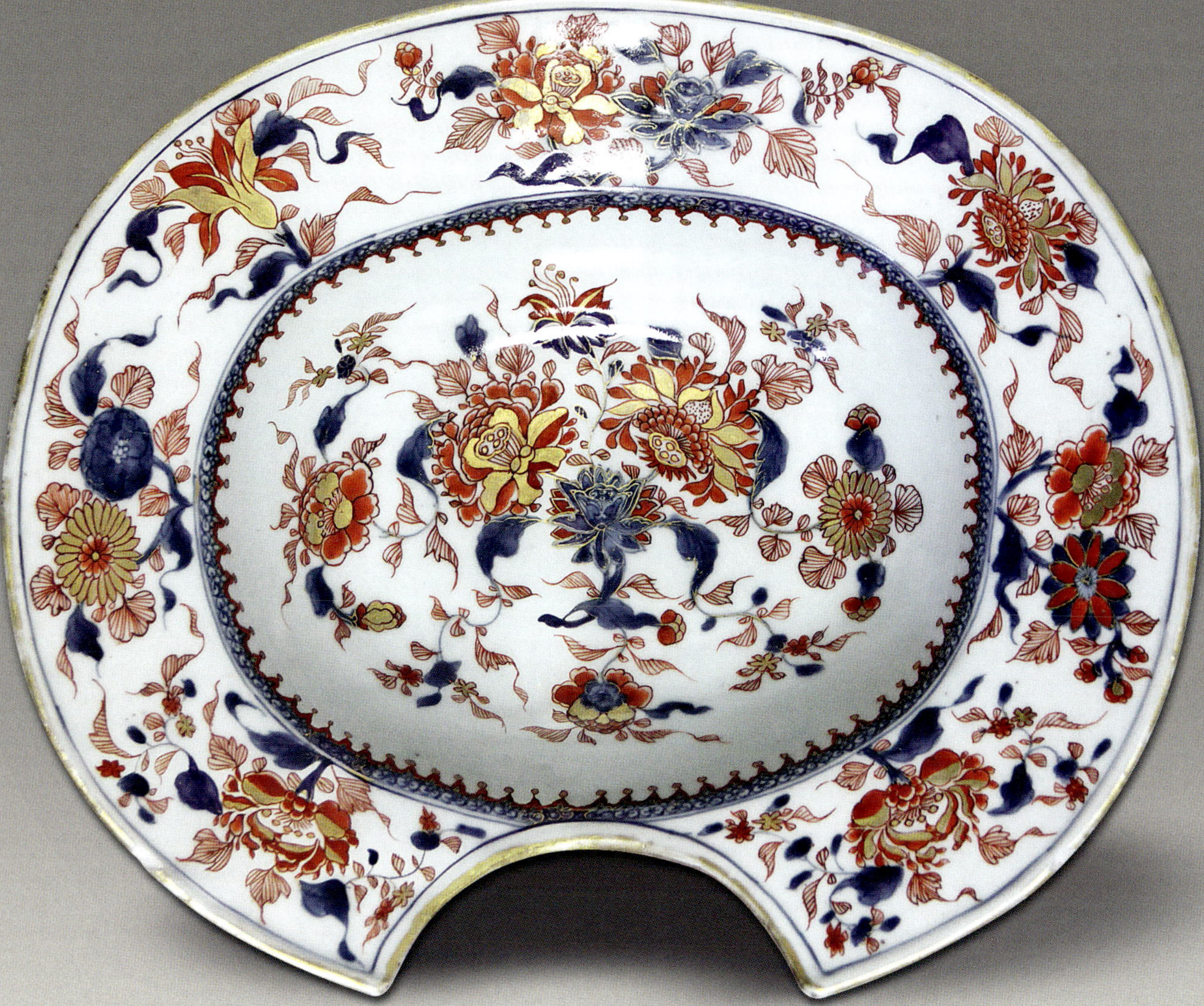

Fig. 5. Chine, *Plat à barbe*,
Vers 1750, porcelaine Imari, glaçure, bleu de cobalt sous couverte, polychromie sur couverte, 9,5 x 34 x 29 cm.
Lorient, musée de la Compagnie des Indes (dépôt du musée des Beaux-Arts, Rennes).

fiés quitte le pays, comme les pièces *Kakiemon*, par le port d'Imari ancré seulement à quelques kilomètres des centres de production d'Arita, avant de gagner par cabotage l'îlot de Deshima. Pendant près d'un siècle, elle est massivement exportée vers l'Europe. L'âge d'or pour les Imari se situe autour de 1680 et se poursuit pendant le premier quart du siècle suivant avant une reprise de la production chinoise.

Le style dit « Imari » se reconnaît aisément à ses trois couleurs dominantes : le bleu de cobalt cuit sous la glaçure associé à un rouge fixé sur la glaçure à la faveur d'une autre cuisson, le tout sur fond blanc (fig. 3).

Les rehauts d'or d'un dernier passage au four viennent donner à l'ensemble toute la magnificence souhaitée par les cours princières européennes. Quelques touches vertes peuvent, par leur complémentarité, soutenir un rouge safran. Nommé *Kinrande* (brocart d'or), cet habillage évoque l'art du textile. Mais, par-delà les aspects techniques, les représentants hollandais en poste à Deshima jouent un rôle déterminant dans la mise au point de ce style : moins de dragons, plus de fleurs... et beaucoup d'or ! Pourtant les Japonais ne sacrifieront jamais leurs traditions dans cette adaptation au goût des Occidentaux.

Le registre iconographique est dominé par des représentations florales dont la dimension symbolique s'abreuve aux principaux courants traditionnels de la spiritualité asiatique : shintoïsme, confucianisme, bouddhisme et taôisme. Ainsi la pivoine, symbole de distinction et d'éternelle jeunesse, côtoie la fleur de chrysanthème, symbole de longévité et de ténacité. La fleur du prunus est signe de résurrection, alors que le pin incarne l'éternité. Le bambou se contente de signifier la durée face aux difficultés de la vie (fig. 4). Ces éléments du répertoire végétal peuvent se combiner pour former de beaux bouquets en vase, en situation de tokonoma (petit espace dans un mur qui met en valeur un objet).

Dès la fin du XVIIe siècle, dans une Chine pacifiée, les céramistes de Jingdezhen copient le décor Imari, en le rendant plus floral encore, pour le proposer aux compagnies européennes qui se pressent à leur porte. Ces « Imari chinois » font partie, avec les autres productions, « famille verte », « famille rose » et « bleu et blanc », des carnets de commandes des diverses compagnies et inondent le marché occidental (fig. 1 et 5).

Dans ce retournement rapide du marché de la porcelaine, les Chinois ont fait preuve d'une grande capacité d'adaptation face à leurs commanditaires européens, notamment Anglais, Français et Hollandais, en produisant des porcelaines de formes imitées des services de table en vogue en Europe et décorées souvent à la demande (fig. 6). L'un d'eux est particulièrement célèbre : il s'agit de la *Dame au Parasol* (fig. 7). Ce motif élaboré par le Hollandais Cornelis Pronck pour le compte de la V.O.C. s'inspire d'un thème traditionnel chinois. Sa réinterprétation sur porcelaine par un Chinois lui donne au final une extraordinaire vigueur puisée dans la palette Imari. Avec ce type de production, la V.O.C. entend se démarquer de ses concurrents. Ce motif est repris à son tour par les Japonais. Voilà bien le symbole de la complexité

Fig. 6. Japon, *Cafetière*,
Première moitié du XVIIIe siècle, porcelaine Imari, glaçure, bleu de cobalt sous couverte, polychromie sur couverte, 29 x 25 cm.
Lorient, musée de la Compagnie des Indes
(dépôt du musée des Beaux-Arts, Rennes).

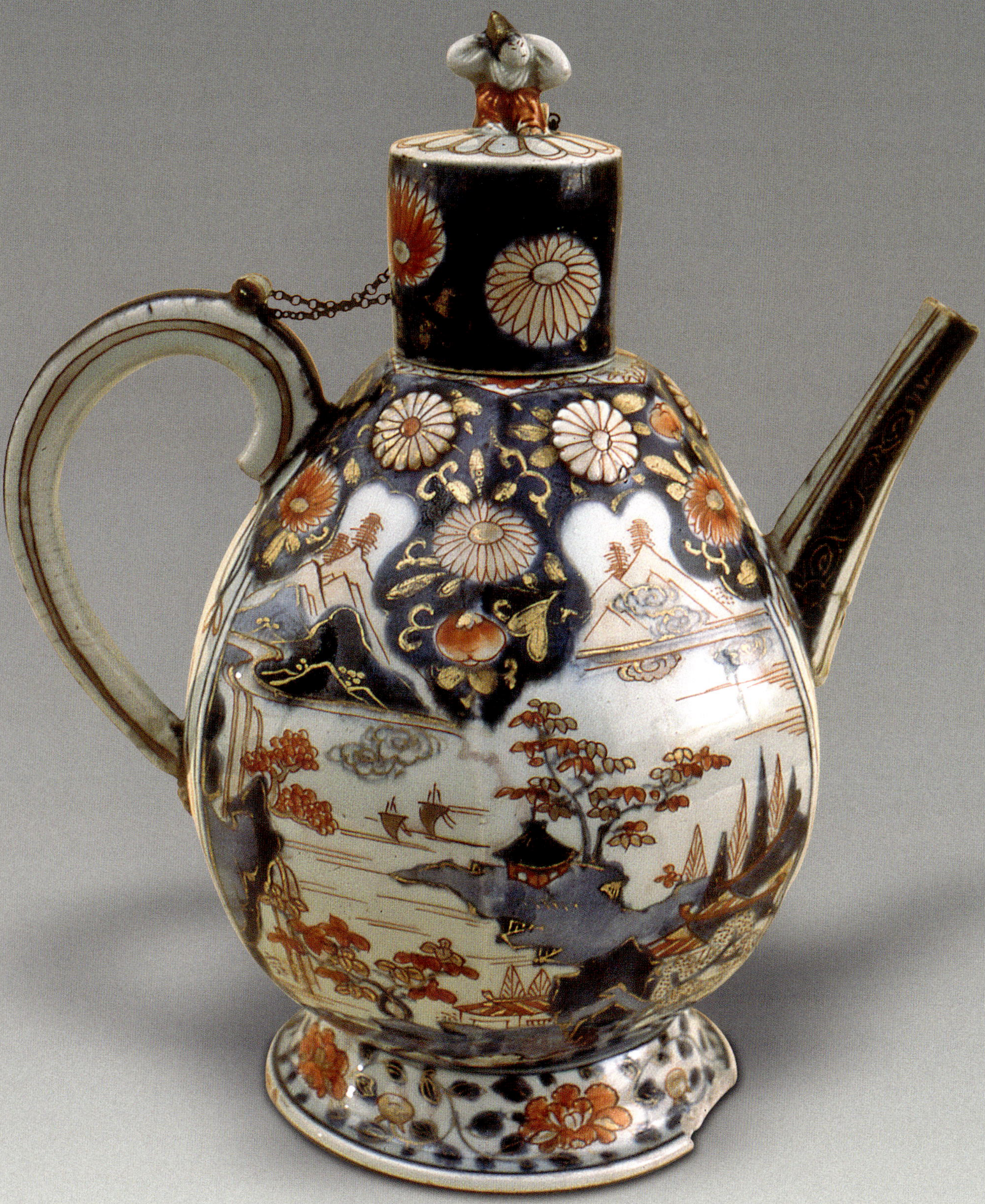

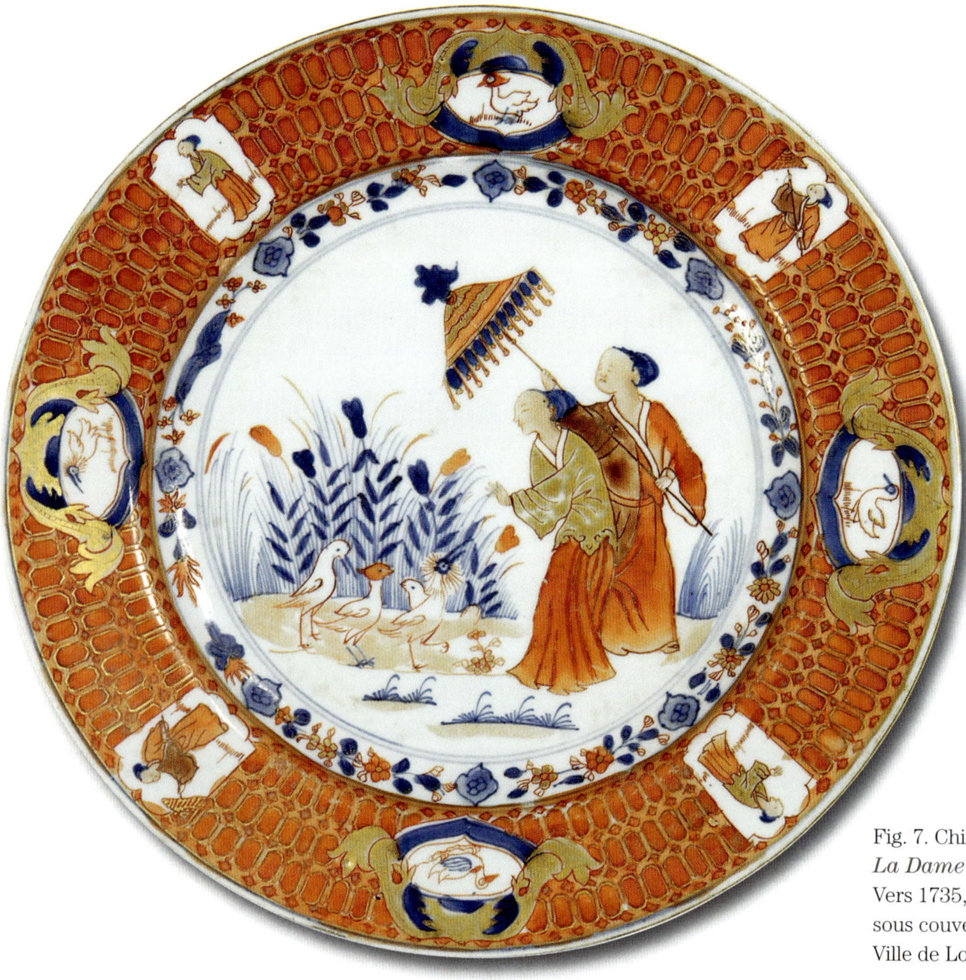

Fig. 7. Chine, Jingdezhen, assiette,
La Dame au parasol,
Vers 1735, porcelaine Imari, glaçure, bleu de cobalt sous couverte, polychromie sur couverte, 23,6 x 2,5 cm.
Ville de Lorient, musée de la Compagnie des Indes.

et de l'interdépendance des échanges artistiques du XVIIIe renforcés par le commerce maritime.

Pour contrer ces arrivages massifs de porcelaine asiatique, les Européens accélèrent leurs recherches, à commencer par celle du kaolin. Celui-ci est enfin découvert près de Meissen, en Saxe, en 1708. La France attend 1768 !

Passée la période d'expérimentation, les Occidentaux copient les décors en vogue venant d'Extrême-Orient et en particulier le décor Imari. Après l'Allemagne, suivent l'Autriche, l'Italie et la France avec principalement au XIXe siècle, les manufactures de Bayeux, de Paris et de Limoges (fig. 8). La Grande-Bretagne, en l'absence de kaolin, mène ses propres recherches pour aboutir à une faïence (la *bone china*) dont les qualités n'ont rien à envier à la porcelaine. Les Anglais ont adoré et adorent toujours ce style Imari très floral, pour pratiquement se l'approprier. Les exportations japonaises de porcelaine Imari repartent avec vigueur dans la seconde moitié du XIXe siècle et inondent une nouvelle fois le continent européen, au moment où de nombreux artistes occidentaux se passionnent pour les arts japonais.

Par-delà la symbolique asiatique du répertoire Imari, quoi de plus poétique et d'universel qu'un décor

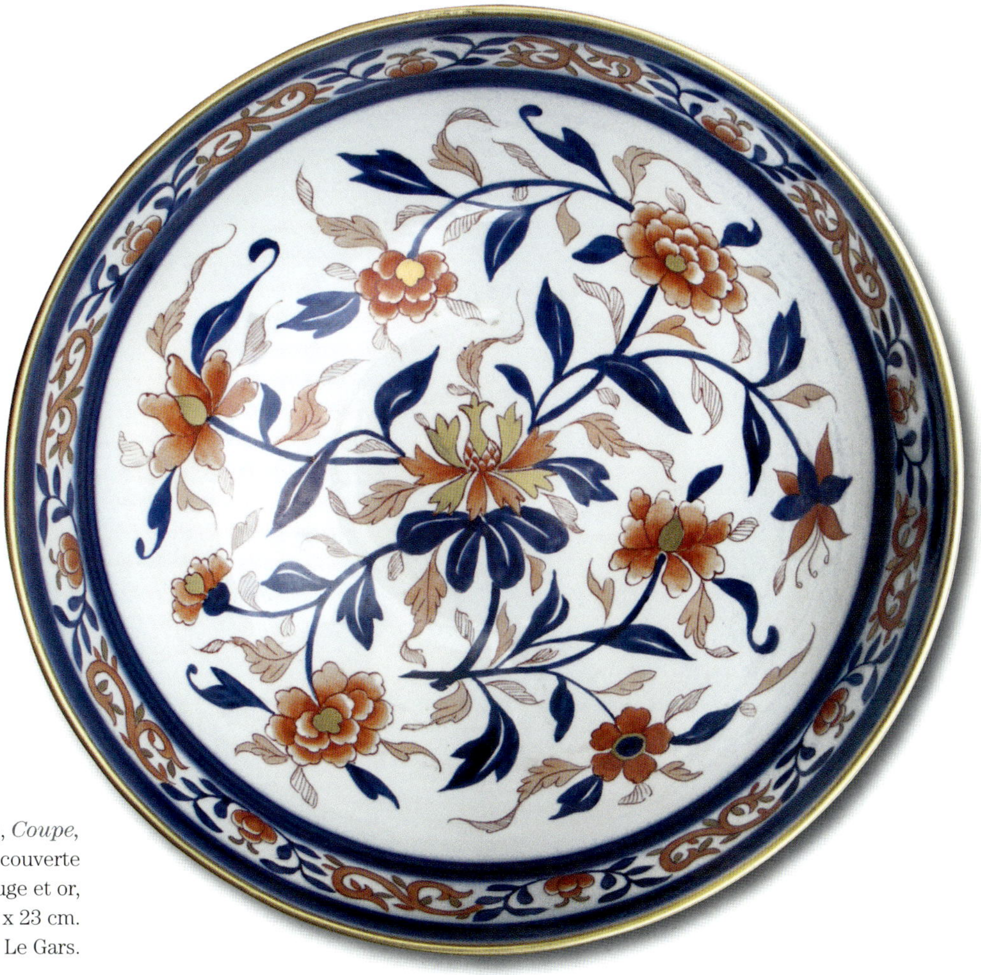

Fig. 8. Manufacture Raynaud à Limoges, *Coupe*, Vers 1945, porcelaine, décor sur couverte dans la palette Imari, bleu, rouge et or, sur fond blanc, 10 x 23 cm. Coll. G. Le Gars.

floral posé sur de la porcelaine, pour l'éternité ? Toutes les manufactures l'ont compris en proposant au négoce ce décor intemporel.

Le musée de la Compagnie des Indes continue de nous faire vivre cette « Odyssée » de la porcelaine asiatique à laquelle la Bretagne a tant contribué : un remarquable travail de mémoire pour le plaisir des yeux et de l'esprit.

Bibliographie

Philippe Haudrère, Gérard Le Bouëdec, *Les Compagnies des Indes.* Ed. Ouest-France, 1999.

Christine Shimizu, *La Porcelaine japonaise*. Ed. Massin 2002.

Georges Le Gars, *Imari, faïences et porcelaines du Japon, de Chine et d'Europe*. Ed. Massin 2004.

Imari, porcelaines des shôgun et des souverains d'Europe. 1610-1760. Ed. Electa 2005.

Georges Le Gars, *Les Imari anglais,* Ed. Massin 2007.

Yvan Trousselle, *La Voie du Imari*. Ed. CNRS 2008.

Nostalgie du Soleil levant, le goût de l'art japonais

Laurence Imbernon

Au musée des Beaux-Arts, sont présentés d'une part les luxueux kimonos offerts en 1982 et 1984 par Sendai, d'autre part une sélection d'estampes japonaises de la première moitié du XIXe siècle de l'école d'Osaka, provenant de la collection. Il convient de rappeler que le projet de cette manifestation préexistait au séisme qui dévasta cette capitale l'an passé. L'exposition est un double hommage à la ville jumelle de Rennes.

Au Japon, on continue de revêtir le kimono, objet patrimonial, lors d'événements sociaux importants, quitte à devoir louer ce prestigieux costume. Les kimonos de Sendai reprennent les costumes de cour de l'aristocratie qui se sont imposés entre les XIVe et XVIe siècles[1]. Un kimono est littéralement « une chose que l'on porte sur soi ». Dans l'usage populaire, il reste le vêtement traditionnel par excellence, masculin aussi bien que féminin. Depuis plusieurs siècles, il est inspiré du *kosode*, « petite manche » en référence à l'étroitesse du poignet, déjà porté comme sous-vêtement à l'époque de Nara au VIIIe siècle[2].

Uniquement composé de rectangles de tissus cousus ou pliés, le kimono n'a pas varié dans sa coupe jusqu'à nos jours. Parmi les kimonos exposés, on en distingue plusieurs types, destinés à des occasions particulières. Le *furisode* (fig. 1), sorte de *kosode*, est reconnaissable par ses « manches flottantes » à peine attachées en haut de l'épaule. Ce kimono de fête est porté par les célibataires, les manches frôlant le sol. Le *furisode* se distingue par ses couleurs et motifs, il est destiné aux jeunes personnes. Le fond rouge de notre modèle et ses motifs semi-circulaires imbriqués laissent apparaître des grues à tête rouge, oiseaux bénéfiques. Les cinq *uchikake*[3] sont destinés à la cérémonie d'un mariage, ce sont des manteaux ouverts, très ornés, portés sur le kimono. La longueur des manches de nos *uchikake* les destine à de jeunes personnes. L'ourlet est matelassé pour en alourdir le tombé. Deux modèles portent un fond blanc, symboles

---

[1] Période Muramachi (1333-1573). On abandonne le tissage de fils colorés au profit de la teinture et de la broderie pour le décor des vêtements.
[2] C. Guth, p. 24.
[3] L'*uchikake* fait partie, à la fin du XVIIIe siècle, de la garde-robe des femmes de la classe dominante et des *geisha* pour les cérémonies officielles et importantes. Souvent, les acteurs de Kabuki portent des *uchikake* très spectaculaires.

Fig. 1. Kimono *Furisode*,
Vers 1980, Japon, Sendai, soie brochée.
Rennes, musée des Beaux-Arts.

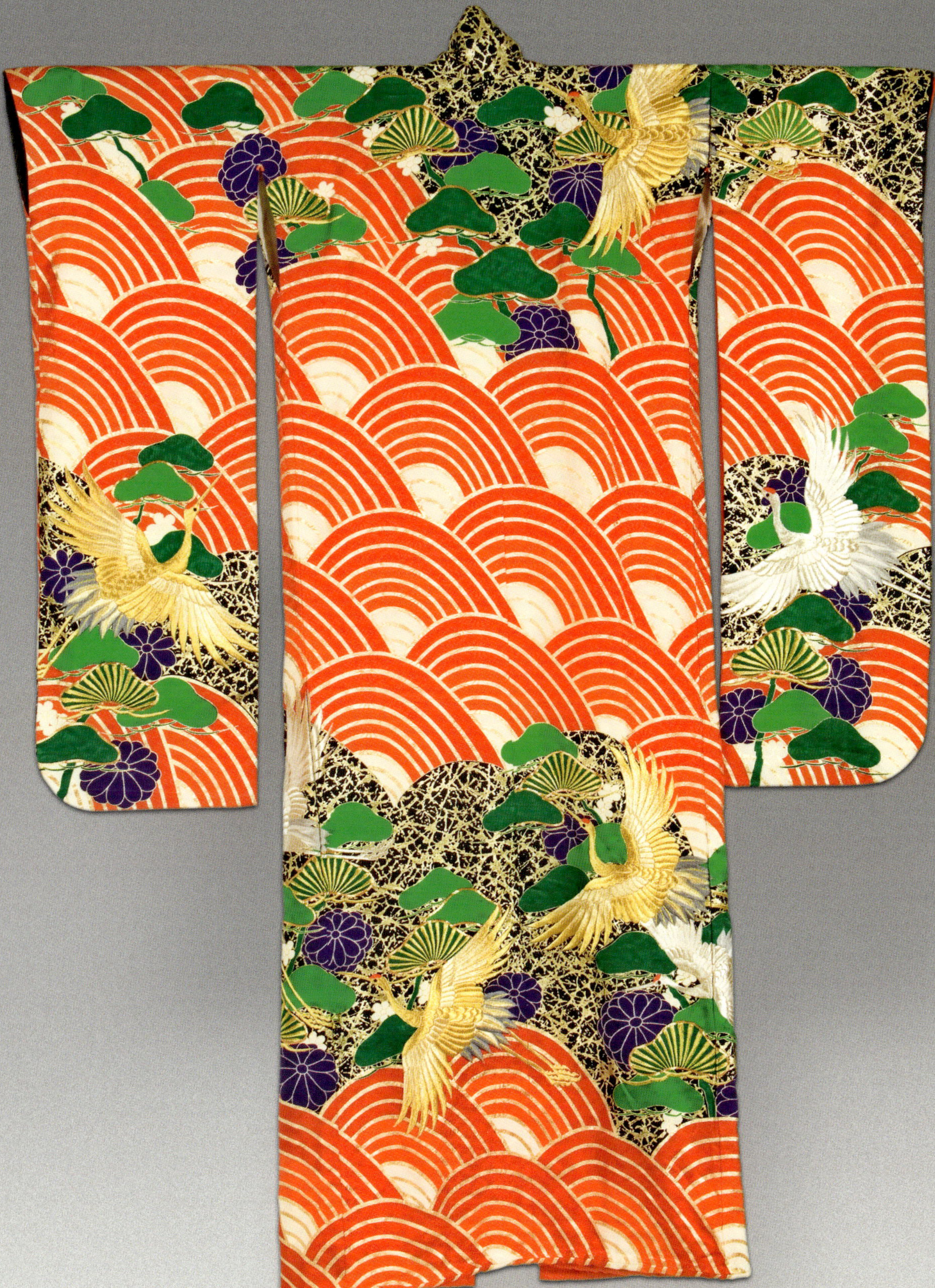

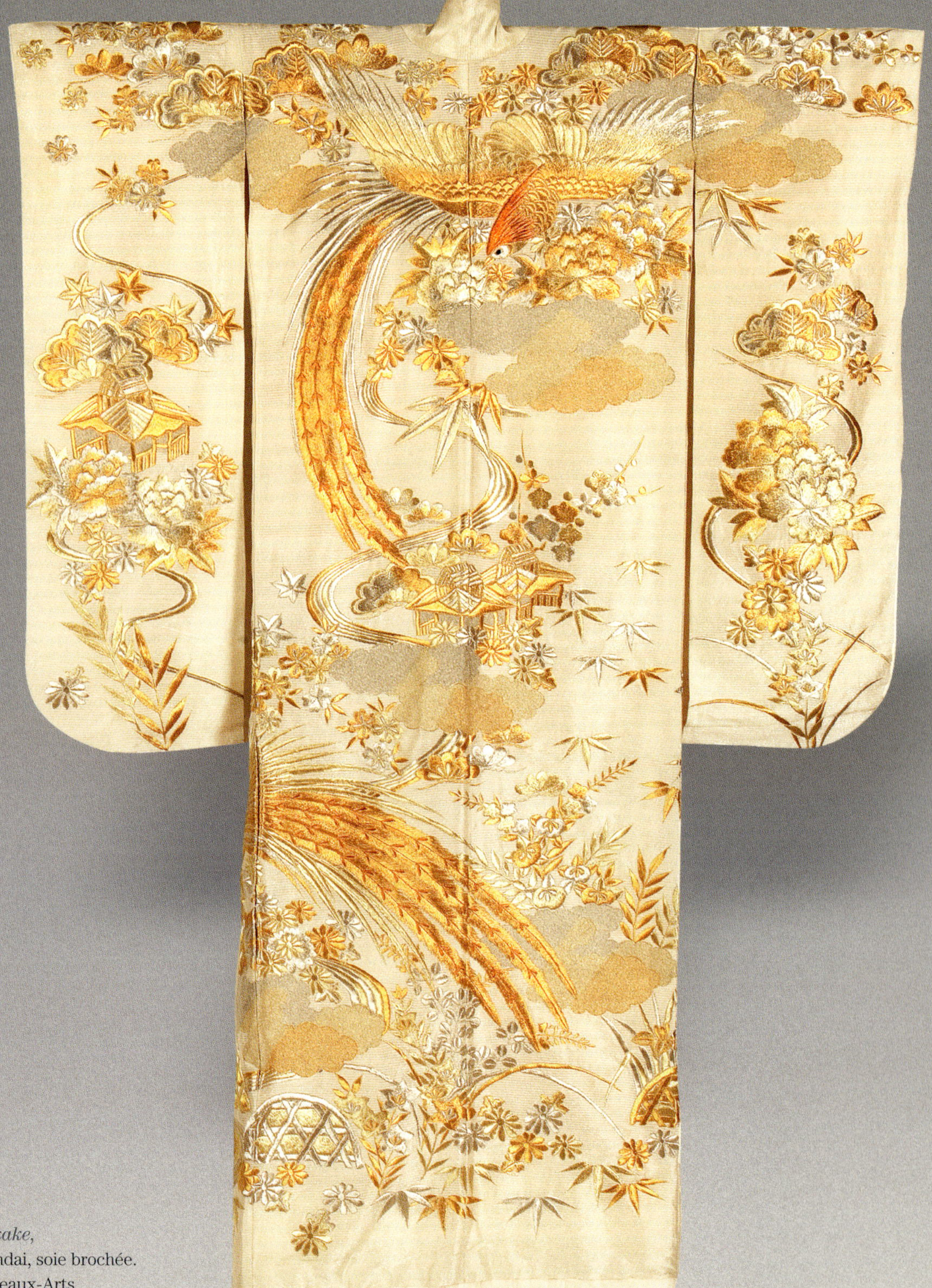

Fig. 2. Kimono *Uchikake*,
Vers 1980, Japon, Sendai, soie brochée.
Rennes, musée des Beaux-Arts.

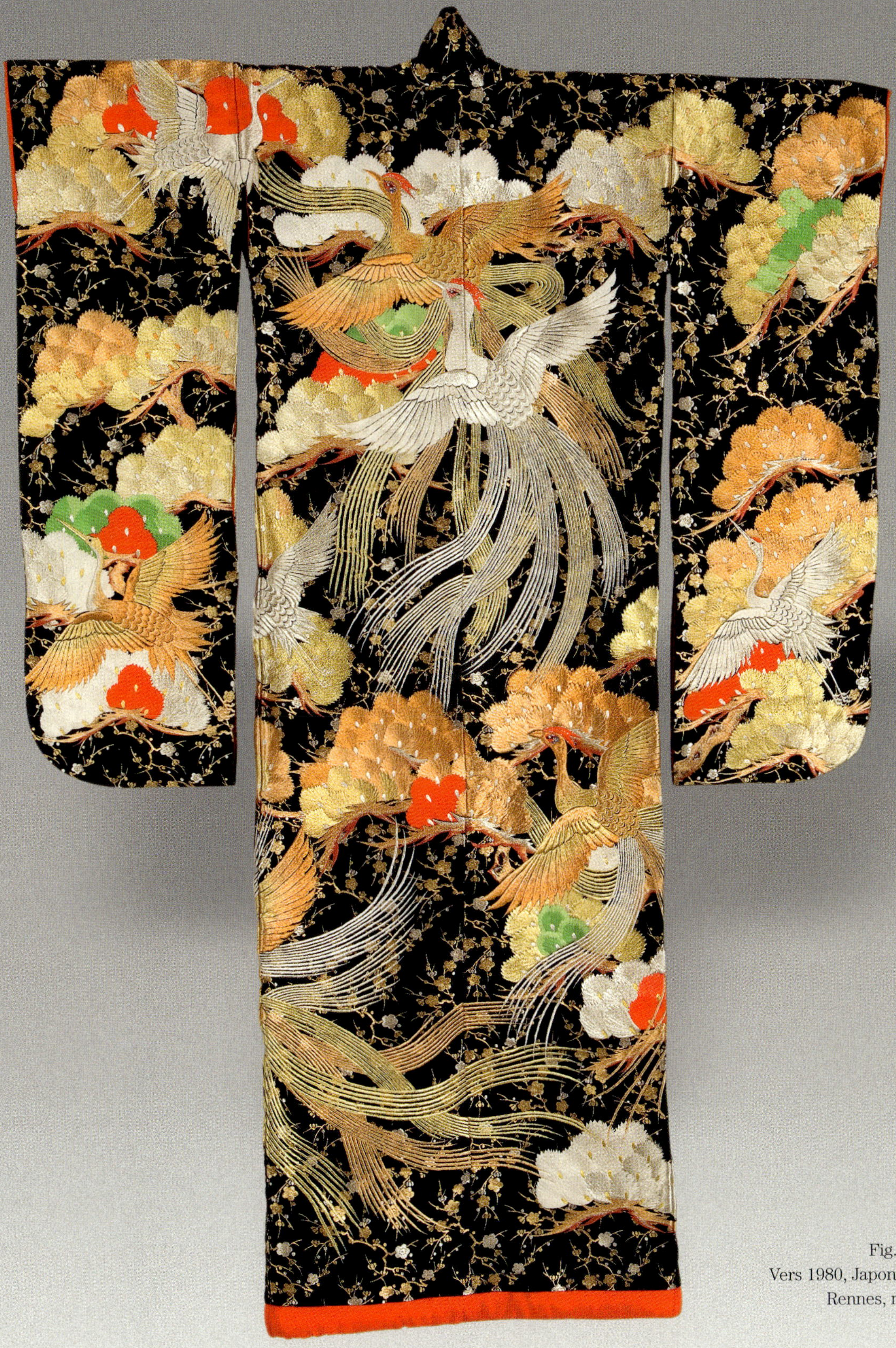

Fig. 3. Kimono *Uchikake*,
Vers 1980, Japon, Sendai, soie brochée.
Rennes, musée des Beaux-Arts.

de pureté. L'un offre des motifs dorés qui occupent la totalité du vêtement. Un motif de grues à tête rouge orne les autres (fig. 2), oiseaux propitiatoires souvent présentés en vol. Le fond de couleur est uni (fig. 3), tandis que les motifs occupent la totalité du vêtement. Jusqu'au XVIe siècle, l'*uchikake* était tissé, cousu, à l'occasion brodé de fil d'or.

Le *kakeshita* est porté sous le *jūni-hitoe* par la mariée. Elle le revêt sur une superposition d'autres sous-vêtements. Les manches, plus ou moins longues, sont assorties au type de kimono, noué à la taille par des rubans de soie ou de mousseline. Une ceinture autour de la taille est destinée à la pose ultérieure du *obi*. Le *jūni-hitoe* est un vêtement élégant d'origine chinoise, porté par les dames de la cour depuis le Xe siècle de l'ère Heian. Le terme signifie « douze pièces ». Le choix des couleurs, l'arrangement des superpositions des soies (qui ont chacune un nom poétique) ne sont discernables qu'autour des manches et du cou, tandis que l'ensemble est fermé par un manteau. On distinguait ainsi le goût et le rang social de la dame, chargée d'un fardeau de près de vingt kilogrammes… En gaze de soie ou en crêpe, ce vêtement de très grand luxe est cousu sans doublure. Notre exemplaire est en soie brochée et brodée et le col fait apparaître une superposition de couleurs.

Deux *tomesode* (fig. 4) attirent par leur sobriété. Le vêtement de soie noire porte un motif d'or, d'argent et de couleur sur le devant, du genou à l'ourlet. C'est le costume cérémoniel que portent les femmes mariées lors d'une occasion importante. La taille des manches est réduite. Au dos, on distingue le *mon*, blason circulaire d'une famille ou d'une personne, ici représenté à trois reprises. Au XIXe siècle, il existe des catalogues de motifs, destinés aux ateliers de couture, pratique de ce que l'industrialisation à venir confirmera.

L'occidentalisation dont le Japon a été le témoin, volontaire ou non, dès la fin du XIXe siècle a engendré des échanges bilatéraux. Avec la restauration Meiji, le port du vêtement à la mode occidentale est accordé en 1857[4] aux étudiants japonais qui étudient le néerlandais, un exemple rare tandis que l'introduction de la machine à coudre, onze ans plus tard, invite une classe bourgeoise, après plus de deux siècles d'isolement géographique, à s'emparer de la mode européenne. En 1940, le costume occidental s'impose au quotidien.

En Europe, les premières soieries japonaises arrivèrent par la grande ambassade de 1584. Kyoto est alors le centre de cette industrie qui signe le luxe de l'aristocratie. Pendant la féodalité, les tissus pour homme et les ceintures rivalisaient. Les robes féminines sont plus ornementées à partir du XVIIIe siècle, jusqu'à la règlementation sévère des lois somptuaires shogunales, en 1882 et 1883. Elles concernent la forme, les couleurs et les tissus appropriés à chaque groupe social. Une nouvelle forme théâtrale, le *Kabuki,* marque l'expression d'une bourgeoisie florissante et va déclencher un renouveau du costume de scène qui influence la mode.
Louis Gonse, en 1883[5], cite la génération de Toyokuni et d'Hokusai, inspirateurs de la mode à Edo à travers les modèles qu'ils dessinent. Ce rappel

[4] Préfecture de Saga, *in* Hugo Muntenberg, *The Japanese Kimono*, Oxford, Oxford University Press, 1996, p. 58.
[5] Louis Gonse, *L'Art japonais*, Paris, Quantain, t. II, pp.357-360.

de l'esthétique vestimentaire fournit le motif de la seconde partie de l'exposition : 36 estampes sont exposées, provenant du fonds Ohya qui tient son nom d'un clinicien japonais, amateur d'art. Passionné d'histoire, le professeur Ohya avait sauvé de la destruction un grand nombre d'estampes durant la seconde guerre mondiale, qu'il offrit au musée[6]. Jusqu'au début du XXe siècle, l'estampe, profane ou non, reste au Japon un art mineur que seule l'impulsion des collectionneurs occidentaux rendra digne d'être conservée. Le désastre du second conflit mondial aura sans doute balayé, provisoirement, les nouveaux critères artistiques que l'Occident avait avancés.

D'une étude universitaire, en 1998, qui analyse les estampes de la période Edo de la collection[7], nous avons retenu les feuilles de la première moitié du XIXe siècle de l'école d'Osaka. Au XVIIIe siècle, Osaka est une métropole cosmopolite qui rivalise sur le plan culturel avec Edo et Kyoto. Le déplacement des artistes de l'école Utagawa d'Edo[8] vers les autres capitales y assure l'introduction de l'*ukiyo-e* après 1765, avec la gravure sur planche de bois, polychrome, l'estampe de brocart ou *nishiki-e*.

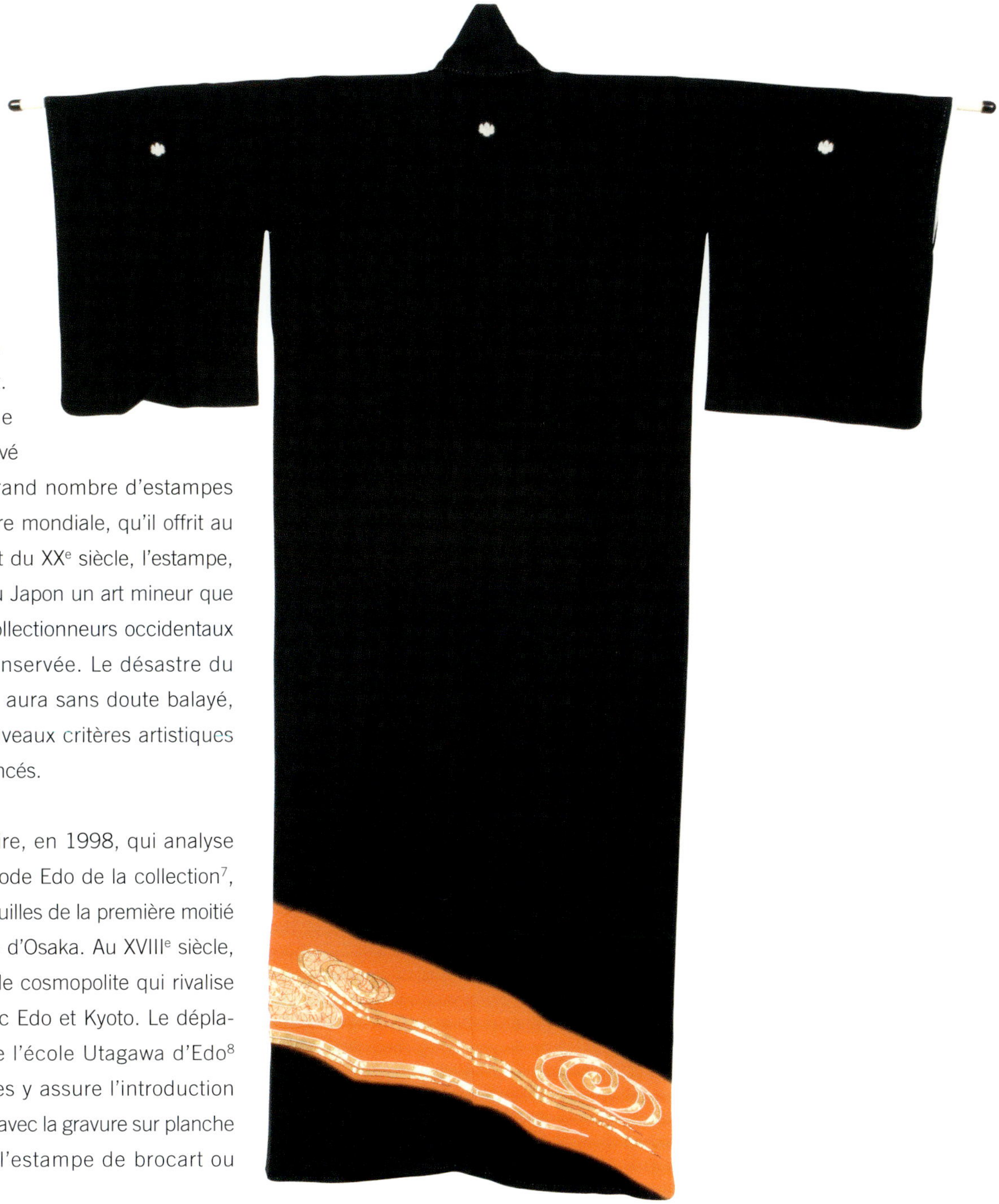

Fig. 4. Kimono *Tomesode*,
Vers 1980, Japon, Sendai, soie brochée.
Rennes, musée des Beaux-Arts.

---

[6] Zensetsou Ohya, pp. 17-18.
[7] Françoise Balcou, 1998, pp. 1-10.
[8] Fondée par Utagawa Toyoharu (1735-1841), le premier à donner une importance aux arrière-plans architecturaux dans l'estampe et à utiliser, dès 1772, des perspectives occidentales.

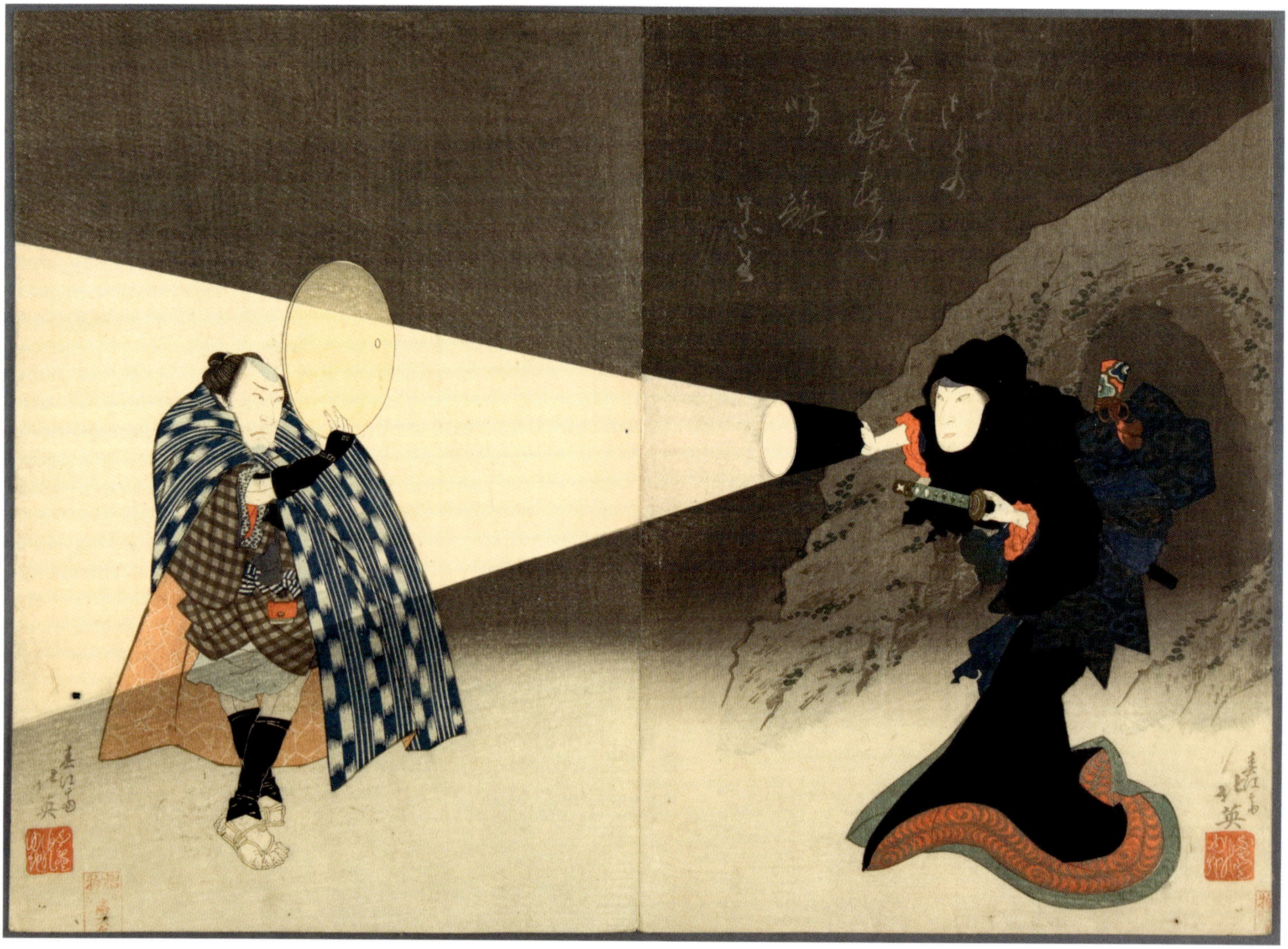

Fig. 5. Hokuei, *Les Acteurs Iwai Shijaku I et Bandō Jūtarō*, 1832, estampe de brocart. Rennes, musée des Beaux-Arts.

L'école d'Osaka connaît son essor entre 1804 et 1829. Le marché de l'estampe *ukiyo-e* se diffuse par un réseau structuré, celui du dessinateur, du graveur qui transfère les motifs sur des planches de bois, de l'imprimeur qui tire l'estampe et enfin celui de la maison d'édition qui la diffuse. Très prolifique, l'école affronte plusieurs facteurs économiques et politiques dont celui de la censure, qui appose son cachet à chaque image. Les éditeurs d'Osaka produisent vingt fois moins d'estampes que ceux d'Edo, ce qui a joué positivement dans le statut professionnel des artistes d'Osaka qui ont œuvré à la compétition et l'éclectisme[9 et 10]. Les estampes d'Osaka (*kamigata-e*, images du Japon occidental) se démarquent par la qualité apportée à la taille du bois, le raffinement des matériaux liés à l'impression ainsi que par leur répertoire thématique, limité au monde du spectacle. Le *Kabuki* est une forme épique et populaire très

[9] C. Guth, p. 12.

[10] J. Florillo, *Drama in the* Surimono-style, Prints of Hokuei, Kansas, Beach Museum of Art, in *Impressions*, n° 20, 1998.

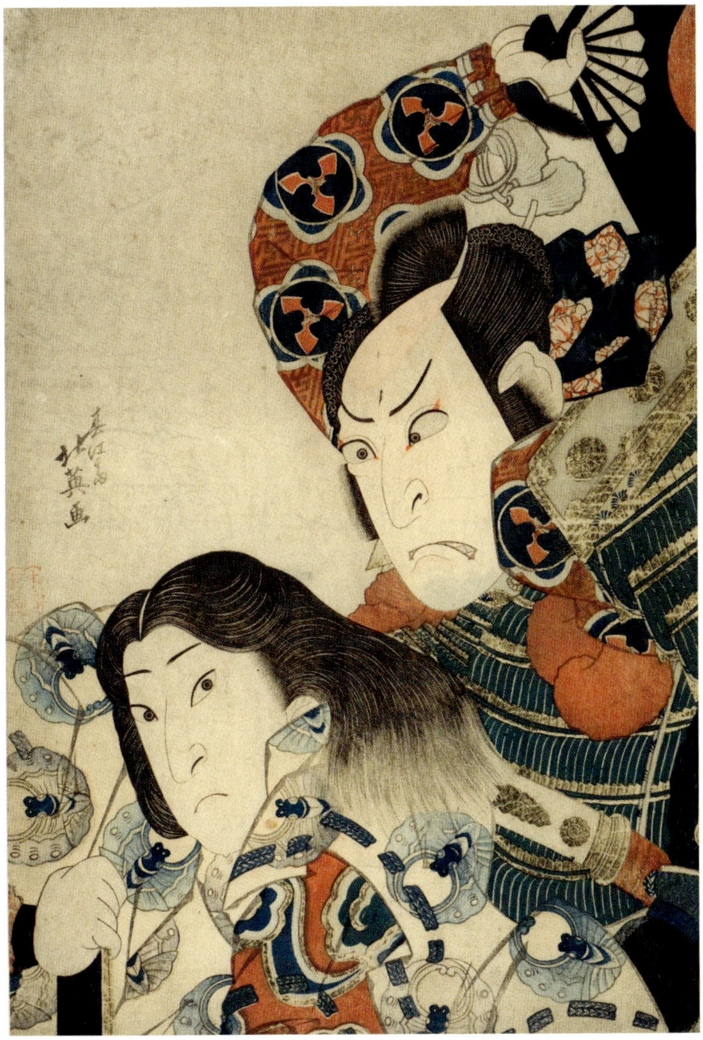

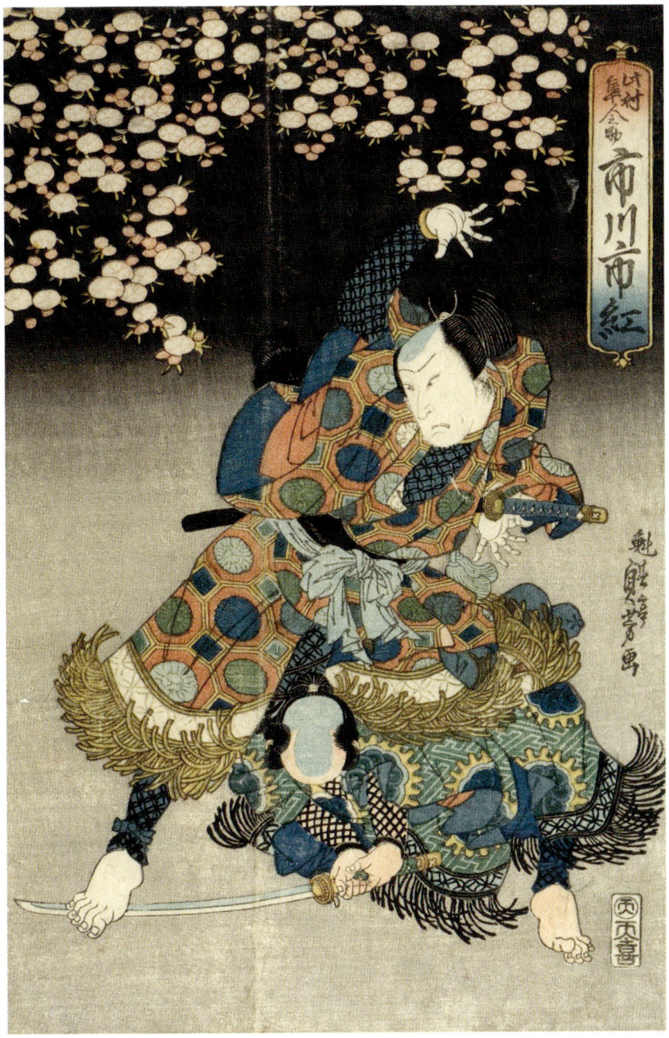

active de la fin de la lignée Tokugawa[11]. Le jeu de l'acteur est codifié, il profite de nombreux dispositifs scéniques qui soulignent les retournements de situation. Ses poses et gestes, spectaculaires, sont privilégiés sur la scène. Le costume est mis en valeur, offrant au moins deux métiers aux artistes de l'estampe, celui de dessinateur de tissus et celui de portraitiste, qui diffuse à la fois leurs œuvres, la renommée des acteurs et le répertoire poétique et théâtral.

Onze artistes sont représentés[12]. Les diptyques d'estampes sont nombreux, fort à propos pour

Fig. 6. Hokuei, *Kiso no Yoshinara et sa femme Tomoe Gozen*,
Vers 1830, estampe de brocart.
Rennes, musée des Beaux-Arts.

À droite :
Fig. 7. Kaishuntei Sadayoshi, *Konomura Hayatonosuke*,
Vers 1850, estampe de brocart.
Rennes, musée des Beaux-Arts.

---

[11] Du nom des *shoguns* qui la dirigèrent, dite aussi époque d'Edo, qui débute vers 1600 et s'achève en 1868 avec la restauration Meiji.
[12] Autour de plusieurs estampes d'Hokuei, on trouve celles de Sadayoshi Kaishuntei, Shunshi, Ashiyuki Gigado, Shigenao, Hokucho Shunshosai, Tamikuni Kogado, Shigeharu, Toshikuni Toyokawa, Kunihiro et Tori-i Toshikuni.

opposer deux personnages. Les acteurs sont représentés vêtus de leur costume, souvent au paroxysme d'une scène.

Hokuei est une figure importante[13]. Suiveur d'Hokusai[14], actif entre 1824 et 1837, il excelle dans le portrait d'acteurs, genre dans lequel il met en scène un drame, jusqu'à l'exagération. Souvent, Hokuei isole la figure sur un fond sombre de manière emphatique. Le diptyque représentant *les Acteurs Iwai Shijaku I et Bandō Jūtarō* (fig. 5) en est significatif. La pièce résume un conflit familial. Hokuei dépeint Dame Osuma sortant de la grotte où elle s'était cachée pour braquer une lumière sur Hanbei, le meurtrier de son beau-frère. L'artiste saisit l'instant dramatique où un faisceau de lumière fait découvrir le coupable. Seuls des objets symboliques sont déclinés dans la composition, obligeant le spectateur à être actif pour saisir l'intrigue. Sur un plan technique, Hokuei utilise le *kinginzui*, impression or et argent, dans laquelle des poussières d'étain, de cuivre et de laiton sont saupoudrées sur l'estampe afin d'imiter les métaux précieux. Il recourt aussi au gaufrage sur une partie du vêtement.

Ce sont encore les expressions faciales et les postures qui créent le sentiment du danger entre *Kiso no Yoshinara et sa femme Tomoe Gozen* (fig. 6). Courroucé, l'homme s'apprête à frapper d'un éventail son épouse au regard inquiet. Tomoe Gozen, personnage fictif ou réel, serait une cavalière et guerrière consommée, qui défend son mari contre le seigneur de guerre Uchida Saburo. La composition verticale équilibre les tensions entre les personnages, rassemblés sur la partie inférieure à droite et le vide de l'espace nu en haut à gauche. Dans le répertoire de l'histoire des samurai, *Minimato Yoshiie* affronte le rebelle *Abe Sadato. Yoshiie* gagne son surnom de *Hachimantaro*, « premier fils du seigneur de la guerre » lors d'une bataille en 1057. Hokuei accroît la tension dramatique par les regards (fig. 8) et les gestes : doigts de la main ouverts ou contractés, sourcils froncés. Les paumes ouvertes du personnage de gauche accentuent le recul devant le personnage de droite, au vêtement chamarré, profitant du format horizontal de l'estampe.

Sadayoshi[15] (fig. 7) reprend le dispositif lumineux apporté par Hokuei. Un dégradé fait passer le gris du clair au foncé, de bas en haut, pour indiquer l'espace. À la fin de l'ère d'Edo, deux styles de jeu théâtral s'affrontent. Si Edo, centre du shogunat favorise le style *aragoto* (style rude)[16], le jeu doux, *wagato*, est très en vogue à Osaka, avec un naturalisme que le dessinateur met en exergue. Outre le luxe du vêtement des acteurs, on distingue le raffinement de l'impression dont chaque passage de couleur nécessite une planche de bois gravé distincte. Les pigments, végétaux ou minéraux (feuille d'indigo pour le bleu, sève de fleurs ou vermillon pour les rouges, safran pour le jaune...), brillent par le raffinement de leur emploi.

Depuis 1649, l'attention sévère des autorités imposait que les personnages féminins soient campés par des hommes, les *onnogata*. Plus tard, seuls les hommes mûrs endossent ces rôles, évinçant les jeunes premiers pour éviter d'autres expressions de l'homosexualité. Les artistes, tout

[13] Hokuei est aussi connu sous le nom de Shunko III ou Shunkosai Hokuei. Il a régulièrement portraituré l'acteur Arashi Rikan II, grande vedette du *Kabuki* à Osaka.

[14] Hokusai séjourne à Osaka entre 1812 et 1817 et y publie des œuvres dès 1809.

[15] Sadayoshi Kaishuntei, dit aussi Sadayoshi Utagawa, actif à Osaka entre 1837 et 1853, sans doute élève de Kunimasa.

[16] Le style *aragoto* est créé par Ichikawa Danjuro I (1660-1704).

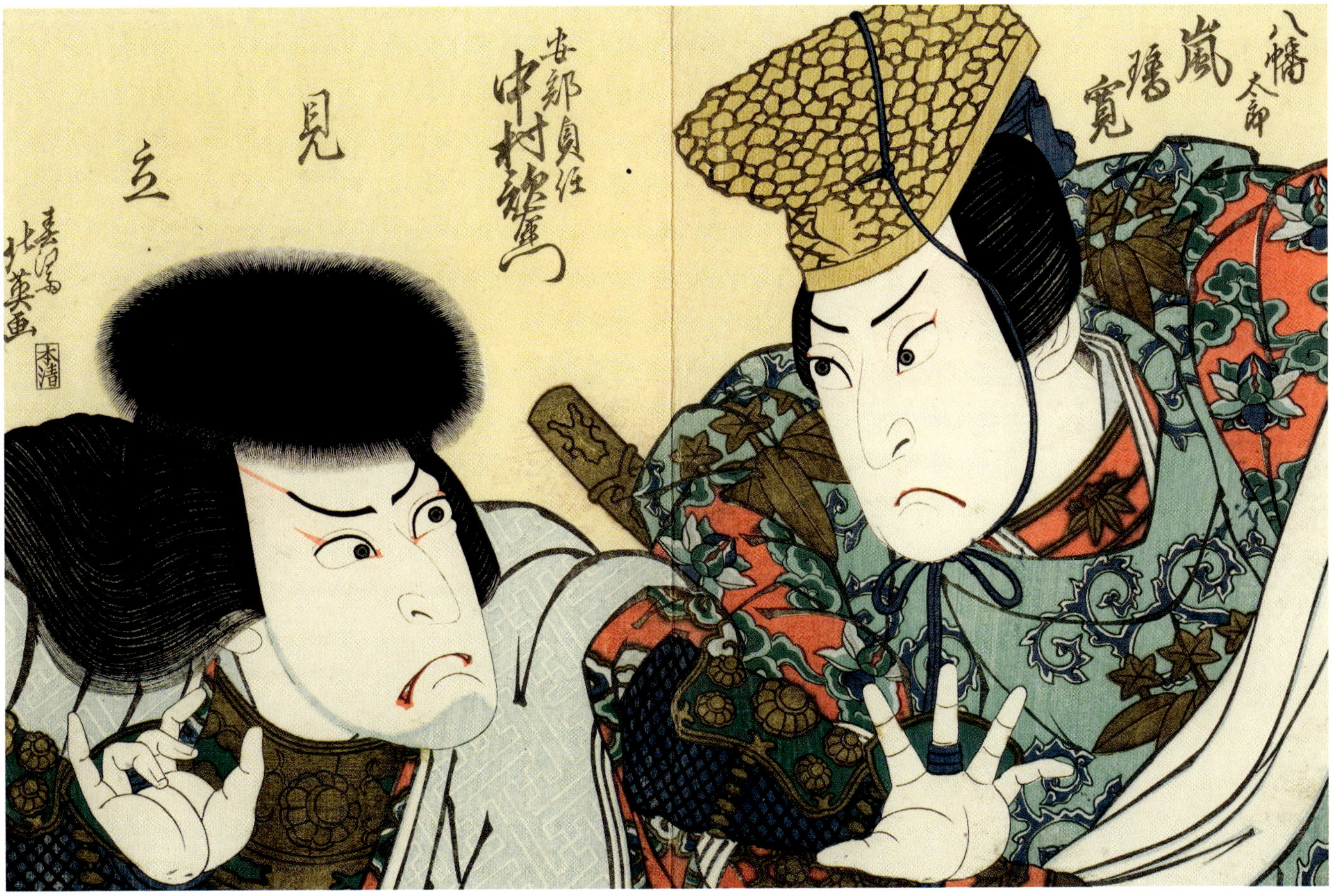

Fig. 8. Shunbaisai Hokuei,
Hachiman Taro et Abe Sadato,
Vers 1830, estampe de brocart.
Rennes, musée des Beaux-Arts.

comme les acteurs qu'ils représentent, doivent être très attentifs à la commercialisation de leur œuvre. Aussi, malgré les contraintes, une forte émulation stimule leur création. En 1842, sous le prétexte d'un regain moral, la réforme Tenpo proscrit la prostitution dans les quartiers de plaisir, entraînant la fin progressive de l'école d'Osaka.

Bibliographie

Manteau de nuages, kesa japonais – XVIIIe – XIXe siècle, Musée national des Arts asiatiques Guimet, Paris, 1992.

Balcou Françoise, *La Représentation féminine dans l'estampe japonaise à l'époque d'Edo, le fond Ohya du musée des Beaux-Arts de Rennes*, sous la direction de Marianne Grivel, Université de Haute-Bretagne de Rennes, 1998.

Delay Nelly, *L'Estampe japonaise*, Paris, Hazan, 1993.

Guth Christine, *Le Japon de la période Edo,* éditions Flammarion, Paris, 1996.

Kozyreff Chantal, *Les Arts du Japon à l'époque d'Edo*, La Renaissance du Livre, Bruxelles, Musées royaux d'Art et d'Histoire, 2003.

Ohya Zensetsu, *Histoire abrégée des estampes japonaises, 1618-1868,* exposition au musée des Beaux-Arts de Rennes, novembre 1959, Osaka, 1959.

Les collections japonaises du musée des Beaux-Arts de Brest

Geneviève Lacambre

Si trois Brestois partirent en 1866[1] travailler à la construction de l'arsenal de Yokosuka, si le jeune prince Akitake Tokugawa visita Brest en août 1868, ce n'est que beaucoup plus tard, à partir de 1914, que se constitua le fonds japonais du musée de Brest. Évacué au château de Penmarc'h avec l'ensemble des collections asiatiques avant les bombardements de 1941 et ainsi sauvé du désastre, il resta en réserve jusqu'à l'exposition *Brest-Asie. Regards sur une collection* en 2004[2].

En 1914, le musée recevait la collection de l'amiral Jean-Baptiste Cécille (1787-1873), originaire de Rouen (il fit dons et legs à sa ville natale), léguée par son gendre François Auguste Danguillecourt (1819-1913), natif de Brest, commissaire de la Marine, qui fit carrière à Paris. Chef de la division navale en mer de Chine, Cécille accompagna la mission de Théodose de Lagrené qui signa le traité de Whampoa avec le représentant chinois Qi ying le 24 octobre 1844. Il visita ainsi Canton et Macao

[1] Segalen, 1975, n° 1, pp. 49-56.

[2] Je remercie Françoise Daniel et son équipe pour tout le travail d'identification fait ces dernières années.

Fig. 1. *Bannette octogonale.*
Japon, vers 1840-1844, laque noir et décor de nacre, 7,2 x 25,5 cm.
Brest, musée des Beaux-Arts.

Fig. 2. *Bol à couvercle.*
Japon, vers 1840-1844, laque vert et or, intérieur rouge.
Bol : 5,9 x 11,7 cm - Couvercle : 3,7 x 10,8 cm.
Brest, musée des Beaux-Arts.

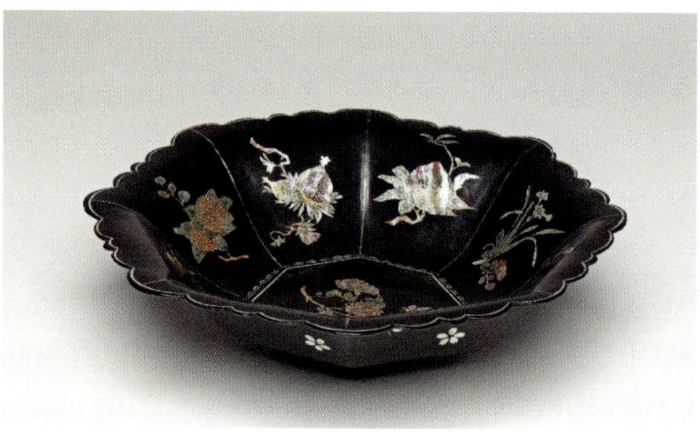

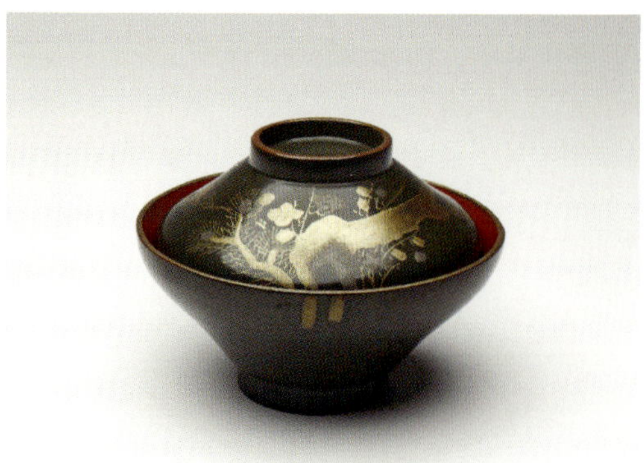

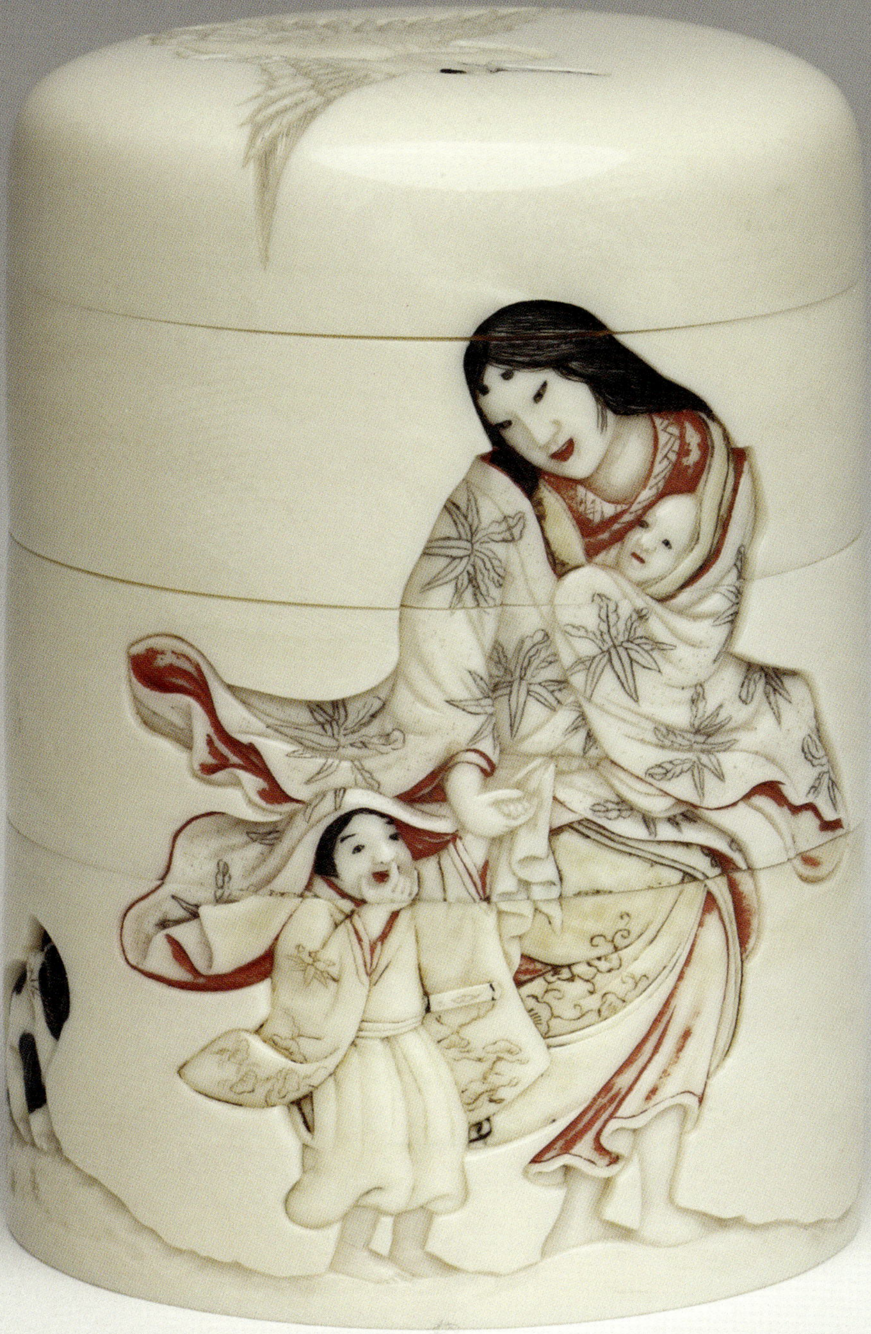

Fig. 3. *Boîte cylindrique à compartiments.*
Japon, XIXe siècle, ivoire peint, 8 x 5,5 cm.
Brest, musée des Beaux-Arts.

en 1844 et 1845 et en rapporta des souvenirs chinois et quelques objets japonais. Certains sont comparables à ceux que le ministère de l'Agriculture envoya au Louvre en 1849, provenant de la mission Lagrené : la liste[3] établie alors distingue nettement les productions japonaises. Ainsi un coffret à tiroirs[4] offert à Cécille par un des quatre mandarins conseillers de Qi ying, « San-Tché-Tchen » qu'avec une graphie différente, deux membres de la mission, Charles Lavollée et Jules Itier, décrivent comme accueillant pour les étrangers, a pu être identifié comme une grande tabatière grâce à un exemplaire similaire en laque et nacre de couleurs, conservé au musée du quai Branly[5] et décrit en 1849 avec cet usage oublié[6]. Deux bannettes octogonales (fig. 1) décorées de motifs végétaux sont également caractéristiques de ce style de Nagasaki qui se développe depuis la fin du XVIIIe siècle. Un des bols à couvercle en laque verte à intérieur rouge (fig. 2), semblable jusque dans son décor doré à un bol déposé au musée d'Orbigny-Bernon de La Rochelle par le musée de la Marine et dont l'historique était perdu[7], permet de conclure que ces objets d'usage ont bien été acquis en Chine en 1844-1845.

Danguillecourt associa à son legs des fonds pour en organiser la présentation et le conservateur du musée en utilisa une partie pour acquérir des grès de Satsuma, des statuettes ou un *inrô*.

---

[3] Paris, Archives des musées nationaux, EM 4/17 mars 1849.
[4] Cat. exp. 2010, Bourg-en-Bresse et Arras, n° 103, repr.
[5] Paris, musée du quai Branly, inv. 71.1946.47.1.1-4.
[6] N° 175 de la liste citée note 3.
[7] *Idem*, n° 188. Cat. exp. 2010, Bourg-en-Bresse – Arras, n° 108, repr.

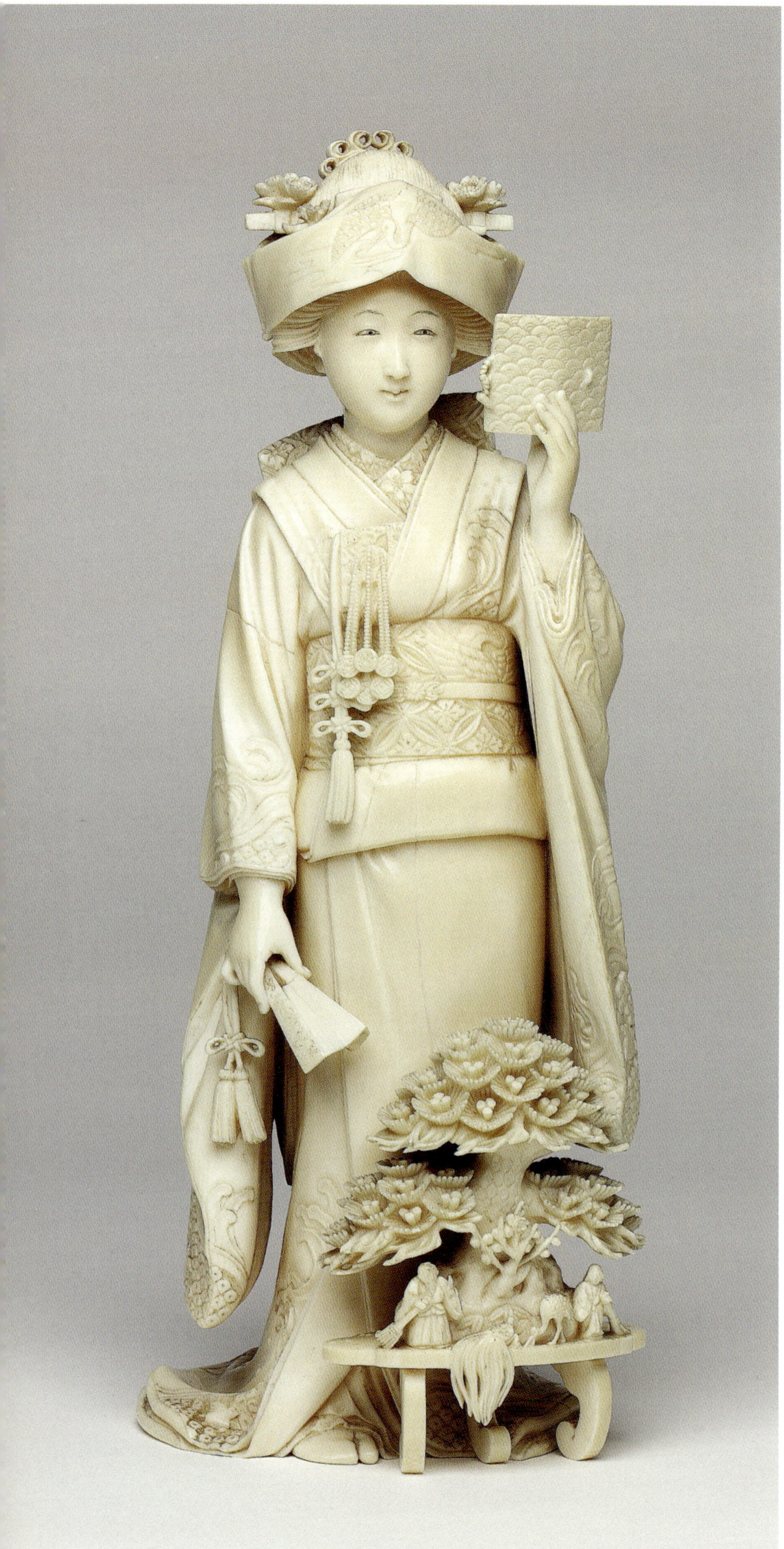

Fig. 4. Shûmei, *Okimono*.
Japon, début du XXe siècle, ivoire, 24,5 x 9,5 x 7,5 cm.
Brest, musée des Beaux-Arts.

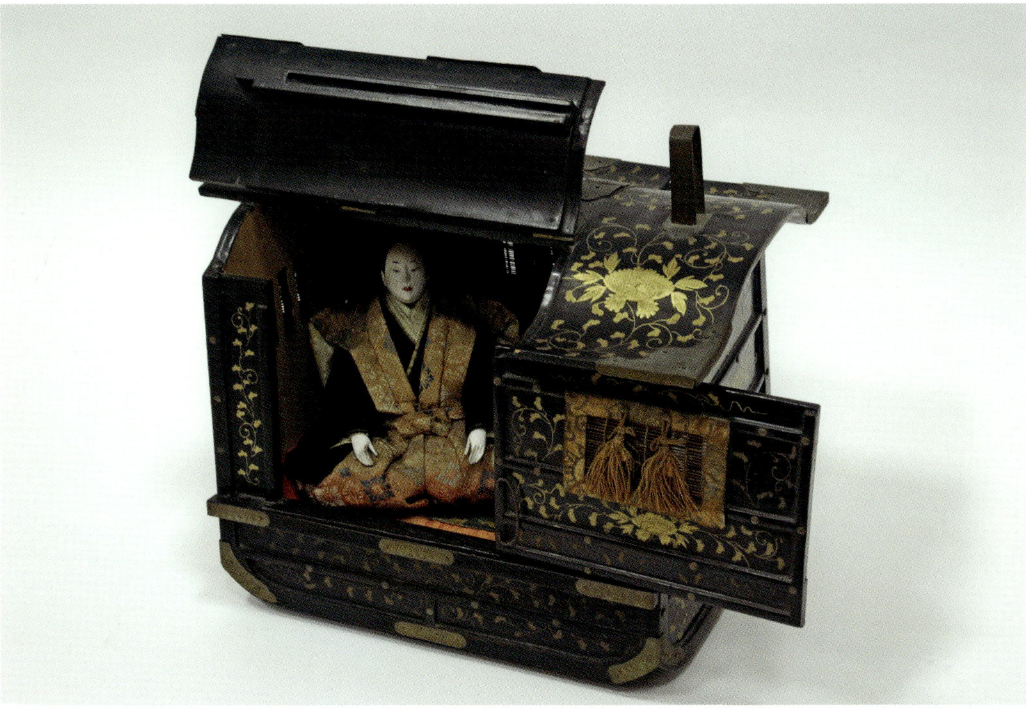

Fig. 5. *Palanquin miniature contenant une poupée.*
Japon, premier tiers du XIXe siècle, bois laqué noir, or, métal, passementerie, poupée vêtue de tissu broché, 23,4 x 26 x 18,9 cm.
Brest, musée des Beaux-Arts.

On trouve ainsi des *okimono,* ces sculptures en ivoire que firent les artistes spécialisés précédemment dans les *netsuké* lorsque l'usage en disparaît avec l'adoption de la mode occidentale après 1868. La Japonaise en costume de mariée (fig. 4) est d'un ivoire de très belle qualité et montre un travail virtuose ; il s'agit sans doute d'une luxueuse commande à l'occasion d'un mariage[8]. Elle date du début du XXe siècle, peut être de l'ère Showa (1912-1926) et porte la signature de Shûmei, un artiste sur lequel il existe, comme souvent, peu de renseignements[9].

C'est en 1919 qu'est acquis l'ensemble complet d'un *inrô* avec *ojime* et *netsuké,* ce dernier signé de Miwa[10] : il s'agit de Miwa III Zaiyei, mort vers 1797, spécialisé dans l'usage de bois sombre. De telles boîtes à médecine que les hommes portaient glissées dans leur ceinture (et retenues par le *netsuké*) étaient déjà objets de collection à l'époque d'Edo.

Il n'y a pas de doute que l'importance du legs Danguillecourt ait déterminé le musée de la Marine à déposer en 1924 les objets prêtés à l'exposition de la société des Amis des arts de Brest au bénéfice des victimes du tremblement de terre du Kantô le 1er septembre 1923.

En effet, le musée de la Marine, passé en 1919 sous la tutelle du ministère de la Marine, redistribuait alors ses collections ethnographiques sans lien avec la mer.

Brest reçut ainsi des objets chinois et japonais entrés au musée du Louvre depuis le début du XIXe siècle[11]. La boîte en laque (en contenant cinq autres) choisie par Vivant Denon pendant la campagne de 1806 en Allemagne, non restituée

[8] Selon l'avis de Shunko Yamaguchi, transmis par Tomo Imai. Je les remercie vivement pour leur aide.
[9] Répertorié par Self et Hirose, 1987, p. 361.
[10] Cat. exp., 2010, Bourg-en Bresse et Arras, n° 147, repr.
[11] Lacambre, 2008-1, p. 94-109 et Lacambre, 2008-2, pp. 171-177.

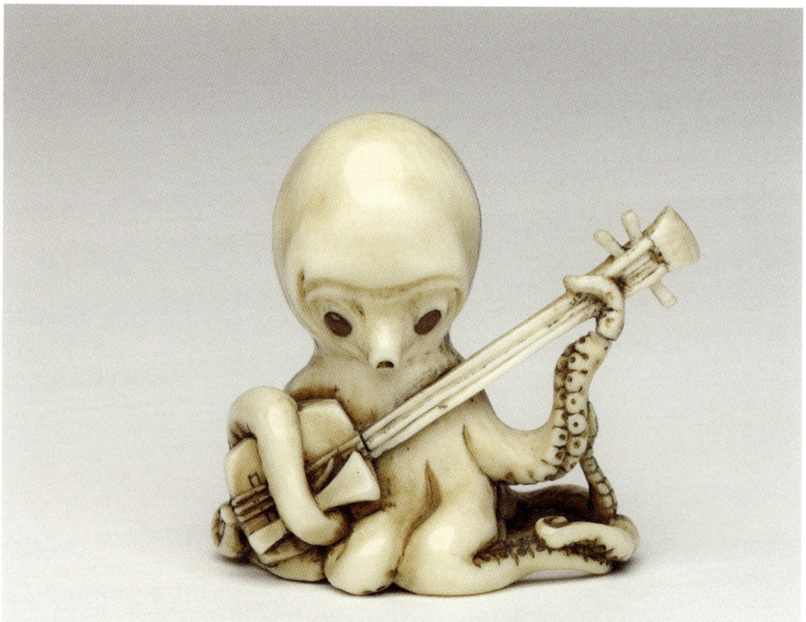

Fig. 6. Sômin, *Netsuké*.
Japon, XIXe siècle, ivoire, 4,1 x 4,2 x 2,4 cm.
Brest, musée des Beaux-Arts.

en 1815, est une fabrication chinoise décorée d'un motif à lignes brisées de style japonais attesté à Canton vers 1800, si on la compare à un meuble de toilette avec miroir présentant le même décor, maintenant au Peabody Essex Museum de Salem (Mass.)[12].

Parmi les objets japonais, citons le petit palanquin en laque noir et or[13] (fig. 5) acquis en 1842 à Paris au Bazar Bonne-Nouvelle. Cet établissement avait acheté la collection rapportée de plusieurs séjours en Asie du Sud-Est par Paul Ginier de Marseille. D'abord exposée à Marseille, puis dès 1840 à Paris, elle avait fait l'objet d'un catalogue rédigé par le collectionneur sous le titre alléchant de *Musée chinois et japonais*. Ce type de palanquin servait lors de la fête des poupées (*hina matsuri*) pour laquelle les petites filles exposaient à la maison leur collection d'objets miniatures et de poupées représentant l'empereur, l'impératrice et la cour sur une estrade à gradins, selon une tradition remontant à l'époque Heian ; dès le soir du 3 mars, il fallait tout ranger jusqu'à l'année suivante.

Un autre palanquin miniature, moins luxueux, est donné en 1876 au musée de la Marine par son conservateur l'amiral Pâris (1806-1893) dont, notons-le, la mère était fille d'un armateur brestois. Dessinateur de marine, ingénieur passionné par les progrès de la marine à vapeur, Pâris avait fait à partir de 1826 plusieurs fois le tour du monde mais sans passer par le Japon, alors inaccessible. Mais il se peut que cet objet ait été rapporté par un de ses fils qui se rend au Japon dans les premières années de l'ère Meiji.

En 1877, Albert Le Libon (1823-1877), directeur général des Postes depuis 1873, léguait au musée du Louvre une collection de plus de trois cents objets (coupes en laque du Japon et ivoires) placée au musée de la Marine. Il l'avait faite à Paris, car s'il s'était rendu en Chine en 1860 comme inspecteur des finances du corps expéditionnaire français, il n'eut pas l'opportunité de visiter le Japon.

---

12 Crossman, 2004, p. 286, repr.

13 Lacambre, 2007, p. 149, fig. 2 et cat. exp. 2010, Bourg-en Bresse et Arras, n° 102, repr.

Parmi les vingt-six ivoires déposés à Brest, la boîte à étages (fig. 3) et les pots à pinceaux[14] délicatement sculptés et parfois rehaussés de couleurs et d'or sont à rapprocher d'objets acquis à Paris par le South Kensington Museum de Londres[15] (l'actuel Victoria & Albert Museum) lors de l'Exposition universelle de 1867. Il s'agit d'objets particulièrement raffinés de la fin de l'époque d'Edo, parfois plus anciens, exportés à cette occasion. Les chapelets de boules sculptées miniatures, peut-être des séries d'*ojime*, ainsi que les *netsuké*, souvent signés, sont de belle qualité. La pieuvre jouant du *shamisen*[16] aux yeux délicatement incrustés est signée de Sômin (fig. 6), le bouton (*manju*) décoré d'enfants est dû à Gyokkosai (Gyokkosai Morisama était actif au milieu du XIXe siècle), *Hotei avec un enfant assis sur son sac*[17] porte la signature de Minkoku, un artisan célèbre de la fin du XVIIIe siècle.

Le Libon légua 100 000 francs à Camille Saint-Saëns pour le libérer de son service d'organiste à la Madeleine et c'est pour lui que le compositeur écrivit son *Requiem*. Ils s'intéressaient tous deux au Japon, comme le prouve l'opéra-comique *la Princesse jaune* (1872).

Enfin par une lettre du 28 mai 1945, un ancien officier de Marine, Paul Marie Charles Layrle (1863-1956)[18], 7 rue Rosmadec à Quimper, apprenant « qu'une partie de la collection du musée de Brest avait été

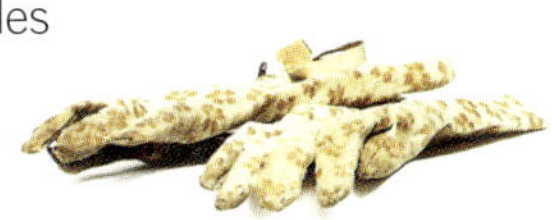

[14] Lacambre, 2007, p. 151, fig. 3.
[15] Cat. exp. 2004-2005, Tokyo, p. 18, repr. et 2005, Los Angeles, p. 19, repr.
[16] Cat. exp. 2004, Brest, p. 55, repr. et Lacambre, 2007, p. 151, fig. 4 a, b.
[17] Lacambre, 2008-2, p. 177, fig. 63.
[18] L'état-civil de Lorient à la date du 7 août 1863 indique qu'il est fils de Charles Louis Marie, sous-ingénieur de la Marine, chevalier de la Légion d'honneur, 31 ans (né à Brest en 1831). Également décoré de la Légion d'honneur, il meurt en 1956 à Penhars, commune rattachée à Quimper en 1960.

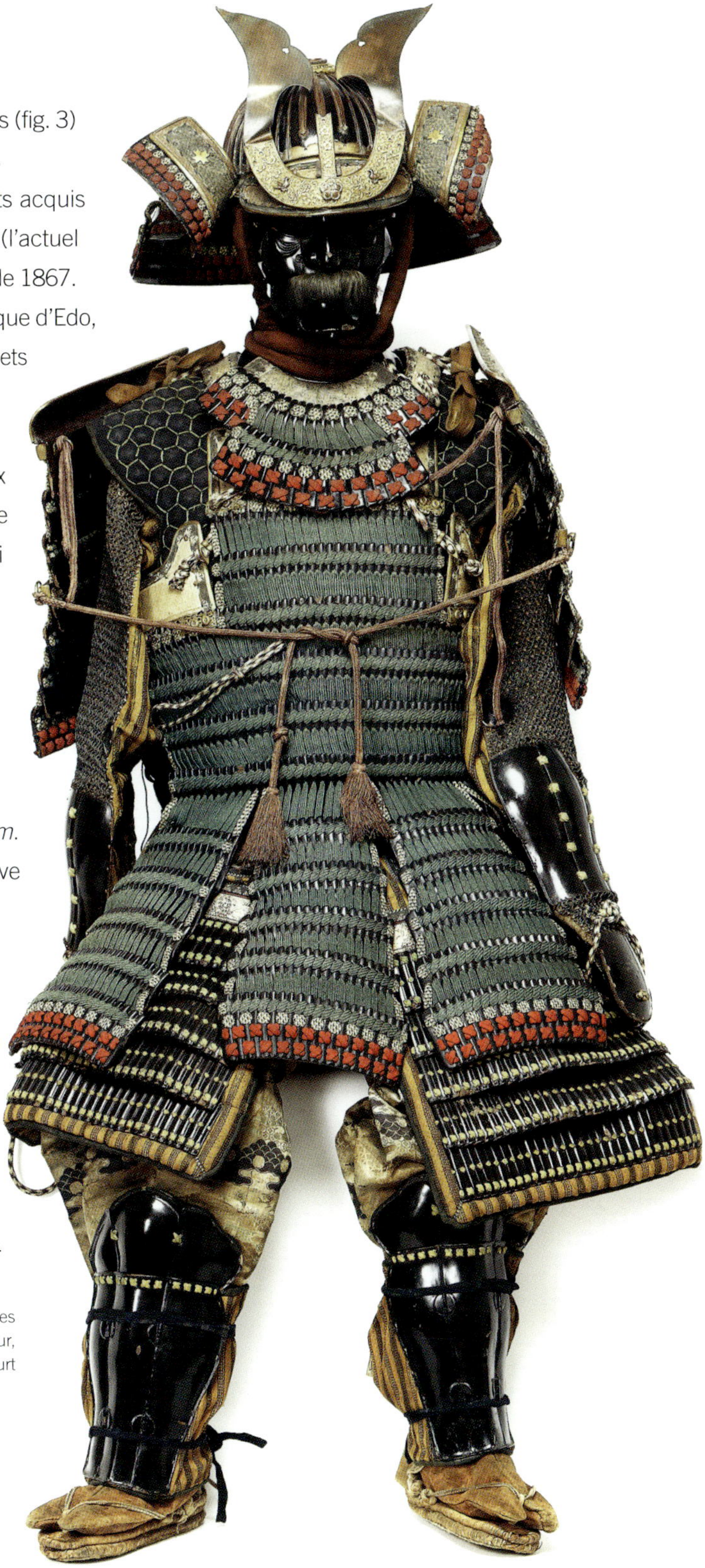

Fig. 7. *Armure de samouraï.*
Japon, XIXe siècle, métal, cuir, textiles, corde, 185 x 62 cm.
Brest, musée des Beaux-Arts.

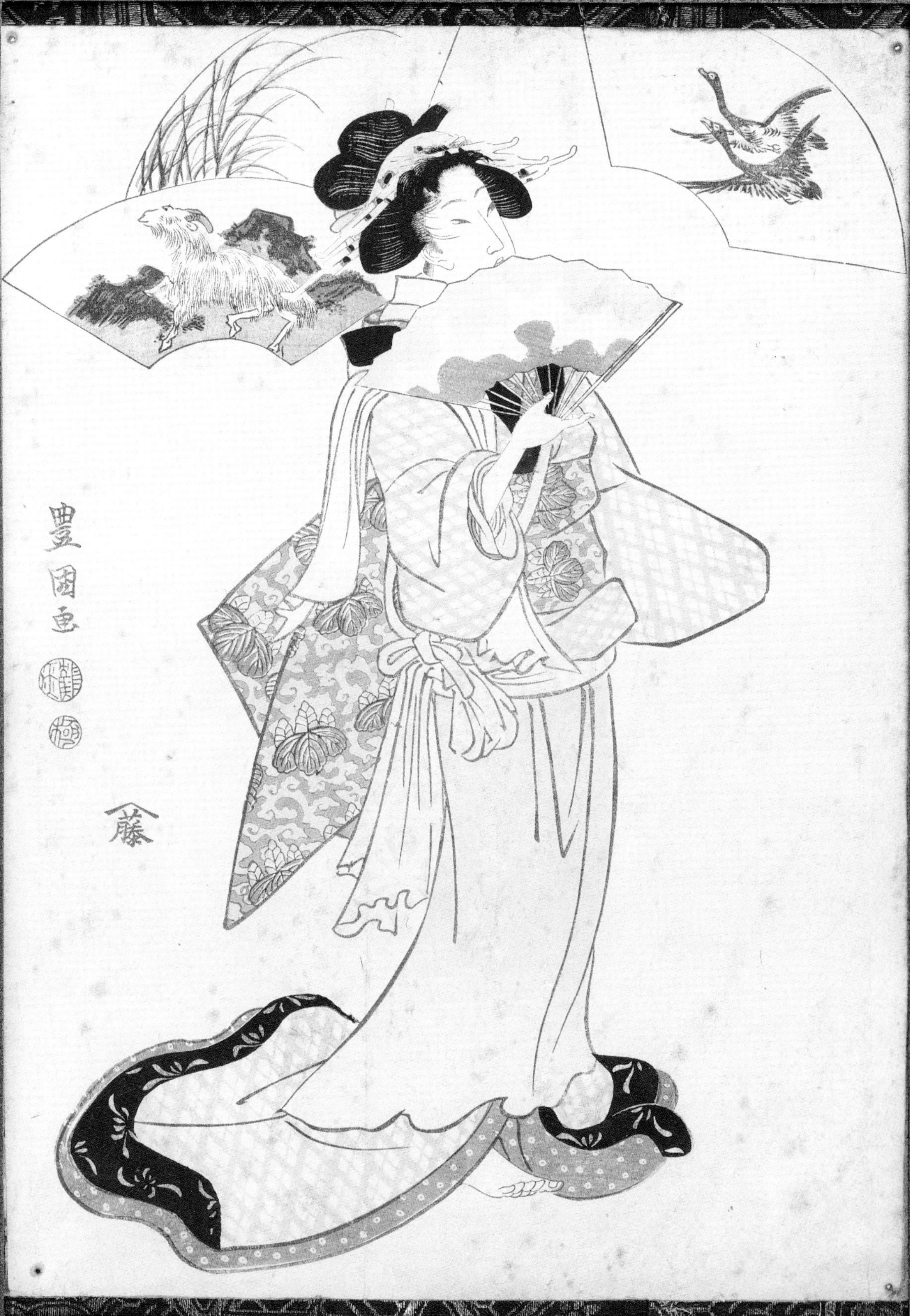
豊国画
藤

sauvée et que la reconstruction éventuelle du musée était envisagée », indiquait qu'il était prêt à léguer un certain nombre d'objets anciens, rapportés de ses séjours de plusieurs années en Chine et au Japon. Retraité à Quimper dès les années 1920, il y était un actif président de la Fédération des sociétés de pêche à la ligne du Finistère, intéressé par le développement de la pêche au saumon[19]. Son legs comprend notamment une armure japonaise et son casque (fig. 7), de belles estampes du début du XIXe siècle (fig. 8) et une série de livres illustrés par Hokusai (la *Manga*, les *Cent Vues du mont Fuji*) ou par Kyôsai, un artiste célèbre qu'Émile Guimet et Félix Régamey rencontrèrent à Tokyo en 1876. Ainsi, aux collections d'objets d'art reçues précédemment vinrent s'ajouter des témoins remarquables de la culture japonaise admirée au temps du japonisme.

---

[19] Selon un article de *l'Ouest-Éclair* du 4 juillet 1926.

Fig. 8. Toyokuni, *Acteur dans un rôle de femme.* Japon, début du XIXe siècle, estampe, 36,6 x 26 cm. Brest, musée des Beaux-Arts.

Bibliographie

Crossman, Carl L., *The Decorative Arts of the China Trade. Paintings, furnishings and exotic curiosities*, Woodbridge (Suffolk), 2004.

Self, James et Hirose, Nobucho, *Japanese Art Signatures. A Handbook and Practical Guide*, Londres, 1987.

Lacambre, Geneviève, « Hayashi among the Art Dealers in Paris », *Hayashi Tadamasa. Japonisme and cultural exchanges, colloque à Tokyo, 11-13 novembre 2005*, Paris, s.d. [2007].

Lacambre, Geneviève [2008.1], « Les collections chinoises et japonaises du musée de la Marine avant 1878 : un cas marginal pour l'ethnographie », L*e rôle des voyages dans la constitution des collections ethnographiques, historiques et scientifiques, actes du 130e Congrès des Sociétés historiques et scientifiques*, La Rochelle, 2005, Paris, éditions du CTHS, 2008 (édition électronique).

Lacambre, Geneviève [2008-2], « Art or Ethnography : the Histories of Some Far-Eastern Objects from the Louvre, Now in the Musée des Beaux-Arts, Brest », *Twenty-First-Century Perspectives on Nineteenth-Century Art, Essays in Honor of Gabriel P. Weisberg*, édited by Petra ten-Doesschate Chu and Laurinda S. Dixon, Newark, 2008.

Segalen, A. P. « Des ouvriers de l'arsenal de Brest envoyés au Japon en 1865 », *Les Cahiers de l'Iroise* 1975, n° 1.

Tokugawa Akitake bakumatsu taiô nikki [Journal du séjour en Europe de Tokugawa Akitake], édition établie par Masato Miyachi, Matsudo (Chiba), musée municipal d'Histoire Tojo, 1997.

Catalogues d'exposition :
1840, Paris, Bazar Bonne-Nouvelle, 20 boulevard Bonne-Nouvelle, *Catalogue du musée chinois et japonais créé par M. Paul Ginier de Marseille et acquis par MM. Deschaux et Cie.*

2004-2005, Tokyo, National Museum – Osaka, Municipal Museum of Art – Nagoya City Museum, *Arts of East and West from World expositions. 1855-1900, Paris, Vienna and Chicago.*

2005, Los Angeles, Los Angeles County Museum of Art, *Japan goes to the World's Fairs. Japanese Art at the Great Expositions in Europe and in the United States 1867-1904.*

2010, Bourg-en-Bresse, Monastère royal de Brou – Arras, musée des Beaux-Arts, *L'Or du Japon. Laques anciens des collections publiques françaises.*

Geffroy, Monet, Rodin, un cercle de japonisants

Patricia Plaud-Dilhuit

Les collections du musée de Morlaix permettent de témoigner de l'intérêt pour l'art japonais partagé, des années 1860 au début du XXe siècle, par de nombreuses personnalités, dont Monet et Gustave Geffroy. *Pluie à Belle-Île* (ill. 2) rappelle la rencontre entre les deux hommes à Belle-Île-en-Mer en 1886. Le musée possède plusieurs portraits de ce journaliste, homme de lettres et critique d'art car, s'il est né à Paris en 1855, ses parents étaient originaires de la région de Morlaix et, lorsqu'il décède en 1926, est créée au musée une salle Gustave Geffroy.

Critique rapidement reconnu, Geffroy est un républicain convaincu, luttant par sa plume contre tout conservatisme, notamment artistique. Rien pourtant ne semblait destiner à une telle carrière ce fils de Bretons ayant quitté le Finistère pour Paris au début des années 1850. Gustave y voit le jour le 1er juin 1855 et y vit jusqu'à sa mort le 4 avril 1926. Rejoignant en 1880 l'équipe du quotidien que vient de créer Georges Clemenceau, *la Justice*, il s'engage alors dans une longue carrière de journaliste, écrivant des milliers d'articles dans de nombreux journaux et revues[1]. Il publie tardivement divers

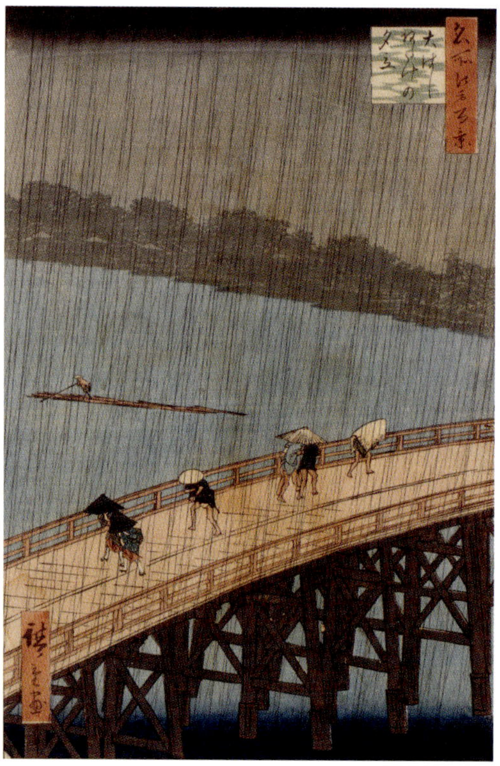

[1] Sur la vie de Geffroy et la liste de ses publications, voir P. Plaud-Dilhuit, Gustave Geffroy critique d'art, Rennes, 1988.

Ill. 1. Hiroshige, *Ohashi*, *Averse soudaine à Edo*, 52e vue de *Cent Vues célèbres d'Edo*, 32,5 x 21,5 cm. Paris, Musée national des Arts asiatiques Guimet.

Page de droite :
Ill. 2. Claude Monet, *Pluie à Belle-Île*, Huile sur toile, 60 x 60 cm, musée de Morlaix.

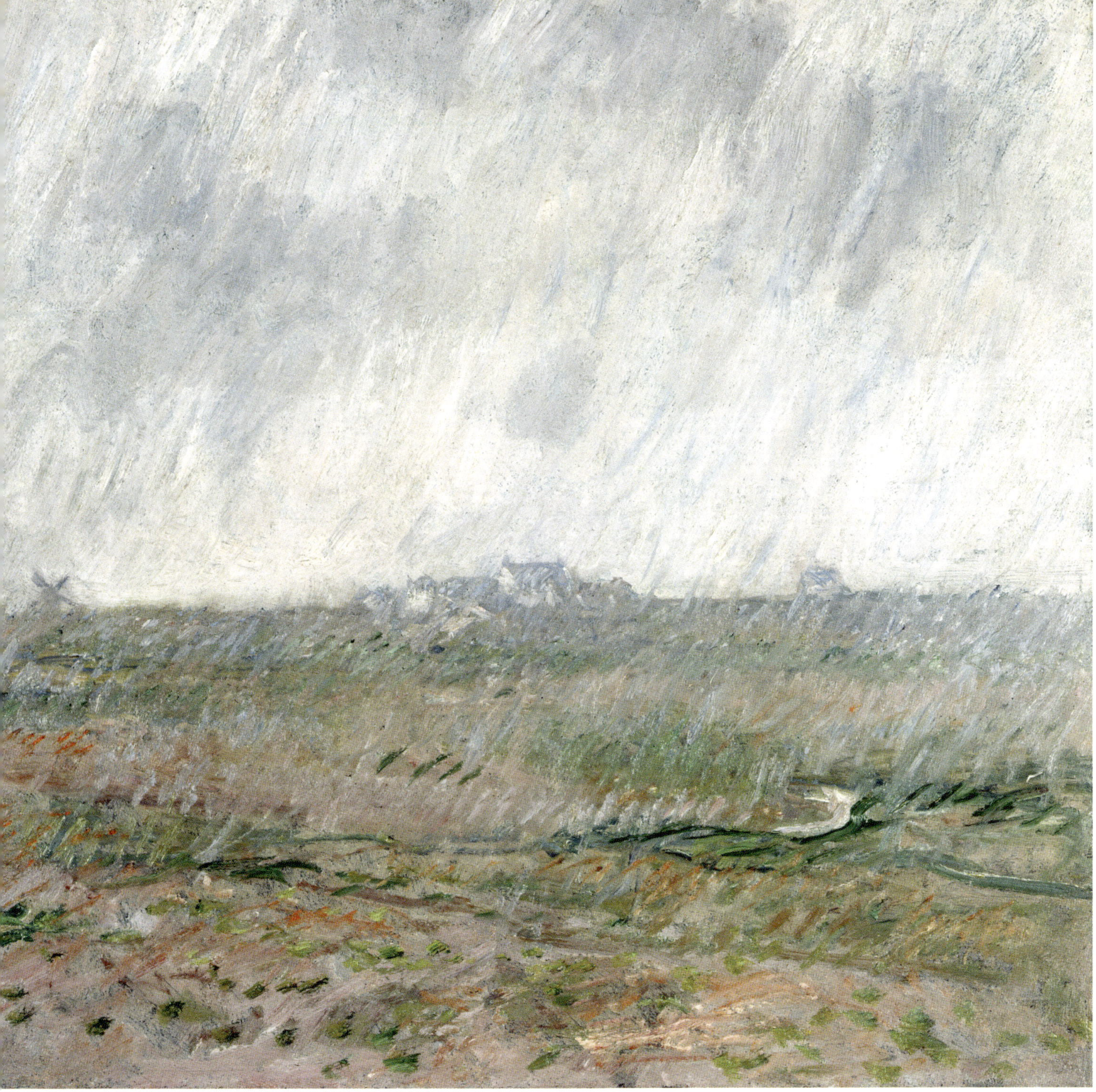

livres, dont une biographie d'Auguste Blanqui, *l'Enfermé,* en 1897, et quelques romans. Il réunit certaines de ses chroniques d'art, entre 1891 et 1903, dans les huit volumes de *la Vie artistique*. En 1922, paraît la biographie consacrée à son ami, *Claude Monet, sa vie, son œuvre*. Il est nommé directeur de la manufacture nationale des Gobelins en 1908 et devient en 1912 président de l'Académie Goncourt.

Geffroy s'impose comme défenseur de l'impressionnisme mais il porte un regard pertinent sur les nouvelles tendances de l'art, sur le développement de l'estampe originale ou des arts décoratifs et sur les politiques culturelles. Saluant le rôle de Clemenceau dans l'enrichissement des collections publiques, notamment d'art japonais au Louvre en 1891, il déplore la même année, à l'occasion de la vente Burty, que l'État laisse échapper l'opportunité d'acquérir une exceptionnelle collection de cet art récemment connu.

Il est un enfant lorsque l'Europe découvre l'art japonais dans les années 1860, à l'époque de la première génération de japonisants, alors que le grand public succombe à la mode pour les japonaiseries. S'il est lui-même de la seconde génération de japonisants, il compte parmi ses amis des découvreurs de la première heure, Goncourt, Bracquemond, Duret et, devenus proches grâce à Geffroy, Monet et Clemenceau. Celui-ci a constitué, avec l'aide de son ami Francis Steenackers, diplomate au Japon, une importante collection, riche notamment de plus de trois mille cinq cents boîtes à parfum *Kôgôs*.

Ayant rencontré Edmond de Goncourt en 1884, Geffroy devient l'un des habitués du Grenier d'Auteuil où est conservée l'importante collection de l'écrivain qui, en 1890, lui offre un volume de la *Manga* d'Hokusai. Geffroy est toujours élogieux pour les publications de Goncourt, par exemple pour *Outamaro, le peintre des maisons vertes*, en 1891 et *Hokusai* en 1896, écrits avec l'aide de Hayashi Tademasa, que Geffroy a probablement rencontré à cette époque. Dans son article sur la vente de la collection du marchand japonais, en 1904, il parle du portrait en masque (lointaine évocation de ceux du théâtre Nô que collectionnent de nombreux amateurs ?) qu'en a fait Bartholomé.

Au début des années 1880, Geffroy a fait la connaissance de Bartholomé, de Degas qu'il rencontre parfois, d'Auguste Rodin qui devient un ami, comme Raffaëlli et Félix Bracquemond. Ce dernier a dû être un interlocuteur important pour Geffroy dans son approche de l'art japonais, lui qui en fut l'un des plus précoces connaisseurs. Partageant des convictions politiques républicaines, Bracquemond a pu parler à Geffroy de l'éphémère « société du Jing-Lar », créée en 1868, prétexte japonisant à l'expression d'une opposition au régime de Napoléon III.

Après le séjour bellilois, Monet introduit Geffroy auprès de ses amis Pissarro, Renoir, Caillebotte, Stéphane Mallarmé et Théodore Duret, ces deux derniers lui présentant Whistler, autre célèbre japonisant. À cette époque, Monet commence l'aménagement de la maison de Giverny qu'il vient d'acquérir, installant dans la salle à manger son importante collection d'estampes japonaises, décrite par Geffroy en 1922. Les années suivantes sont créés les bassins de nymphéas et le pont d'inspiration japonaise est construit (ill. 3).

Geffroy est très proche de Rodin depuis 1884 et d'Eugène Carrière rencontré en 1888, qui tous deux s'intéressent à l'art japonais. Le sculpteur possède quelques beaux objets, sa collection s'enrichissant dans les années 1910 d'estampes offertes par des admirateurs japonais. Carrière a acquis des albums de dessins dont la sobriété peut rappeler celle de ses propres œuvres quasi monochromes et leurs compositions en lignes sinueuses et larges arabesques, comme dans des paysages de Bretagne (ill. 5) où il vient à plusieurs reprises, parfois en compagnie de Geffroy. Appréciant parmi les premiers l'art des Nabis puis l'Art Nouveau, Geffroy s'intéresse dès le début des années 1890 à des artistes japonisants tels que Bonnard, Vuillard, Maurice Denis, et Toulouse-Lautrec avec qui il collabore plusieurs fois, notamment en 1894 avec *Yvette Guilbert* (ill. 4), un album très japonisant, comme le sont aussi les affiches en couleur, qu'il admire, de Jules Chéret, qui l'invite volontiers dans la villa louée pour l'été en Bretagne.

Dans les vingt-cinq articles qu'il écrit sur des expositions ou des ventes de collections, Geffroy s'attache à dégager les caractères spécifiques de l'art japonais, comme dans son étude sur les paysagistes japonais parue en décembre 1890 et janvier 1891 dans la revue de S. Bing, *le Japon artistique*[2]. Ces textes ont une grande importance pour lui, car il reproduit en 1891 dans le premier volume de *la Vie artistique* tous ses articles publiés à cette date sur l'art japonais. Il y voit l'expression d'une grande civilisation, déplorant, en républicain humaniste, les ravages de la guerre russo-japonaise sur les populations qui en sont victimes, dans l'ouvrage collectif que des écrivains et artistes leur dédient en 1904[3].

En 1889, Geffroy se fait très « japoniste » dans « l'Achèvement de la tour », article publié au moment de l'inauguration de la Tour Eiffel dont il propose une approche comparative avec le mont

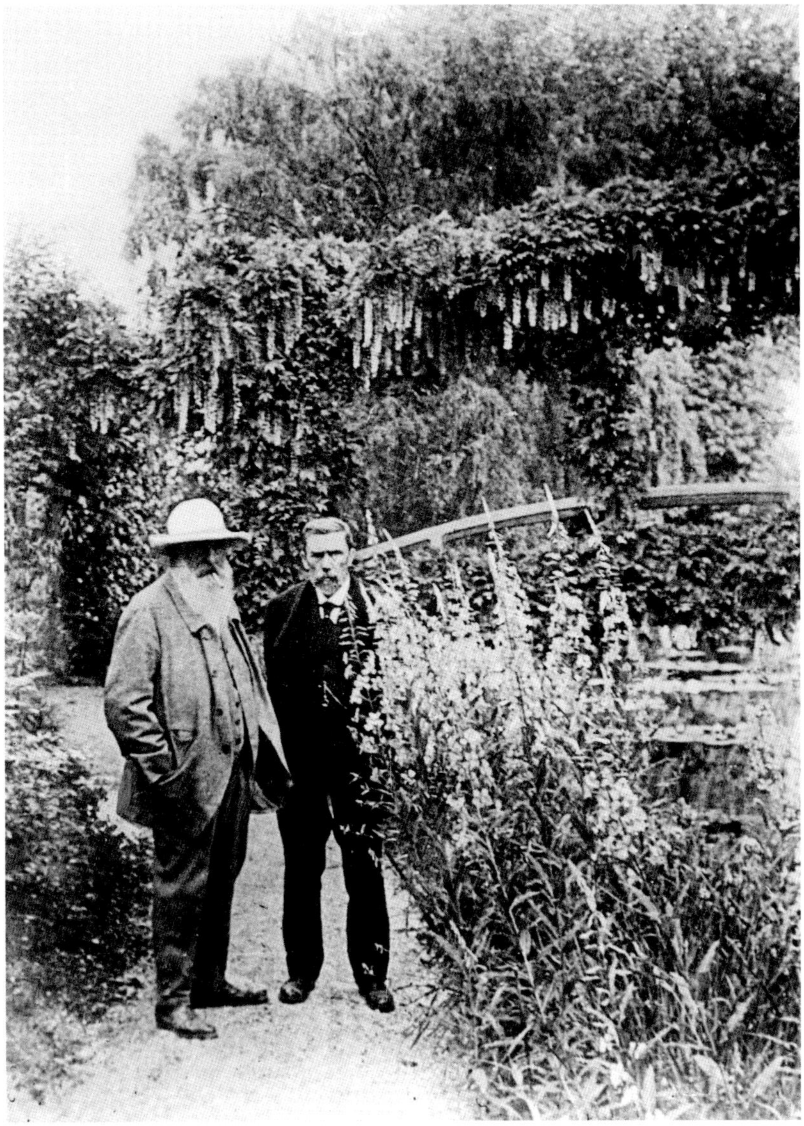

Ill. 3. *Claude Monet et Gustave Geffroy devant le pont japonais de Giverny,* photographiés par Sacha Guitry, vers 1920. Paris, Réunion des Musées nationaux.

Fuji Yama, qui lui fait écrire : « La Tour Eiffel est devenue ainsi une sorte de Fusiyama du paysage

[2] « Les paysagistes Japonais », *Le Japon artistique*, décembre 1890, pp 91-99. janvier 1891, pp. 103-111, repr. in *La Vie artistique*, première série, 1891, pp 85- 112.

[3] *Un groupe d'artistes – Aux victimes de la guerre russo-japonaise*, Paris, éd. Edouard Pelletan, 1904.

parisien[4] ». Peut-être fait-il preuve d'une belle audace personnelle, à moins qu'il ne retranscrive des propos entendus, par exemple auprès d'Henri Rivière qui va entreprendre la réalisation du très japonisant album *les Trente-Six Vues de la Tour Eiffel,* qui n'est publié qu'en 1902.

S'il est « japonisant », Geffroy n'est pas un commentateur du « japonisme ». Pourtant très proche d'artistes appartenant aux deux générations de japonisants, il ne parle que très peu de l'influence, que ses confrères Burty, Duret ou Roger Marx considèrent décisive, de l'art japonais sur l'art occidental. Très rarement dit-il déceler quelque chose de « japonais » dans une œuvre, sans jamais développer. Peut-être en écho à des réserves exprimées par certains artistes, Geffroy est très nuancé : « Malgré tous les rapprochements que l'on peut faire, et dont quelques-uns, en effet, prennent leur raison d'être dans des ressemblances de résultats, les œuvres des paysagistes japonais et des maîtres impressionnistes d'aujourd'hui n'ont pas les mêmes points de départ[5] ». Toutefois, devant des tableaux récents exposés par Monet en mai 1895, s'il signale début avril des toiles d'une « montagne de Norwège[6] (*sic*) », quelques jours plus tard, peut-être après que le peintre lui répète ce qu'il avait écrit à sa femme à ce propos, Geffroy parle dans un autre article « des effets de neige étudiés en Norvège [...], une nature très différente de la nôtre, aux contours plus nets [...]. Le Mont Kolsaas, le fjord, près Christiana, les bords du fjord, ont une parenté avec les justes découpures des estampes japonaises, relèvent d'un calcul mathématique par lequel l'étendue se trouve représentée en quelques lignes bien inscrites[7] ».

La rencontre de Monet et Geffroy à Belle-Île intervient à un moment crucial pour le peintre, les trente-neuf œuvres qu'il y réalise annonçant les futures séries. S'y affirment aussi des tendances japonisantes, suscitant des rapprochements entre des tableaux et des œuvres d'Hiroshige lui appartenant, les six toiles sur *les Pyramides de Port-Coton* évoquant *les Rochers jumeaux à Bo-No-Ura, près de la province de Satsuma,* ou encore des motifs

Ill. 4. *Yvette Guilbert,*
1894, texte de Gustave Geffroy, illustrations de Toulouse-Lautrec.
Paris, Bibliothèque nationale de France.

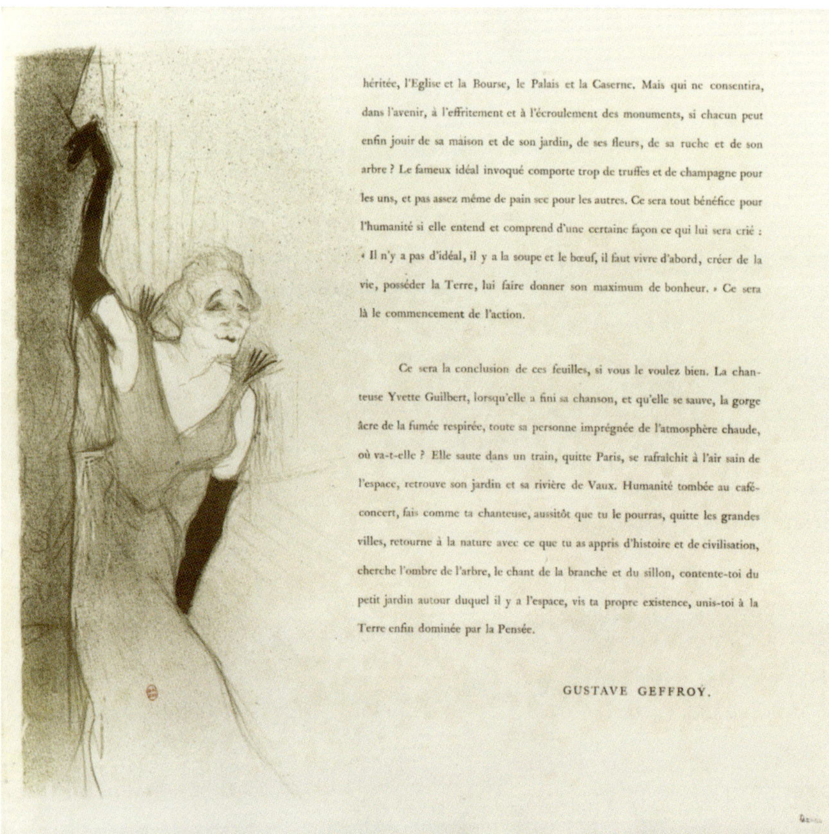

héritée, l'Eglise et la Bourse, le Palais et la Caserne. Mais qui ne consentira, dans l'avenir, à l'effritement et à l'écroulement des monuments, si chacun peut enfin jouir de sa maison et de son jardin, de ses fleurs, de sa ruche et de son arbre ? Le fameux idéal invoqué comporte trop de truffes et de champagne pour les uns, et pas assez même de pain sec pour les autres. Ce sera tout bénéfice pour l'humanité si elle entend et comprend d'une certaine façon ce qui lui sera crié : « Il n'y a pas d'idéal, il y a la soupe et le bœuf, il faut vivre d'abord, créer de la vie, posséder la Terre, lui faire donner son maximum de bonheur. » Ce sera là le commencement de l'action.

Ce sera la conclusion de ces feuilles, si vous le voulez bien. La chanteuse Yvette Guilbert, lorsqu'elle a fini sa chanson, et qu'elle se sauve, la gorge âcre de la fumée respirée, toute sa personne imprégnée de l'atmosphère chaude, où va-t-elle ? Elle saute dans un train, quitte Paris, se rafraîchit à l'air sain de l'espace, retrouve son jardin et sa rivière de Vaux. Humanité tombée au café-concert, fais comme ta chanteuse, aussitôt que tu le pourras, quitte les grandes villes, retourne à la nature avec ce que tu as appris d'histoire et de civilisation, cherche l'ombre de l'arbre, le chant de la branche et du sillon, contente-toi du petit jardin autour duquel il y a l'espace, vis ta propre existence, unis-toi à la Terre enfin dominée par la Pensée.

GUSTAVE GEFFROY.

---

[4] « L'Inauguration de la tour », *La Justice,* 3 avril 1889.

[5] *Op. cit.,* janvier 1891, pp. 104-105, la Vie artistique, p. 100.

[6] « L'Art d'aujourd'hui – Claude Monet », *Le Journal,* 10 mai 1895.

[7] « Claude Monet », *Le Journal,* 7 juin 1898.

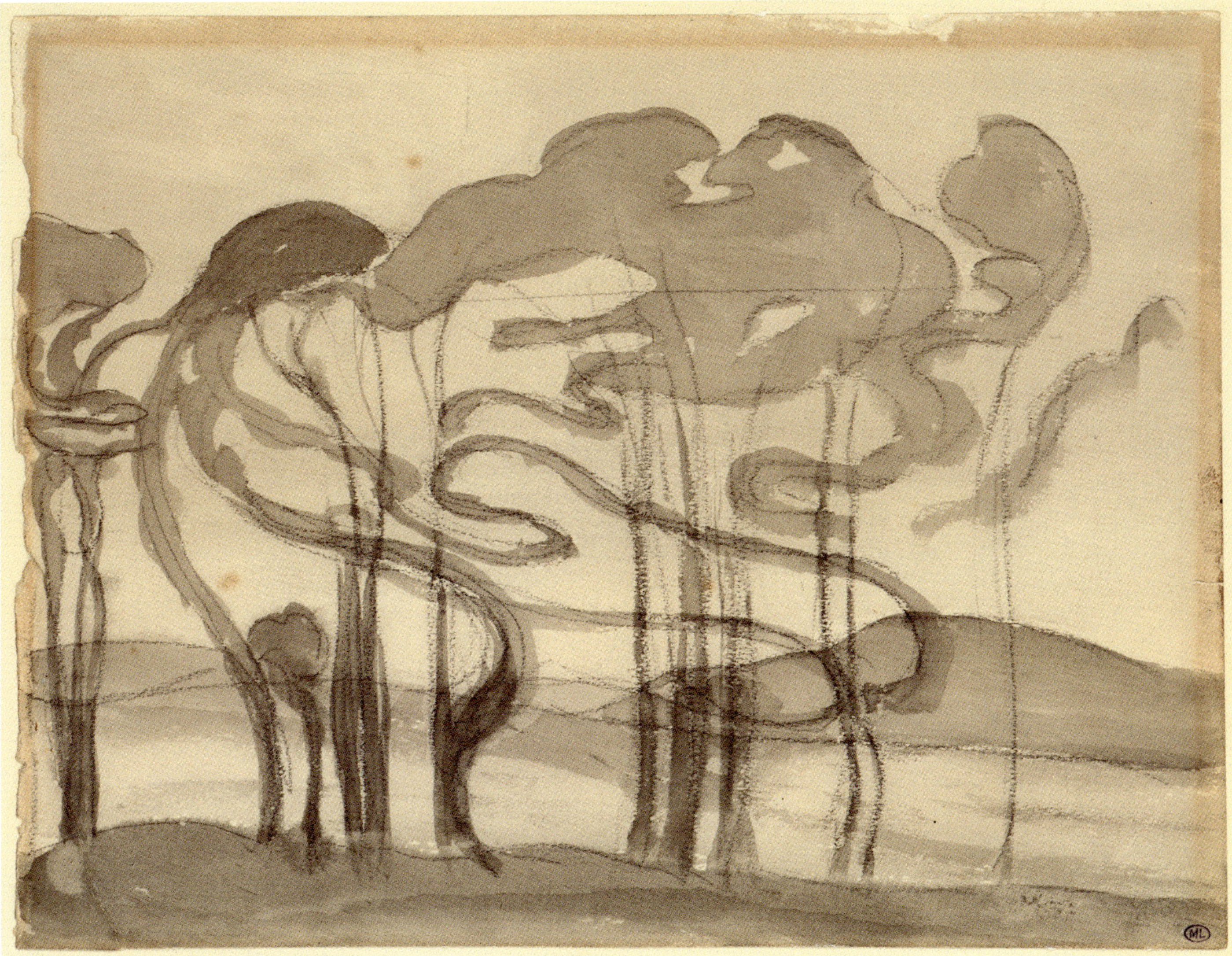

Ill. 5. Eugène Carrière, *Paysage*,
Crayon noir et lavis, feuille de carnet, 21,1 x 27,3 cm.
Paris, musée du Louvre (département des Arts graphiques, fonds du musée d'Orsay).

de Port-Goulphar[8] rappelant *Montagnes et rivières sur la route de Kiro*. Peut-être aussi, lorsqu'il peint *Pluie à Belle-Île* pour se désennuyer un jour de mauvais temps, Monet s'est-il souvenu de paysages sous la pluie, comme *Ohashi, averse soudaine à Edo* (ill. 1).

Belle-Île a reçu la visite de plusieurs artistes, Monet, Rodin, Russell, Auburtin, que lient des amitiés et un intérêt partagé pour le Japon. Quand Monet y arrive le 12 septembre 1886, il rencontre le peintre australien John-Peter Russell, un ami de Rodin et de Van Gogh connu à l'atelier Cormon. Russell qui, parti de Belle-Île le 24 septembre, n'a pu rencontrer Geffroy arrivé le 4 octobre, fait construire l'année suivante une maison à Port-Goulphar. Il y vient

[8] À noter que Monet a offert à Geffroy un tableau, *Rochers à Port-Goulphar,* (W. 1096) 1887, huile sur toile, collection particulière.

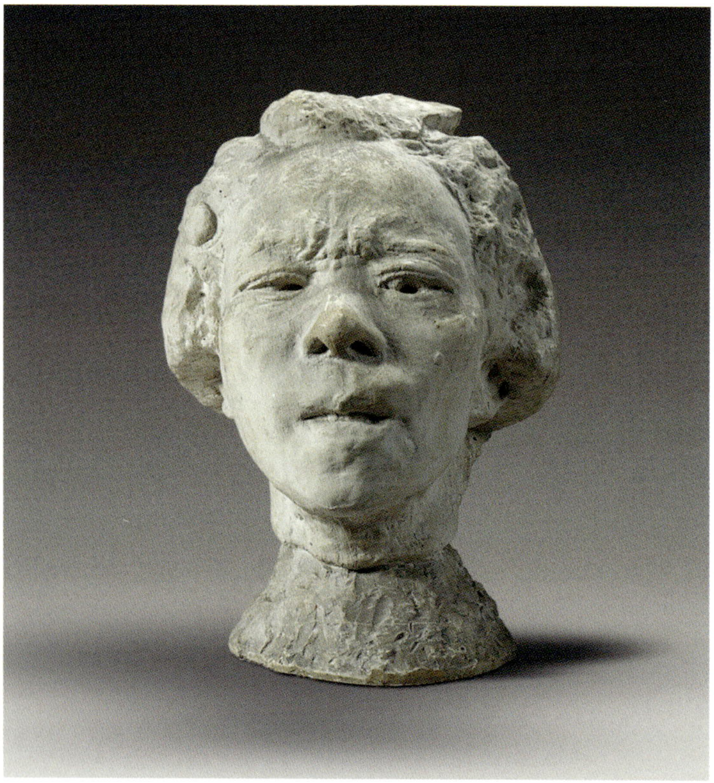

Ill. 6. Auguste Rodin, *Tête d'Anako*, type D, grand modèle sur base, 1907-1908, plâtre, 54,5 x 39,5 x 28,4 cm, Paris, musée Rodin.

chaque année jusqu'en 1908, avec son épouse, qui a été modèle pour Rodin. En étant reçu par Russell à Belle-Île en 1902, le sculpteur peut découvrir ces lieux chers à ses amis Monet et Geffroy. Russell y a aussi invité Van Gogh, qui ne peut venir mais qui lui écrit combien, dans des tableaux de 1887, les motifs d'amandiers en fleurs le séduisent, car très japonisants et proches de ses propres recherches. Dans certains paysages de Belle-Île marqués par l'influence de Monet, Russell reprend les motifs japonisants des aiguilles de Port-Coton ou de l'anse de Port-Goulphar (ill. 7).

Jean-Francis Auburtin adopte, à partir de 1895, des points de vue très proches dans ses œuvres belliloises dont la facture synthétique sert le caractère japonisant. Collectionneur d'art japonais, il a travaillé avec la même modèle japonaise que Rodin qui, impressionné par le talent des actrices Sadda Yakko et Hanako, parvient à décider celle-ci à poser pour lui. Rodin multiplie, vers 1907-1908, des études de têtes afin de capturer les intenses expressions qu'elle sait montrer sur son visage (ill. 6).

À cette époque, les rencontres entre le Japon et l'Occident se multiplient, engageant les échanges sur de nouvelles voies. Geffroy a parfois été associé à des projets d'expositions d'art français au Japon, en 1912, en 1914, le critique sollicitant un Monet indécis, en 1924 encore. Un témoignage de leur rencontre à Belle-Île est pourtant alors déjà sur le sol japonais, Hayashi ayant, lors de son retour à Tokyo, emporté dans ses bagages une toile de 1886, *Côtes rocheuses, Roches du Lion, Belle-Île* [9].

[9] Huile sur toile, 65,5 x 81 cm, Des Moines Art Center, Iowa, W 1090.

Bibliographie

Delouche Denise, *Monet à Belle-Île*, Le Chasse-Marée ArMen, 1992 et éditions Palantines, 2006.

Geffroy Gustave, *La Vie artistique,* 8 volumes, Paris, Dentu, 1891-1903.

Geffroy Gustave, *Claude Monet, sa vie, son œuvre,* Paris, Crès, 1924, rééd. Macula, 1980.

Plaud-Dilhuit Patricia, *Gustave Geffroy critique d'art,* Rennes, 1988.

Séguela Matthieu, « Le japonisme de Georges Clemenceau », *Ebisu* n° 27, 2001, pp. 7-44.

1997 - *John-Peter Russell – Un impressionniste australien,* Morlaix, musée des Jacobins.

2004 - *Jean-Francis Auburtin,* musée de Pont-Aven, 2004.

2007 - *Rodin : le rêve japonais*, Musée national Rodin, Paris RMN.

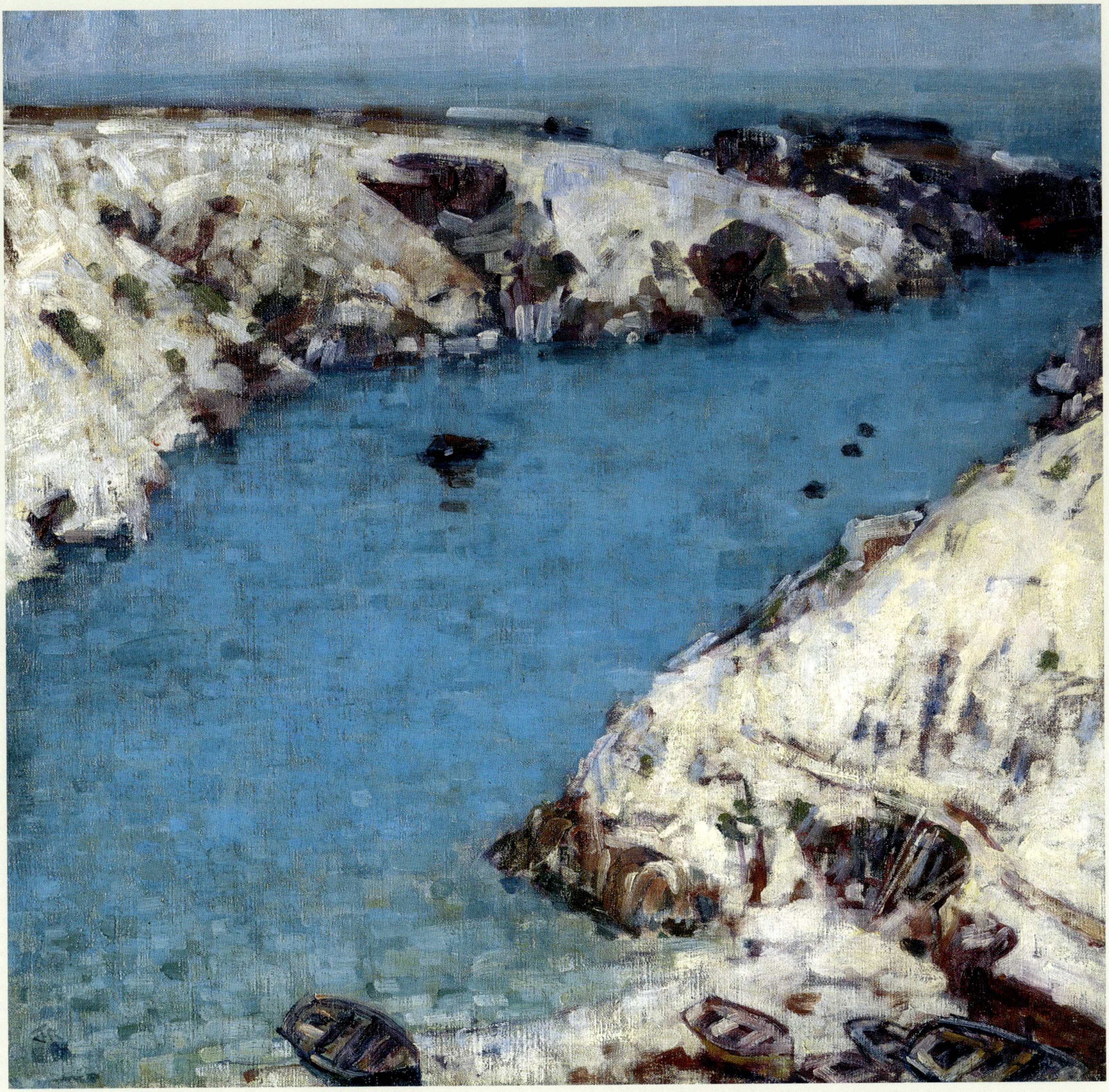

Ill. 7. John-Peter Russell, *Le Port de Goulphar sous la neige*, 1898, huile sur toile, 65,3 x 81,5 cm. Musée de Morlaix.

La vague japonisante

Françoise Daniel

Peindre la mer à Brest s'inscrit dans une longue tradition, la mer vue à travers la vie du port, ses bâtiments et l'histoire de la flotte, comme il en était l'usage depuis Nicolas Ozanne et ses successeurs peintres de marine.
Si les spectacles grandioses ont toujours fasciné les artistes, la mer ne devient sujet à part entière qu'avec l'époque romantique, puis particulièrement après 1860 lorsque Gustave Courbet, Eugène Boudin, Claude Monet et les impressionnistes peignent les vagues et les plages des côtes normandes. Quant à la Bretagne, elle a attiré les peintres depuis longtemps, mais Paul Gauguin et l'école de Pont-Aven lui donnent un renom particulier et entraînent les artistes à découvrir d'autres sites comme Camaret ou Le Pouldu, jusqu'à Argenton dans les années 1950, sièges de véritables colonies artistiques et de découvertes picturales.

Quand, à partir de 1893, Georges Lacombe peint à Camaret les vagues et les grottes de cette pointe sauvage de Bretagne, sa peinture s'est radicalement transformée. Il a abandonné les leçons et le clair-obscur de son ami Richon-Brunet et de ses professeurs pour une peinture stylisée et colorée, à la composition audacieuse.
Celui qui va devenir le Nabi sculpteur et s'inscrire dans le groupe de ces prophètes d'un art nouveau vient en effet de rencontrer Paul Sérusier en janvier et de découvrir la peinture de Paul Gauguin chez Durand-Ruel à l'automne. Il a retenu la leçon de peinture du Bois d'Amour traduite par le *Talisman*, notamment dans les compositions de ses toiles parfois très proches de celles du maître et dans l'aspect « sauvage » et primitif de certaines sculptures ; il s'est rapproché de Paul Sérusier par son usage de la détrempe, ou peinture à l'œuf, ou à la colle. Les couleurs mates de la peinture posée en aplats transposent sa vision de la nature en formes stylisées et décoratives, dont la sensibilité, les raccourcis et la représentation étagée de l'espace ont la puissance des estampes japonaises.

Depuis l'ouverture du Japon aux échanges commerciaux, ces estampes sont collectionnées par de nombreux artistes, séduits par ces images simples et lumineuses d'un « monde flottant » ou *ukiyo-e*. Si les estampes sont utilisées comme motifs et décors dans les toiles, on trouve parfois des compo-

Fig. 1. Georges Lacombe, *Vorhor*, *Vague grise* ou *Falaises à Camaret*,
1892, peinture à l'œuf sur toile, 82,5 x 61 cm.
Brest, musée des Beaux-Arts.

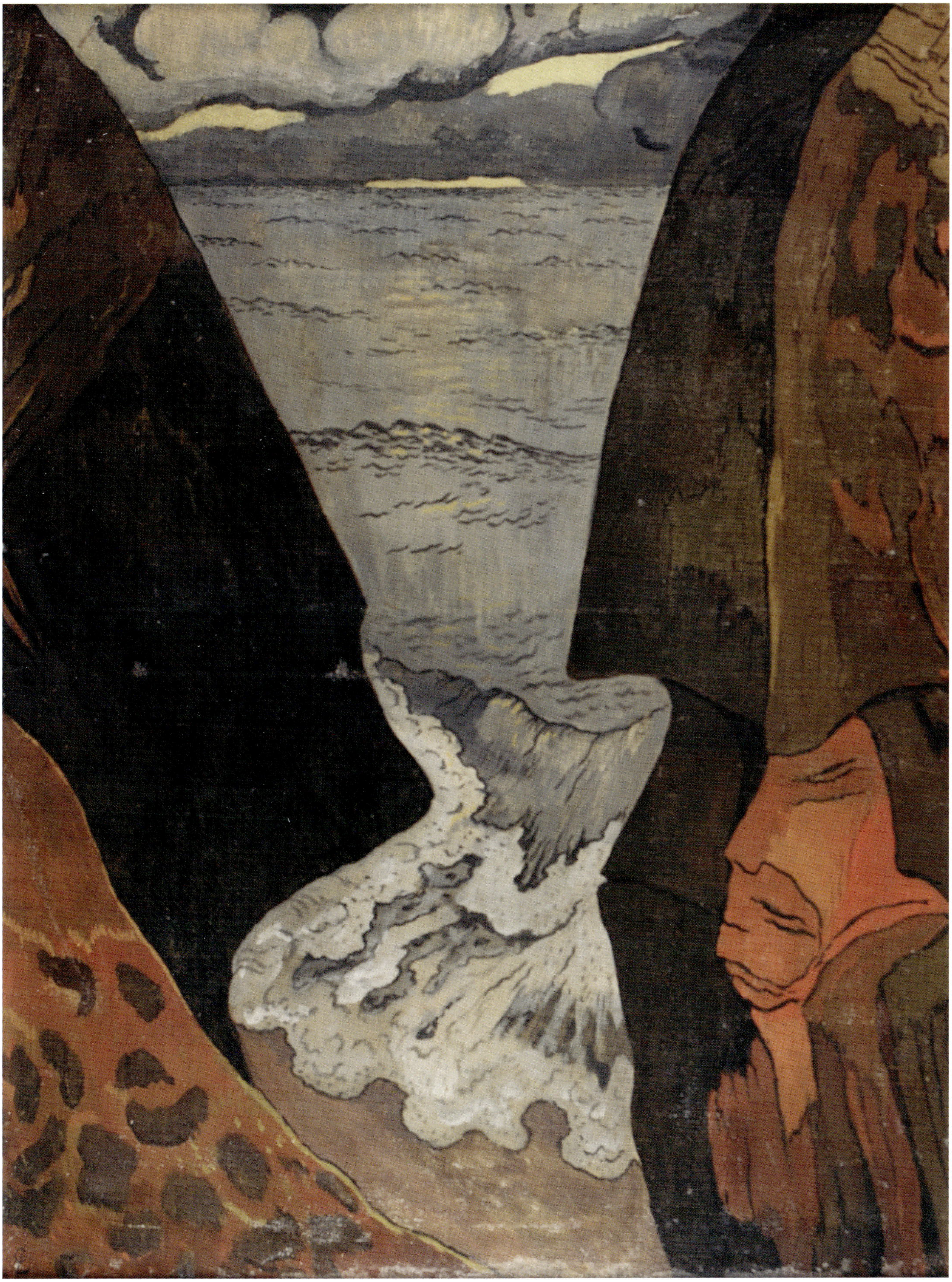

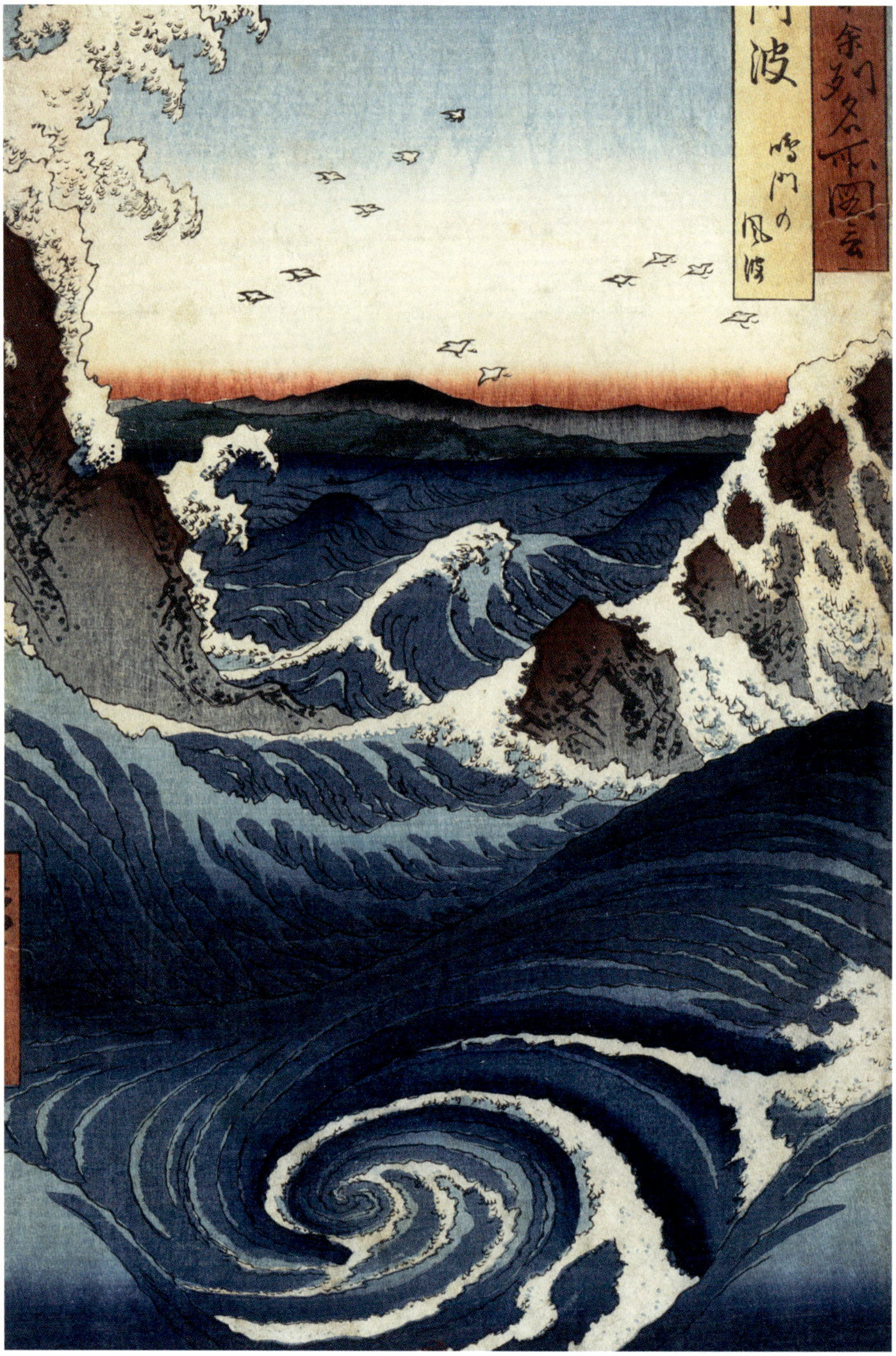

Fig. 2. Andō Hiroshige,
Vues des sites célèbres des soixante et quelques provinces du Japon. Les tourbillons de Naruto à Awa,
55ᵉ planche de la série (70 planches, 1853-1856), 1855
Nishiki-e. Format ***ôban tate-e***, 32,4 x 21,1 cm.
Paris, Bibliothèque nationale de France (département des Estampes).

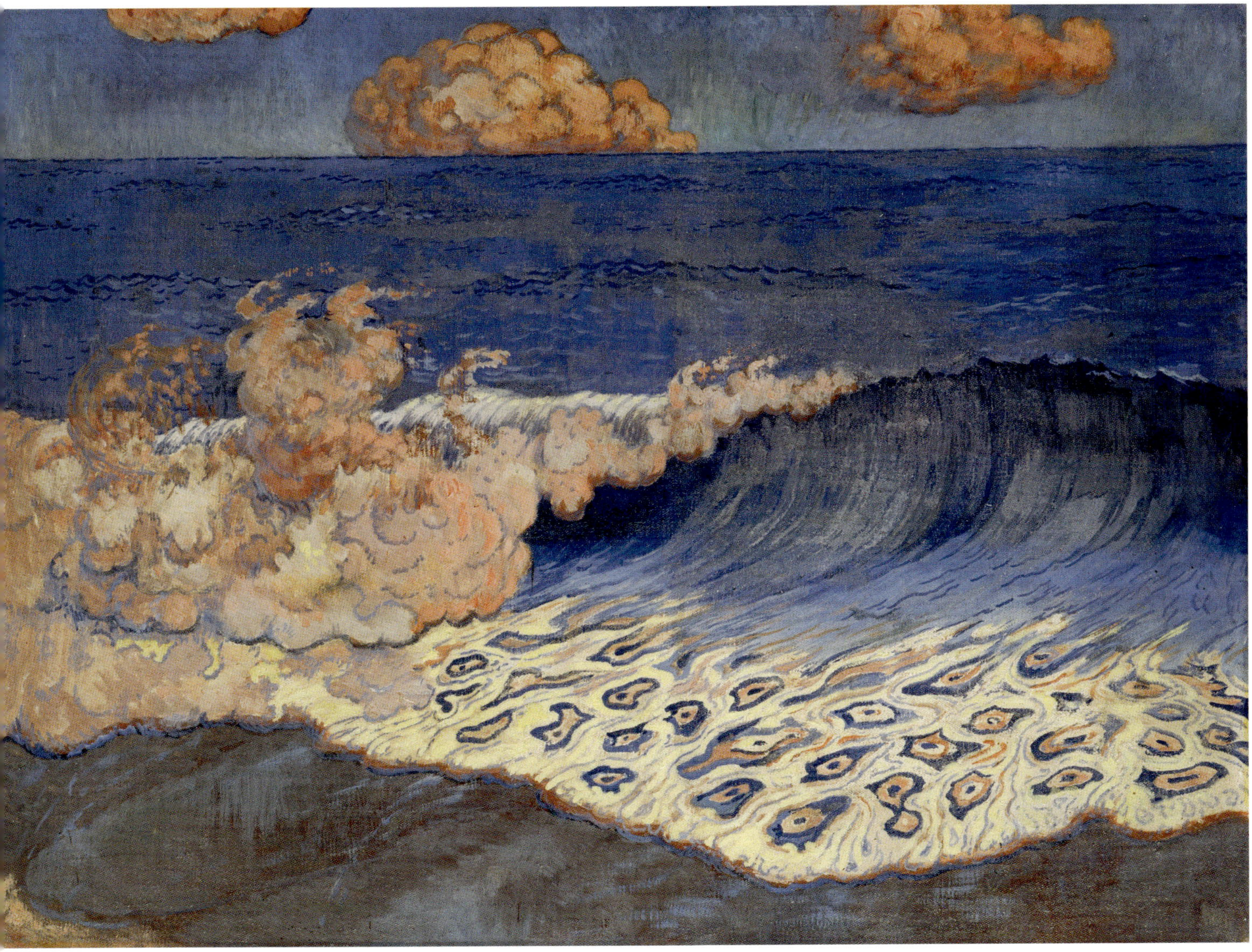

Fig. 3. Georges Lacombe, *Marine bleue. Effet de vagues*,
Vers 1893, peinture à l'œuf sur toile, 43 x 64,2 cm.
Rennes, musée des Beaux-Arts.

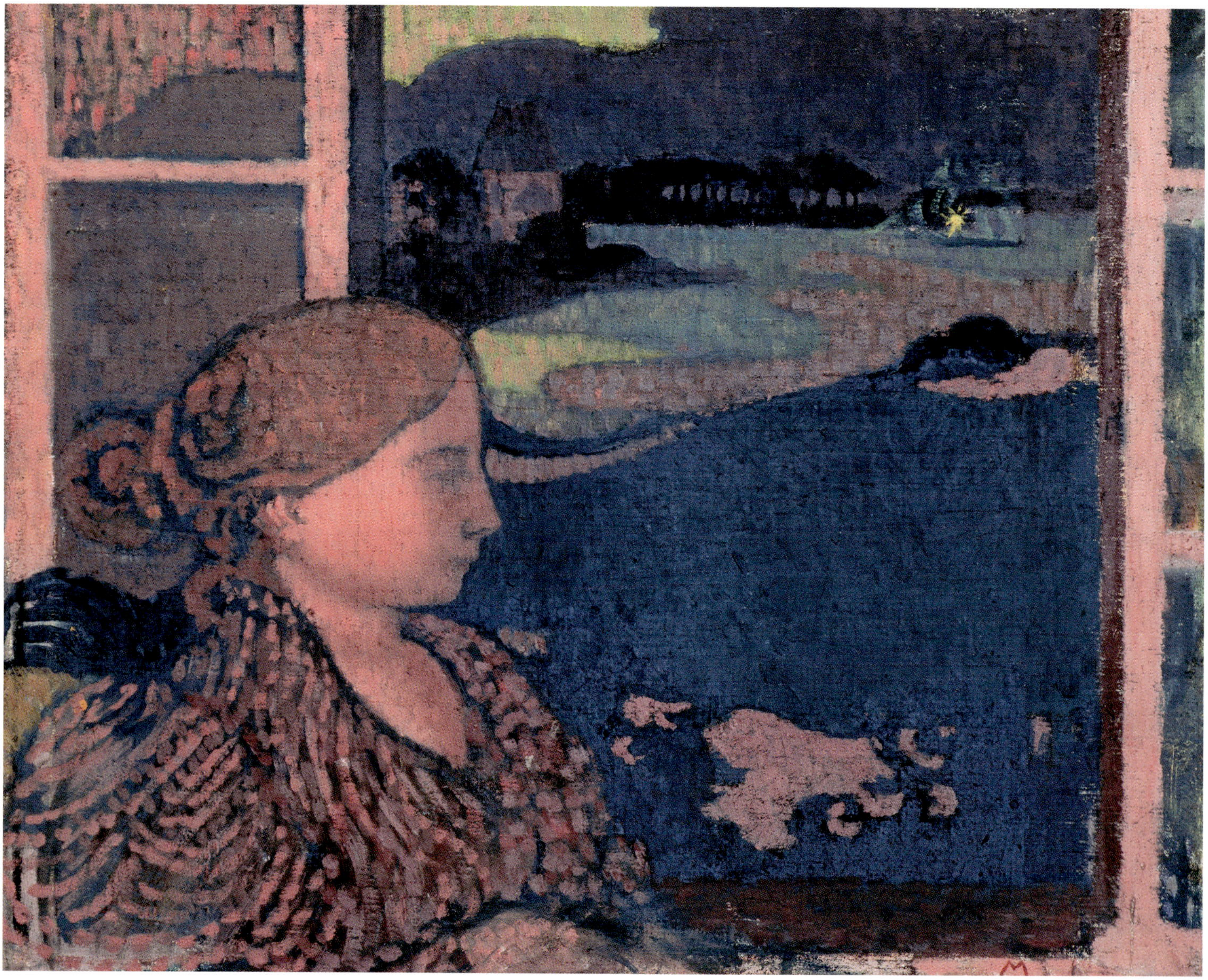

Fig. 4. Maurice Denis, *Temps gris sur l'île* ou *le Soir*, Huile sur toile, 47,5 x 55,5 cm. Douai, musée de la Chartreuse.

sitions similaires et un style, dont l'expressivité vient du choix du détail significatif qui vaut pour le tout, de l'usage de l'arabesque et du trait, du rythme et d'un cadrage proche de la photographie.

Georges Lacombe reprend la composition et les surfaces colorées d'une toile de Paul Gauguin[1] dans *Vorhor, Vague grise* (fig. 1), et semble aussi avoir bien assimilé l'art des estampes japonaises, dans cette toile et dans *Marine bleue, effet de vagues* (fig. 3), notamment la série des vagues de la *Manga* d'Hokusai qui a influencé tant d'artistes. Les traits des *Vues des tourbillons de*

[1] Paul Gauguin, *Marine avec vache au dessus du gouffre*, 1888, huile sur toile, Paris, musée des Arts décoratifs.

Naruto à Awa[2] d'Hiroshige se retrouvent dans ses dentelles ourlées d'écume et dans le choix des couleurs (fig. 2).
Avec l'exemple de la peinture de Lacombe, véritable réussite sans « pastiche »[3] et leçon de japonisme, se décline cet intérêt toujours renouvelé des peintres pour l'écume des vagues et la poésie des côtes découpées.

Les Nabis et les peintres de Pont-Aven ont été séduits par la simplicité de la vie en Bretagne et par un mysticisme qui s'accordaient à leur volonté d'un symbolisme pictural. Quand Paul Gauguin séjournait pour la première fois à Pont-Aven en 1886 accompagné de Charles Laval, Claude Monet découvrait Belle-Île et y rencontrait le critique d'art Gustave Geffroy. Une contemporanéité, mais un style différent, si ce n'est pour les deux, une influence japonisante et une recherche du sauvage, trouvée pour l'un dans une sorte de retour à la nature, pour l'autre dans la force des éléments et les variations de la lumière suivant les heures du jour.

Gauguin espère trouver en Bretagne une nature hors du temps et la piété populaire semble correspondre à la civilisation primitive qu'il recherche. La simplification synthétique des formes,

[2] Publiée dans la suite des *Endroits célèbres des soixante et autres provinces*.
[3] Voir Geneviève Lacambre, *Le Japonisme*, Paris, galeries nationales du Grand Palais, Tokyo ; Musée national d'Art occidental, 1988, p. 208.

Fig. 5. Maxime Maufra, *Pont-Aven, ciel rouge*, 1892, huile sur carton marouflé sur bois, 30 x 45 cm. Brest, musée des Beaux-Arts.

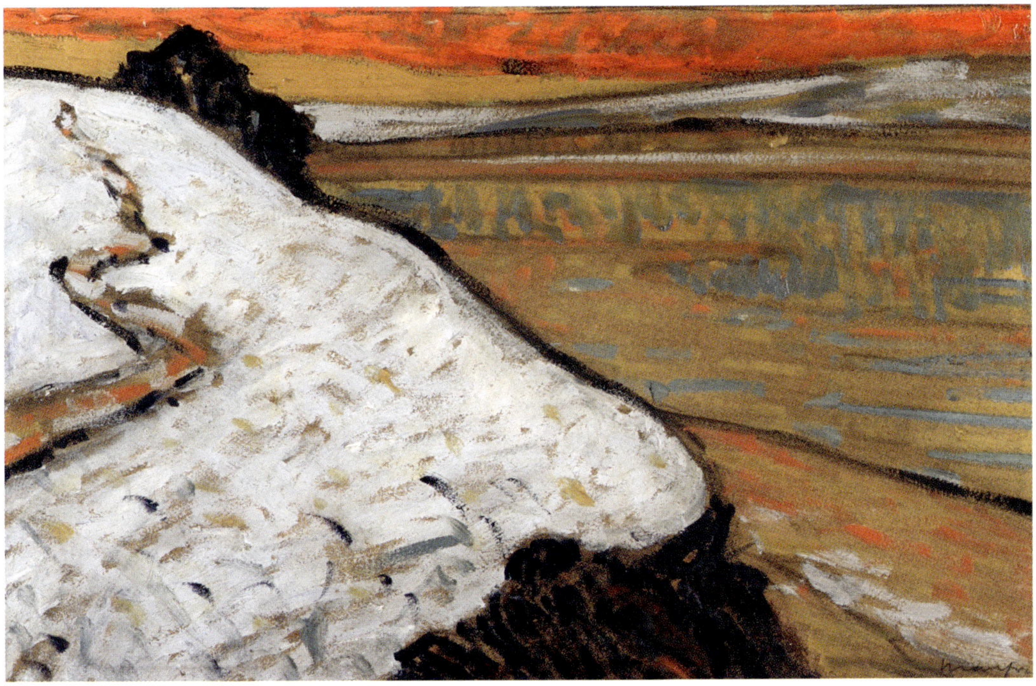

l'usage de la couleur pure et des contrastes colorés, la vocation décorative de la surface plane le conduisent vers une peinture méditée et rêvée comme il l'écrit à son ami Schuffenecker : « Ne copiez pas trop la nature – L'art est une abstraction ; tirez-la de la nature en rêvant devant et pensez plus à la création qu'au résultat »[4]. En 1888, avant de rejoindre celui qui est déjà un maître à Pont-Aven, Émile Bernard transpose un coin de nature, *la Mer à Saint-Briac*, en symphonie colorée proche du synthétisme.

Gauguin peint les côtes du Pouldu où il s'est installé en 1889 en compagnie de Sérusier et de Filiger pour fuir l'agitation de Pont-Aven ; il grave les joies et les drames de la mer. Des fillettes craintives, dans un costume dont le peintre souligne la symbolique, posent devant les falaises traitées par grandes masses, des femmes ramassent le goémon ou gardent les vaches dans des compositions très élaborées où perce un sentiment de mélancolie ; mais les véritables marines sont rares. Ses recherches spatiales le conduisent à multiplier les formes hiératiques et les vues plongeantes, lorsqu'il peint par exemple *Marine avec vache au-dessus du gouffre* évoqué plus haut comme modèle de *Vorhor*. *La Plage du Pouldu* [5] est un bel exemple de l'influence d'Hiroshige dans le traitement des vagues et d'un espace sans horizon.

Les arabesques et les « belles harmonies » des couleurs de Maurice Denis dessinent Marthe à Loctudy devant la fenêtre par *Temps gris sur l'île* ou *Le Soir* (fig. 4). Peintre de la vie heureuse à Perros-Guirec, il invite la mythologie dans ses jeux de plage, quand *Ils virent des fées débarquer sur les plages*, peinture symboliste, aux teintes vives rythmées par la ligne sinueuse des vagues[6].

Maxime Maufra reste fidèle à l'expression de la sensation colorée dans de nombreuses toiles, mais il apparaît parfois comme un précurseur de l'abstraction dans des peintures telles que *Pont-Aven, ciel rouge* (fig. 5), en réalité paysage du Pouldu suggéré par une falaise au premier plan, peinture de signes traités par jets de lumière et contours simplifiés. *Les Trois Falaises, Saint-Jean-du-Doigt* (fig. 6) compte parmi les peintures synthétiquement composées ; ses vagues gravées ont la ligne expressive des modèles japonais.
Cette même influence se retrouve dans les cadrages et la conception de l'espace de plusieurs toiles de Claude Monet à Belle-Île.

« Enfin, voici le paysage de mer dans toute son horreur, pendant la tempête d'octobre 1886 ; toute l'étendue de l'eau est dans le même mouvement. La vague inconsciente semble se jeter vers un but qu'elle perçoit, les rochers disparaissent sous les trombes, vont se désagréger sous l'effort furieux de cette meute qui griffe et qui mord, l'écume sablonneuse et liliacée est crachée sur la côte par les vents du Sud ; c'est le règne de l'eau et de l'ouragan »[7]. Claude Monet réalise une quarantaine de toiles au cours de ce séjour et le site inspire à sa suite de nombreux peintres, séduits souvent plus par l'impression lumineuse que par le

---

[4] Lettre de Gauguin à Schuffenecker du 14 août 1888. Citée dans *Gauguin*, galerie nationale du Grand Palais, Paris, 1989, p. 83.
[5] Paul Gauguin, *La Plage du Pouldu*, huile sur toile, 73 x 92 cm, Buenos Aires, collection particulière.
[6] Maurice Denis, *Ils virent des fées débarquer sur les plages*, vers 1893, huile sur toile, 73,5 x 40 cm, collection particulière.
[7] Gustave Geffroy, *Claude Monet, sa vie, son œuvre*, « Belle-Île-en-Mer », Paris, Cres, 1924, rééd. Paris, Macula, 1980, p. 188.

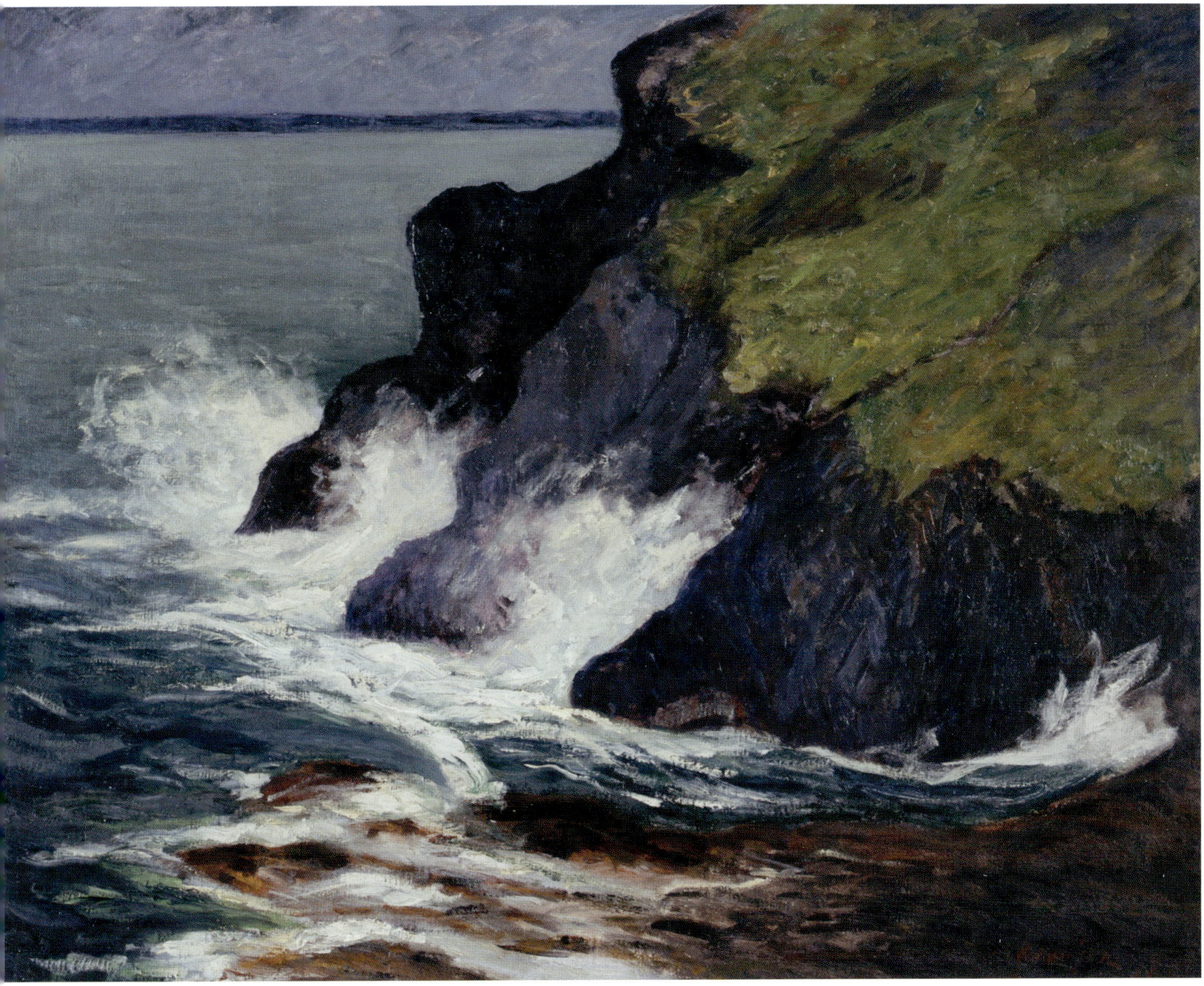

Fig. 6. Maxime Maufra, *Les Trois Falaises, Saint-Jean-du-Doigt*, 1894, huile sur toile, 60,4 x 72,5 cm. Quimper, musée des Beaux-Arts.

synthétisme ; parmi eux Henry Moret, Jean-Francis Auburtin, Henri Rivière, John-Peter Russell.

Face au tumulte saisi par Monet à différentes heures du jour, Henry Moret opte pour un paysage lyrique et apaisé dans sa toile *Goulphar, Belle-Île-en-Mer en 1895* (fig. 7). Si la touche doit à l'impressionnisme, l'étagement des plans, les couleurs franches et la vue plongeante sont japonisantes, style qu'il abandonnera vers la fin du siècle pour revenir à une peinture d'atmosphère et de paysages.

Au début, les vues de l'île choisies par Jean-Francis Auburtin rappellent la manière de Claude

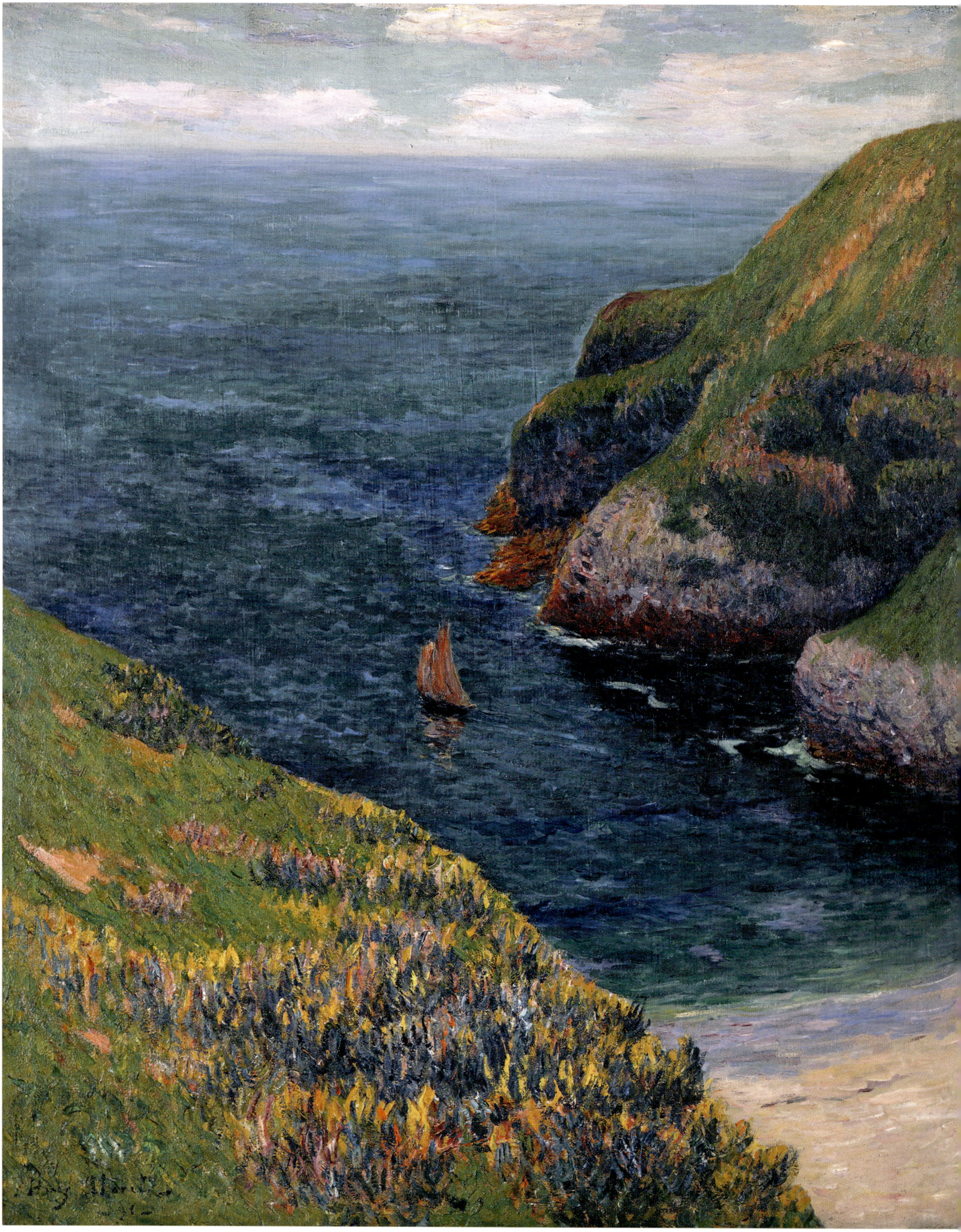

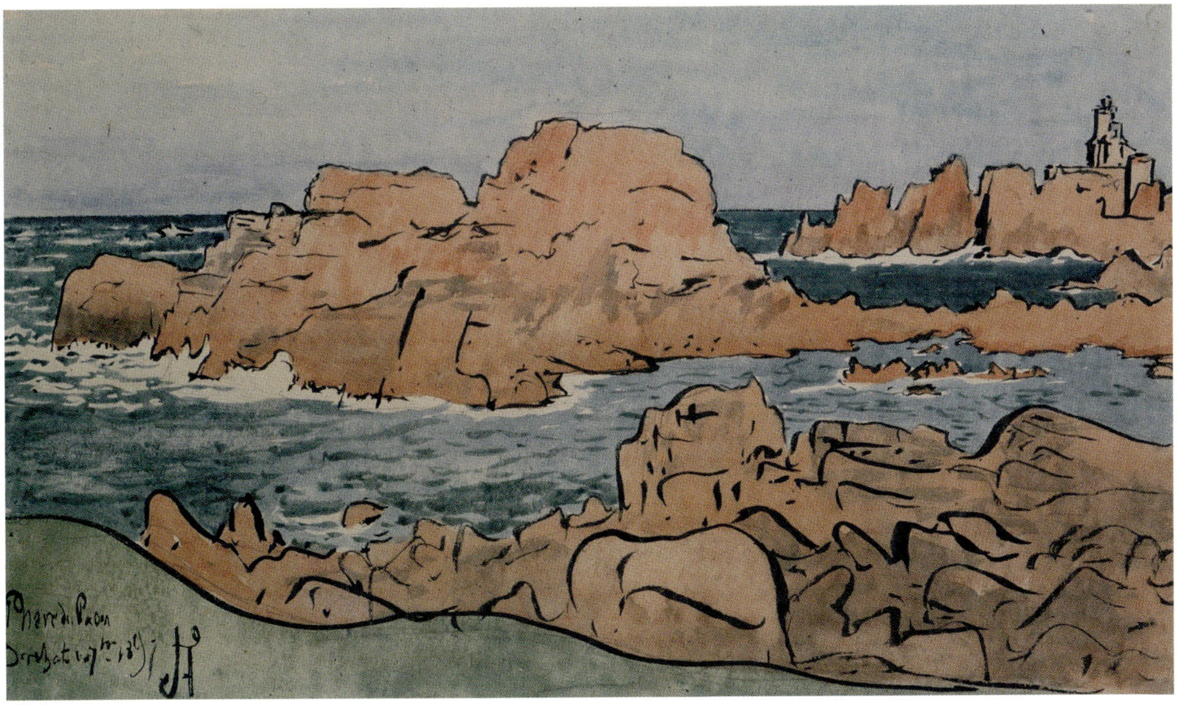

Monet. Il arrive ensuite à une parfaite maîtrise de cette influence associée à celle de l'art japonais, multipliant les raccourcis en obliques, l'espace plan, les cernes noirs et la palette vive. L'aboutissement de cette esthétique trouve tout son éclat dans la série d'aquarelles réalisée à Bréhat en 1897 (fig. 8). Alors, comme les Nabis et les artistes de Pont-Aven, il « [...] sait faire tenir sur quelques centimètres de papier tout l'infini de la mer, et ériger sur un ciel d'un bleu délicat, à peine teinté de quelques coups de pinceaux, quelques arbres aux formes imprévues »[8].

[8] Christian Briend, « Auburtin et le Japon », dans *Auburtin le symboliste de la mer,* DAAV Paris, Hachette, 1990-1991, p. 85.

Fig. 7. Henry Moret, *Goulphar, Belle-Île-en-Mer,* 1895, Huile sur toile, 92 x 73 cm. Quimper, musée des Beaux-Arts.

Fig. 8. Jean-Francis Auburtin, *Phare du Paon, Bréhat,* 1897, aquarelle et encre de Chine, 25,7 x 44 cm. Collection privée.

Bibliographie

Vagues I, autour des Paysages de mer de Gustave Courbet, Le Havre, le musée Malraux, 2004, coéditions musée Malraux, Le Havre, Somogy, Paris, 2004.

Gauguin, musée d'Orsay - Galeries nationales du Grand-Palais, National Gallery de Washington, Art Institute de Chicago, Paris, RMN, 1989.

La Mer, terreur et fascination, Paris, bibliothèque nationale de France, site François Mitterrand, Brest, bibliothèque municipale, éditions du Seuil, 2004.

L'Aventure de Pont-Aven et Gauguin, Paris, musée du Luxembourg, Quimper, musée des Beaux-Arts, Skira, 2003.

Les Peintres du rêve en Bretagne, musée des Beaux-Arts de Brest, 2006.

Denise Delouche, *Maurice Denis et la Bretagne,* éditions Palantines, Quimper, 2009.

L'arbre et la forêt, du Pays du Soleil levant au Bois d'Amour

André Cariou

Lorsqu'on évoque l'influence des estampes japonaises sur la peinture occidentale de la fin du XIXe siècle, on fait souvent référence au synthétisme – l'esthétique de ce que l'on nomme l'École de Pont-Aven, et par extension celle des Nabis –, dont les couleurs appliquées en aplats, le dessin simplifié ou les effets de composition semblent provenir de ces images.

Dans la magistrale exposition consacrée au « Japonisme », présentée en 1988 au Grand Palais à Paris et au Musée national d'Art occidental à Tokyo, qui fait aujourd'hui toujours référence, deux œuvres appartenant aux collections du musée des Beaux-Arts de Quimper étaient à l'honneur : de Georges Lacombe *la Forêt au sol rouge* (fig. 5), et de Félix Vallotton *Paysage avec des arbres*.
Leur sélection dans cette prestigieuse exposition attestait de l'intérêt du japonisme dont elles étaient porteuses. La présence de ces œuvres confortait l'emploi du qualificatif « japonisme » utilisé pour décrire des intérieurs de forêt aux arbres alignés comme chez Sérusier (fig. 1), Lacombe ou Denis ou des arbres tordus, par exemple chez Filiger ou de Haan.
Pourtant leurs relations avec l'art japonais sont à nuancer. Pour le Lacombe, l'idée de la forêt n'est pas japonaise. On ne rencontre pas dans les estampes des forêts de pins ou de bambous, même si on voit parfois des séries d'arbres alignés. Il s'agit plus d'une idée purement occidentale, celle du *Bois sacré* dérivant de Puvis de Chavannes, que l'on trouve dans bon nombre d'œuvres symbolistes. Pour le Vallotton, certes les arbres isolés plus ou moins tordus sont bien japonisants, mais l'œuvre est assez tardive (1911), assez loin des premières expérimentations des procédés japonais et son deuxième titre *Derniers Rayons* en montre bien le parti symboliste.

Le propos est donc à nuancer. Les premiers pas pleins d'hésitations de Gauguin vers le synthétisme montrent combien il convient d'être prudent à propos de l'utilisation de l'art des maîtres japonais de l'*ukiyo-e*.
Les premiers indices du « japonisme » dans l'œuvre de Gauguin se devinent à peine et renvoient plutôt aux influences de Cézanne et de Degas qui, avant lui, furent de fins observateurs des crépons. De Cézanne, il retient les arbres verticaux situés au premier plan et qui traversent la composition,

Fig. 1. Paul Sérusier, *L'Incantation* ou *Le Bois sacré*, 1891, huile sur toile, 91,5 x 72 cm.
Quimper, musée des Beaux-Arts.

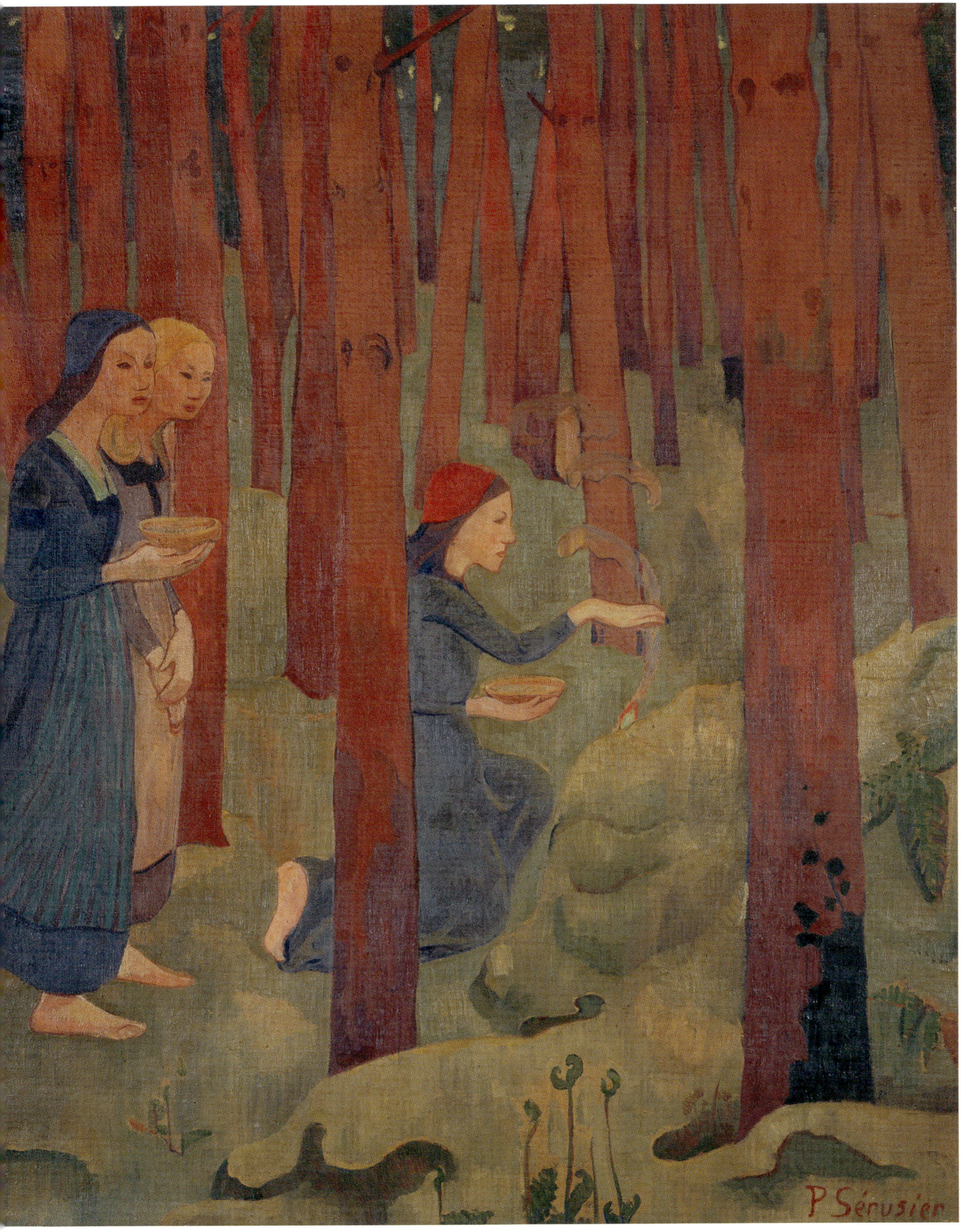
P Sérusier

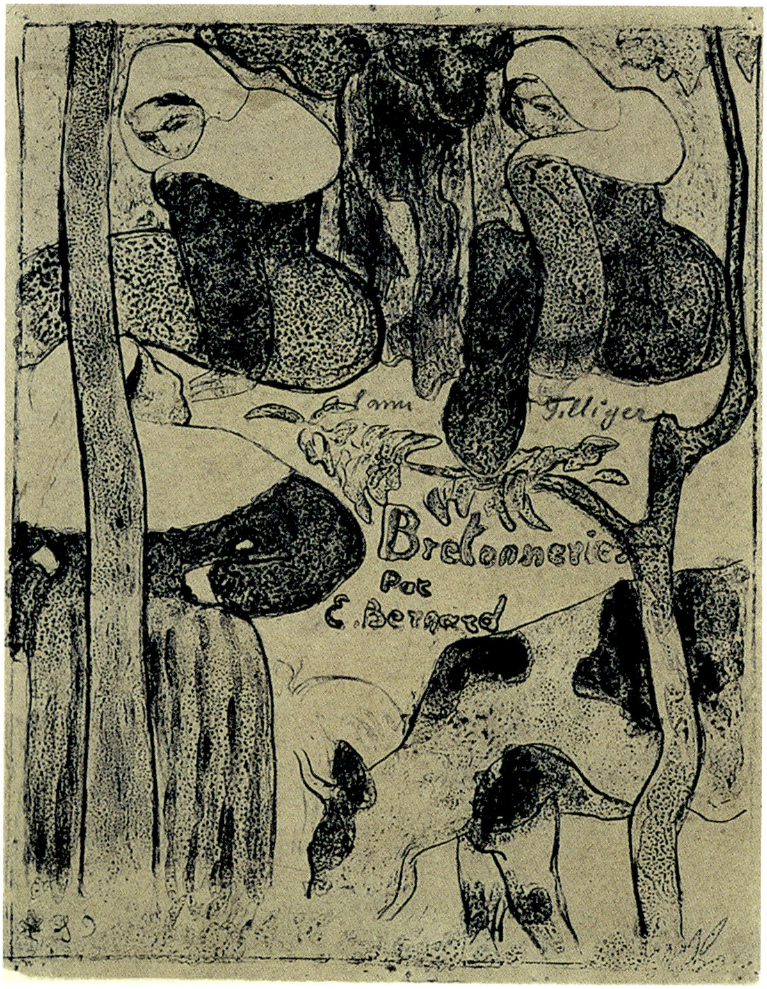

Fig. 2. Émile Bernard, *Bretonneries. Trois Femmes et une vache dans un pré*, Vers 1888-1889, zincographie sur papier, 33 x 25 cm. Quimper, musée des Beaux-Arts.

à l'image de la peinture du maître d'Aix, *Auvers-sur-Oise vu à travers les arbres*, qui lui appartient. La plupart des paysages de Rouen, Copenhague et Dieppe de 1884-1885 montrent des fûts traversant, des écrans de branches ou des rideaux d'arbres et traduisent son intérêt. Mais cela ne bouleverse pas fondamentalement le parti pris de tels paysages qui demeurent dans l'esprit des œuvres impressionnistes « à la Pissarro » malgré quelques horizons surhaussés ou des points de vue plongeants. De Degas, il reprend l'idée des compositions à grandes figures très dessinées qui occupent toute la surface, comme dans ses *Bretonnes causant* (1886, Munich, Neue Pinakothek) ou le cadrage très osé de la *Nature morte au profil de Laval* (1886, Indianapolis Museum of Art). Comme d'autres, il utilise des objets japonais comme éléments d'un décor (*Nature morte à la tête de cheval*, 1886, Tokyo, Bridgestone Museum of Art), mais les éventails qu'il peint à partir de 1883 suivant les conseils de Pissarro répondent plutôt à la recherche d'une nouvelle clientèle qu'à des préoccupations plastiques novatrices (*le Port de Rouen*, 1885, Copenhague, musée des Beaux-Arts). Un peu plus tard, en 1887, le jeu rythmique de troncs de raisiniers dans un paysage martiniquais, *la Rade de Saint-Pierre vue de l'anse Turin* (Copenhague, Ny Carlberg Glyptotek), montre pour la première fois chez Gauguin l'influence directe des paysages d'Hokusai. Cette œuvre est antérieure à la rencontre déterminante de la fin de l'année avec les frères Vincent et Théo Van Gogh qui sont passionnés d'estampes japonaises. Elle témoigne de l'évolution continue du peintre et de son appropriation personnelle de l'art japonais à travers la stylisation des formes et l'insistance sur les lignes et les rythmes décoratifs. Peu après, Gauguin intègre pour la première fois une estampe au fond d'une peinture (*Nature morte à l'estampe japonaise*, collection particulière).

La première mention écrite du « japonisme » apparaît à propos des *Lutteurs bretons* (1888, collection

Fig. 3. Hiroshige Utagawa,
Album de la série des *Cinquante-Trois Relais du Tōkaidō*,
1833-1834, estampe *nishike-e*, 34 x 22 cm.
Paris, Musée national des Arts asiatiques Guimet.

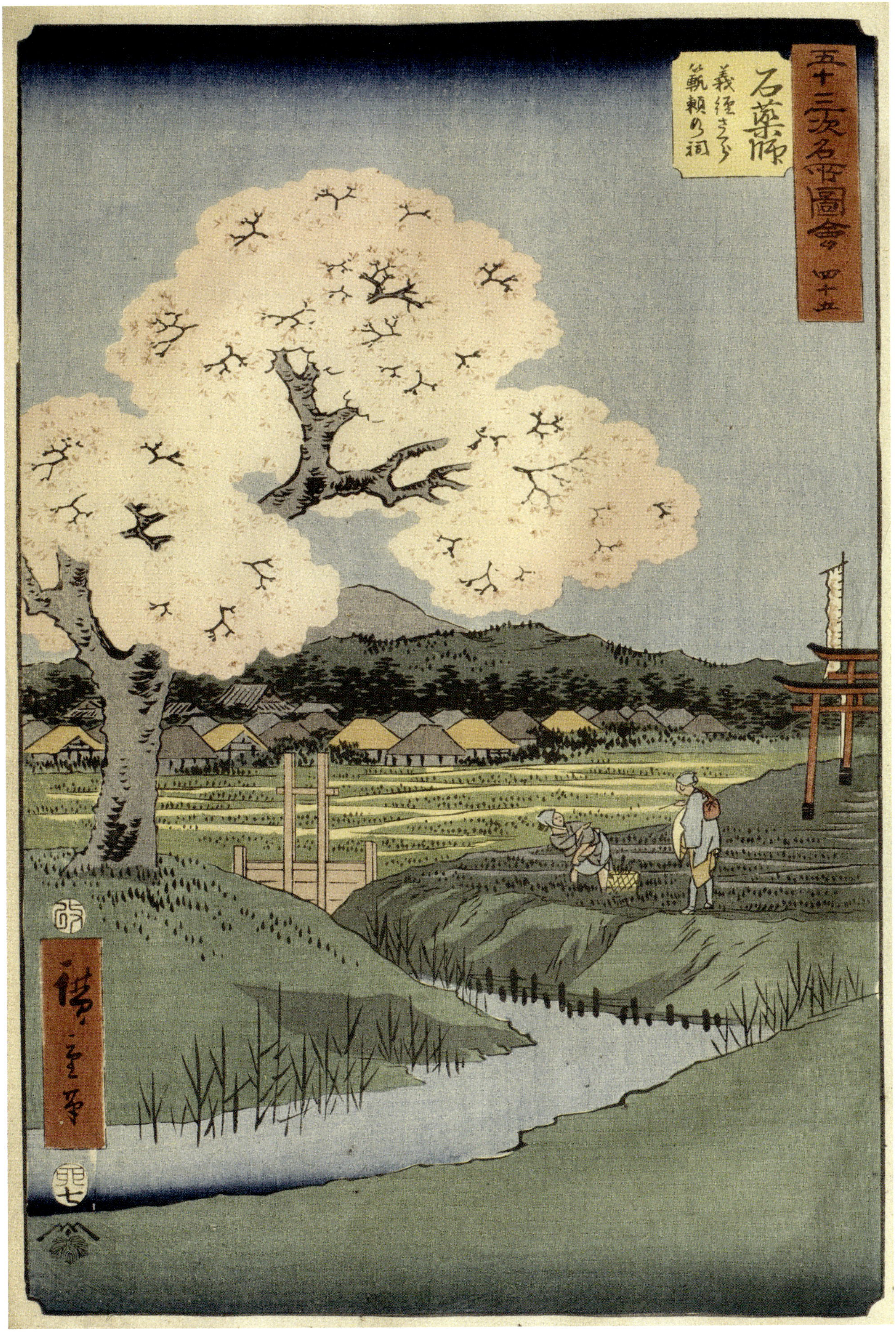
五十三次名所圖會 四十五
石薬師
義経さくら
範頼の祠
廣重筆

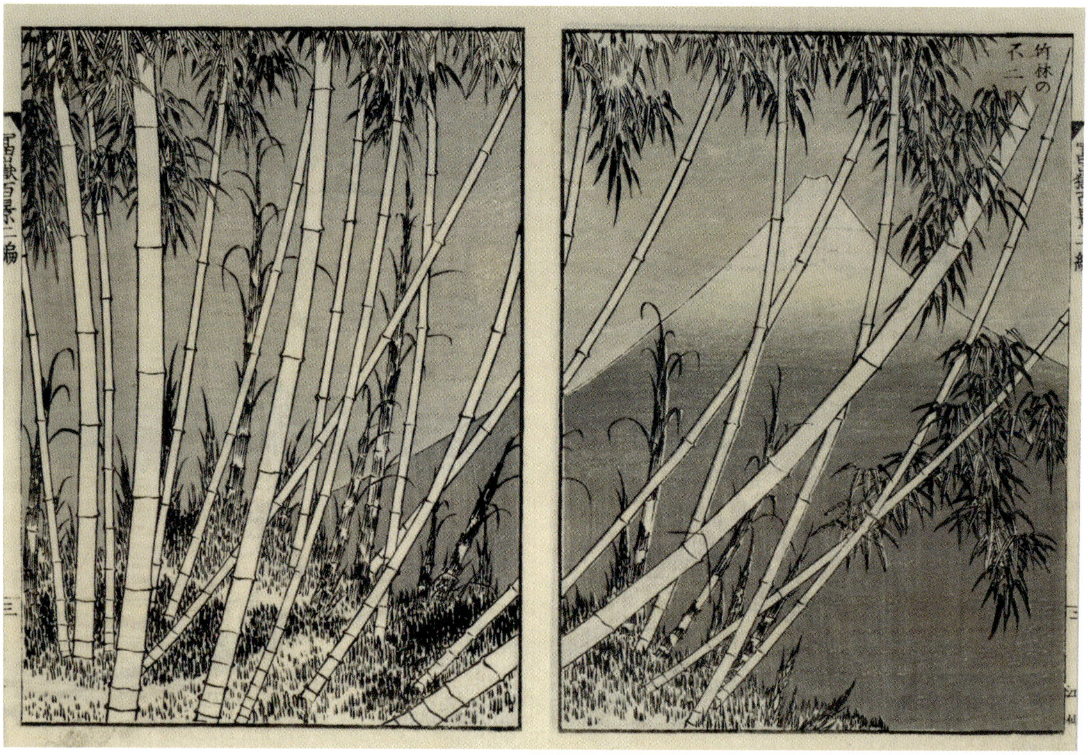

Fig. 4. Hokusai Katsushika, *Cent Vues du mont Fuji*, 1er volume, 1834-1835, bois gravé sur papier, 20,5 x 16,5 cm. Loches, Maison Lansyer.

particulière). Il écrit à Claude-Émile Schuffenecker le 8 juillet : « Je viens de faire quelques nus [...]. Le dernier est une lutte de deux gamins près de la rivière, tout à fait japonais, par un sauvage du Pérou », puis à Vincent Van Gogh le 25 ou 26 juillet : « Véronèse pur dégradant jusqu'au jaune de chrome sans exécution comme les crépons japonais. »

La Vision du Sermon (Edimbourg, National Gallery of Scotland) qu'il peint quelques semaines plus tard – acte fondateur du synthétisme –, est considérée souvent comme une accumulation d'emprunts à l'art japonais. La situation en oblique du pommier est comparée à une planche bien connue d'Hiroshige, *la Maison du thé du prunier près de Kameido.* Mais la disposition est totalement différente, le prunier est au premier plan, et le dessinateur japonais conserve un effet de perspective par une succession d'arbres de plus en plus petits en arrière-plan. On a souvent comparé les lutteurs à une planche de la *Manga* d'Hokusai. Mais il faut plutôt y voir, plus simplement, une évocation d'un combat de lutte bretonne auquel Gauguin a assisté. Les quelques estampes que Gauguin possédait ne peuvent être assimilées à un répertoire dans lequel il puiserait des motifs à l'envi. On a aussi comparé l'herbe rouge à des aplats colorés de certaines estampes. Mais chez Gauguin, il s'agit d'un violent parti pris coloré antinaturaliste qui n'a rien à voir

Fig. 5. Georges Lacombe, *La Forêt au sol rouge*, 1891, huile sur toile, 71,3 x 50,5 cm. Quimper, musée des Beaux-Arts.

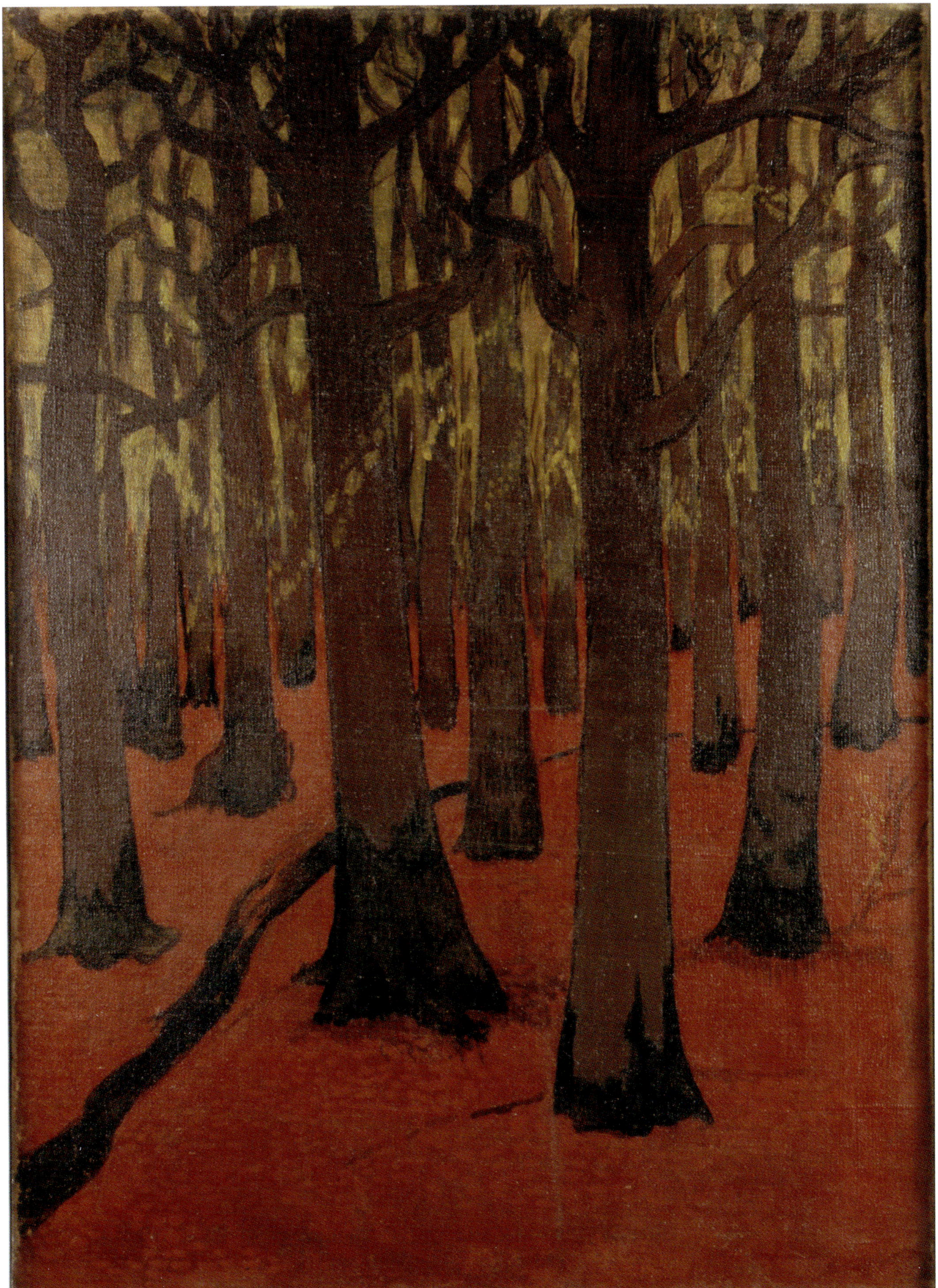

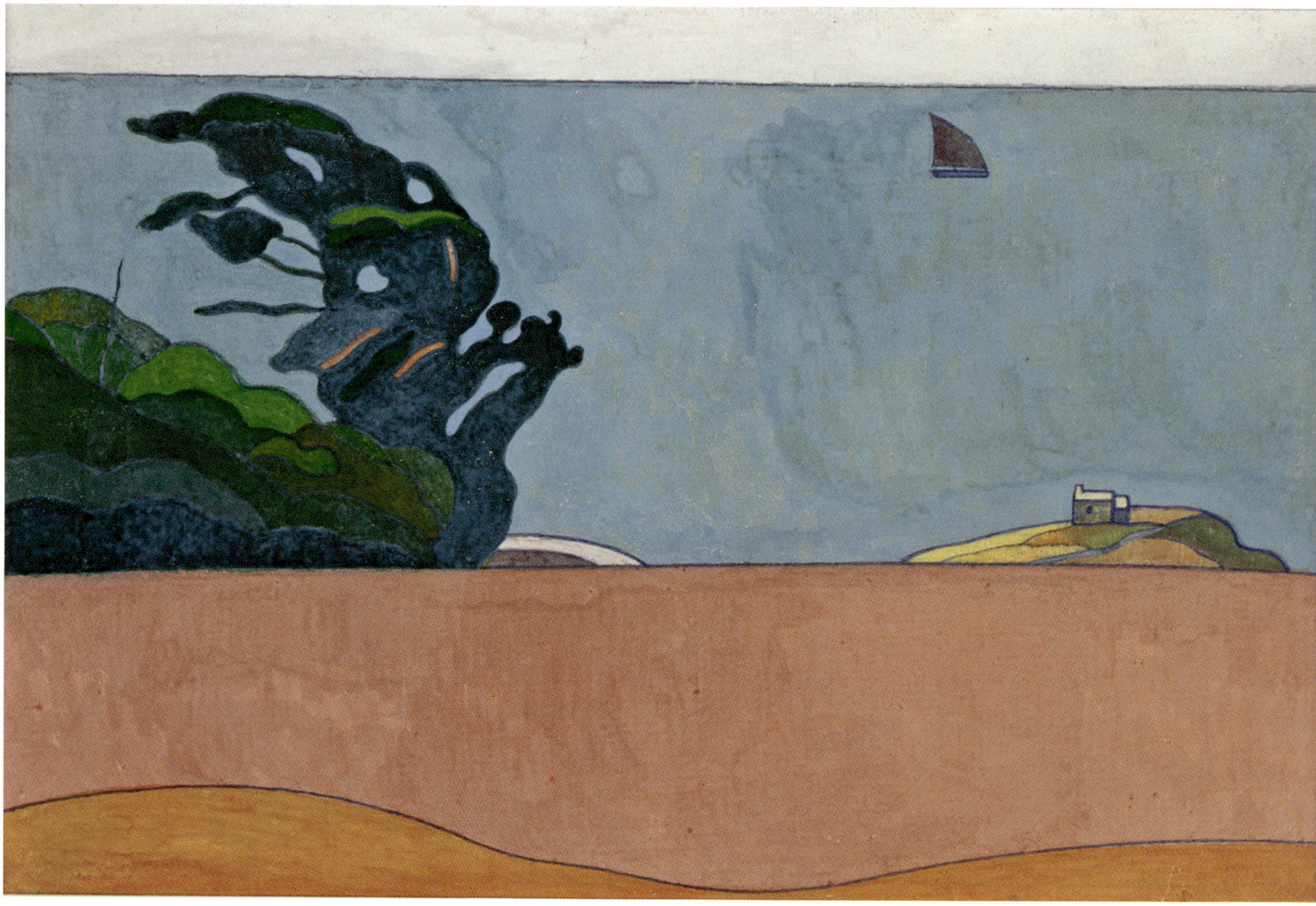

Fig. 6. Charles Filiger, *Paysage du Pouldu*,
Vers 1892, gouache sur papier, 26 x 38,5 cm.
Quimper, musée des Beaux-Arts.

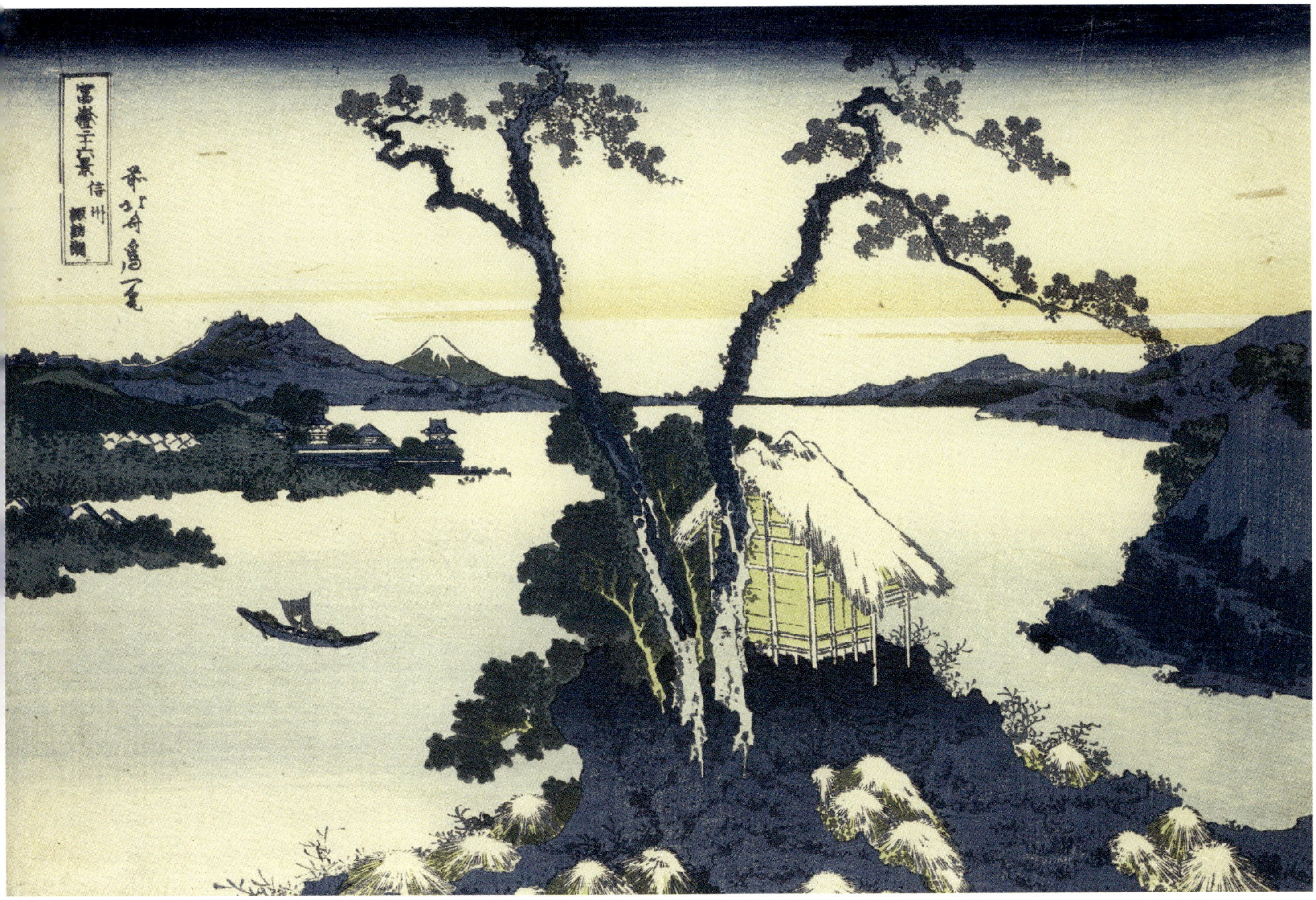

Fig. 7. Hokusai Katsushika, *Le Lac Suwa dans la province de Shinano*,
Série des 36 *Vues du mont Fuji*, 1830-1832, estampe sur papier, 36,5 x 25,5 cm.
Paris, Musée national des Arts asiatiques Guimet.

avec l'esprit des estampes japonaises. Il en est de même pour le regroupement sur la même surface de deux thèmes différents, les femmes en train d'écouter le sermon et le contenu du sermon lui-même, et donc de deux mondes, le profane et le sacré. Un tel symbolisme est étranger à l'esprit du Pays du Soleil levant.

Cette évolution progressive de Gauguin doit certainement à un approfondissement de sa connaissance des estampes japonaises. À son retour de la Martinique, il s'est lié avec les frères Van Gogh qui fréquentent la boutique de Samuel Bing et deviennent des collectionneurs avertis (à leur disparition, leur collection comptera 350 feuilles). En novembre 1887, Gauguin visite l'exposition que Vincent Van Gogh a organisée au Grand Bouillon, un restaurant du Chalet, avenue de Clichy. On y voit les tableaux « cloisonnistes » d'Anquetin et de Bernard. Ces deux jeunes peintres, que Gauguin ne rencontre pas à cette occasion, sont des anciens élèves de l'atelier Cormon, auxquels le peintre hollandais a fait partager sa passion des estampes japonaises. Ils se sont détachés du néo-impressionnisme alors à la mode dans la jeune génération. L'exposition des œuvres d'Anquetin début 1888 à *la Revue indépendante* donnera l'occasion au critique Édouard Dujardin d'inventer le nom « cloisonnisme » : « Au premier aspect, ces œuvres donnent l'idée d'une peinture décorative, un tracé en dehors, une coloration violente et arrêtée, rappelant inévitablement l'imagerie et le japonisme. Le travail du peintre sera quelque chose comme une peinture par compartiments analogues au cloisonné, et sa technique consistera en une sorte de *cloisonnisme* ». Le cloisonnisme tient autant des estampes japonaises que de l'imagerie évoquée dans l'ouvrage de Champleury, *l'Histoire de l'imagerie populaire* qui vient d'être réédité et de l'intérêt des peintres pour le vitrail ou pour les émaux cloisonnés, à la fois pour les aplats colorés et pour les cernes qui constituent un réseau de lignes décoratives. Mais il provient aussi de la peinture de Cézanne qu'Émile Bernard découvre chez le Père Tanguy.

En août 1888, à Pont-Aven, Bernard fera partager à Gauguin ses recherches. Elles lui permettent d'avancer dans la réflexion que ce dernier mène depuis plusieurs mois, en particulier sur la notion d'abstraction, de synthèse et de symbolisme comme le montrent ses échanges épistolaires avec Schuffenecker et les frères Van Gogh depuis le printemps. De cela proviendra le style de l'École de Pont-Aven, fait d'aplats colorés superposés, du refus de la perspective traditionnelle, de couleurs symboliques, d'innovations dans les compositions comme les personnages coupés par le cadre, vus en gros plans ou superposés. Beaucoup de ces principes proviennent des estampes japonaises. Émile Bernard ou Maurice Denis peindront des paysages rythmés par quelques troncs d'arbres qui traversent verticalement la surface de la toile. Charles Filiger, Meyer de Haan ou Mogens Ballin montreront des arbres isolés tordus par le vent. Certains comme Henry Moret joueront des grandes obliques (*le Roulage au Pouldu*, collection particulière). Plus rarement la référence sera parfois l'intégration d'une estampe et la représentation du visage en gros plan comme celui d'un acteur chez Meyer de Haan (*Autoportrait sur fond japonisant*, 1889-1890, Fondation Triton). D'autres comme Sérusier peindront de grands paysages verticaux tels des *kakemono-e* (*Bretonne et sa vache devant une chaumière au*

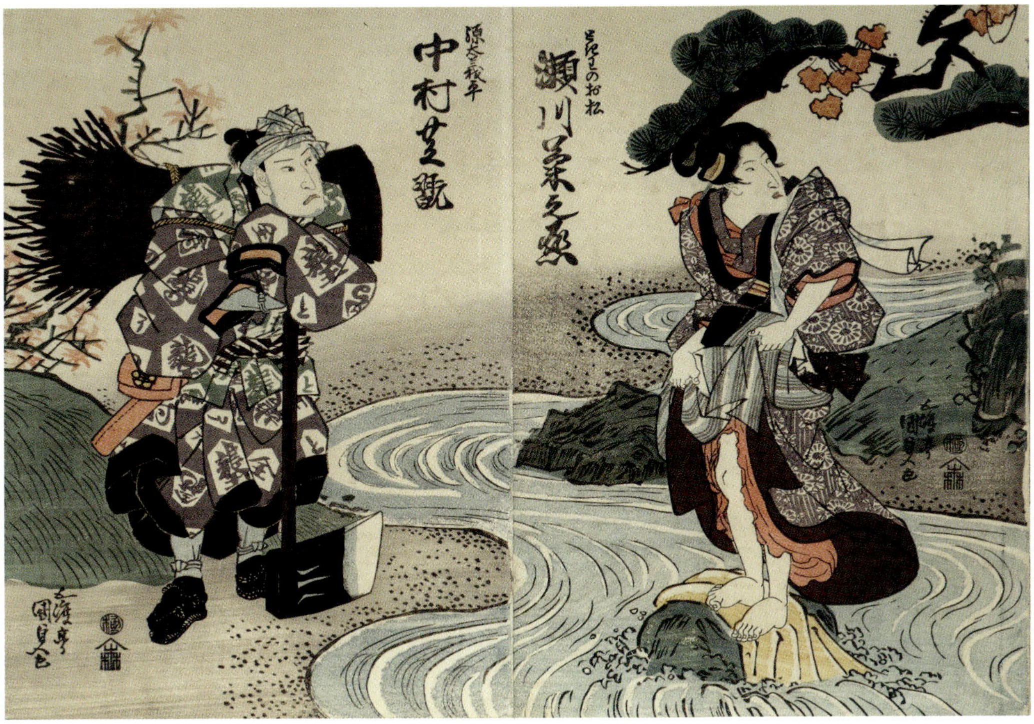

Poudu, collection particulière). Le même Sérusier et Bernard peindront des paravents remis à la mode par le japonisme. Par leurs formes simplifiées et les lignes continues qui servent d'enveloppe, les Bretonnes de Sérusier, de Bernard ou de Willumsen, qui semblent plaquées sur le fond, ressembleront à juste titre aux élégantes geishas ou acteurs déguisés en femmes des estampes.

Fig. 8. Utagawa Kunisada, Scène de théâtre : *Motomishihana otogi Heike* joué au théâtre Nakamura dans le 11e mois de l'année 1828 (acteur à droite : Ségawa Kikunojô dans le rôle de Tokiwa no Omatsu, acteur à gauche : Nakamura Shikan II dans le rôle de Genta Yoshihira),
Estampe sur papier, 37 x 25,5 cm.
Loches, Maison Lansyer.

Mais ce qui fait la différence avec l'art japonais, c'est l'emploi de cernes entre les plans colorés. Cela est particulièrement perceptible dans le traitement des frondaisons. L'arbre japonais est souvent isolé, tordu, découpé avec des formes de « nuages ». L'arbre breton est ample, plein, simplifié, fermé d'une ligne continue. Il s'intègre dans le paysage comme une pièce d'un puzzle (depuis *le Talisman* de Sérusier, 1888, Paris, musée d'Orsay, jusqu'au *Paysage breton* de Ballin, Saint-Germain-en-Laye, musée départemental Maurice Denis).

Le Japon n'a pas été tout, mais a été beaucoup, même si Gauguin, dans ses rêves de voyages n'a jamais envisagé d'y aller, même si les forêts de Sérusier, de Denis ou de Lacombe ressemblent avant tout à des « bois sacrés » correspondant aux légendes bretonnes et même si Filiger écrit : « Ma méthode n'a rien à faire ni à voir avec les recherches des Japonais » (sur le dessin *Prométhée*, Paris, musée d'Orsay).

Estampes bretonnes
La leçon japonaise, 1890-1935

Philippe Le Stum

Pionniers français du bois en couleurs

Au cours des décennies 1880 et 1890, l'estampe connut en Europe un renouveau marqué par l'avènement de la gravure « originale », pour laquelle l'artiste grave lui-même au lieu de donner son dessin à un graveur professionnel. On assista simultanément à une renaissance du bois gravé, initiée notamment par Gauguin et Émile Bernard. La gravure occidentale était traditionnellement monochrome, la critique académique assimilant la couleur aux séductions réputées vulgaires de l'imagerie et de l'affiche. L'acceptation et la vogue de la couleur furent donc suscitées par la révélation de l'estampe japonaise. Les graveurs japonais étaient en effet parvenus à la fin du XVIIIe siècle à la maîtrise d'une polychromie plus riche que le *camaïeu* des graveurs occidentaux de la Renaissance et plus savante que le coloriage au pochoir des imagiers populaires européens. Leur technique reposait sur la taille d'un bois par couleur et sur l'utilisation, au lieu de l'encre grasse appliquée au rouleau, de couleurs à l'aquarelle posées à l'éponge, au tampon ou à la brosse afin d'obtenir des nuances et des dégradés. L'impression successive des bois s'effectuait grâce à un dispositif de repérage et l'emploi du *baren*, tampon fait de carton recouvert d'une feuille de bambou.

L'exposition de plus de sept cents planches à l'École des beaux-arts, organisée en 1890 par le marchand Siegfried Bing, puis les rétrospectives de l'Union centrale des Arts décoratifs, renouvelèrent l'intérêt des graveurs pour l'estampe japonaise. Parmi eux, Henri Rivière fut le premier en France à adopter les techniques des maîtres japonais. Consacrant à la Bretagne la part majeure de son œuvre, il fit de la péninsule, selon le mot de l'historien Claude Roger-Marx, « une dépendance des archipels nippons ». Aussi lui consacrons-nous un chapitre spécial (fig. 2).

Avant de resserrer notre propos sur la thématique bretonne, rappelons que le développement du bois gravé polychrome français fut aussi l'œuvre de graveurs qui n'entrent pas dans le cadre régional de notre propos : Auguste Lepère (1849-1918), dont les premières estampes en couleurs sont

Fig. 1. Georges Fourrier, dit Geo-Fourrier, *Costumes de fête*, 1938, bois gravé et imprimé en couleurs par l'atelier Takamizawa à Tokyo, d'après une aquarelle de Geo-Fourrier, 34,5 x 25,5 cm. Quimper, Musée départemental breton.

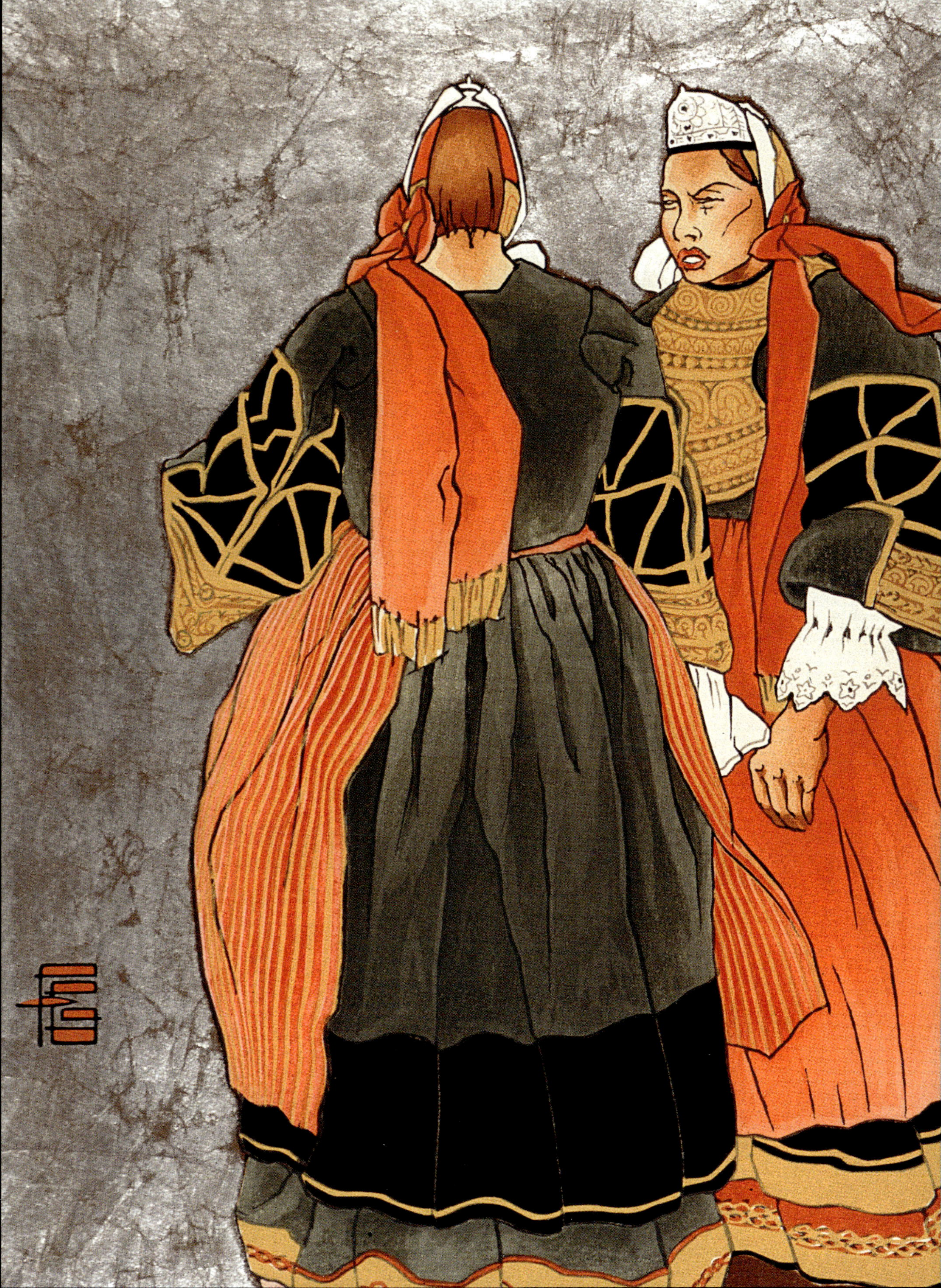

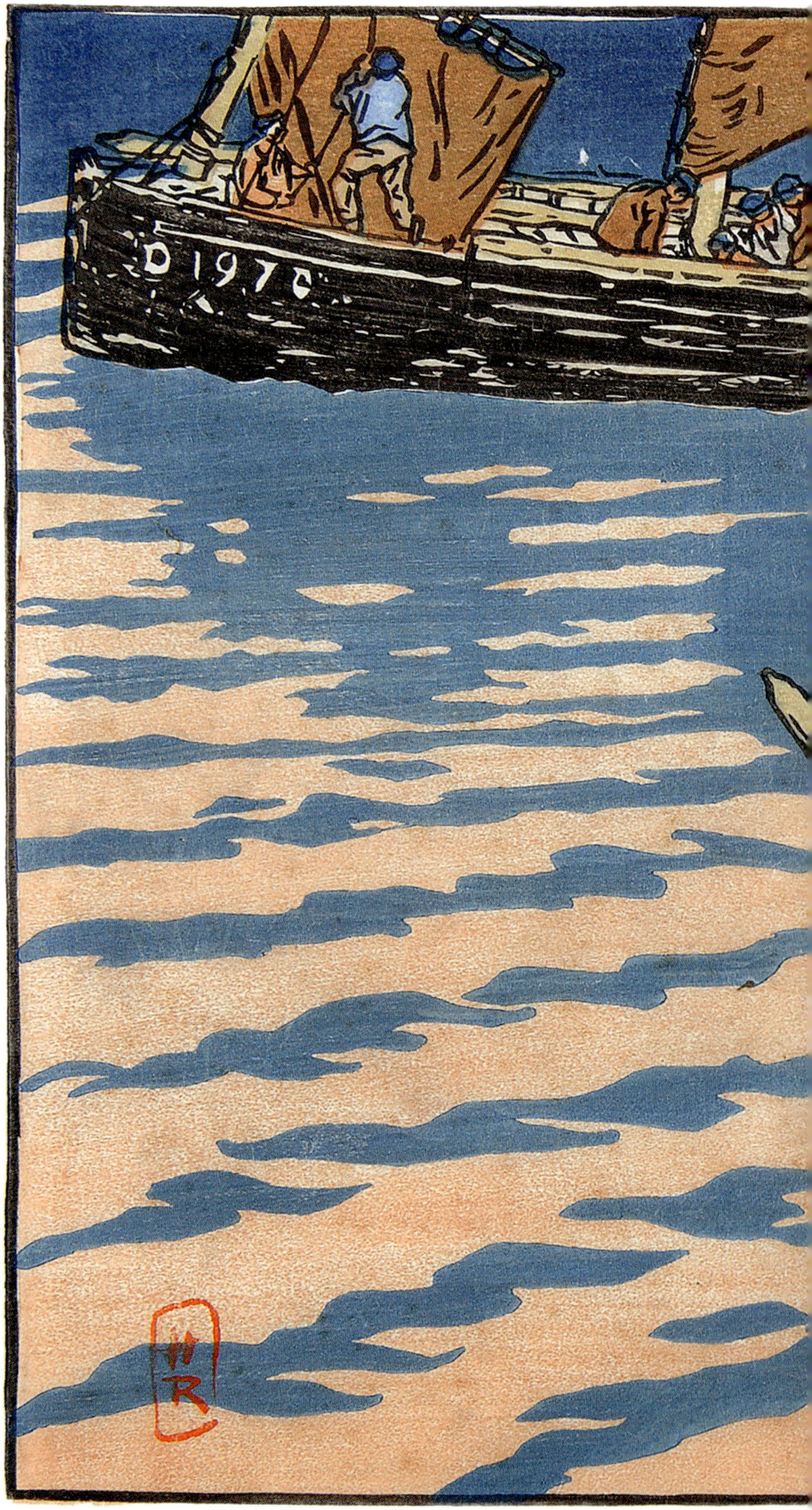

Fig. 2. Henri Rivière, *Départ de sardiniers à Tréboul*,
1893, bois gravé imprimé en couleurs,
planche n° 39 des *Paysages bretons*, 22,7 x 37 cm.
Quimper, Musée départemental breton.

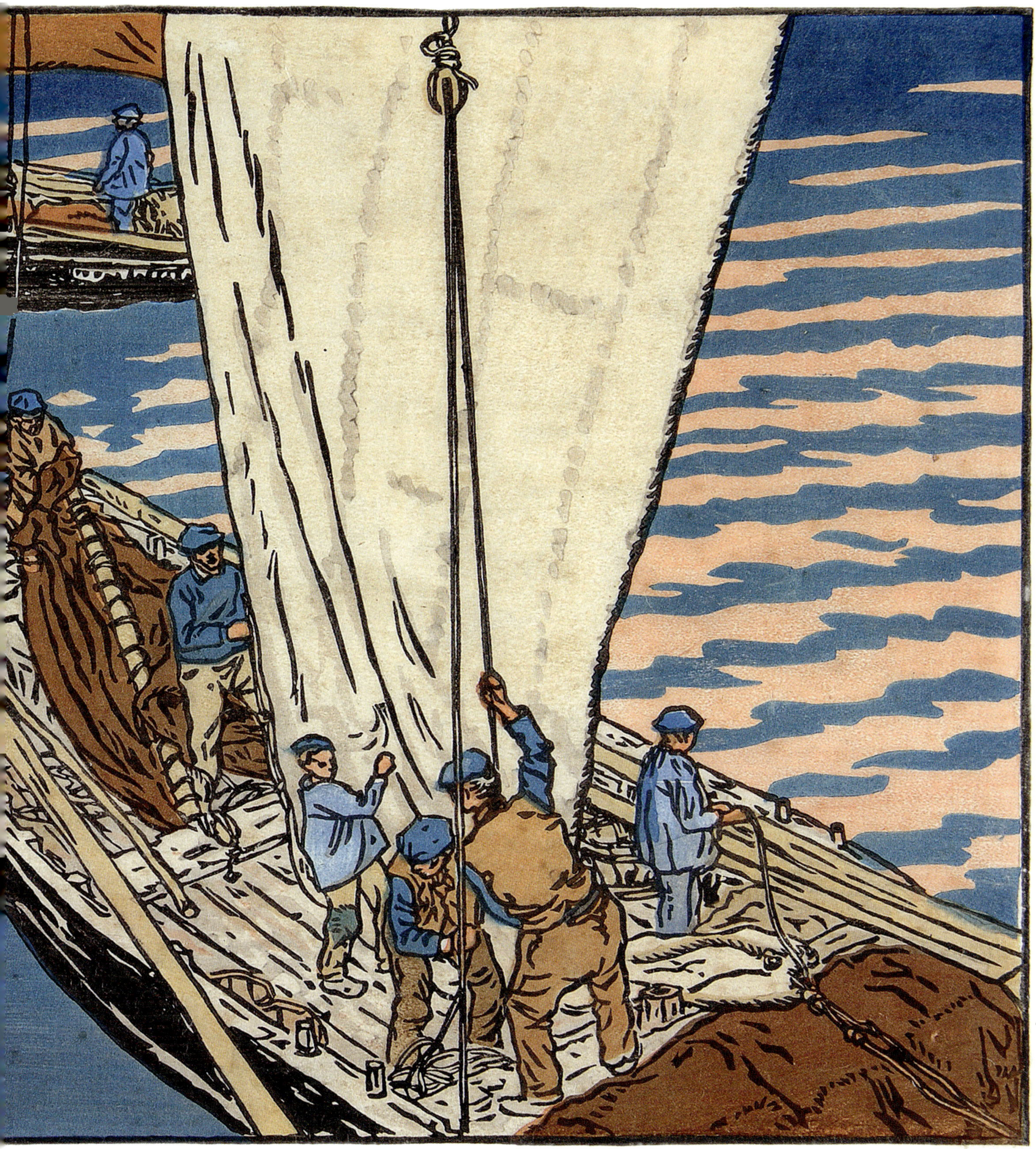

presque contemporaines de celles de Rivière ; Henri Guérard (1846-1897), engagé dans la même démarche au début de la décennie 1890. Quant à Jacques Beltrand (1874-1977), avant de s'imposer dans la pratique du camaïeu et de livrer selon ce procédé une imposante suite de paysages de Belle-Île (fig. 4), il s'essaya avec bonheur à la technique japonaise du « tirage à l'eau » pour un *Almanach* en 1897 et quelques paysages parisiens entre 1900 et 1904.

Comme Rivière, Amédée Joyau (Paris, 1872 - Fontainebleau, 1913) pratiqua la taille-douce avant qu'en 1894 la découverte de l'estampe japonaise ne le décide à apprendre par lui-même les techniques de la gravure sur bois en couleurs. L'année suivante il en avait acquis la maîtrise, ainsi qu'en témoignent des figures ou scènes dans le goût nabi et des paysages de Normandie, de Paris, du Nord

Fig. 3. Amédée Joyau,
Roscoff. Gros temps, marée basse,
1904, bois gravé imprimé en couleurs, 20 x 27,8 cm.
Quimper, Musée départemental breton.

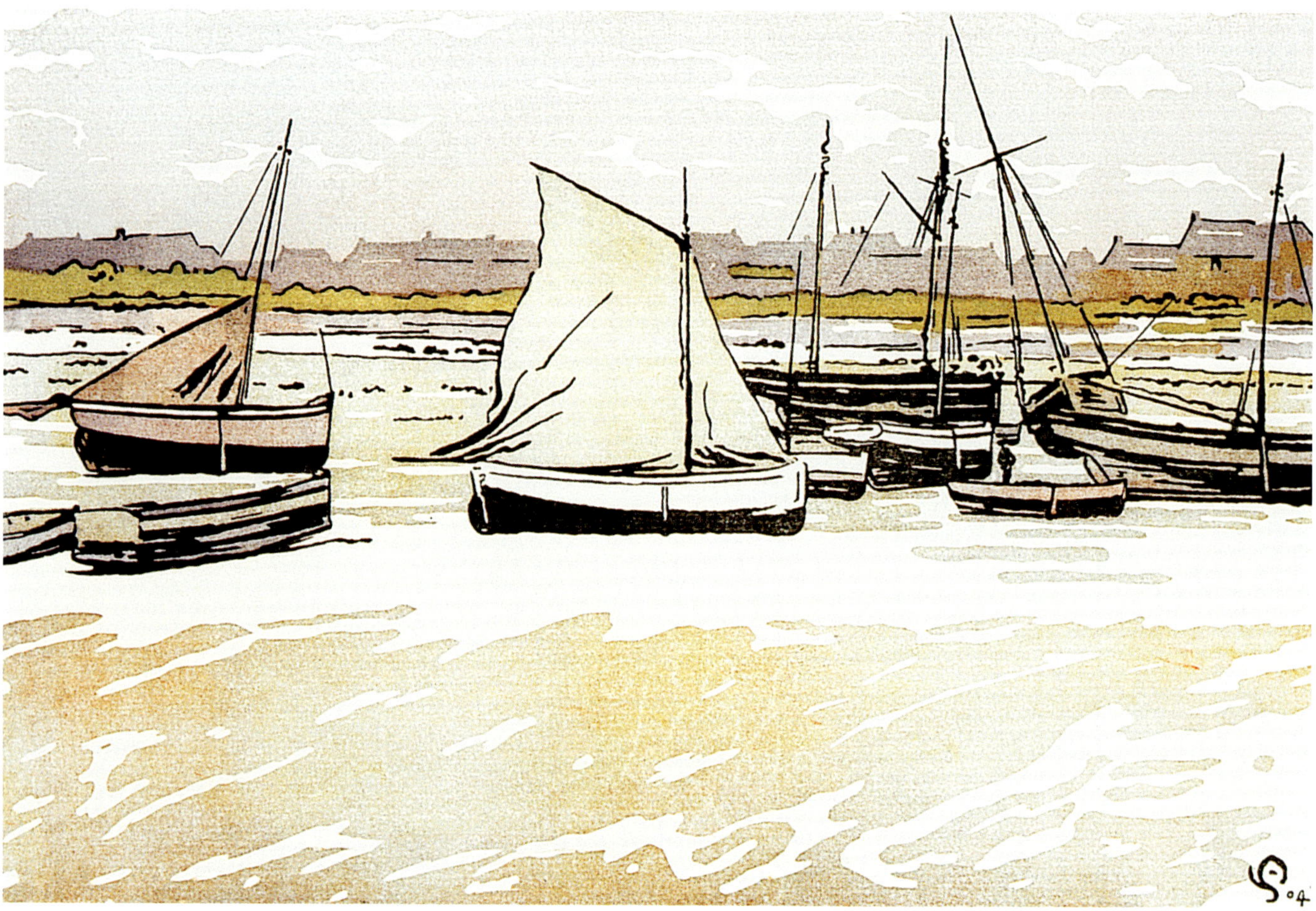

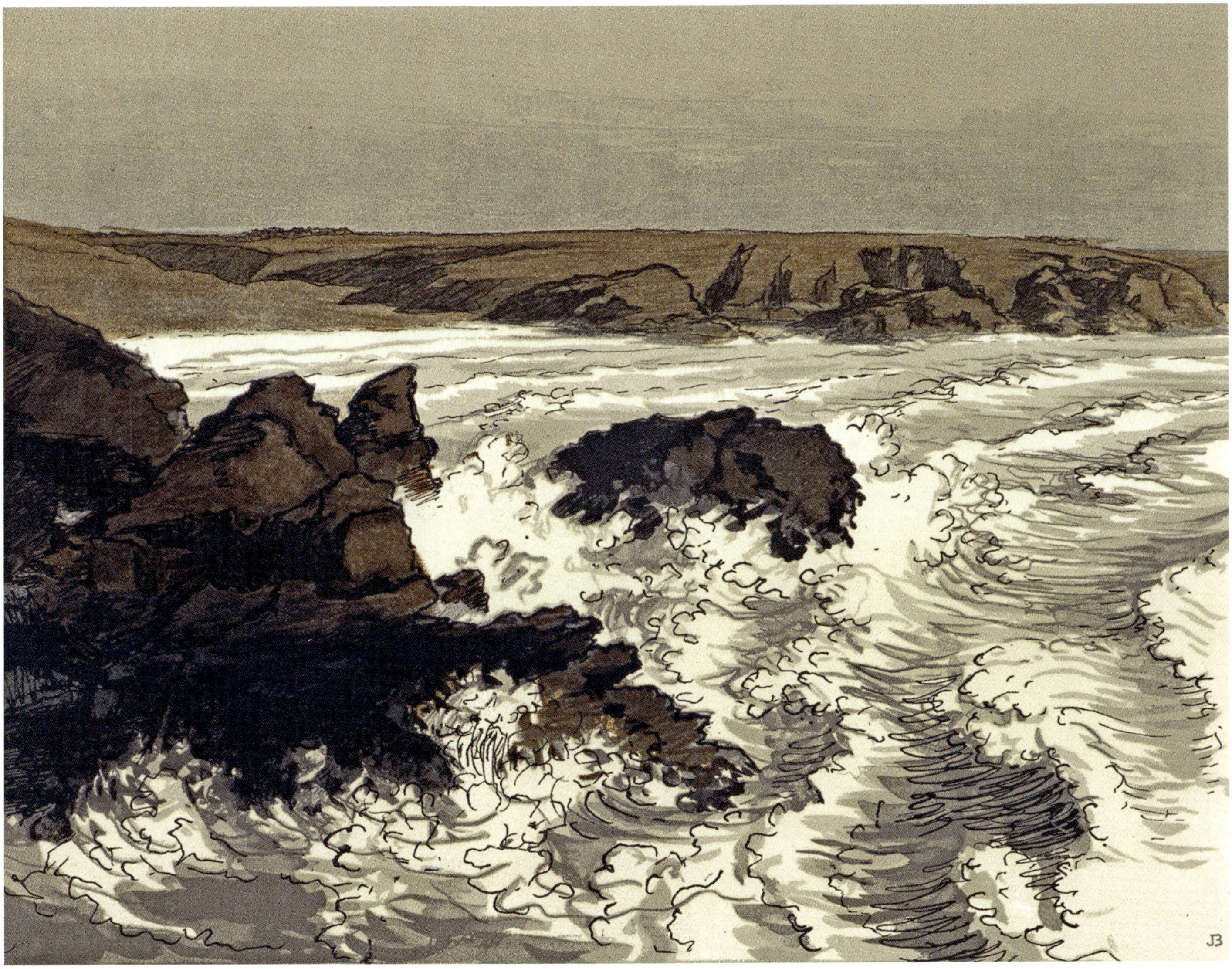

et de Belgique. Son intérêt pour les études atmosphériques accentue sa proximité avec Rivière, comme son goût pour la côte bretonne à laquelle il dédia neuf bois : *Crépuscule à Erquy* et *Rentrée des sardiniers, Douarnenez* (1898 ou 1899) et sept vues du port de Roscoff (1903 et 1904) (fig. 3).

Fig. 4. Jacques Beltrand,
Gros temps à Belle-Île ou *Les Rochers rouges*, ou *La Vague*, 1930, bois gravé imprimé en couleurs, 28,7 x 36,5 cm. Quimper, Musée départemental breton.

Les débuts d'Adolphe Beaufrère (Quimperlé, 1876 - Larmor-Plage, 1960) se signalèrent aussi par la gravure d'estampes imprimées à l'aquarelle : nus féminins vers 1900-1902, types bretons vers 1904, scènes parisiennes, paysages de Bretagne en 1905 et 1906. *Femmes au tub* et *la Toilette* trouvent leur source dans la connaissance des nus de Suzuki Harunobu (1725-1770) et Kitagawa Utamaro (vers 1753-1806). Quant au buste de la patibulaire *Buveuse de cidre*, c'est en somme un *okubi-e* breton, c'est-à-dire une « image de grosse tête », pour reprendre le terme désignant dans le vocabulaire de l'estampe japonaise ces portraits en plan rapproché, cadrage spécialement utilisé pour fixer les expressions d'acteurs du théâtre *kabuki* (fig. 5).

La proximité de l'art de Mathurin Méheut (Lamballe, 1882 - Paris, 1958) avec celui du Japon est antérieure à la découverte du pays que lui permit d'effectuer en 1914 la bourse offerte par Albert Kahn. Sa prédilection pour la représentation du monde animal et son attention au labeur populaire en faisaient un proche des dessinateurs japonais. Ces choix paraissaient déjà dans les gravures sur bois en deux tons qu'il exposa au début des années 1910 à la Société nationale des beaux-arts : *Bannisseurs de morts (Finistère), Goémoniers, Charbonniers en forêt* (1912), *Crabe, Gode chassant, Béliers et brebis, Cigognes, Renards* (1913). Dans les *Charbonniers*, le motif du rideau d'arbres est une citation formelle qui atteste d'une connaissance de l'estampe orientale. De fait, à son arrivée au Japon, Méheut eut le sentiment de retrouver un univers presque familier, qu'il lui rappelât les maîtres dont il avait pu admirer les planches, ou la géographie et le peuple d'une Bretagne pareillement pénétrée par la mer : « *Immédiatement nous songeons à Hokusai prodigieusement vrai, prodigieusement moderne [...] Tout à l'heure la vue de la baie me rappelait ma Bretagne. Ce n'est pas la seule fois où j'ai ressenti cette impression [...] Tout cela fait qu'à part la langue je n'ai été nullement dérouté au Japon.* »

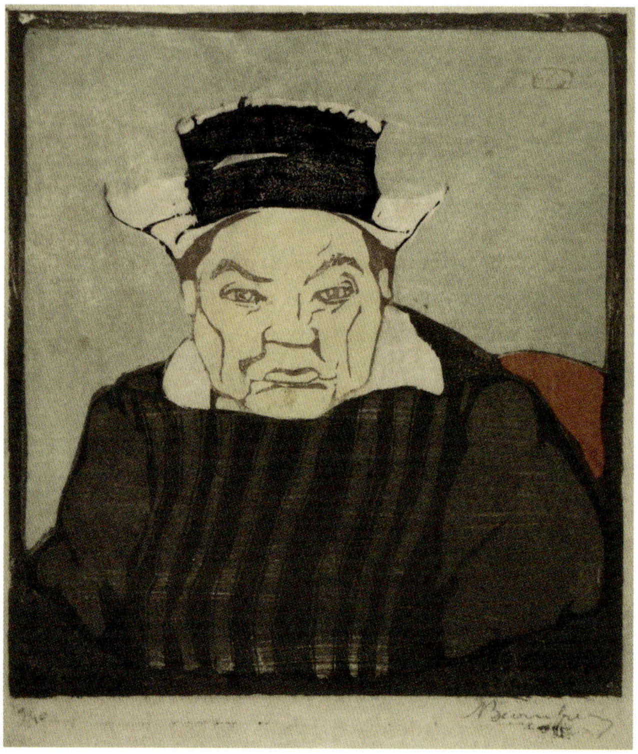

Fig. 5. Adolphe Beaufrère, *La Buveuse de cidre* ou *Bretonne*, Vers 1904, bois gravé imprimé en couleurs, 19,5 x 17,5 cm. Quimper, Musée départemental breton.

Un graveur du Jugendstil en Bretagne

Carl Moser (Bözen, Italie, 1873-1939) étudia à Munich puis gagna Paris en 1901 pour y poursuivre sa formation à l'Académie Julian. Un contact déterminant avec l'estampe japonaise et le bois français lui fut offert en mai de l'année suivante par l'*Exposition de la gravure sur bois ancienne et moderne* à l'École des beaux-arts : parmi plus de mille six cents œuvres se trouvaient les séries d'Utamaro, d'Hokusai et d'Hiroshige, les estampes des Nabis, des *Paysages bretons* et les *Études de vagues* de Rivière.

Ill. 1. Carl Moser, *Bretonisches Netzflickerin* (« Bretonne réparant un filet »), 1929, bois gravé imprimé en couleurs, 50,4 x 31 cm. Collection particulière.

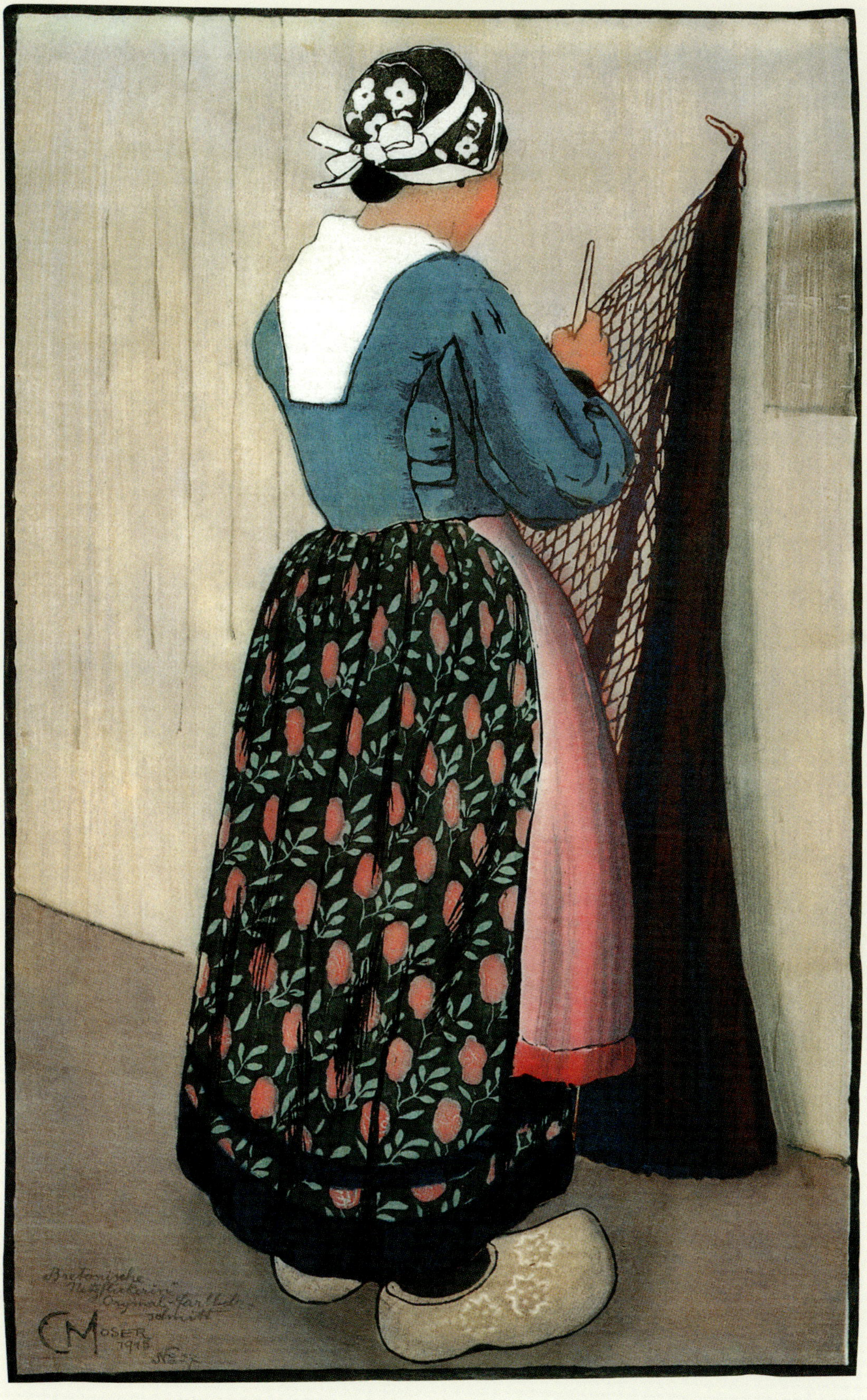
MOSER

À Concarneau en 1902, il grava ses premiers bois en couleurs, exploitant les possibilités que recelait la superposition des planches. Au lieu de s'attacher à reproduire les mêmes nuances d'un tirage à un autre, il s'essayait à varier les teintes et les décors, à isoler une figure ou à la mêler à d'autres. D'emblée, il choisit pour modèle récurrent la femme ou la jeune fille portant la coiffe *pen-sardin*, vue de dos. La *Bretonisches Mädchen* (« Jeune fille bretonne ») ou sa presque jumelle *Kleine Bretonin* (« Petite Bretonne ») devinrent les leitmotivs de nombreuses estampes situées à Tréboul et à Concarneau (ill. 1).

Une seconde vague japoniste

Yoshijirô Urushibara (Tokyo, 1889-1953) contribua à étendre la pratique de la gravure en couleurs en Angleterre et en France. Arrivé à Londres en 1908 afin d'exécuter des démonstrations d'impression à l'exposition anglo-japonaise, il s'installa ensuite en France. À Paris, il se lia à Prosper-Alphonse Isaac (Calais, 1858-1924) et lui transmit son savoir. Isaac se fit à son tour propagateur : en mai 1913, il décrivit dans *Art et décoration* les gestes et l'outillage de « la gravure sur bois à la manière japonaise » avec la précision d'un praticien et d'un pédagogue. Outre des paysages de son Calaisis natal, on relève dans son œuvre, en 1912, une *Rivière à Morlaix* et une *Carcasse de bateau à Cancale*.

Isaac fréquentait le cercle d'amateurs d'art oriental qui se réunissait rue de La Boëtie chez le joaillier et mécène Henri Vever (1854-1942), président après Siegfried Bing de la Société des amis de l'art japonais. En 1905, poursuivant chez Vever une carrière de dessinateur de bijoux, Jules Chadel (Clermont-Ferrand, 1870 - Paris, 1942) y eut à son tour la révélation : « Quand je connus les grands japonais, racontait-il, il me sembla que j'avais à recommencer toute mon éducation ». Son esthétique prit principalement sa source dans la tradition orientale du dessin monochrome, répandue au Japon au XIIe siècle et parvenue à son apogée dans les paysages de Sesshû Toyô (1420-1506). Ses équivalents dans l'estampe sont peu nombreux mais l'œuvre d'Urushibara en présentait des exemples que Chadel put étudier.
D'Isaac et d'Urushibara, Chadel acquit l'art de transposer ses lavis dans le bois sans rien leur ôter de leur fluidité. Parmi plusieurs de ses estampes exposées en 1922 au Pavillon de Marsan figure une vue de *Douarnenez* depuis la promenade des Plomarc'h ; en 1930, il présentait à la Société des Peintres graveurs français *le Port de commerce* de Douarnenez (fig. 6). En 1924 il donna à l'*Imagier de la Société de la gravure sur bois originale* un autre aspect du port, gravé par son élève Germaine de Coster (Paris, 1895 - Paris, 1992) et associant leurs deux monogrammes, inscrits dans les tampons rouges des japonistes.

Le Lyonnais Georges Fourrier (Lyon, 1898 - Quimper, 1966), dit Geo-Fourrier, dédia à Isaac son étude sur *la Technique de l'estampe japonaise*. Il s'y était familiarisé auprès de lui en 1920, avant d'entrer à l'École nationale des Arts décoratifs. Installé à Quimper, il trouva son expression propre dans une veine éminemment occidentale par son inspiration, mais servie par le synthétisme de trait et de couleur des Japonais : la représentation en séries de types humains caractéristiques d'un territoire. Ses chefs-d'œuvre dans cette veine sont les gouaches sur papier japon intitulées *les Bigoudens* (1924-1925). Cette suite devait être publiée par Octave-Louis

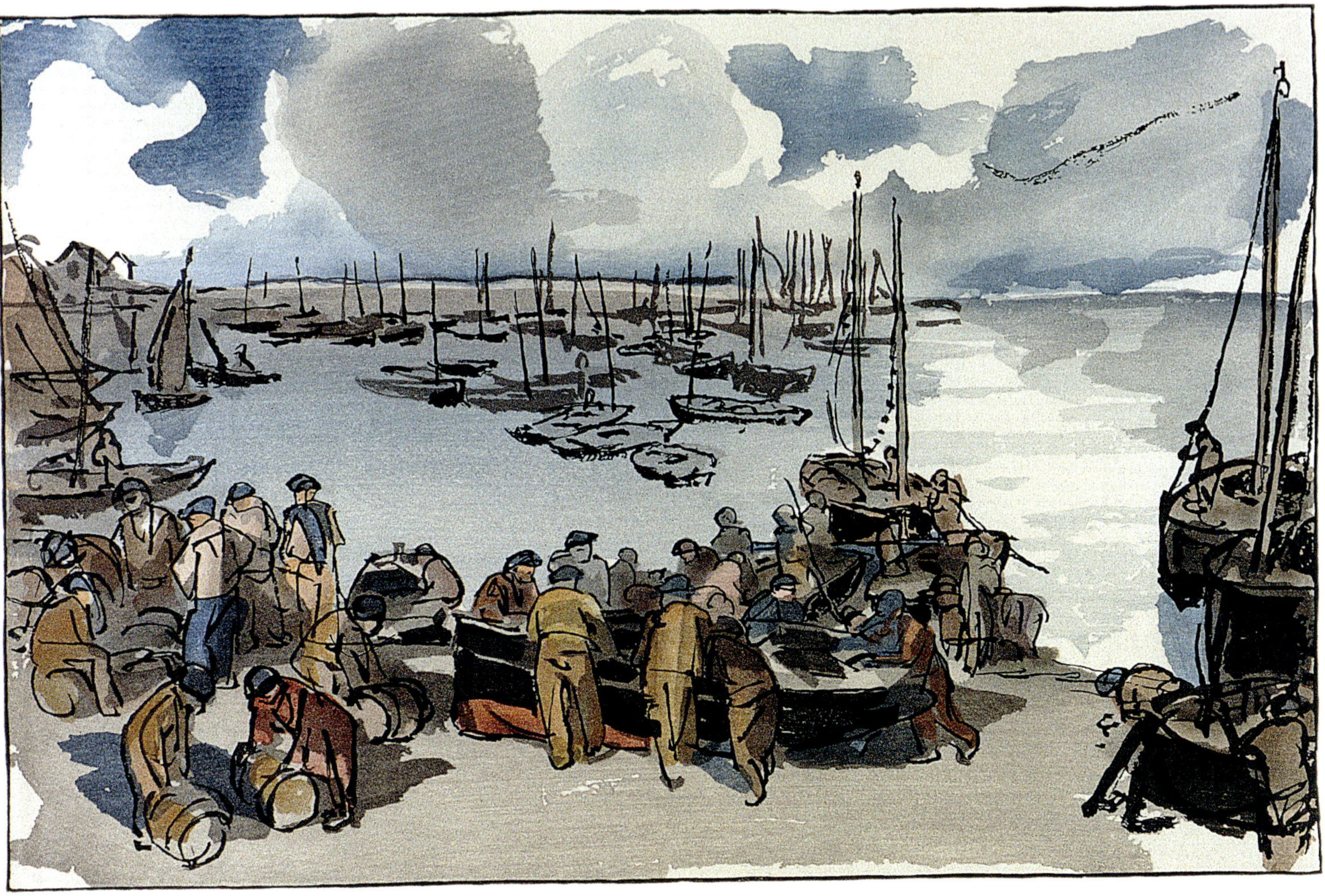

Fig. 6. Jules Chadel, *Douarnenez*,
1930, bois gravé imprimé en couleurs, 29,4 x 44 cm.
Quimper, Musée départemental breton.

Aubert, directeur des éditions de *la Bretagne touristique*. Le projet n'aboutit pas et deux seulement de ces compositions furent gravées dans le bois : *Sur le chemin de ronde, Kérity-Penmarc'h* et *Saint-Guénolé, le sonneur de bombarde*.

Plus tard, selon un processus conforme à la tradition japonaise, Geo-Fourrier fit exécuter au Japon, d'après des aquarelles qu'il y expédiait, de grandes compositions bigoudènes dont la polychromie pouvait exiger la gravure d'une dizaine de matrices. *Le Brûleur de goémon à Notre-Dame-de-la-Joie* (1936), les *Costumes de fêtes* (1938) (fig. 1) et *Gwenola la Bigoudène* (1939) furent ainsi gravés et tirés à Tokyo, chez l'éditeur Takamizawa Mokuhansha.

Les bois bretons de maîtres du Sosaku Hanga

Tandis qu'à travers le japonisme, le monde occidental absorbait des expressions superficielles d'une civilisation qui lui demeurait lointaine, la pénétration de l'archipel par les modes de vie et les arts de l'Europe commençait. Contre la division du travail entre dessinateur, graveur et imprimeur, des artistes défendaient désormais « l'estampe créatrice » (*Sôsaku hanga*), c'est-à-dire originale. Fondateur du mouvement, Yamamoto Kanaé (Okazaki, 1882 - Ueda, 1946) se rendit en France en 1912 après l'obtention de son diplôme de l'École des beaux-arts de Tokyo. L'été suivant il visita le Sud-Finistère. Il avait apporté avec lui, à Paris, son matériel de gravure et finançait son séjour par la vente des épreuves qu'il envoyait au Japon. On compte ainsi parmi les œuvres majeures des débuts du *Sôsaku hanga* cinq estampes bretonnes dont la gravure et l'impression s'échelonnèrent entre 1913 et 1920 : *Bains en Bretagne, Baignade dans les rochers, la Vache devant la baie, Petite Bretonne devant la rivière du Belon* et *la Bretonne* (ill. 2).

Quant à Kiyoshi Hasegawa (1891 - Paris, 1980), né dans cette porte de l'Occident qu'était Yokohama, il commença de graver le bois en 1913 pour orner les couvertures de la revue *Seihai*, étonnante expression orientale du néo-celtisme. Dès que la fin de la Guerre le lui permit, il quitta définitivement le Japon pour la France. D'un court séjour à Quimperlé en 1920, il rapporta des dessins, la matière de deux eaux-fortes, d'une lithographie, de deux bois en noir et d'un bois en couleurs. Et sa *Jeune Bretonne* assise est fille de celles gravées par Armand Séguin ou Émile Bernard une génération plus tôt.

Page de droite :
Ill. 2. Yamamoto Kanaé, *La Bretonne*,
1920, bois gravé imprimé en couleurs, 36,9 x 28,4 cm.
Ueda, Municipal Museum Kanae Yamamoto ou Chiba, City Museum of Art.

Bibliographie

Philippe Le Stum, *Impressions bretonnes, la gravure sur bois en Bretagne (1850-1950)*, Quimper, Musée départemental breton-Éditions Palantines, 2005.

Philippe Le Stum, *La Bretagne dans la gravure sur bois*, 1850-1950, thèse pour le Doctorat d'histoire de l'Art sous la direction de Marianne Grivel, Paris IV-Sorbonne, 2012.

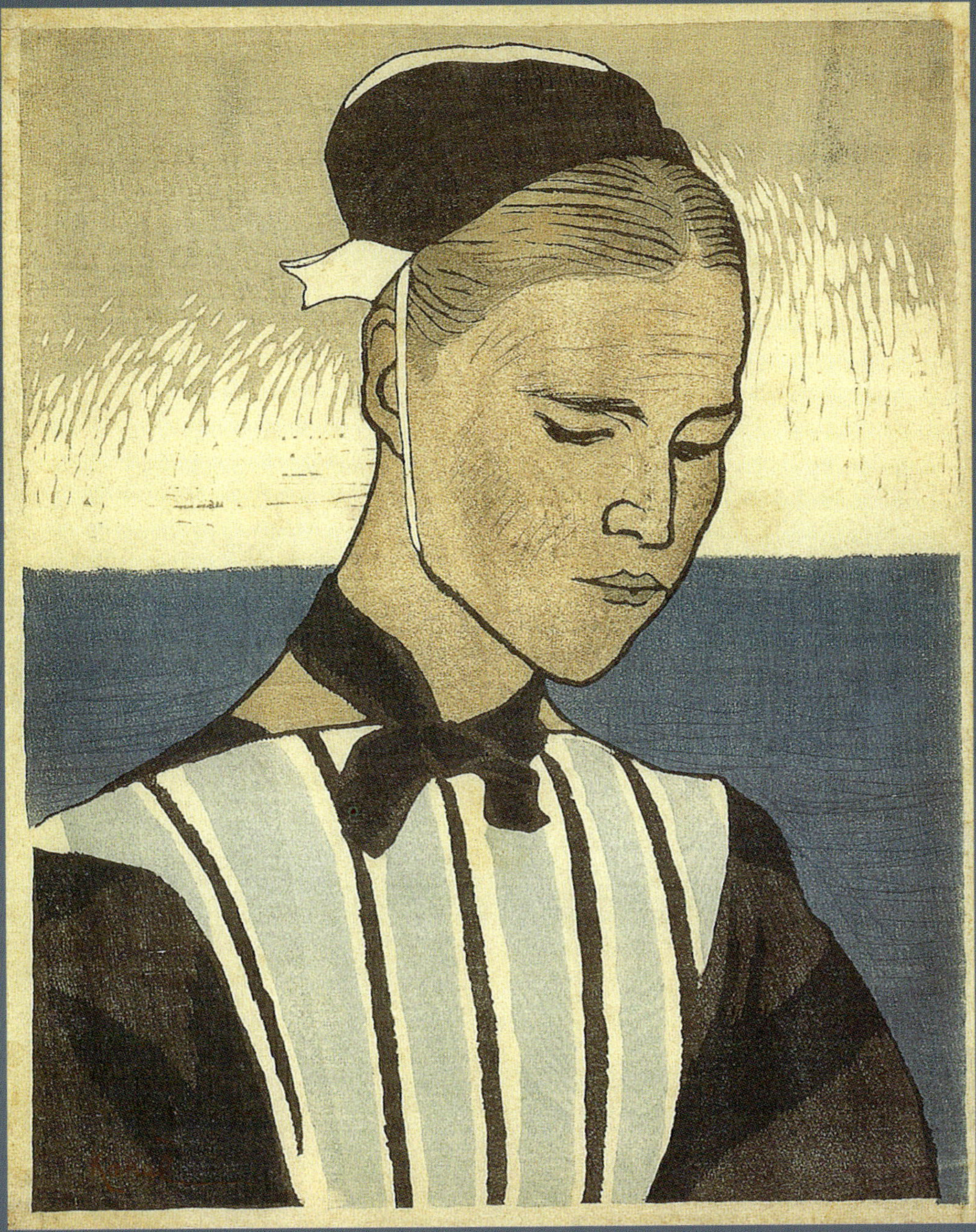

Henri Rivière, un japonisant en Bretagne

Philippe Le Stum

Bretagne

Après sa découverte de Saint-Briac en 1885, Henri Rivière revint en Bretagne tous les ans, de mai à octobre, avec sa compagne Eugénie Ley, devenue sa femme en 1895. D'abord entre Saint-Briac (point le plus oriental de ses séjours bretons et son lieu de villégiature en 1885, 1886 et 1890) et Saint-Cast-le-Guildo (1891). Puis sur la Côte de Granit rose, qu'il explora en 1891, depuis Perros-Guirec, Ploumanac'h et la Corniche bretonne jusqu'à Loguivy-de-la-Mer et la pointe de l'Arcouest. Non loin de Paimpol et face à Bréhat, Loguivy le retint spécialement. Après y avoir loué une petite maison de pêcheur puis séjourné à la ferme, il y fit construire en 1895 sa maison *Landiris*, la « lande aux iris » dont il évoque ainsi le cadre :

« Le lieu choisi était magnifique : une haute falaise descendant à la mer en plusieurs sauts, couverte de pins, tapissée de bruyères et d'ajoncs parmi de grands rochers gris. On dominait de son plateau, boisé aussi, d'un côté tout l'archipel de Bréhat jusqu'au phare des Héaux, de l'autre le cours du Trieux jusqu'à Bodic ; en face, l'île à Bois avec ses hauts pinsapos où perchaient les hérons ; en arrière les terrains incultes de Landmendy. Seul un petit sentier entre les rochers permettait d'accéder à la place projetée pour la maison. L'endroit, complètement isolé, accoté à la falaise de Roc-Even, était à 1 500 mètres du petit port de Loguivy et à cinq kilomètres de Paimpol. On pouvait s'y croire au bout du monde dans un pays encore vierge où le bruit des vents et de la mer, les cris des oiseaux, une voile claquant et changeant d'amure, l'appel d'un marin, animaient seuls le paysage harmonieux, changeant et coloré diversement selon les effets et les heures. »

En 1892 et 1893, les Rivière passèrent l'été à Tréboul, en Cornouaille. Dans les premières années du siècle suivant, ils y demeuraient volontiers les premières semaines de l'été, avant de rejoindre Loguivy en juillet et août pour revenir encore parfois terminer la saison en Finistère. Rivière séjourna aussi à Camaret (1904, 1911) et Morgat (1902 à 1911, 1913 à 1916) qui, après la vente

Fig. 1. Henri Rivière, *Loguivy*, Juillet 1898, aquarelle, 33,3 x 23,8 cm. Paris, Bibliothèque nationale de France, Estampes et Photographie (dation 2006).

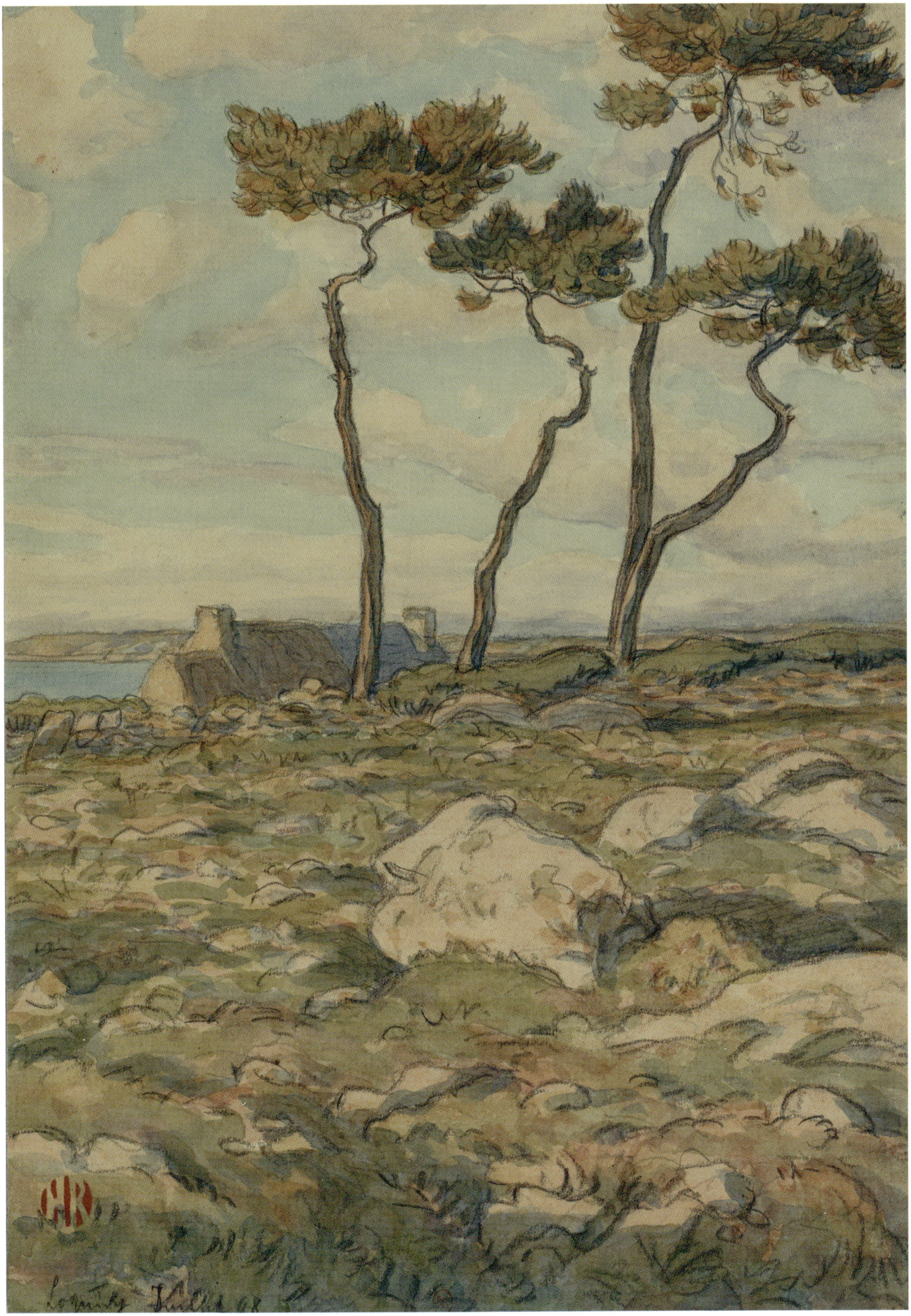

de *Landiris* en 1913, accueillit ses derniers séjours bretons.

On connaît de Rivière plus de sept cents aquarelles. Certaines parmi les plus anciennes (de 1890 à 1896) sont des croquis d'un coloris fluide, débordant librement un rapide trait d'esquisse. D'autres sont les préparations très poussées de planches des suites xylographiques ou lithographiques, qui les reproduisent très exactement. Mais cette somme considérable de feuilles n'était pas seulement la source d'images destinées, à plus ou moins brève échéance, à l'impression. L'aquarelle était pour Rivière un art en soi, auquel il accordait une telle importance relative, dans son œuvre, qu'il en fit placer, dans sa rétrospective de 1921, cent cinquante et une sur deux cents numéros que comportait l'exposition. Ces aquarelles sont les carnets de découverte d'un arpenteur infatigable, qui cherche le motif à l'écart des sentiers battus. Georges Toudouze l'a ainsi décrit au travail, à Loguivy :

« Depuis longtemps déjà ayant, pour l'aquarelle, abandonné l'huile, chaque matin il part accompagné de son chien, à la main son grand carton, dans la poche sa boîte à couleurs : il va s'installer devant le motif qu'il a remarqué, le précise d'abord jusqu'au plus menu détail par un dessin très serré, puis sur cette préparation coule les tons diaphanes et pose les appels de valeurs nécessaires à l'effet. La minutie de ces aquarelles, qui se chiffrent par

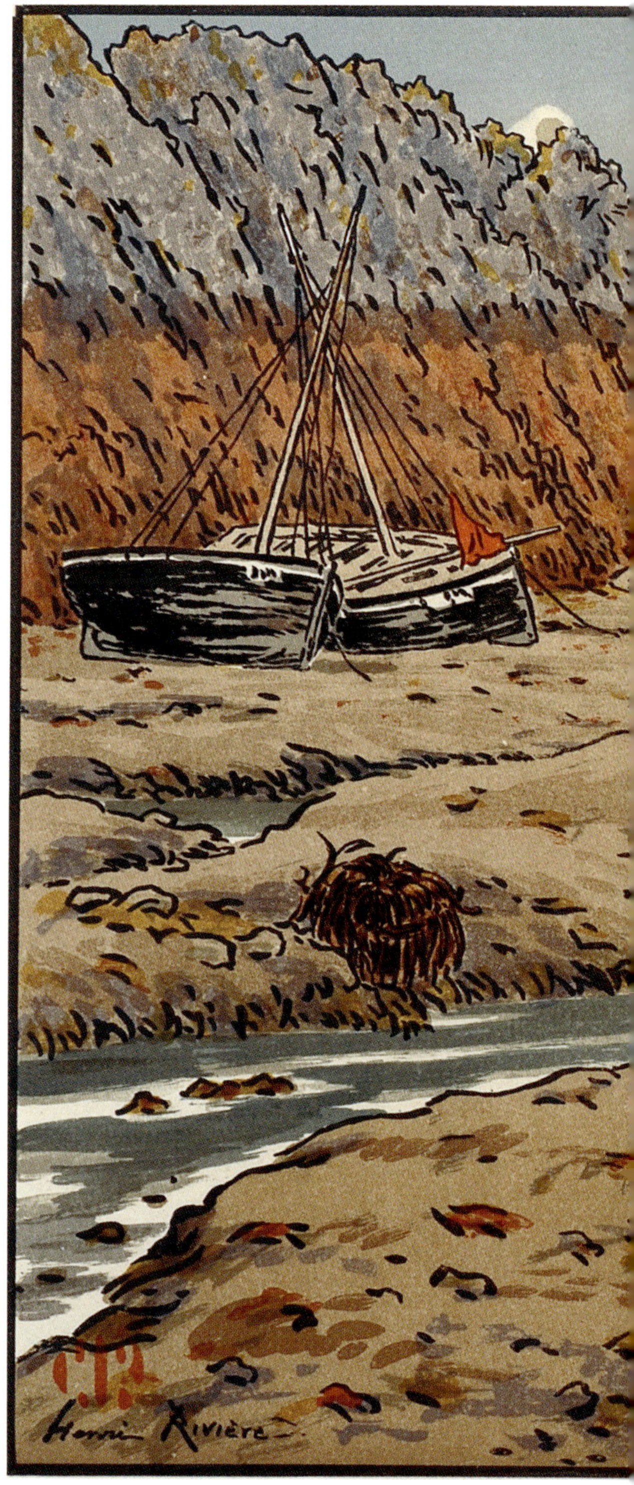

Fig. 2. Henri Rivière, *Le Port de Loguivy à marée basse*, 1905, lithographie, planche n°8 de la série *le Beau Pays de Bretagne*, 65 x 35,8 cm. Quimper, Musée départemental breton.

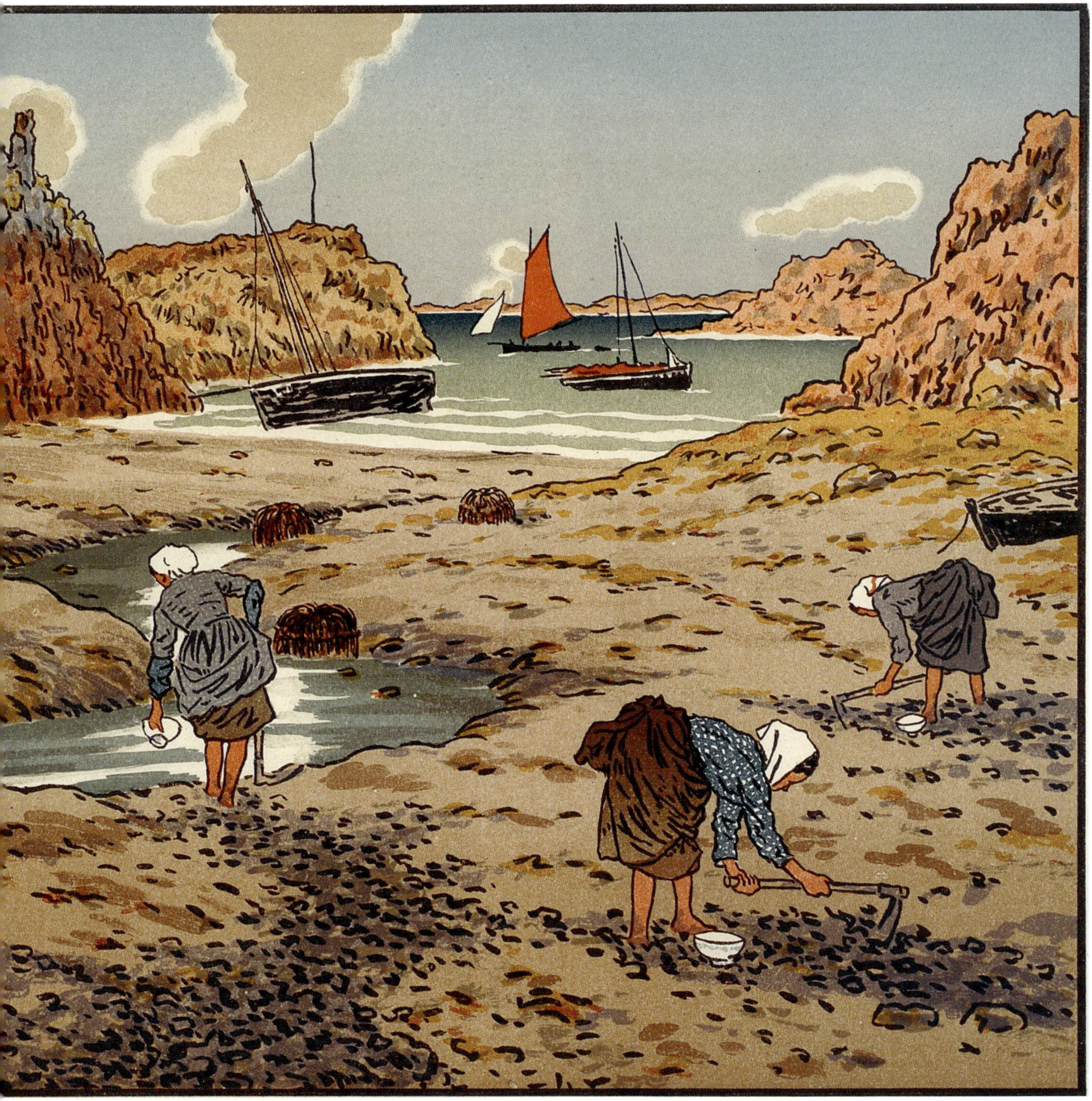

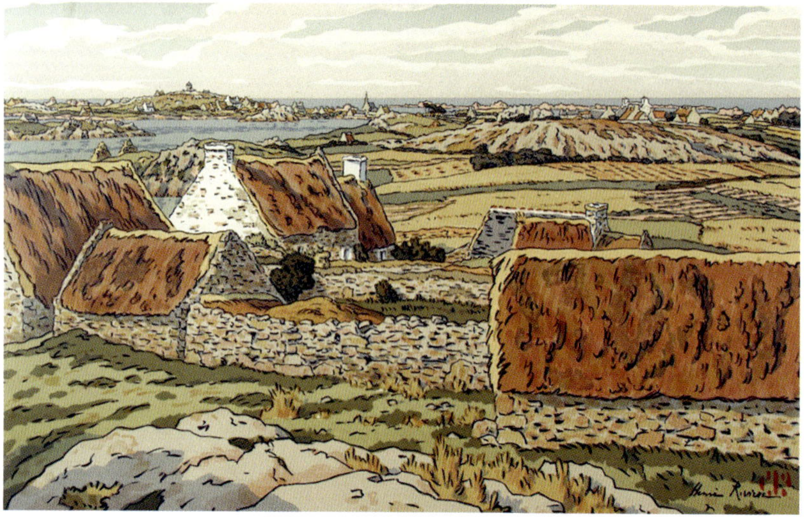

Fig. 3. Henri Rivière, *L'Île de Bréhat*, 1913, lithographie, planche n°16 de la série *le Beau Pays de Bretagne*, 65,7 x 35,3 cm. Quimper, Musée départemental breton.

centaines, étonnerait d'un étonnement profond ceux qui, ne connaissant que la formule simplifiée de ses estampes, s'imaginent volontiers que leur exécution est la chose la plus facile du monde, et ne se doutent pas que vingt, trente, cinquante analyses ont précédé, préparé, formé de mille observations additionnées, conjuguées, patiemment superposées, l'effet très simple (en apparence) de l'estampe définitive. »

Japon

Rivière s'était familiarisé avec les arts du Japon en étudiant, en compagnie de Georges Auriol, les collections proposées aux amateurs par Siegfried Bing. Il en devint au fil des ans un véritable expert, comme en témoignent son monumental recueil consacré à *la Céramique dans l'art d'Extrême-Orient* (1923) et la qualité de sa collection personnelle, formée principalement auprès de Tadamasa Hayashi, qui tenait à Paris boutique d'estampes et d'art oriental et en organisait des expositions. Les deux hommes se lièrent d'amitié et Hayashi commanda à Rivière la décoration murale de sa maison de Tokyo. La mort du marchand en 1906 empêcha l'installation de ce projet dont un fragment figure au musée des Arts décoratifs.

L'histoire de l'estampe française doit incontestablement à Rivière « l'honneur de la dotation nouvelle » (Roger Marx) que constituait le bois en couleurs. Dès 1888 en effet, Rivière s'efforça de percer les secrets des imprimeurs japonais et d'en adopter les méthodes. Il décrit ainsi ses tâtonnements et ses premières réussites :

« Et c'est ainsi que j'avais résolu d'imprimer celles que je voulais graver. Mais par quels moyens ? J'en ignorais les tours de main d'encrage, d'impression, de repérage, et je me mis à chercher. Je gravai d'abord sur du poirier en bois de fil quelques planches de trait et de couleur (de celles-ci cinq, six, sept ou huit par estampe) sans savoir comment je pourrais les imprimer. Pendant trois ou quatre mois je fis de nombreux essais et arrivai enfin au résultat désiré. C'était un peu ridicule d'inventer ainsi un procédé déjà existant. Quand je le connus plus tard, Hayashi s'amusa beaucoup de voir mes primitifs instruments qui depuis longtemps, en beaucoup mieux naturellement, servaient aux imprimeurs japonais [...]. J'avais heureusement pu me procurer chez un importateur plusieurs rames d'un beau papier à la forme, non collé, plus que centenaire, qui provenait de la liquidation d'une fabrique de Tokyo ; mais je broyais et encollais moi-même les couleurs, et avec un frotton de mon invention, j'imprimais mes planches à la main, à vingt exemplaires chacune. »

La maîtrise de ces procédés fut révélée au public en 1892 par l'exposition de trente-trois *Paysages bretons* au Salon de la Société des peintres-graveurs français, dans la galerie de Paul Durand-Ruel. Cette série fut complétée en 1893 et 1894 par sept autres planches. Simultanément, entre 1890 et 1892, Rivière gravait les six planches de *la Mer, études de vagues*, d'après des croquis pris à Saint-Briac et Douarnenez. Ce travail était considérable : chacun des *Paysages bretons* nécessita la gravure au canif de dix à douze bois, soit un total de quatre cent trente-six matrices pour la série entière. Aussi n'est-il guère étonnant que, après 1894, Rivière ait adopté la lithographie comme technique de prédilection. Elle avait d'ailleurs l'avantage de permettre des tirages plus nombreux que celui des xylographies. Se succédèrent ainsi six séries d'« estampes murales » imprimées chez Eugène Verneau : les *Aspects de la Nature*, édités à mille exemplaires, comptent quatorze planches produites entre 1897 et 1899 complétées en 1908 par quatre nouvelles compositions. En 1898, il entreprenait la série du *Beau Pays de Bretagne*, dont les vingt lithographies parurent au rythme de une par an jusqu'en 1917. Il livra en 1900 huit *Paysages parisiens* puis en 1902 *les Trente-Six Vues de la Tour Eiffel*. Mais, fidèle à la Bretagne, il y puisa les sujets des seize lithographies de la *Féerie des heures* (1901 et 1902) et des quatre estampes d'*Au Vent de Noroît*, éditées en 1906.

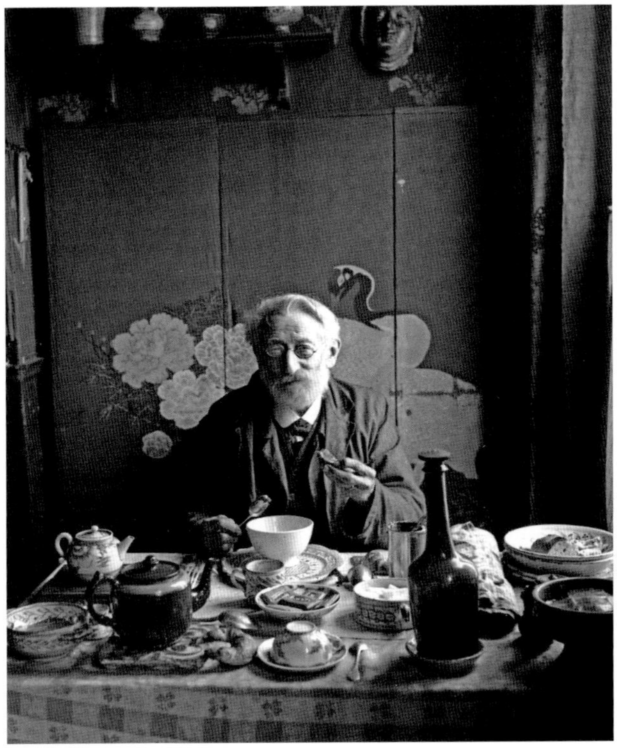

Fig. 4. *Henri Rivière peintre et graveur français, dans son atelier. Fresnay-le-Long (Seine-Maritime),*
1949, photographie noir et blanc. Paris, coll. Roger-Viollet.

Japonismes

Les Trente-Six Vues de la Tour Eiffel rendaient un hommage explicite aux *Trente-Six Vues du mont Fuji* de Katsushika Hokusai. L'attention aux éléments, au vent et à la pluie, révèlent dans les *Paysages bretons* un familier d'Andô Hiroshige, habile à montrer la brume matinale, le crépuscule, la bourrasque surprenant des paysans. D'autres aspects, telle la manière de dessiner les nuages, indiquent une connaissance des productions d'Utagawa Kuniyoshi (1797-1861). De toutes les œuvres japonaises révélées en Europe à la fin du XIXe siècle, *la Grande Vague à Kanagawa* d'Hokusai (1829), première de ses *Vues du Fuji*, fut assurément la plus célèbre. C'est sans nul doute de son exemple que naquirent les *Études de vagues* puis *la Vague frappant contre le rocher et retombant en arceau*. À l'instar de ces maîtres, Rivière concevait ses estampes en séries, travaillant plusieurs années sur la même suite et déclinant les différents points de

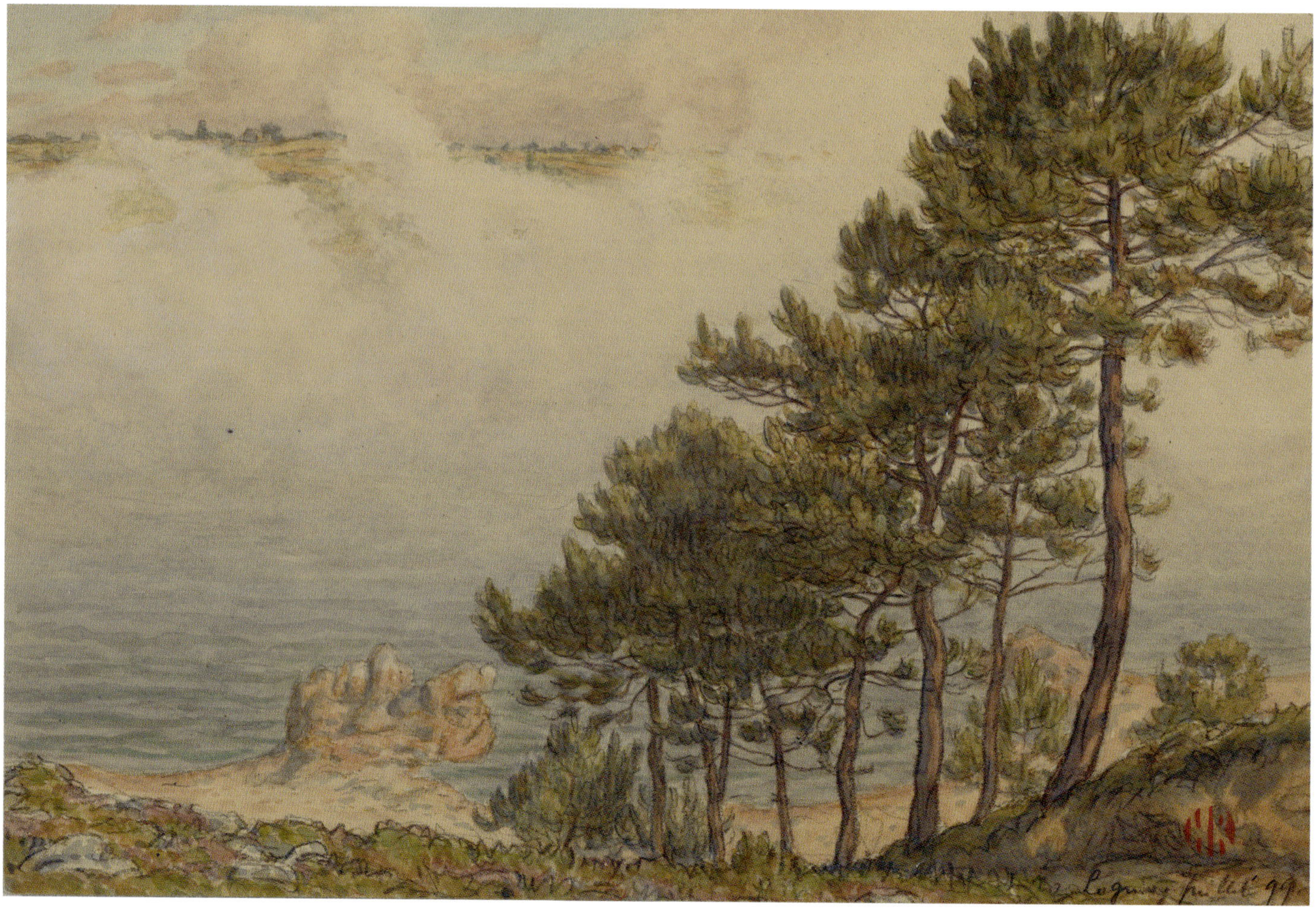

Fig. 5. Henri Rivière, *Loguivy*,
1899, juillet, aquarelle, 22 x 33 cm.
Paris, Bibliothèque nationale de France,
Estampes et Photographie (dation 2006).

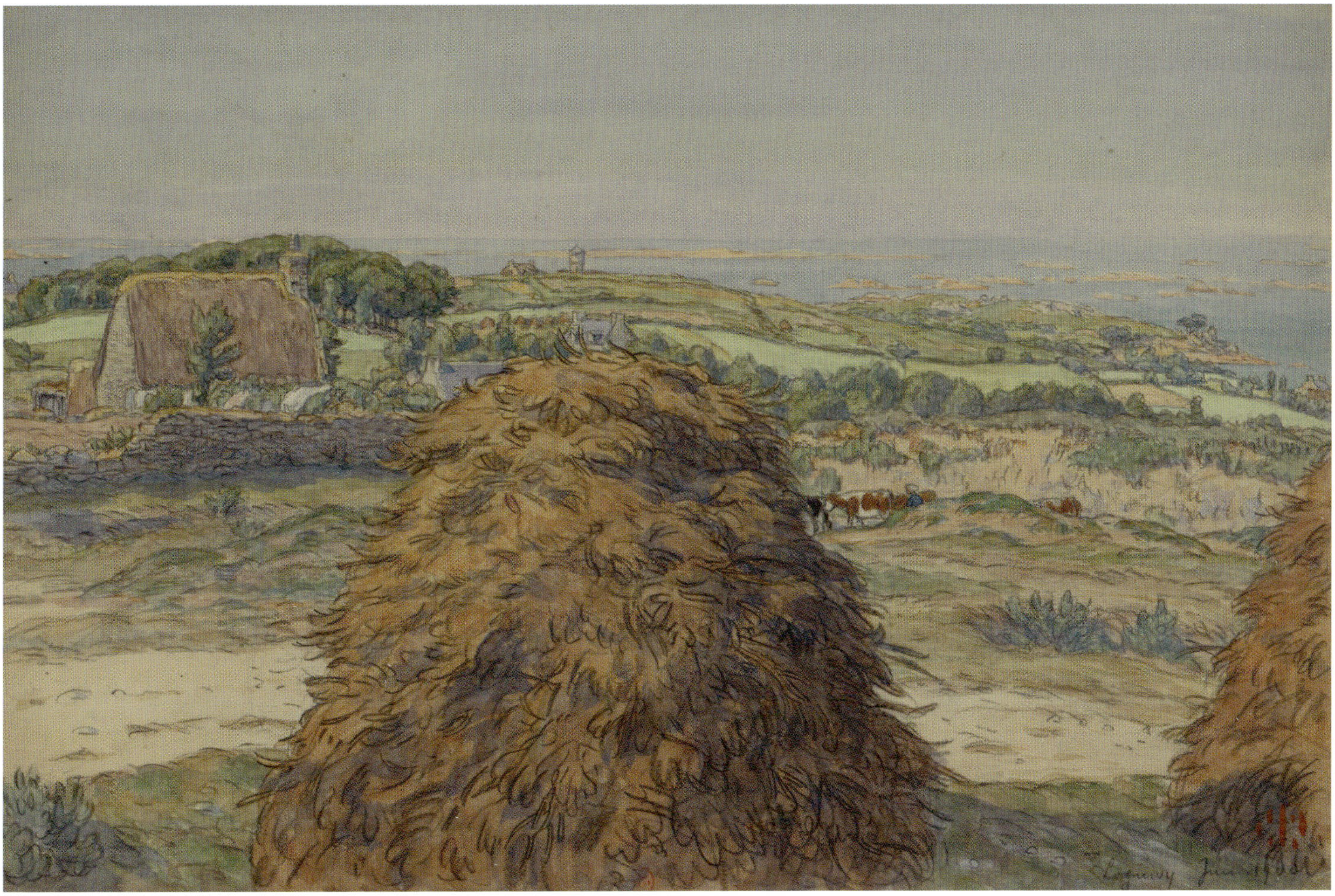

Fig. 6. Henri Rivière, *Loguivy*,
1900, juin, aquarelle, 22 x 33 cm.
Paris, Bibliothèque nationale de France,
Estampes et Photographie (dation 2006).

vue d'un site ou les variations de ses aspects selon l'heure, le climat et les saisons. La juxtaposition de plusieurs feuilles assemblées (*Lavoir sous-bois à Loguivy*) procède pareillement d'une habitude japonaise. La référence au dessin japonais se traduit par la simplification, le synthétisme des formes cernées d'un trait et ne montrant ni ombre ni modelé. Des Japonais encore, Rivière apprit une grammaire formelle dont il conjugua le répertoire de motifs et les principes de composition. Les Bretonnes des *Paysages* vont courbées sous la charge comme les portefaix des *Cinquante-Trois Relais du Tôkaidô* (1833-1834) d'Hiroshige ; ses paysannes, cheminant isolées ou en procession, sur une route qui coupe la composition, sont une transposition du peuple laborieux de ce célèbre recueil. Ses arrivées ou départs de bateaux, sur une mer plate dont sont à peine indiquées quelques irisations, doivent encore aux *Huit Vues d'Omi*, d'Hiroshige.

La coupure par le cadre de la composition d'un sujet situé en premier plan est un procédé dont on doit attribuer l'expérimentation par les artistes occidentaux à leur observation des estampes japonaises. Rivière fit sien ce principe qui mène l'œil du spectateur dans la profondeur de la scène. Ainsi dans la vue de l'intérieur d'un *Homardier à l'embouchure du Trieux* (fig. 8), inspirée de l'estampe *Ushibori dans la province de Hitachi*, vingtième planche des *Vues du Fuji*. Le rideau d'arbres coupés au sommet, en avant de la composition, est un motif décoratif japonais dont Rivière tire souvent parti (*Femme ramassant des aiguilles de pin*). Il doit encore aux orientaux la représentation du paysage « à vol d'oiseau » et, à l'inverse, le point de vue très rabaissé, avec un premier plan envahissant ou encore la composition décentrée par rapport à la figure des *Vanneuses à Loguivy*.

Fig. 7. Henri Rivière, *L'Averse*, 1901, lithographie de la série *la Féerie des heures*, série de 16 lithographies en 12 couleurs, 29,5 x 64,5 cm. Quimper, Musée départemental breton.

Rivière, notait Claude Roger-Marx, fit de la Bretagne « comme une dépendance des archipels nippons ». Au-delà de techniques, de choix de composition

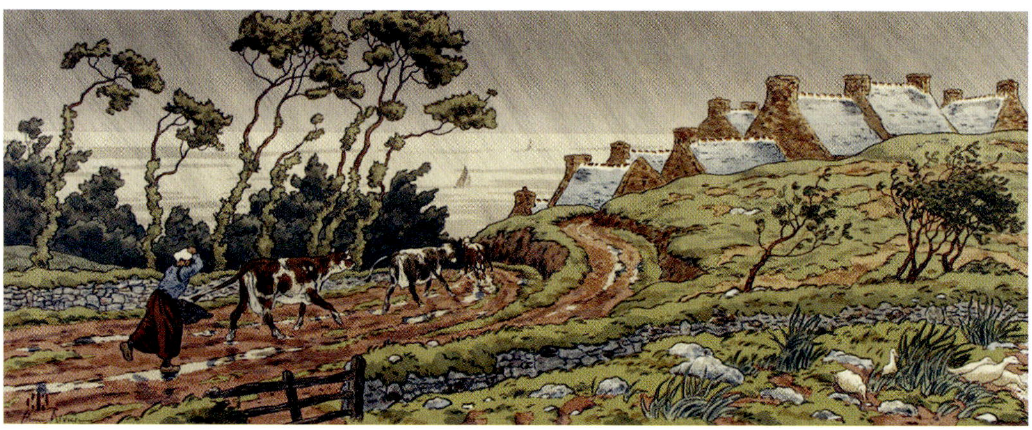

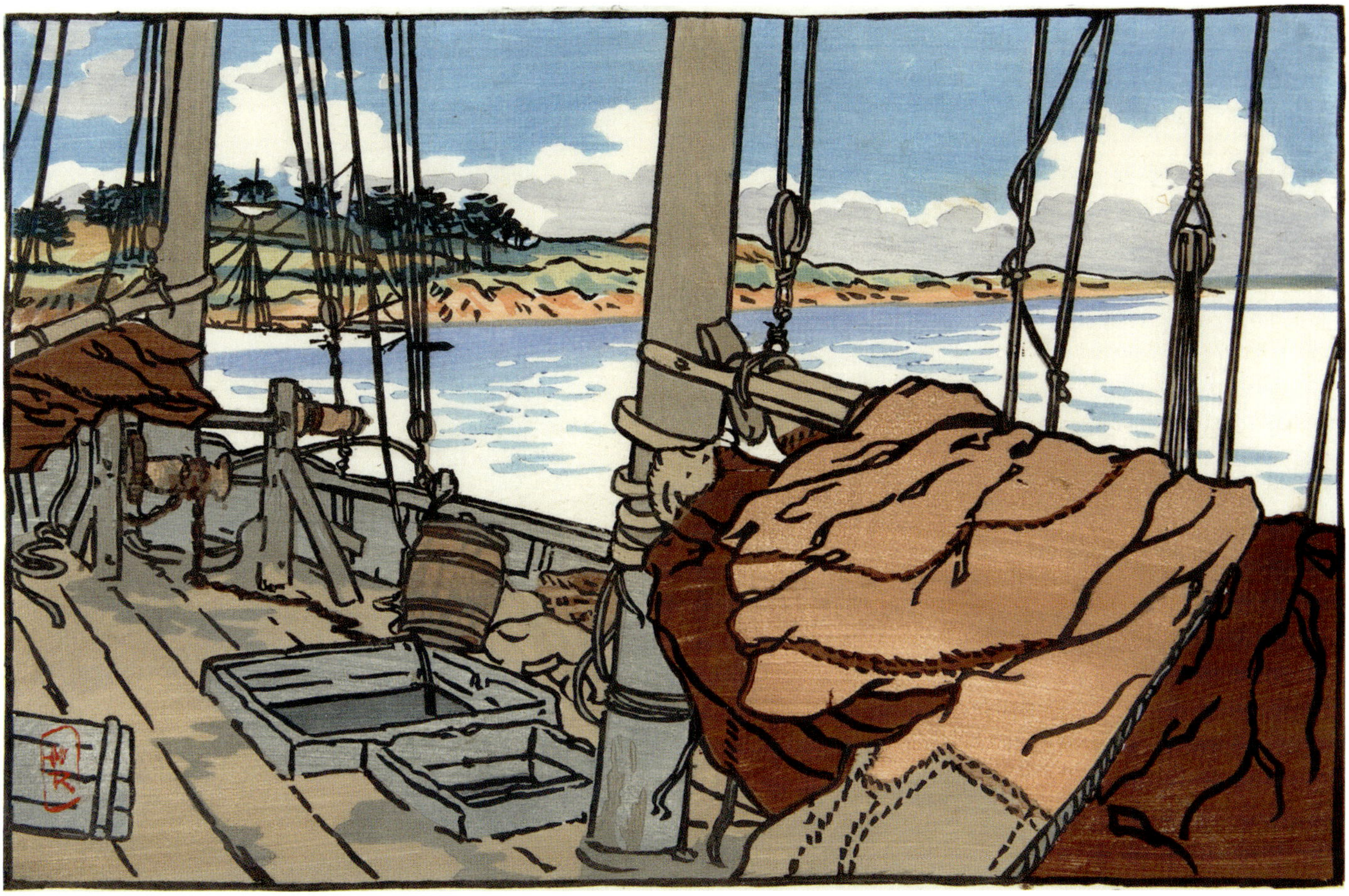

Fig. 8. Henri Rivière, *Homardier à l'embouchure du Trieux*, 1891, bois gravé imprimé en couleurs, planche n°31 de la série des *Paysages bretons*, 23 x 35 cm. Quimper, Musée départemental breton.

et d'un vocabulaire graphique, le sentiment de la Nature qu'exalte son œuvre tout entier rejoint le lyrisme serein du paysage oriental. Les estampes du Japon, celles de Rivière ou ses centaines d'aquarelles, traduisent la même admiration pour l'incessant recommencement des choses et des gestes et l'émerveillement de trouver réunies, en quelques lieux inlassablement contemplés, les arcanes de la beauté et de l'équilibre du monde.

Bibliographie

Georges Toudouze, *Henri Rivière, peintre et imagier*, Paris, Floury, 1907.

Pierre Gamet, *Henri Rivière, peintre et imagier de la Bretagne*, Douarnenez, Le Chasse-Marée, 1989.

Philippe Le Stum, *La Bretagne de Henri Rivière,* Paris : Bibliothèque de l'image, 2002.

Henri Rivière, *Les Détours du chemin, souvenirs, notes et croquis*, Saint-Rémy-de-Provence, Équinoxe, 2004, introduction par P. Le Stum.

Valérie Sueur-Hermel, Jocelyn Bouquilard, Philippe Le Stum, Catherine Meneux, Monique Moulène, *Henri Rivière, entre impressionnisme et japonisme,* cat. exp., Paris, Bibliothèque nationale de France, 2009.

Mathurin Méheut : Japon et japonisme

Denise Delouche

Quand Mathurin Méheut débute, dans la première décennie du XXe siècle, le japonisme a depuis longtemps pénétré le monde artistique et il n'est pas étonnant de constater que, parmi ses premières gravures sur bois, certaines montrent des caractères japonisants. En 1914, il séjourne au Japon grâce à une bourse autour du monde du mécène Albert Kahn. Fait encore exceptionnel que ce voyage d'un artiste : le japonisme s'est développé à partir des estampes et des objets divers qui arrivent sur le marché européen et c'est bien plus tard que les séjours d'artistes en Extrême-Orient se décident (l'Américain Marc Tobey ouvrant la voie en 1934, suivi dans les années 1950 par Alechinsky, Georges Mathieu et d'autres).

Entre japonisme et Japon, entre écho des estampes japonaises à Paris et contact réel avec le pays, les relations que Méheut entretient avec le Japon méritent qu'on s'y attarde.

Avant le voyage

On connaît très mal la culture de Méheut. Dans sa correspondance, même dans les lettres qu'il écrit à celle qu'il a initiée et avec laquelle il partage tant, Yvonne Jean-Haffen, il parle très peu de ses lectures, de ses goûts et des expositions qu'il va voir (sinon pour démolir ses collègues). Les premières années parisiennes, au moment où le jeune artiste se forme, sont fort mal connues. À Rennes pendant ses études à l'École des beaux-arts, un contact avec les cultures d'Extrême-Orient est fort improbable. En 1900, une bourse lui a permis un bref séjour à Paris : aurait-il alors visité l'Exposition universelle et vu la présentation de l'art japonais ancien qu'y fait Hayashi Tadamasa ?

Il s'installe à Paris en 1902 pour parachever sa formation, à l'École nationale des arts décoratifs brièvement et auprès d'Eugène Grasset à l'École normale d'enseignement du dessin. Le premier livre qu'il a illustré paraît dès 1903, sa première participation à l'illustration de la revue *Art et décoration* est de juin 1905. On peut imaginer que grâce au premier prix qu'il avait obtenu en 1902 auprès de cette revue (hasard ? son dessin était celui d'un lys rouge du Japon), et aussi grâce à Eugène Grasset, ses relations avec le milieu de la revue ont contribué très tôt à l'éveiller aux préoccupations de l'Art Nouveau et au japonisme.

Fig. 1. Mathurin Méheut, *Les Saltimbanques*,
Crayon et aquarelle sur papier, 37 x 29 cm. Collection particulière.

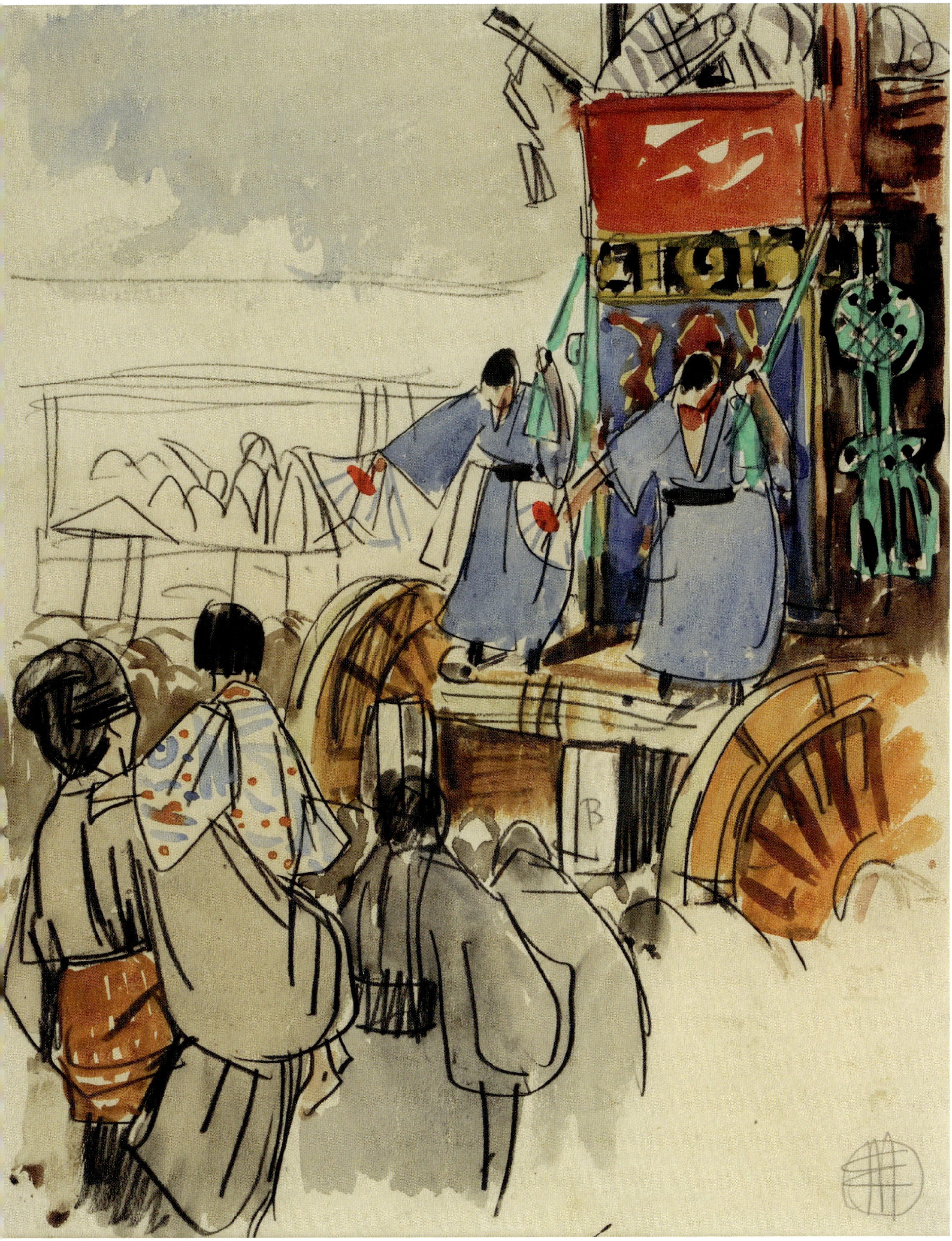

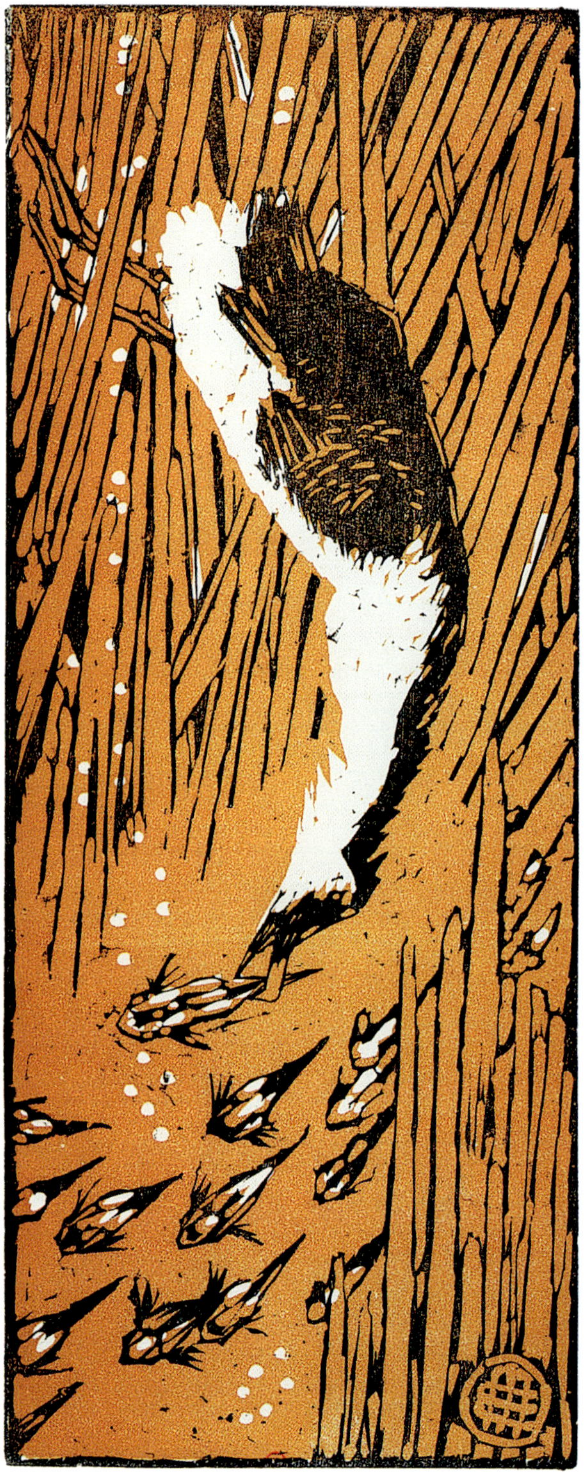

Est-il allé voir les expositions d'art japonais que le musée des Arts décoratifs organise (en 1906 et régulièrement à partir de 1909) ? Fréquentait-il l'hôtel Drouot où en 1904 des ventes d'objets d'art d'Extrême-Orient et d'estampes ont lieu ? L'éveil de l'intérêt l'a-t-il entraîné à lire les livres d'Edmond de Goncourt sur Outamaro et Hokusai (parus en 1891 et 1896) ou à consulter en bibliothèque les numéros du *Japon artistique* publiés par S. Bing de 1888 à 1891, livres et articles de Théodore Duret, Louis Gonse, les *Promenades japonaises* d'Ernest Guimet ou même les romans de Pierre Loti ? Était-il amateur de ces estampes japonaises qui depuis des décennies fascinent les artistes et que désormais les grands magasins contribuent à vulgariser encore plus ?

Autant de questions sans réponse, mais ce qu'il écrit, dès les premières lignes de son récit sur son voyage au Japon, clame son admiration pour Hokusai : « Immédiatement nous songeons à Hokusai prodigieusement vrai, prodigieusement moderne, les mêmes gréements, les mêmes accessoires, les mêmes types que dans ses vues du Fuji, que les figures de ses albums (mon enthousiasme pour cet artiste n'a fait que croître du reste à la vue de ses modèles, de son pays) ». Culture ancienne ou approfondie pour préparer le voyage ? Il connaît donc les *36 Vues du mont Fuji* et parmi les albums, parmi les quinze volumes de la Manga, lesquels ou quelles feuilles séparées ? Il ne cite aucun autre nom : Outamaro, Hiroshige, Kuniyoshi…

Fig. 2. Mathurin Méheut, *Gode chassant*, 1913, gravure sur bois, 21 x 8 cm. Collection particulière.

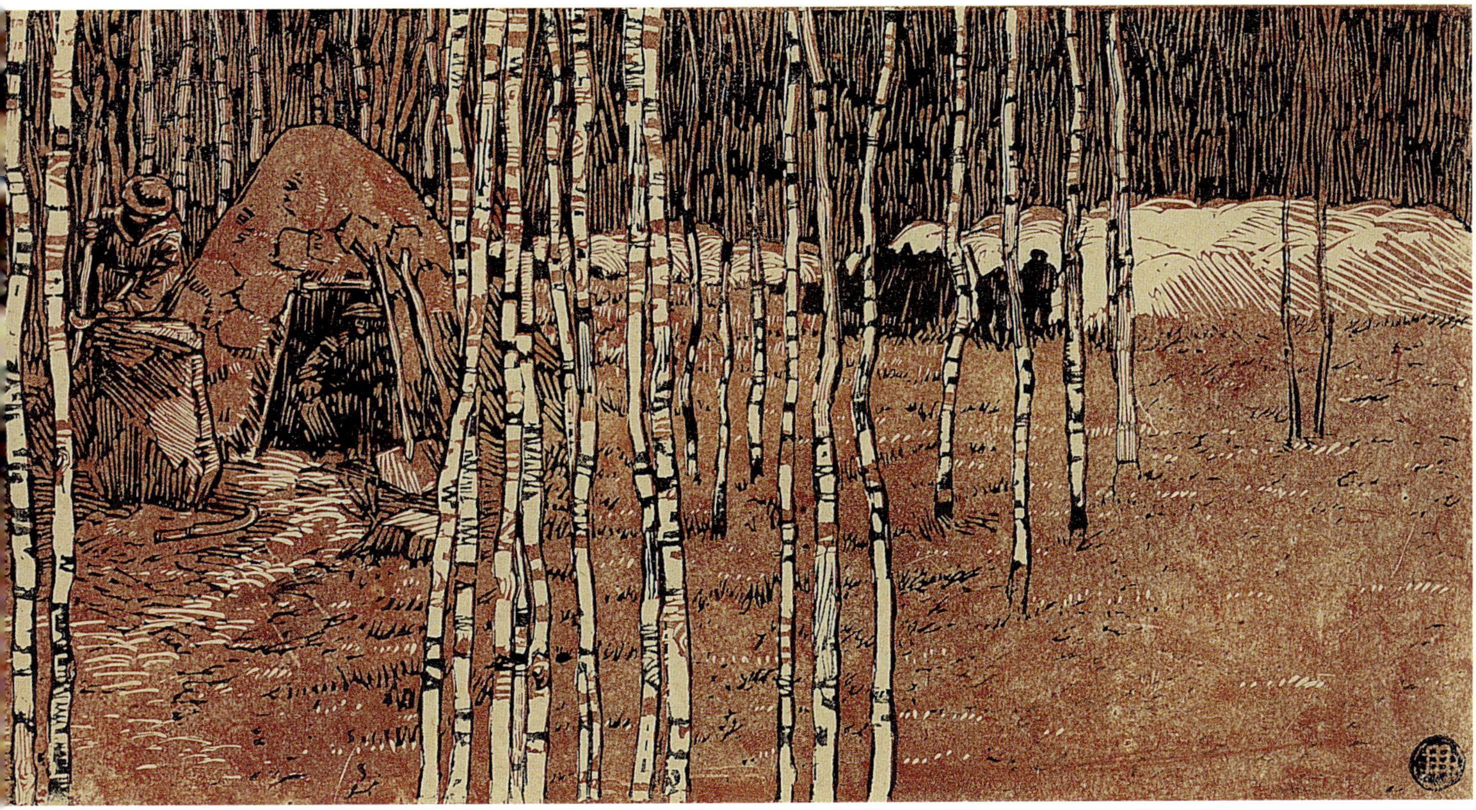

Fig. 3. Mathurin Méheut, *Charbonniers en forêt*, 1912, gravure sur bois, 22 x 40 cm. Collection particulière.

Son intérêt pour tout ce qui relève des arts décoratifs, constante de toute une vie, ses contributions à la revue *Art et décoration*, très nombreuses entre 1905 et 1913, permettent d'affirmer qu'il est attentif à bien d'autres formes d'art japonais que les seules estampes. Il est bientôt acteur de ce milieu qui cherche à donner une vigueur nouvelle aux arts appliqués. Au demeurant, les traces de japonisme qu'on serait tenté de souligner dans ses œuvres peuvent tout aussi bien être des échos des audaces de contemporains, Degas, Monet, Gauguin ou Lautrec (là aussi, il ne livre pas ses opinions).

Dès ses débuts, et comme presque tous les artistes alors, il s'est choisi un monogramme japonisant (avec des essais peu aboutis dès l'école rennaise).

En 1912 et 1913, certaines gravures sur bois en deux tons sont de format allongé, soit en hauteur (fig. 2), soit en largeur. Les arbres des *Charbonniers dans la forêt* sont disposés en grille (fig. 3). Dans *Études d'animaux*, le premier grand livre qu'il illustre en 1911, sous la direction d'Eugène Grasset, beaucoup de planches énumératives se présentent comme les pages de la Manga, mais cela correspond aussi à une tradition française du livre documentaire.

Dans les peintures de grand format, il aime les très longs bandeaux horizontaux sur lesquels le regard glisse latéralement comme le long d'un rouleau,

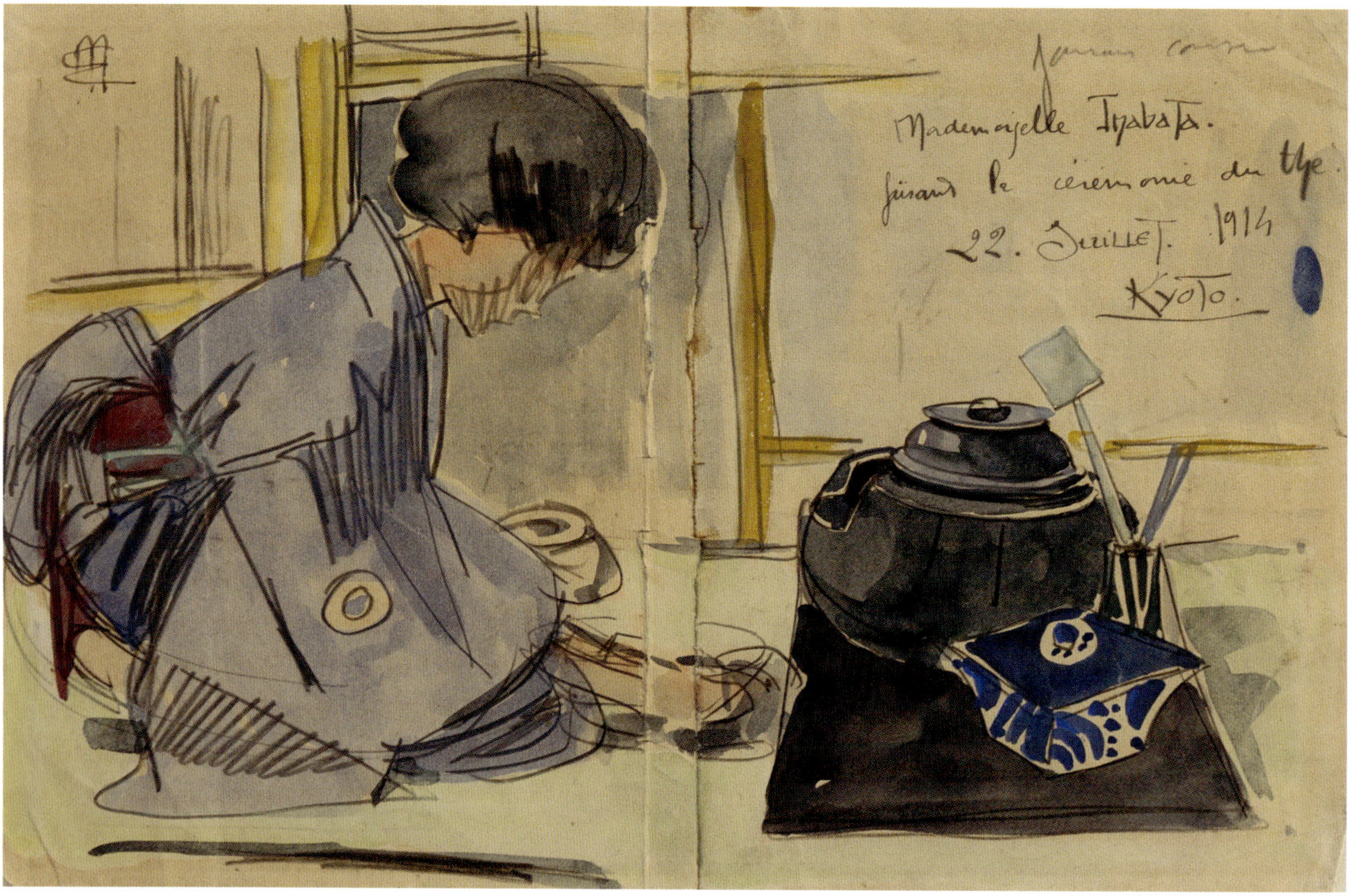

Fig. 4. Mathurin Méheut,
Mademoiselle Inabata faisant la cérémonie du thé, Kyoto, 22 juillet 1914,
crayon et aquarelle sur papier, 20,3 x 30,5 cm.
Lamballe, musée Mathurin Méheut.

format japonisant certes, mais c'est pour lui un moyen d'embrasser un panorama plus vaste que ce que lui permettrait le format « marine » traditionnel. Et jamais il n'adopte les formats du *kakémono* dans sa peinture, il n'a pas décoré de paravent et il n'a pas peint d'éventails comme beaucoup d'artistes l'ont fait, mais il s'y intéresse pour des projets en filet ou dentelle… Les traces de japonisme chez Méheut ne peuvent donc être considérées seules mais parmi les préoccupations propres à l'époque.

MÉHEUT AU JAPON

C'est un jeune artiste aguerri (par l'énorme travail accompli à la Station de biologie marine de Roscoff) et déjà reconnu (avec le succès de son exposition au pavillon de Marsan en 1913) qui séjourne au Japon d'avril à juillet 1914.

Le voyage, écourté par la guerre, est celui d'un touriste séduit qui est d'abord frappé par les ressemblances avec la Bretagne, « pierres levées… pins magnifiques… sardiniers gagnant le large… batteurs de blé… pèlerins ». Il note rapidement au crayon la vêture des paysans, les pèlerins en marche ; avec la maestria qui déjà le caractérise, il saisit un porteur de palanche.

Yokohama, Sakai, Osaka, Nara, Kyoto : l'Européen

brosse dans des gouaches plus élaborées, rapidement mises en page, vivement colorées, les paysages et les scènes pittoresques (fig. 1), quais animés et jonques à Osaka, lanternes de pierre et *torii* des temples *shinto*, danseuse et biches sacrées à Nara, un petit sanctuaire aperçu dans la forêt… Cependant, il avoue dans une lettre qu'à côté de cet aspect touristique, il a été frappé par un « Japon me donnant une impression misérable, maladive, mais courageuse et primitive » (mais rien n'en transparaît dans les croquis connus). L'émule de la revue *Art et décoration* s'arrête devant les objets d'art populaire vendus autour des temples : « les jouets peints aux couleurs vives… cette pieuvre si joliment décorative, le coq et la poule faits de quelques coquillages » et il s'attarde sur « ces figurines de deux ou trois centimètres en terre cuite et peinte, réduction de temples, de *torii*, de chaumière, de barques » et sur ces « ensembles artistement groupés dans un plateau de porcelaine blanche ». Et le Breton de déplorer en comparaison ce que « nous trouvons à nos pèlerinages, à nos pardons ».

L'artiste relève au crayon, fusain ou gouache l'architecture et la statuaire religieuses, colonnades et *torii* rouges, ici une statue du musée dont il écrit avec soin l'origine et les caractéristiques, là le grand Bouddha et les gardiens géants du temple de Todai-je.

Au théâtre Nô, il a croqué les acteurs et les musiciens sur scène et aussi les spectateurs munis de leur éventail, avec théière et tasse tout près.

À Kyoto, il est guidé par le peintre Kanokogui Takeshirô qui, à Paris, a fréquenté l'atelier Julian et qui est venu en Bretagne. Grâce à cet ancien élève de Jean-Paul Laurens, « j'ai pu visiter et étudier les deux grandes écoles d'art de Kyoto, les fabriques de porcelaine, les émailleurs, les laqueurs, les graveurs sur bois ». Il ne peut qu'y trouver confirmation de sa conviction que « art et artisanat sont liés et se confortent l'un l'autre, que le savoir-faire est aussi important que l'acte créateur ». Il a été reçu par le « grand industriel Inabata » (fig. 4) mais il ne précise pas « les maisons fermées aux Européens » qu'il a pu visiter grâce à lui ; dans une lettre postérieure à l'éditeur Émile Lévy, il dit avoir rapporté des « spécimens des travaux d'élèves de Kyoto, la seule école travaillant dans la tradition et avec les procédés japonais » et qu'il a vu « la nouvelle technique des étoffes, beaucoup plus intéressante que le batik », sans doute une fabrique d'étoffe imprimée au pochoir.

Au Japon, les intérêts de Méheut sont donc très diversifiés, beaucoup tournés vers les données pratiques, artisanales ou industrielles, avec, très sensibles, le besoin d'apprendre et le désir d'en tirer plus tard des réalisations concrètes.

Fig. 5. Le jardin du Caruhel à Étables-sur-Mer (Côtes-d'Armor), photographie vers 1930.

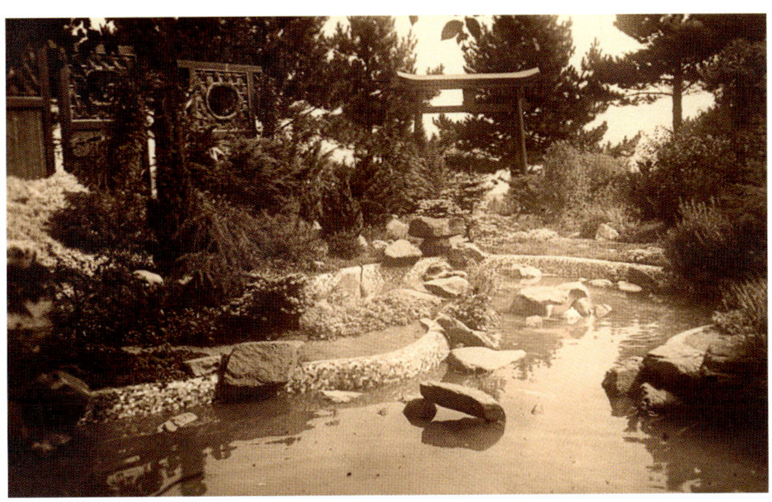

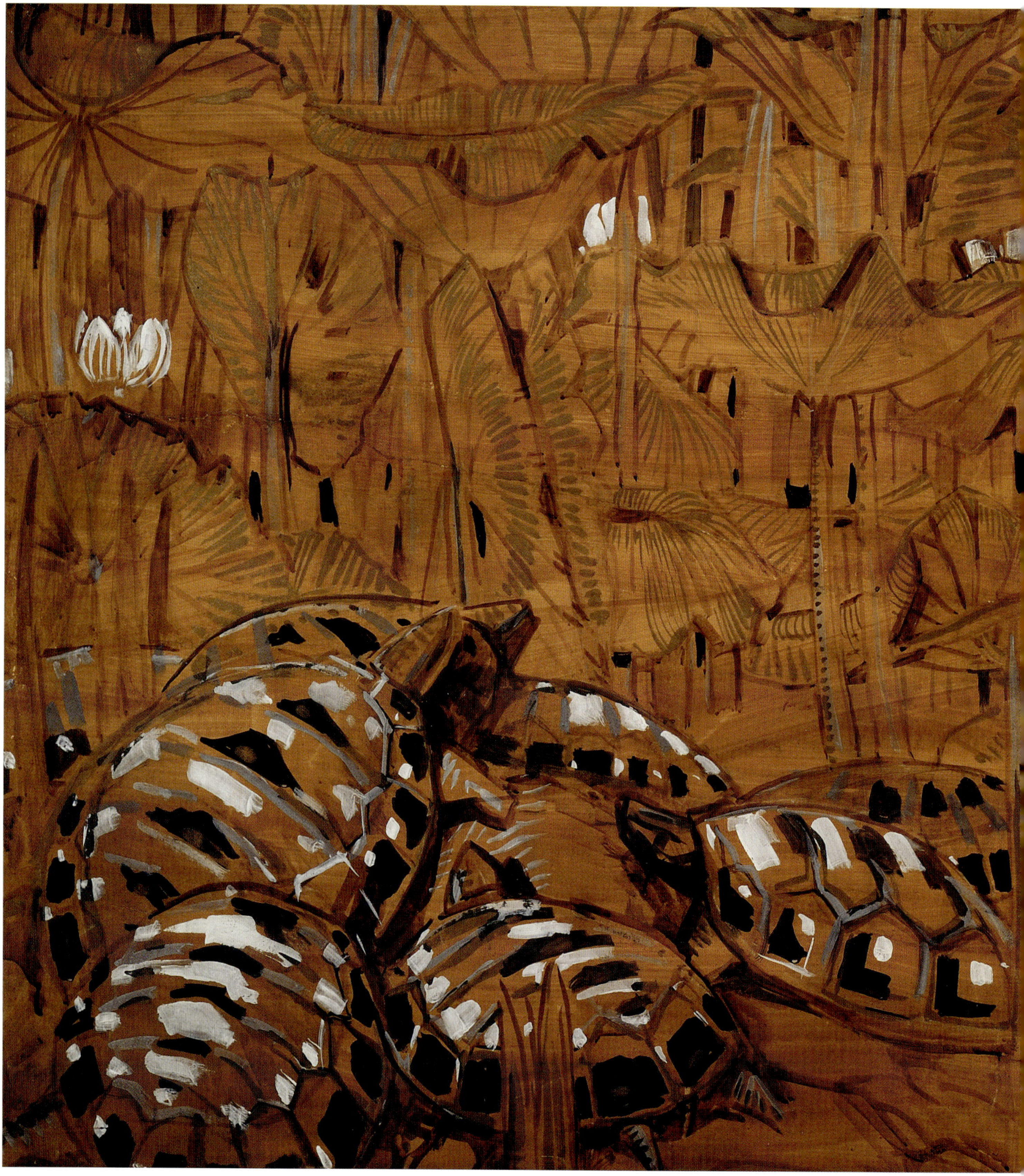

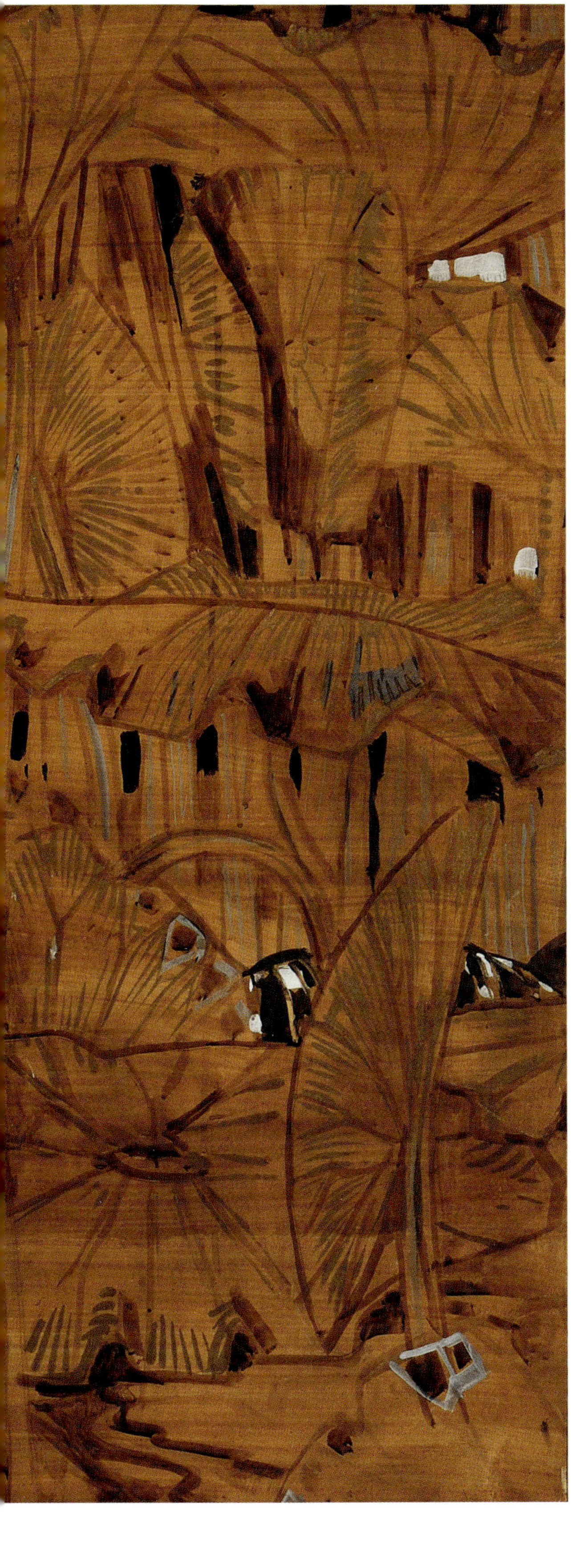

Échos

Au retour, c'est la guerre et le front pendant quatre ans, mais le Japon reste présent envers et contre tout ; il s'en entretient dans sa correspondance avec Émile Lévy, Maurice Pillard-Verneuil, Robert d'Humières. « Le Japon a singulièrement agi sur nous » écrit-il à sa femme. Et le portrait en kimono qu'il fait d'elle pourrait être pris pour une japonaiserie anecdotique, dans cette mode lancée par Monet en 1876 avec Camille en kimono, mais lui qui a fait si peu de portraits, il en réussit là un très beau, dans le sillage des Nabis.

Quelles traces japonaises peut-on déceler au sein de son œuvre si varié ?
Tout d'abord constatons les réserves qu'il émet dans ses réponses lapidaires à une enquête du *Bulletin de la vie artistique* en 1922 : « L'art moderne européen peut-il bénéficier d'un apport nouveau venu d'Extrême-Orient ?
1° en peinture : non.
2° en sculpture : encore plus négatif.
3° en art décoratif et en architecture : oui ».
Sur le premier point, il explicite son jugement négatif en disant avoir été déconcerté par l'européanisation constatée dans les expositions et les travaux d'élèves qu'il a rapportés. Mais son admiration pour l'estampe restera entière : « Malgré les soins et l'habileté apportés par quelques artistes graveurs français, nous restons si loin des tirages japonais ».

Fig. 6. Mathurin Méheut, *Tortues sacrées sur fond de lotus*, gouache, rehauts d'or et tempéra sur papier marouflé sur toile, 97 x 165 cm. Collection particulière.

Sa fille témoignera, plus tard, du poids de l'empreinte laissée par le Japon : « Toute sa vie, mon père restera émerveillé par le raffinement des Japonais, leurs rites, leur amour de la nature et la méditation du simple paysan devant une simple pierre, le torrent ou l'arbre tordu ». Elle ajoute qu'il modifia son monogramme, adoptant les deux M en « double sommet, souvenir du Fujiyama ».

Au lendemain de la guerre, des peintures puisent dans les souvenirs du voyage, des tableaux à la gouache : la galerie rouge à Nara, les lanternes de pierre du sanctuaire de Kasuga, la fontaine du temple de Miyajima, les grues sacrées du temple sur pilotis de Miyajima (ces deux dernières publiées dans *l'Illustration* en avril 1921). À des dates indéterminées, des peintures sur isorel, à effet de fresque (caséine et sable) reprennent des sujets aimés comme les danseuses et les biches sacrées à Nara. Il a offert l'un de ces grands tableaux à Yvonne Jean-Haffen, *le Grand* Torii *de Miyajima*, qui orne aujourd'hui les murs de la Grande Vigne à Dinan.

Dans le domaine des arts décoratifs, le souvenir des tortues sacrées (qu'il évoque en 1927 pour Yvonne Jean-Haffen) l'inspire pour une grande composition où le noir et blanc des carapaces surgit dans la densité dorée d'une élégante forêt de lotus (fig. 4).

Ce qu'il est convenu d'appeler des traces de japonisme parsèment tout l'œuvre peint. En 1956 encore, une vue d'Étaples associe le point de vue plongeant et la composition sur l'oblique. Le dessinateur coupe souvent son sujet par le cadre : goémonière portant sa civière surgissant d'un côté, barque interrompue en bas par la feuille de papier. Mais ces partis sont autant liés à la rapidité du travail qu'à sa position d'observateur. Il continue à aimer les longs formats et aussi, devant les arbres ou les mâts serrés, les effets de grille.

Dans l'œuvre du céramiste, échos du japonisme et audaces personnelles se mêlent. C'est en 1932 que, répondant à une commande du restaurant parisien Prunier, il décentre un motif animal très stylisé d'une façon radicalement japonisante, comme jamais il ne l'avait fait (fig. 7).

Il a aussi tenté de suivre l'exemple japonais en créant chez Henriot des formes miniatures qu'il avait tant appréciées au Japon. Des photographies

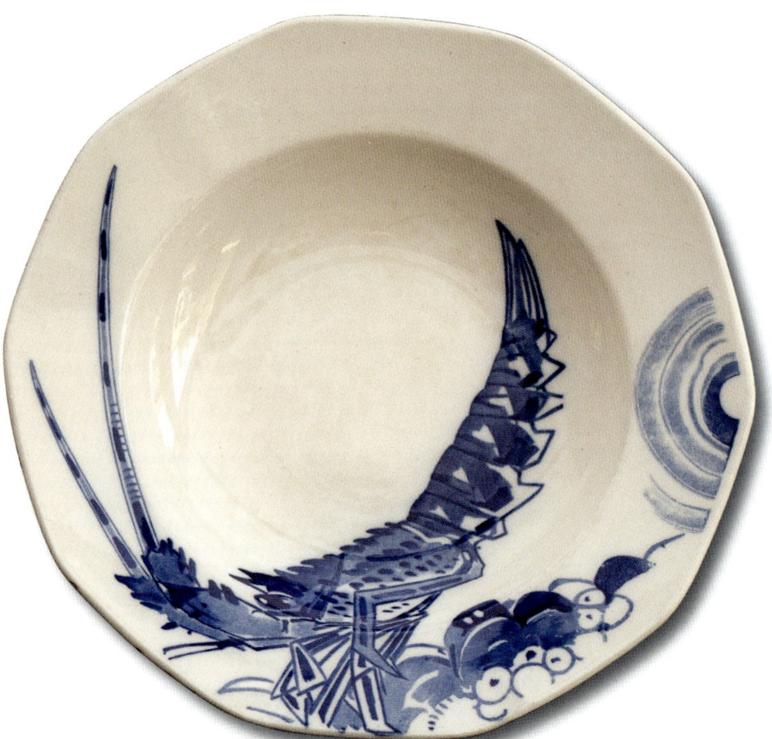

Fig. 7. Mathurin Méheut,
Assiette décagonale du service Prunier,
25 cm, Villeroy et Boch, Mettlach.
Lamballe, musée Mathurin Méheut.

montrent *Mon Village*, un plateau sur lequel étaient présentées des petites pièces aujourd'hui éparses : bateaux, puits, personnages.

Il avait aussi remarqué le jardin nippon : « Le Japonais dans presque chaque maison, dans presque chaque chaumière et avec l'aide de quelque belle pierre, fragment de marbre ou de racine, s'ingénie à reconstituer un paysage classique ». Quand en 1925 l'industriel Louis Fricotelle lui commande mosaïques et ferronneries pour sa villa du Caruhel à Étables-sur-mer, Méheut investit aussi le jardin (fig. 5), tapissant le lit d'un ruisseau de mosaïques et dressant un grand *torii* rouge sur le ciel breton.

Une dernière expérience japonaise est à relever à propos du graphisme de Méheut. Sa fille nous dit : « Convié à l'École des beaux-arts de Kyoto, il avait été soumis à l'épreuve de la peinture sur soie. Mon père était très conscient que ses pairs attendaient un échec de l'artiste occidental face à cette technique inusitée. Mais il enleva superbement ce grand morceau et s'en tira si brillamment qu'il reçut force cadeaux ». Lui dit seulement : « Je dus approfondir les techniques de différents procédés de peinture », nous n'en savons pas plus. Mais nous pouvons en déduire qu'il a eu un contact concret avec les calligraphes japonais, avec leur geste créateur. Il n'a pas eu le temps, et ce n'est pas son tempérament, d'approfondir les aspects méditatifs, religieux et philosophiques de cet art de l'encre. Mais vitesse et justesse caractérisant son propre graphisme, ce contact n'a pu que conforter et enrichir son mode opératoire du dessin : d'une simplicité magistrale, sans description inutile, ses coqs affrontés disent le mouvement vital qui les anime (fig. 8). Et devant tel *Héron* de céramique ou telles *Roussettes nageant*, on pense à la réflexion de Brancusi, si en accord avec les préceptes extrême-orientaux : « Quand on pense poisson, on ne pense pas écaille, mais mouvement ondulant du poisson dans l'eau, de même pour l'oiseau, l'élan du vol, la flèche qui traverse le ciel ».

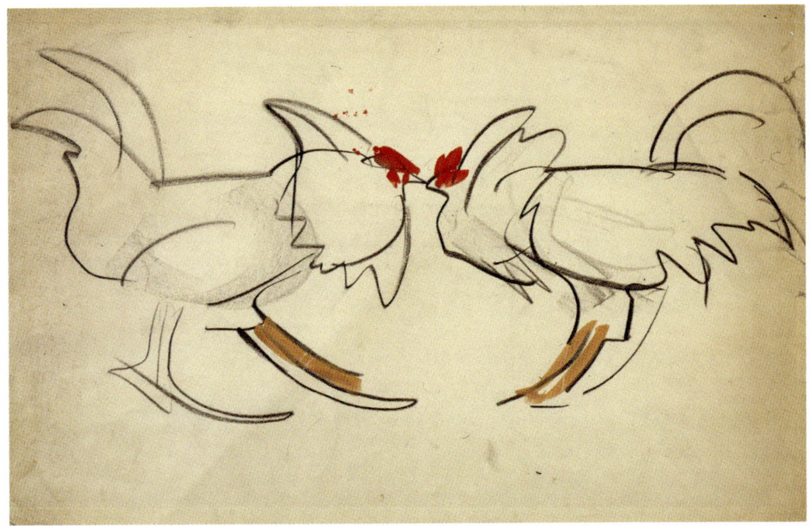

Fig. 8. Mathurin Méheut, *Combat de coqs*,
Crayon gras, gouache sur papier, 32 x 47 cm.
Lamballe, musée Mathurin Méheut.

Rencontre préparée par une culture qu'on devine sans la connaître vraiment, rencontre passionnée, touristique et savante d'un artiste tourné vers les arts appliqués, échos indéniables dans l'œuvre d'un japonisme assimilé correspondant à sa propre façon de voir : malgré la brièveté du séjour, le Japon aura été pour Méheut une expérience particulièrement enrichissante.

Mathurin Méheut : souvenirs du Japon choisis pour Yvonne Jean-Haffen

Denise Delouche

Méheut a l'habitude d'orner ses lettres de dessins. Du Japon, il envoie à sa fille, de six ans, de telles lettres. Les quarante lettres « japonaises » conservées à Dinan, à la Maison d'artiste de la Grande Vigne, sont adressées à Yvonne Jean-Haffen en 1927, quatorze ans après le voyage que Mathurin Méheut, bénéficiaire d'une « bourse autour du monde » de la fondation Albert Kahn, a fait au Japon du 22 avril au 3 août 1914. Elles s'intègrent dans l'ensemble des « lettres ornées », comme ils les appellent tous les deux, qu'il lui envoie quand ils sont séparés, de 1925 à sa mort en 1958. Il y en a 1400.

Une correspondance très particulière

Il convient tout d'abord de préciser les caractères originaux de ces lettres. En général l'écrit et l'image y cohabitent, mais les images ne sont en rien des illustrations, car sauf exception il n'y a aucun rapport entre le texte et l'image : l'écrit évoque sa santé, le temps, ses occupations… Ce qui n'enlève rien à l'intérêt d'une mise en page très diverse. Les sujets se suivent en cycles plus ou moins longs, portant ou non des titres. La technique est l'encre et la gouache. Certaines ne comportent aucun texte. Ces « lettres ornées » sont de vraies lettres, elles ont été envoyées et portent la trace de pliures. Elles ont toutes le même format, 31 sur 40 cm.

C'est Yvonne Jean-Haffen qui a conçu le projet de telles lettres ; elle ne cessera de les lui réclamer mais pour l'artiste, ce qui était un plaisir devient souvent un *pensum*, d'autant que, dès avant la rupture des relations entre les deux couples, il les peint et les envoie en cachette de sa femme. Juste avant de commencer la série japonaise, il écrit : « Je voudrais chaque jour vous faire parvenir quelques bouts de croqueton. Vous voyez, hélas, combien c'est difficile. Surtout que je suis obligé de garder précieusement tous ces feuillets recommencés, repris, cachés. Je me prends à rêver moi-même tellement ils me rappellent de moments dangereux et de dissimulation rapide ».

Il puise ces dessins dans ses cartons, ce sont des copies et redites des dessins de 1914. Il en est rarement satisfait ; « pauvres croquetons », écrit-il. Et on l'approuverait parfois : les deux lettres remplies de silhouettes populaires japonaises n'ont pas sa qualité graphique habituelle.

Fig. 1. Mathurin Méheut,
Prière devant les statues géantes de Nara, (détail),
Encre et gouache sur papier, 40 x 31 cm.
Dinan, Maison d'artiste de la Grande Vigne (LM134).

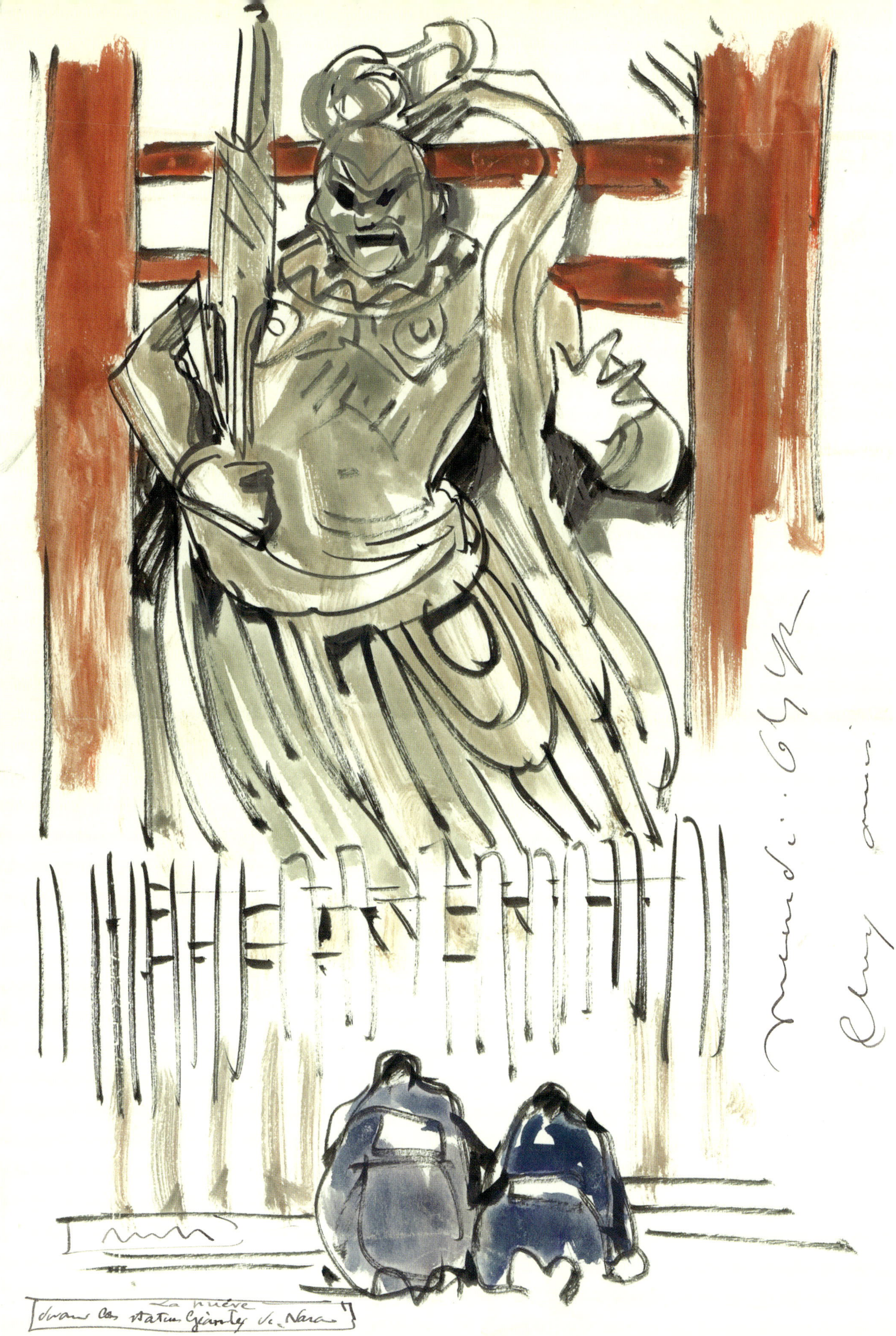
La prière
devant les statues géantes de Nara

Jeudi 8 Septembre 1927

Chère Madame

Pas de veine - hier - personne à qui confier les 2 feuillets illustrés que j'espérais bien pouvoir faire parvenir Rue Falguière. —

J'espère que nous serons plus heureux ce soir. et que nous n'aurons pas de raseurs pour faire échouer notre porte —

Que le temps est long

ces jours ci. Le capard a encore de se réinstaller. que j'ai hâte que l'on nourrisse ce plâtre. c a d vers le 20 - ou qu'avant la rado.

… me … caserne

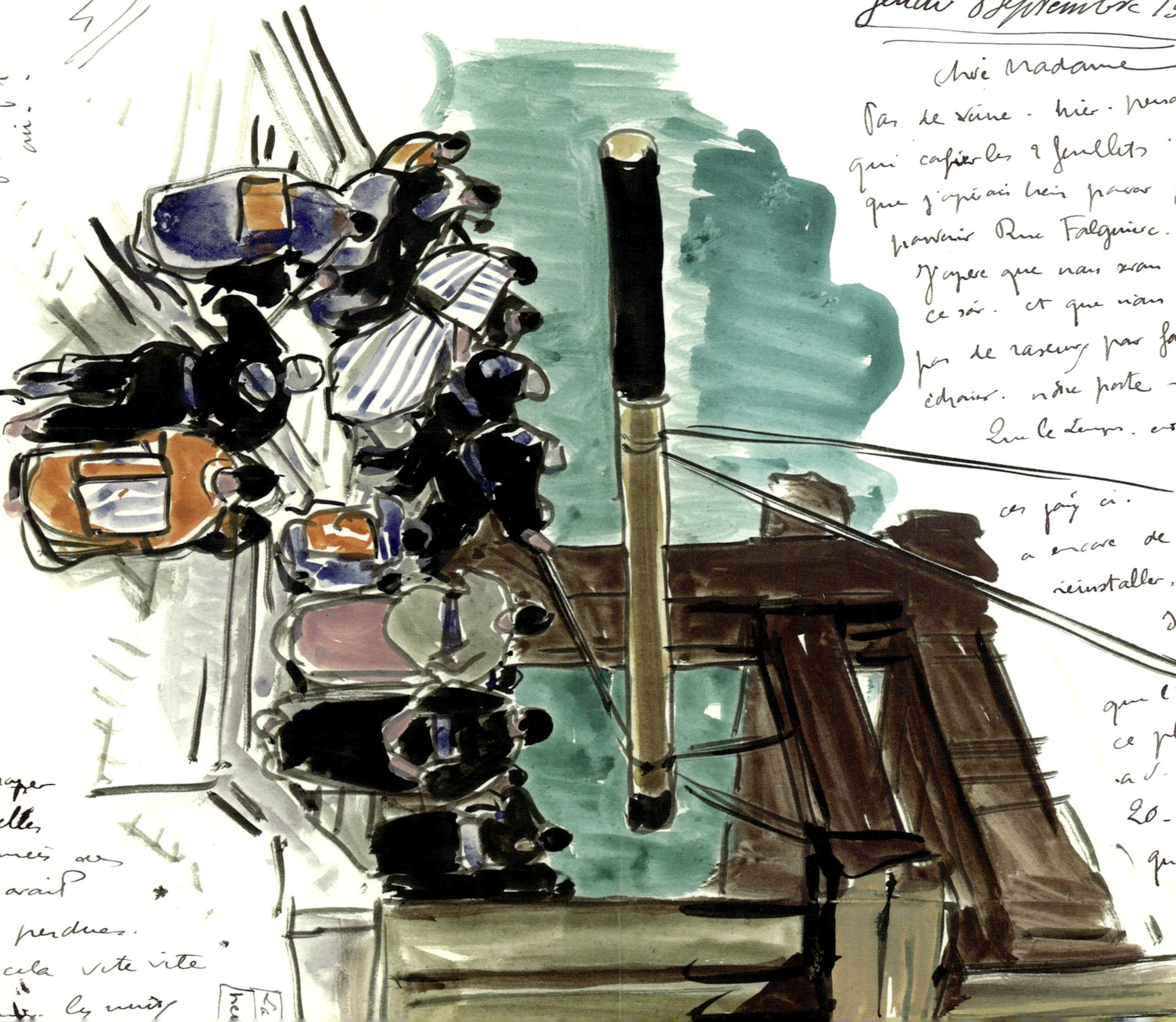

…rapper

…belles

…mes des

…avait

… perdues.

… cela vite vite

…tes. les nuits

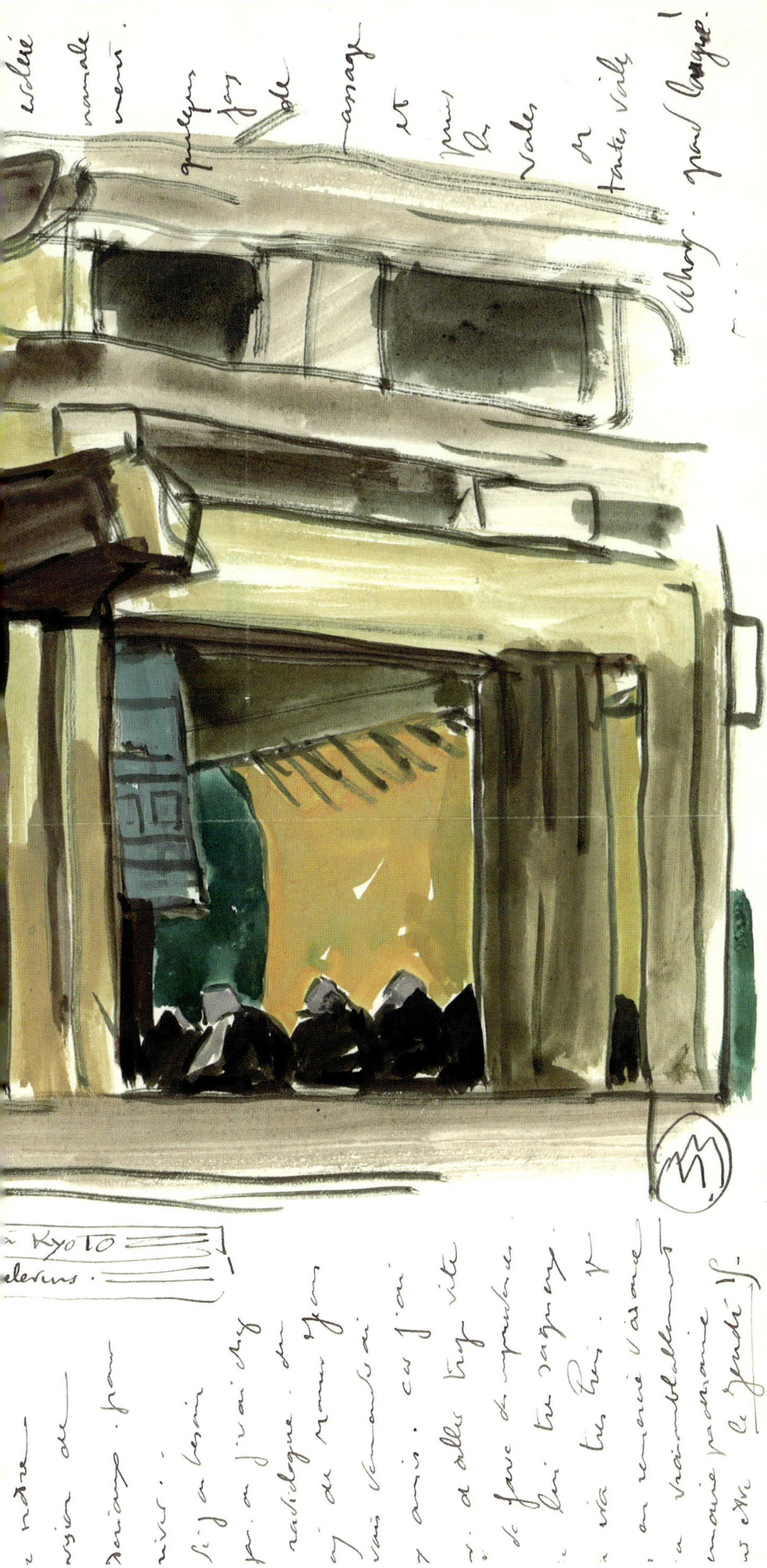

Fig. 2. Mathurin Méheut,
La Grosse Cloche à Kyoto heurtée par les pèlerins,
Encre et gouache sur papier, 31 x 40 cm.
Dinan, Maison d'artiste de la Grande Vigne (LM99).

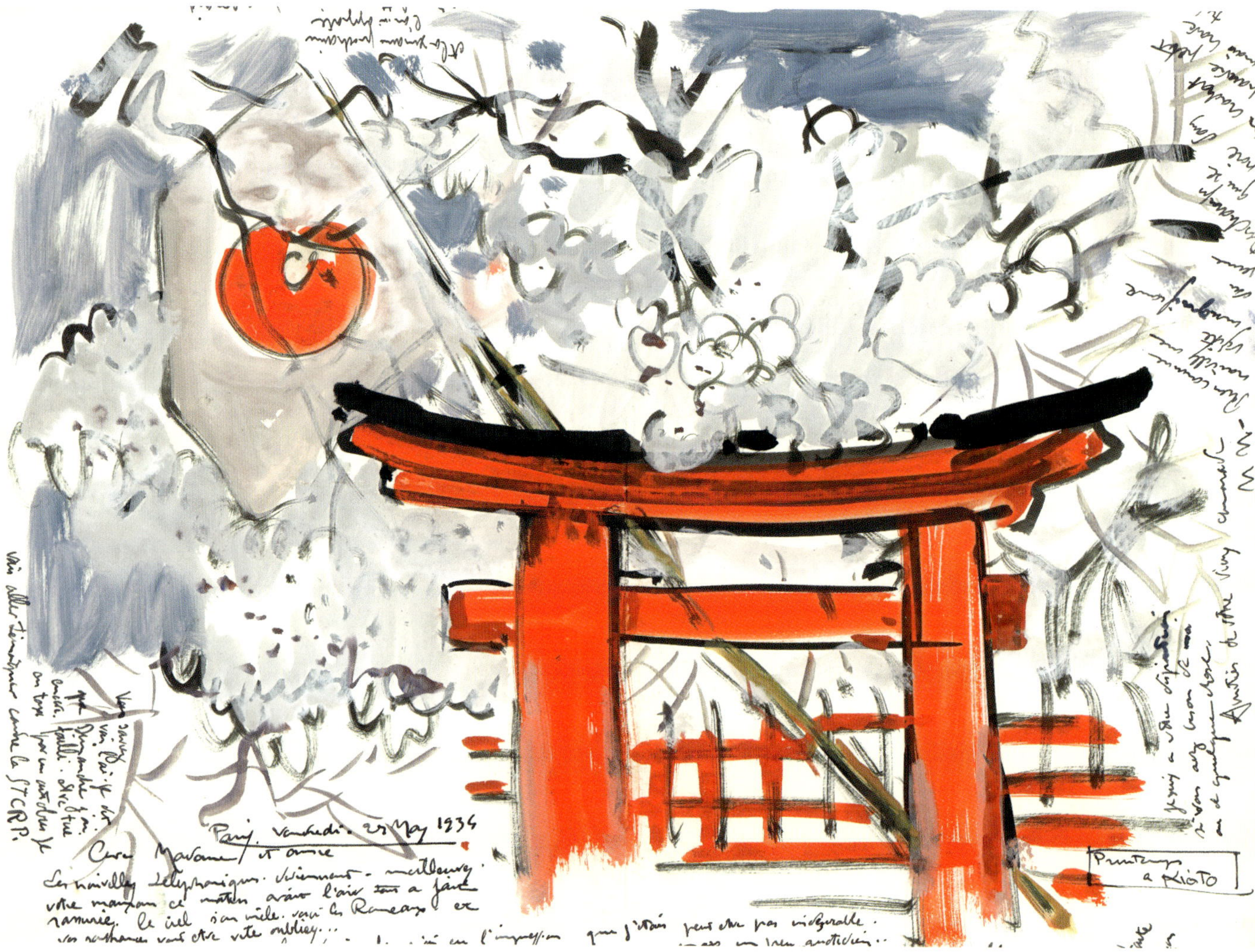

Fig. 3. Mathurin Méheut, *Printemps à Kyoto*,
Encre et gouache sur papier, 31 x 40 cm.
Dinan, Maison d'artiste de la Grande Vigne (LMB 132).

Le Japon surgit avec trois lettres les 17-19 juillet 1927, il interroge : « Dites-moi, s'il faut, puisque vous aimez Ouessant, continuer les lettres du Japon ou avec les souvenirs d'Ouessant ». La série japonaise occupe presque tout le mois de septembre, brièvement interrompue par d'autres sujets.

Méheut est alors immobilisé, jambe dans le plâtre et on doit le sujet japonais à la disposition de l'atelier : « C'est le seul tiroir que je puisse avoir auprès de moi sous prétexte de classement, aussi j'y puise mes croquetons ». La série se termine avec sa remise sur pied et son départ à Douarnenez.

Une seule lettre est postérieure, quand il intègre le printemps à Kyoto en mars 1934 à une brève série d'évocations printanières (fig. 3).

Le contenu

On ignore l'importance des notes prises durant le voyage et ce qu'il avait encore dans ses cartons en 1927. Quelle proportion représentent les lettres ornées ? Dans son exposition de 1921, la section « Japon » comprenait 85 numéros, combien en a-t-il vendu ? Ces lettres livrent une indication de

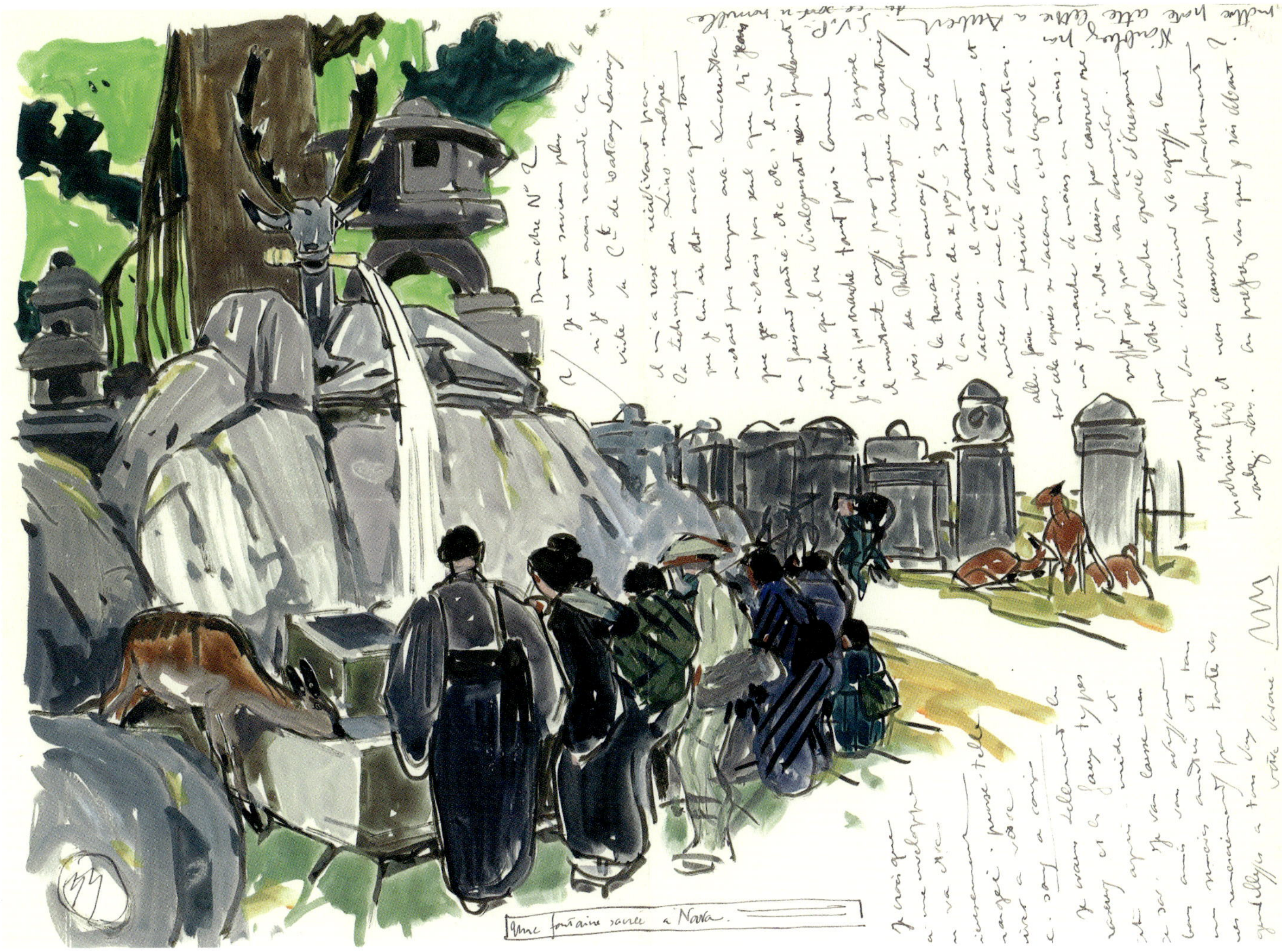

Fig. 4. Mathurin Méheut, *Une Fontaine sacrée à Nara*,
Encre et gouache sur papier, 31 x 40 cm.
Dinan, Maison d'artiste de la Grande Vigne (LM 103).

ses choix thématiques, des jalons du voyage, en aucun cas un itinéraire. On peut seulement supposer que, dans ce qui lui restait, il a choisi pour son amie ce qu'il préférait (soit pour le sujet, la force du souvenir ou encore la qualité stylistique).

Ces réserves étant faites, les choix de Méheut sont ceux d'un touriste étonné et séduit. L'exotisme y préside : jonques d'Osaka, constructions typiques, temples, *torii*, petits sanctuaires *shinto*, lanternes de pierre… Il note l'animation des pèlerins près de la fontaine sacrée (fig. 4) ou heurtant la grosse cloche à Kyoto (fig. 2) ; il capte aussi des scènes quotidiennes, comme il le fait en Bretagne, le laboureur, le jardinier, les teinturiers à Osaka, la cérémonie du thé. Les croquis les plus nombreux intègrent les animaux, pigeons, grues et surtout biches (12 lettres). L'artiste animalier est fasciné par ces biches que l'on peut approcher et dessiner à loisir : biche et son faon, biches au repos, se nourrissant, biches en troupeau suivant les danseuses et aussi le cerf attaquant un monstre sculpté et les daims s'enivrant avec les tiges de printemps à Nara (« Je vous ennuie sans doute avec mes biches et mon Japon », s'excuse-t-il le 15 septembre).

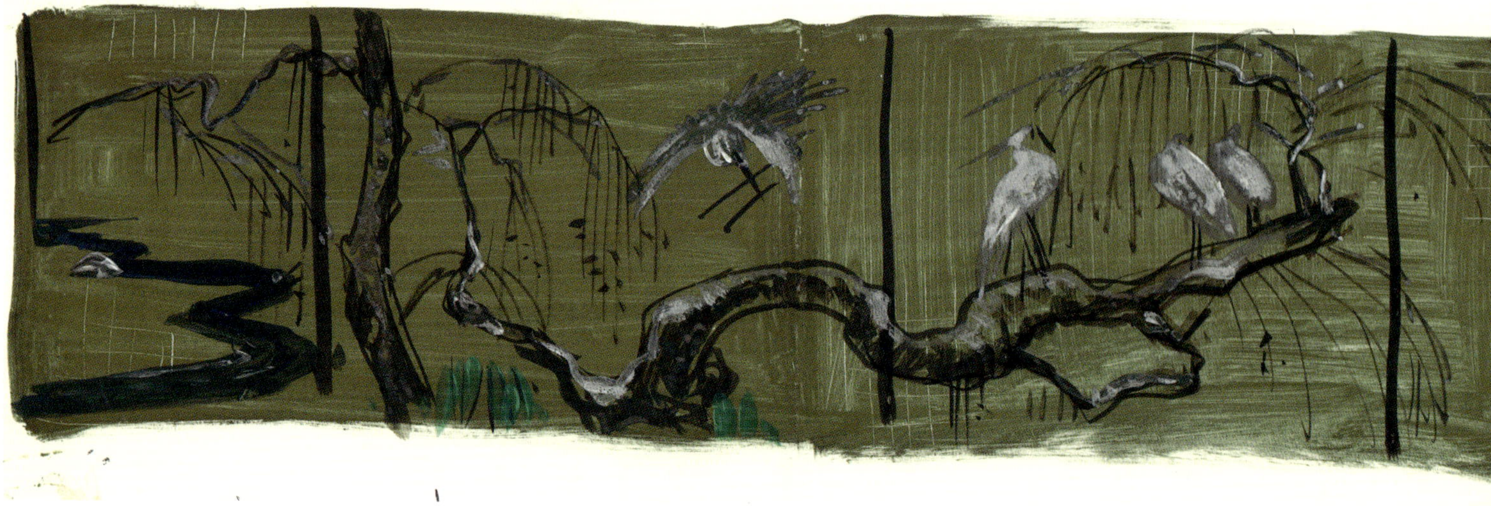

Fig. 5. Mathurin Méheut, *Nobumata, école de Kano*,
Encre et gouache sur papier, 31 x 40 cm.
Dinan, Maison d'artiste de la Grande Vigne (LM 126).

L'artiste pointe derrière le touriste dans quelques rares lettres, quand il répète les statues géantes des gardiens terrifiants d'une entrée du Todai-je de Nara (fig. 1) ou quand il dessine très attentivement la porte monumentale du temple bouddhique Higashi Otani à Kyoto et surtout quand, les 23 et 24 septembre il fait « quelques copies souvenirs des fameux panneaux de l'École de Kano qui décorent le temple de Kyoto » (fig. 5), quatre croquis qu'il accompagne pour une fois de commentaires : « Les grands atteignaient de 7 à 9 mètres, chose rare au Japon, tout cela d'une verve et d'une exécution inimitable et à un moment où en Occident on ne soupçonnait rien de cet art. De là, tout le départ de la superbe école de Kano avec Nobumata, école qui vient si rapidement influencer tout notre art et si différent des estampes de la même époque » : rare moment où Méheut révèle sa culture.

La forme

Même si le texte écrit n'a pas (sauf cette exception) de rapport avec l'image, il est toujours intéressant de se pencher sur la mise en page de ces feuillets, l'écriture rapide servant de « toile de fond » graphique, occupant la surface dans tous les sens, en colonnes, masses compactes ou îlots fragmentés par les images. Il est manifeste que Méheut commençait par l'image et « remplissait » ensuite les espaces restants.
Il n'y a que deux « macédoines » de petits croquis épars (*Types japonais* et *Types de théâtre populaire*). La disposition la plus fréquente est en long bandeau, occupant de façon souple toute la longueur de la feuille : *Danseuse suivie des biches sacrées à Nara, Biches à marée montante À Myajama* (fig. 6), *Combat du cerf et du monstre dans le parc d'Inabata,* et la peinture de Nobumata.

Quelques grandes gouaches occupent la feuille de façon dissymétrique, plus rarement centrées, ce sont les lettres les plus belles, laissant l'image s'épanouir et accordant au texte de se glisser tant bien que mal dans ses golfes irréguliers (*Grosse*

Cloche à Kyoto, Fontaine sacrée Nara, Teinturiers à Osaka, Grand Torii à marée basse). Les mises en page sur l'oblique, japonisantes, sont rares : *Sous-Bois à Nara, Danseuses aux biches* ou *Montagne sacrée Nara*.

Malgré le caractère de « copie », malgré les conditions d'élaboration, ces œuvres japonaises de Méheut montrent une belle vigueur du graphisme. Rapidement faites, elles sont d'une exceptionnelle intensité chromatique. Il a aimé tout particulièrement la force du rouge des temples et des *torii* qu'il confronte au vert profond des frondaisons et au bleu dense de l'eau ou d'un lointain montagneux (fig. 7 et 8).

Ce mois de septembre 1927, malgré la jambe cassée, aura été pour lui le passionnant retour sur un voyage qui fut trop court et, pour nous, le moyen de découvrir les sujets d'œuvres aujourd'hui disparues.

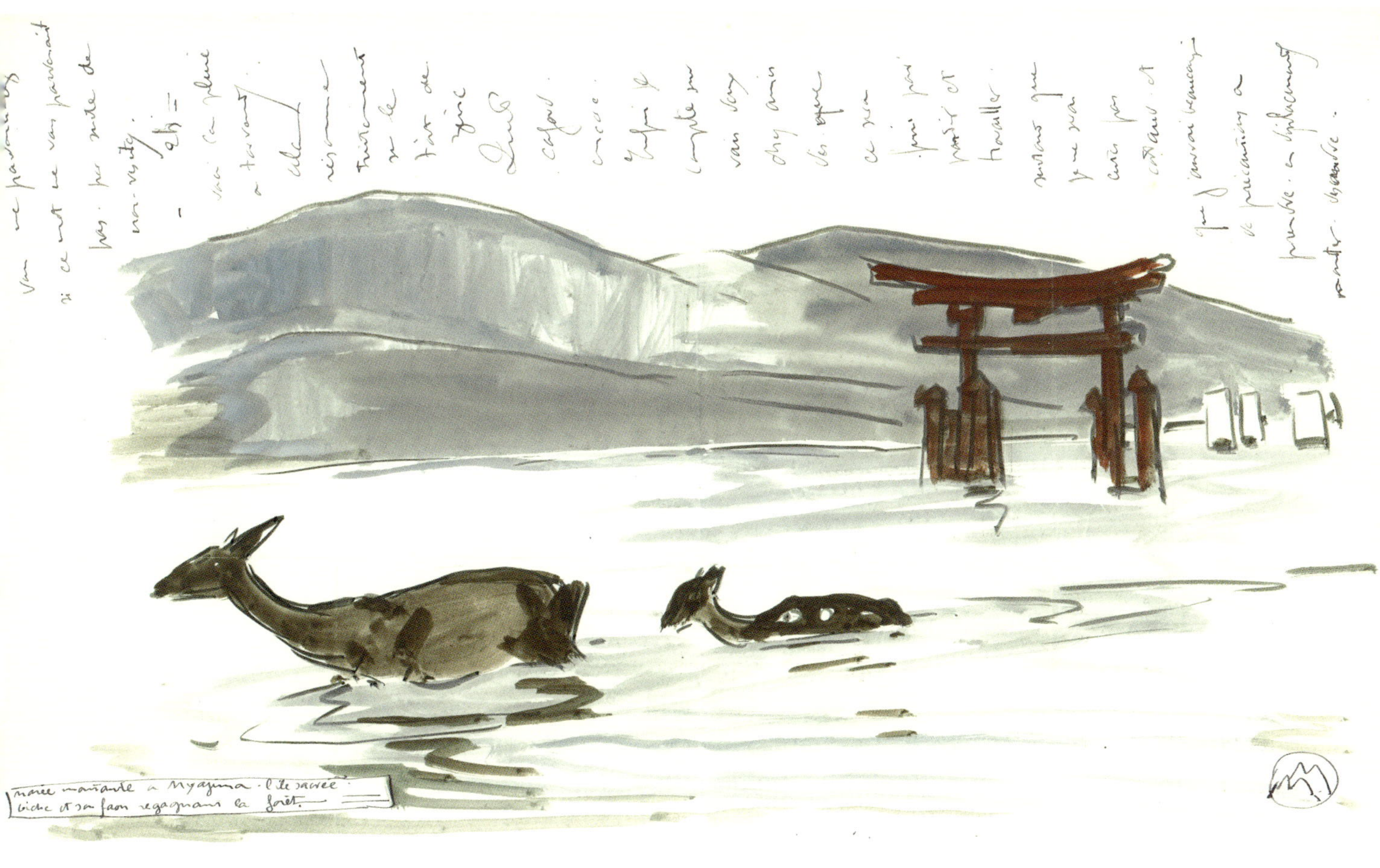

Fig. 6. Mathurin Méheut, *Marée montante à Miyajima, biche et son faon regagnant la forêt*,
Encre et aquarelle, 31 x 40 cm.
Dinan, Maison d'artiste de la Grande Vigne (LM 98).

Lettres de thème japonais conservées à la Grande Vigne, avec les titres inscrits par Méheut (parfois deux titres).

LM51 La danseuse sacrée dans la galerie rouge.

LM52 La danse du miroir - danseuses sacrées à Nara.

LM53 Sans titre (dragons, pont et *torii*).

LM93 Jonques japonaises à Osaka (sans texte).

LM94 Portique shintoïste à Kyoto (sans texte).

LM95 Sous-bois à Nara.

LM96 Types japonais.

LM97 Les danseuses aux biches à Miyajima.

LM98 Marée montante à Miyajima - biche et son faon regagnant la forêt.

LM99 La gosse cloche à Kyoto heurtée par les pèlerins.

LM100 Types de théâtre populaire Kyoto.

LM102 Laboureur japonais dans la montagne près de Kyoto.

LM103 Une fontaine sacrée à Nara.

LM104 Teinturiers japonais à Osaka.

LM105 La prière devant le temple du renard sacré – forêt de Kioto (sic) – un terrier sacré.

LM106 Sans titre (groupe assis sous des lampions – biches flairant des théières).

LM107 La montagne sacrée Nara.

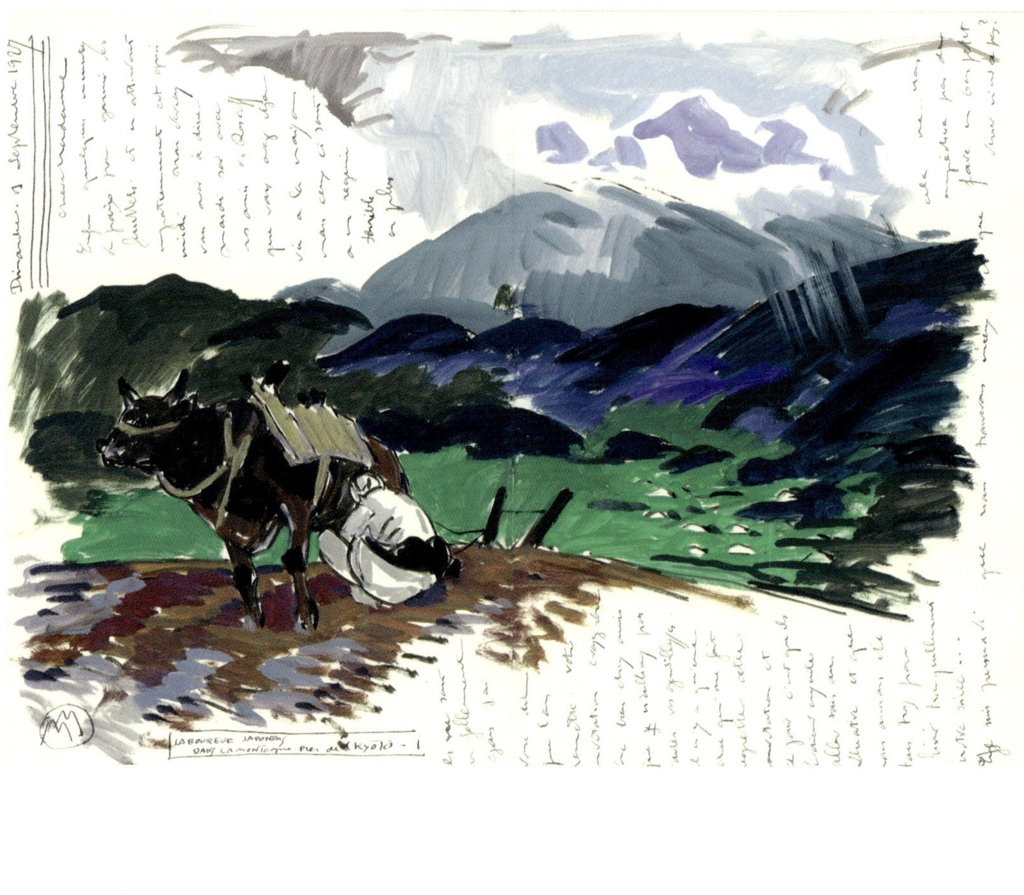

Fig. 7. Mathurin Méheut, *Laboureur japonais dans la montagne près de Kyoto*, Encre et gouache sur papier, 31 x 40 cm. Dinan, Maison d'artiste de la Grande Vigne (LM 102).

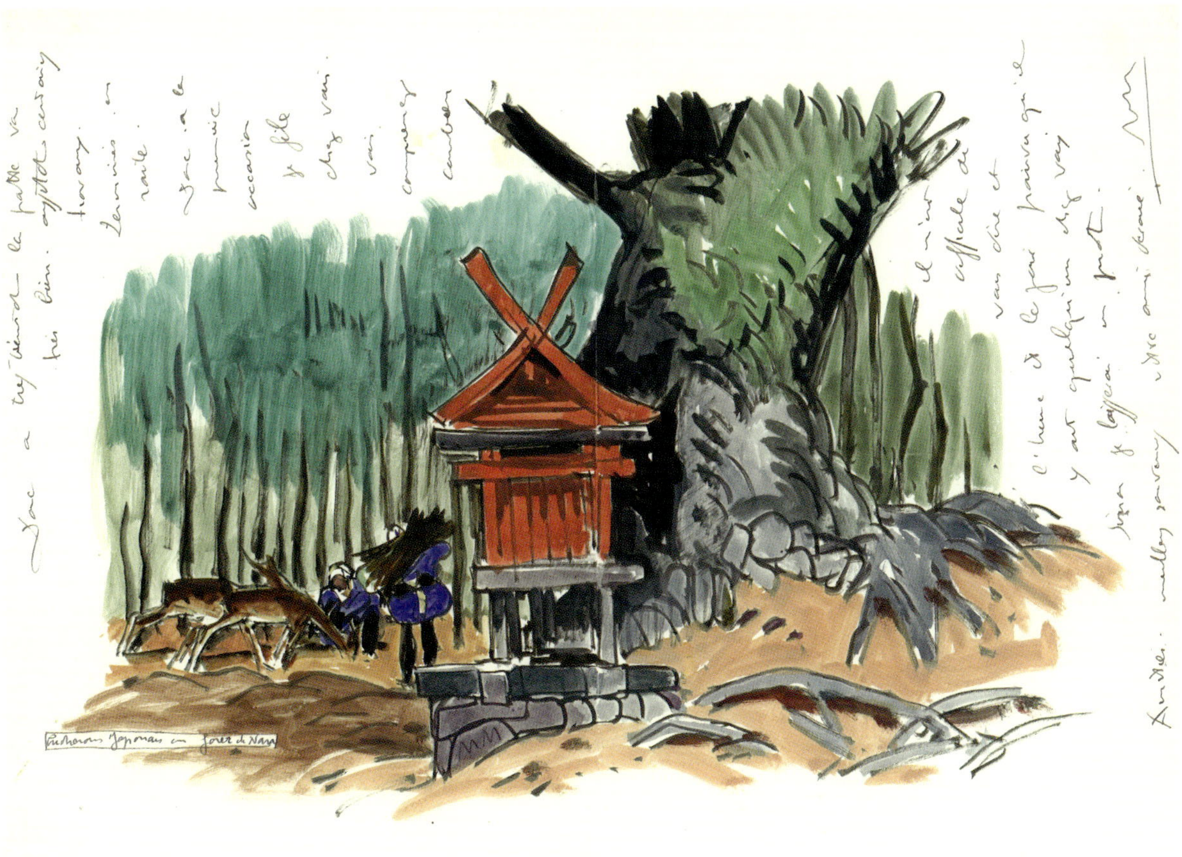

Fig. 8. Mathurin Méheut, *Bûcherons en forêt de Nara*,
Encre et gouache sur papier, 31 x 40 cm.
Dinan, Maison d'artiste de la Grande Vigne (LM 133).

LM108 Nara.

LM109 Dans le parc d'Inabata Kyoto.

LM110 Jardinier japonais Nara.

LM111 Sans titre (biche suivie d'un faon).

LM112 Dans le fond les temples shintoïstes bâtis sur pilotis – le grand *torii* à marée basse Miyajima.

LM113 Sans titre (cerf et biche - faon).

LM114 L'entrée sud de Kasuga.

LM117 La tortue de pierre - tortues sacrées au menhir.

LM118 Daims s'enivrant avec les tiges de printemps Nara.

LM122 Grues sacrées dans une des enceintes de Miyajima.

LM124 Nobumata, école de Kano.

LM125 Nobumata, école de Kano.

LM126 Sans titre (id).

LM127 École de Kano.

LM128 Entrée de tombeau près Kyoto.

LM129 Sans titre (groupement étrange d'animaux sculptés sur table basse et petits personnages).

LM130 Parc de Nara.

LM131 Fontaines japonaises.

LM132 Les pigeons sacrés Nara.

LM133 Bûcherons en forêt de Nara.

LM134 Prière devant les statues géantes de Nara.

LM135 Japonaise préparant le thé.

LM132 B Printemps à Kyoto.

Francis Hennequin : de la Cornouaille au Japon

Kelig-Yann Cotto

Parmi les nombreux photographes amateurs ou professionnels qui, au début du siècle dernier, se sont intéressés aux ports de la Cornouaille ou de la Bretagne en général, Francis Hennequin (1880-1956) occupe une place à part. Le fonds qu'il a constitué est d'une ampleur considérable. Conservé dans le cénacle familial de ses descendants, il est estimé à près de 8 000 plaques de verre stéréoscopiques dont le quart environ est consacré à la Bretagne, et à Douarnenez en particulier.

Ce qui relie ce Lorrain d'origine, banquier de profession, à l'extrémité occidentale de la Bretagne est avant tout lié aux pérégrinations de son histoire familiale. Son père, Adrien Hennequin farouchement attaché à la France, fuit l'annexion de la Lorraine par l'Allemagne en 1870 et vient s'établir à Paris. La sœur de Francis Hennequin se marie quelques années plus tard avec Paul Beziers, conserveur, et vient s'établir à Douarnenez, place du Champ de foire. Elle y sera bientôt rejointe par son père.

Adrien Hennequin va résider à Tréboul jusqu'à son décès. C'est cette villégiature qui motivera les fréquents séjours de Francis Hennequin sur le littoral du Cap Sizun et dans le Pays bigouden. À la mort de son père, il continuera à venir fréquemment rendre visite à sa sœur, profitant de ces moments pour exercer ses talents de photographe avec une prodigalité extraordinaire.

La version numérique du fonds consacré à la Bretagne est aujourd'hui consultable aux archives départementales du Finistère. Il constitue un matériau de premier ordre pour l'historien ou l'ethnographe. Attaché à l'évocation de l'univers maritime, Francis Hennequin se lie au territoire, à la fois par l'atavisme indirect que provoque en lui l'exil de sa famille et par le hasard de ses rencontres. Il est un témoin surtout du quotidien des ports sardiniers du début du siècle. Selon son petit-neveu, il était amateur de longues marches. C'est au cours de celles-ci qu'il saisissait ses petits tableaux du quotidien, constituant au fil des jours une chronique ethnographique. Son intérêt pour la région l'a même poussé à s'essayer à l'apprentissage de la langue. Son regard témoigne à la fois d'une curiosité envers une Bretagne étrange, à la renommée non galvaudée de rusticité, et d'une fascination pour

Fig. 1. Francis Hennequin, *Arashiyama. Le pont japonais.* 1912, négatif stéréoscopique sur plaque de verre. Collection particulière.

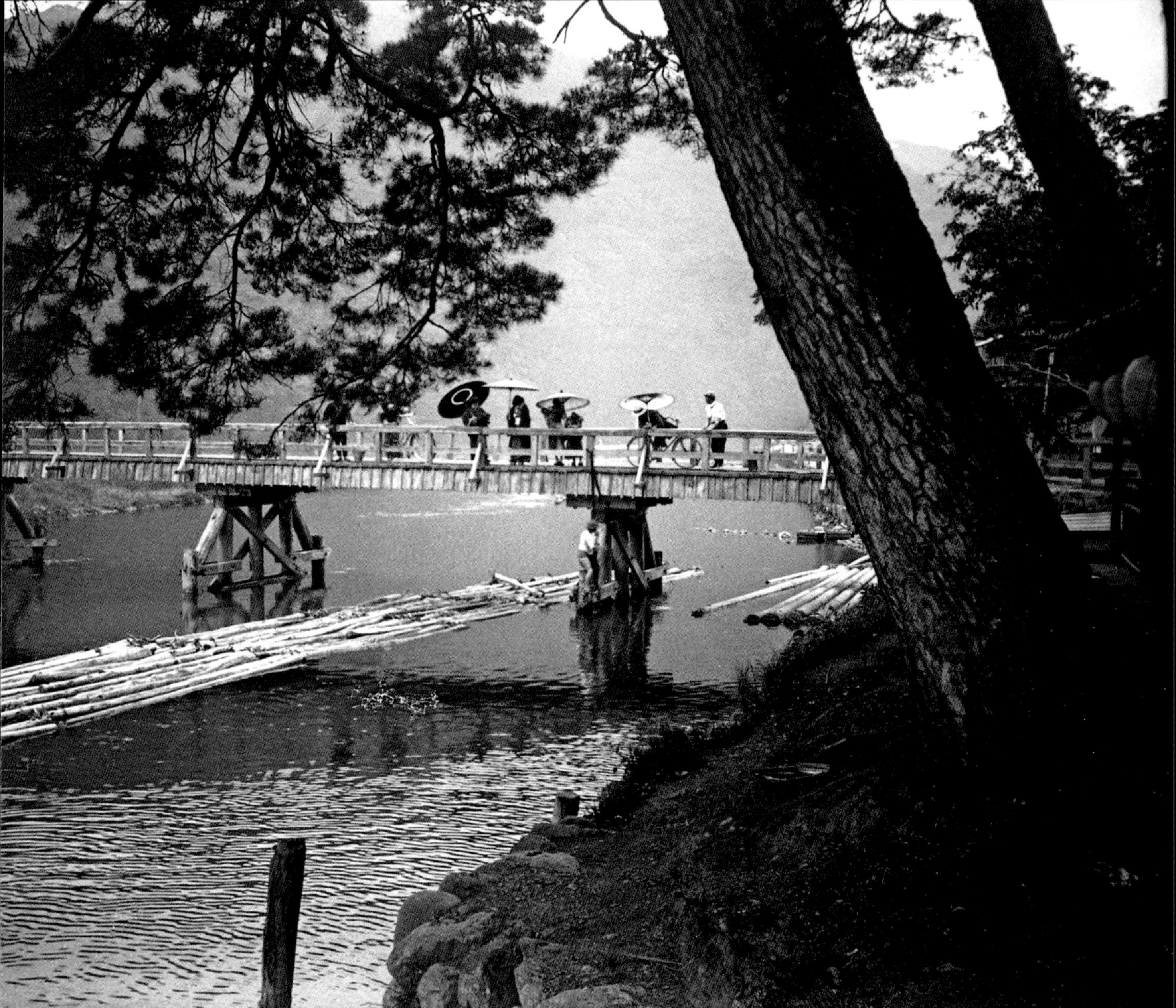

l'animation quotidienne des ports sardiniers.

À l'image de nombreux passionnés de photographie, Francis Hennequin semble subjugué par l'activité qui s'y produit : le va et vient des navires, la vie des marins, les débarquements, les commises guettant l'arrivée des chaloupes. Cette vie intense qui agite ces ports devenus moteurs de l'activité industrielle des conserveries se retrouve sur ses prises de vue, « ses prises de vie ». Un sentiment de fourmillement, d'essaim bourdonnant.

Dans les ports, face à la mer, Francis Hennequin se retrouve dans la peau d'un explorateur, d'un marcheur à l'assaut des confins. Lui, le Lorrain, se confronte à un univers et une culture qu'il découvre et qui ne lui est pas familière. En dépit de cette forme d'appropriation que constitue sa fréquentation régulière des lieux, sa « boulimie » photographique traduit par son importance même l'exotisme que confère à ses yeux la vie des marins et de la population littorale. La vie religieuse et rurale n'est pas absente de ce fonds, même si elle occupe une place plus marginale. Églises et chapelles figurent en nombre dans ses sujets et un bel ensemble est consacré à l'activité de brûlage de goémon dans le Pays bigouden.

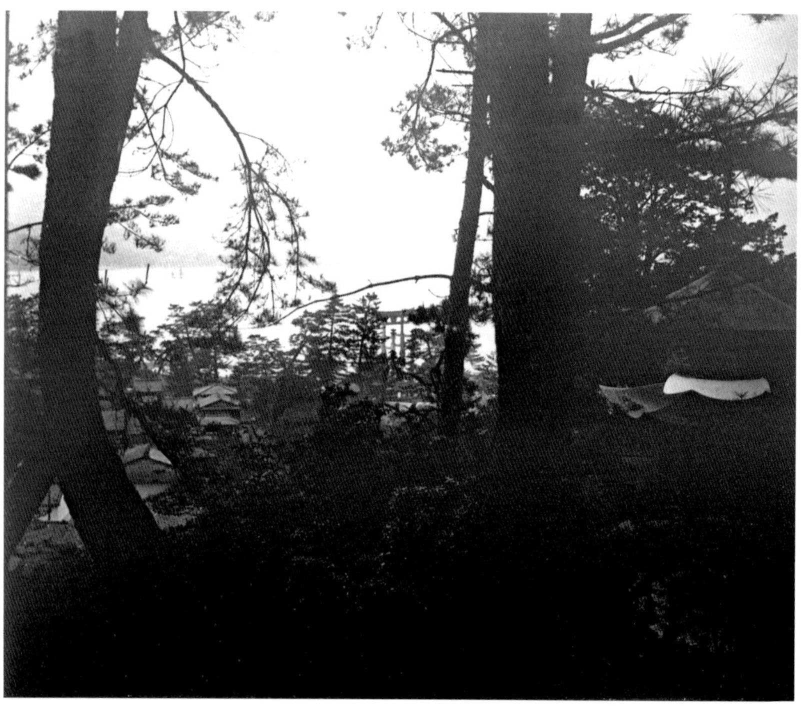

Fig. 2. Francis Hennequin, *Miyamija. Torii.* 1912, négatif stéréoscopique sur plaque de verre Collection particulière.

Francis Hennequin photographie ses sujets sans effets de manche, sans recherche apparente d'esthétisme. Pas de dramatisation, peu de scènes évoquant des temps de pose ou des recompositions. Il semble photographier l'instant, agir sous l'effet de la surprise, de l'étonnement ou de sa sensibilité, comme tout photographe, à la lumière et au contraste.

Les scènes sont généralement larges : pas de cadrage serré, pas de détails. Mais la présence humaine fait rarement défaut : Francis Hennequin n'est pas un photographe du paysage mais du quotidien. Les portraits sont peu présents. L'individu, l'expression singulière d'un visage, les stigmates que celui-ci porte l'intéressent peu.

L'empathie est discrète mais réelle, comme un souci de ne pas déranger.

Cadre dirigeant de la Banque d'Indochine, Francis Hennequin était naturellement amené par ses obligations professionnelles à effectuer de longs voyages à une époque où ceux-ci ne se concevaient que par bateaux. Mais au-delà des contraintes liés à son travail, il était incontestablement un amoureux des voyages et des lointaines pérégrinations. De même qu'en Bretagne il partait en de longues

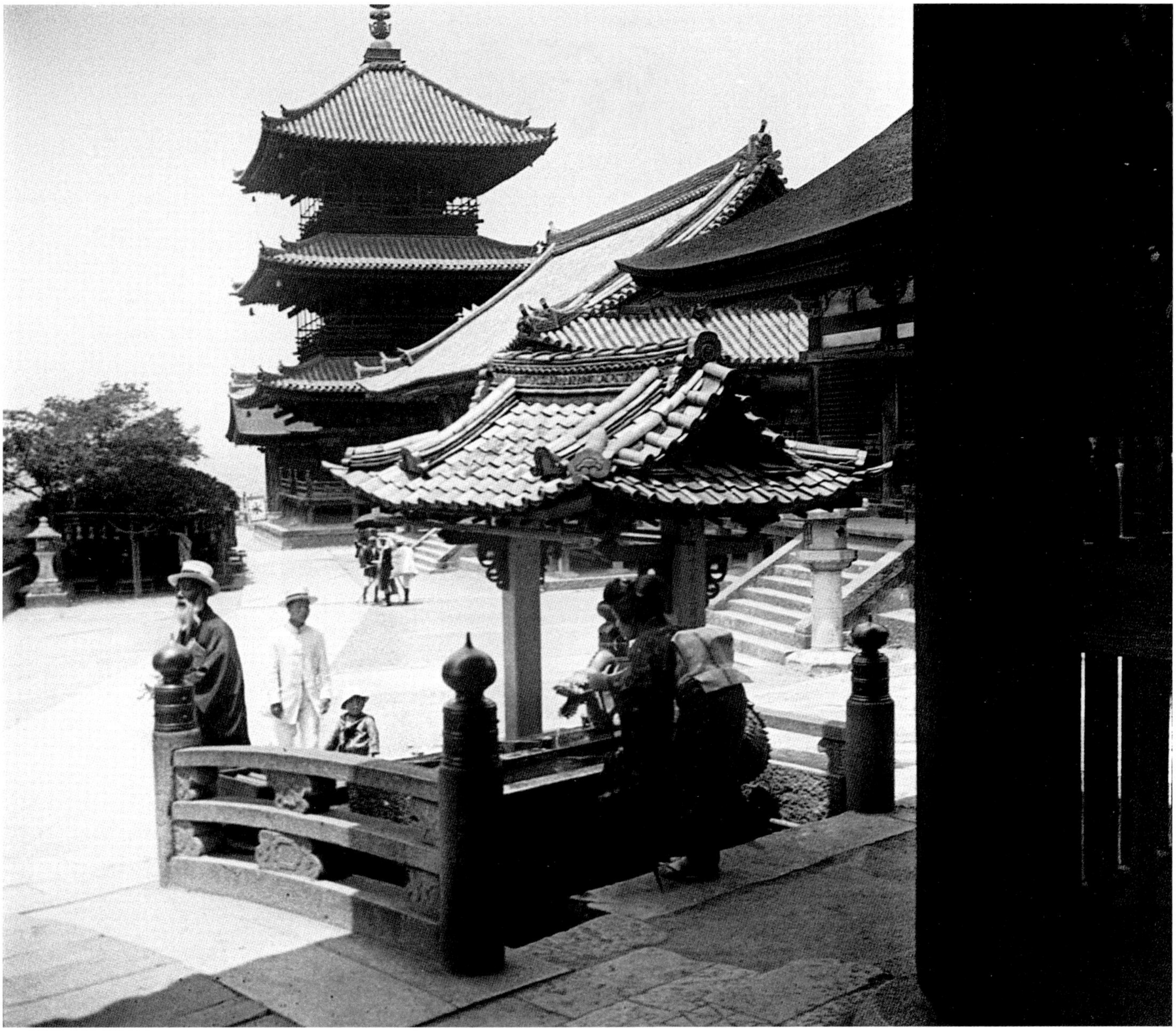

marches à la rencontre des habitants et des lieux, de même il semble qu'il ait cherché dans chacune des contrées visitées à s'imprégner des lieux et des cultures. Ses photos ne traduisent pas une recherche de pittoresque, même si certaines paraissent ne pas y échapper, mais plutôt une interrogation sur l'autre, sur son altérité.

Fig. 3. Francis Hennequin, *Kyoto. Pagode, fontaine.* 1912, négatif stéréoscopique sur plaque de verre. Collection particulière.

Vers 1912, au cours d'un voyage qui l'amène à effectuer une *circumnavigation*, Francis Hennequin se retrouve au Japon. Ce sera son unique voyage

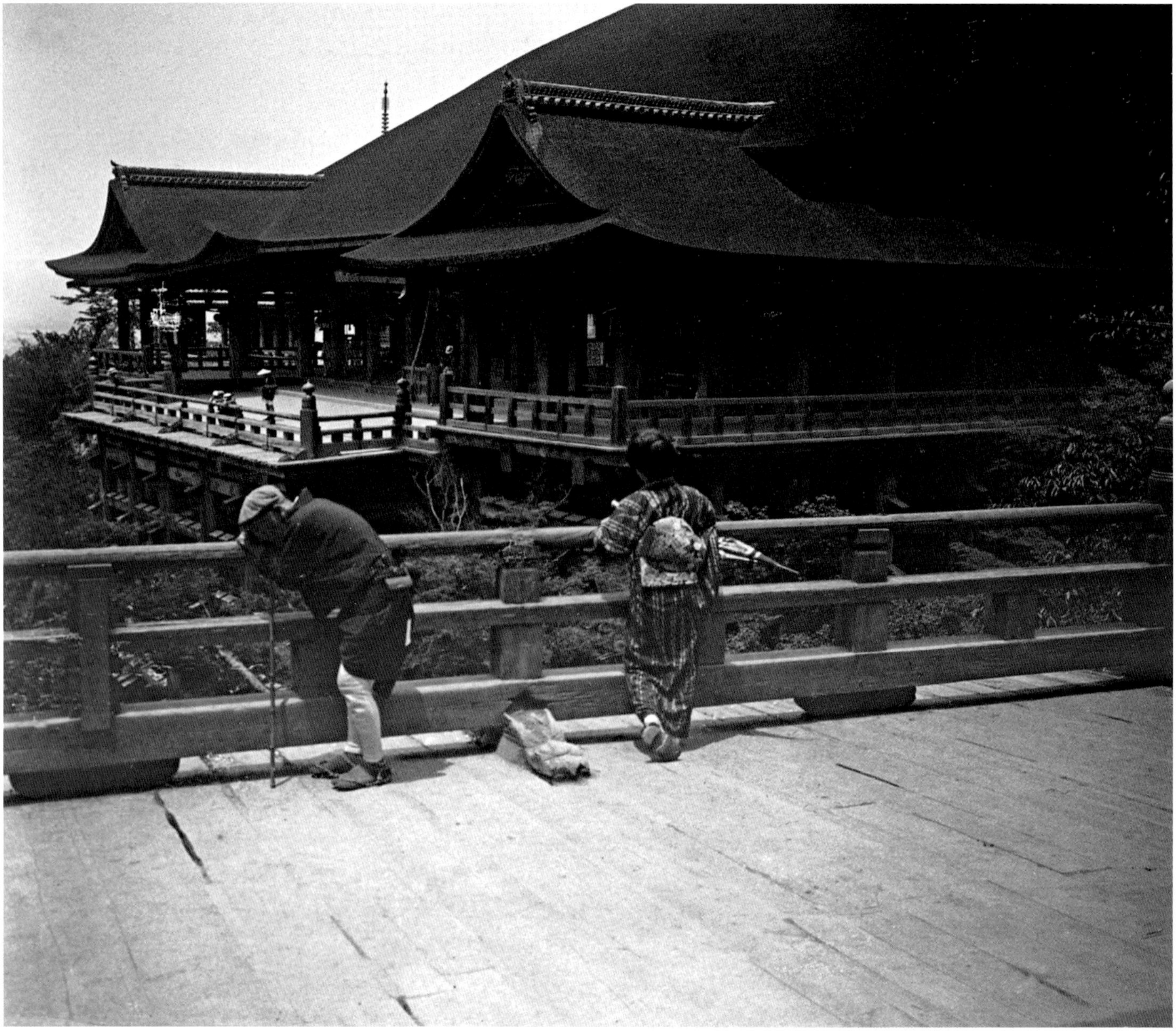

Fig. 4. Francis Hennequin,
Kyoto. Temple sud. Mendiant. Balustrade.
1912, négatif stéréoscopique sur plaque de verre.
Collection particulière.

dans ce pays et cette étape se situe après un séjour de plusieurs semaines en Chine puis en Corée. Quatre-vingts clichés constituent le fonds photographique « japonais » de la collection. Comment ce passionné de Bretagne, ce chroniqueur photographique de la vie quotidienne de la Cornouaille, s'est-il nourri de ce voyage ? Peut-on, à travers ces clichés, mieux cerner sa personnalité, capter son regard et le rapport au monde qu'entretiennent sa curiosité insatiable et sa soif d'aller à la rencontre de l'autre ?

Le voyage

Le périple de Francis Hennequin ne nous est connu que par les légendes qu'il a lui-même portées sur ses plaques de verre : le sanctuaire de Miyajima sur l'île d'Itsukushima, la mer intérieure de Seto, Onomichi, Kyoto, Nara, le lac de Biwa et les rapides de Hozu, Nikko, le lac Chuzenji puis pour finir le lac Ashi de Hakone et le port de Yokohama d'où il embarquera pour le Canada. Un périple de plusieurs semaines qu'il nous est impossible de situer précisément dans le temps mais qui concerne presque exclusivement la moitié sud de l'île de Honshu.
Ce voyage va le mener dans plusieurs hauts lieux du shintoïsme : Kyoto, Nikko et Miyajima dont le célèbre *Torii* vermillon du sanctuaire d'Itsukushima bâti sur pilotis au bord de la mer est observé au travers d'une trouée dans la végétation. Bien qu'au centre du cadrage, il n'est vu que de très loin, se détachant sur le fond de la mer intérieure de Seto, alors qu'au premier plan, les éléments paysagers se détachent fortement, soulignés par un contre-jour. Sans doute Francis Hennequin s'est-il essayé à rendre compte des trois profondeurs des perspectives si particulières des jardins japonais : un premier plan constitué par la végétation, un plan intermédiaire où se devine l'architecture du temple et un plan lointain où s'étend la mer intérieure de Seto (fig. 2).

Toujours est-il qu'il s'attarde peu à Miyajima, lui préférant de larges vues de la mer intérieure de Seto, où comme en Bretagne, les bateaux semblent le fasciner : une barque échouée, des sampans à quai ou sous voile, des radeaux de bambous, des jonques reconnaissables à leurs voiles constituées de lés de tissus parallèles à la chute et

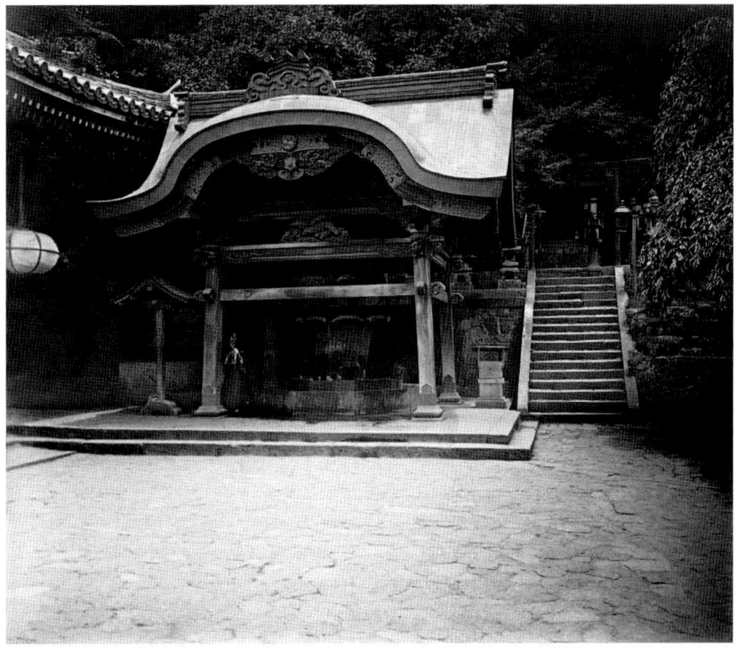

Fig. 5. Francis Hennequin, *Nara. Fontaine vue de face.* 1912, négatif stéréoscopique sur plaque de verre. Collection particulière.

sous-tendue par un réseau de bambous. L'intérêt particulier qu'il adresse à l'une de ces jonques (*Mer intérieure de Seto. Jonque*) tient peut-être au côté insolite d'une embarcation dotée d'un gréement traditionnel latté occidentalisé avec un foc.

Car ce qui transparaît sur nombre de photographies est l'entremêlement de la tradition et de la modernité dans ce Japon de la fin de l'ère Meiji, notamment dans les tenues vestimentaires. Ainsi dans *Kyoto. Pagode, fontaine* siègent autour de la fontaine une femme en costume traditionnel et un homme âgé portant la barbe, vêtu d'un kimono. Concession à une mode occidentale, le patriarche est coiffé d'un canotier, choix qu'a également adopté le jeune homme situé en arrière, habillé d'une veste et d'un pantalon. Cette juxtaposition d'éléments ancestraux et occidentaux se retrouve sur presque chaque cliché comme sur *Arashiyama, le pont japonais* où les ombrelles de papier tendu marient leur présence à celle de deux bicyclettes, tandis que leurs propriétaires observent le passage d'un train de radeaux de bambous assemblé sous le pont (fig. 1 et 3).

De Miyajima, Francis Henenquin se rend à Onomichi puis à Kyoto. C'est dans cette ville aux très nombreux temples qu'il effectue parmi ses plus intéressants clichés, retrouvant vis à vis de la population un regard plein d'empathie et de curiosité avec, toujours, cette distance qui caractérise aussi son travail photographique breton. *Kyoto, temple sud, mendiant, balustrade* rappelle ainsi certains de ses clichés pris sur le pas des églises de Cornouaille où se croisent fidèles venus prier et nécessiteux demandant l'aumône (fig. 4).

Des grands lieux du bouddhisme, tel que Nara, Francis Hennequin rapporte plusieurs clichés. Attiré par un Japon coutumier, il photographie sans s'immiscer, à distance respectable des personnages qui y figurent, de nombreuses scènes de genre. Il s'intéresse aussi à l'architecture des temples, qu'ils soient bouddhistes ou shintoïstes, se révélant ainsi particulièrement sensible à l'ambiance spirituelle si singulière des temples japonais. Il s'attarde sur leurs particularités : *torii,* candélabres, vasques, lanternes, photographie le *Daibutusden*

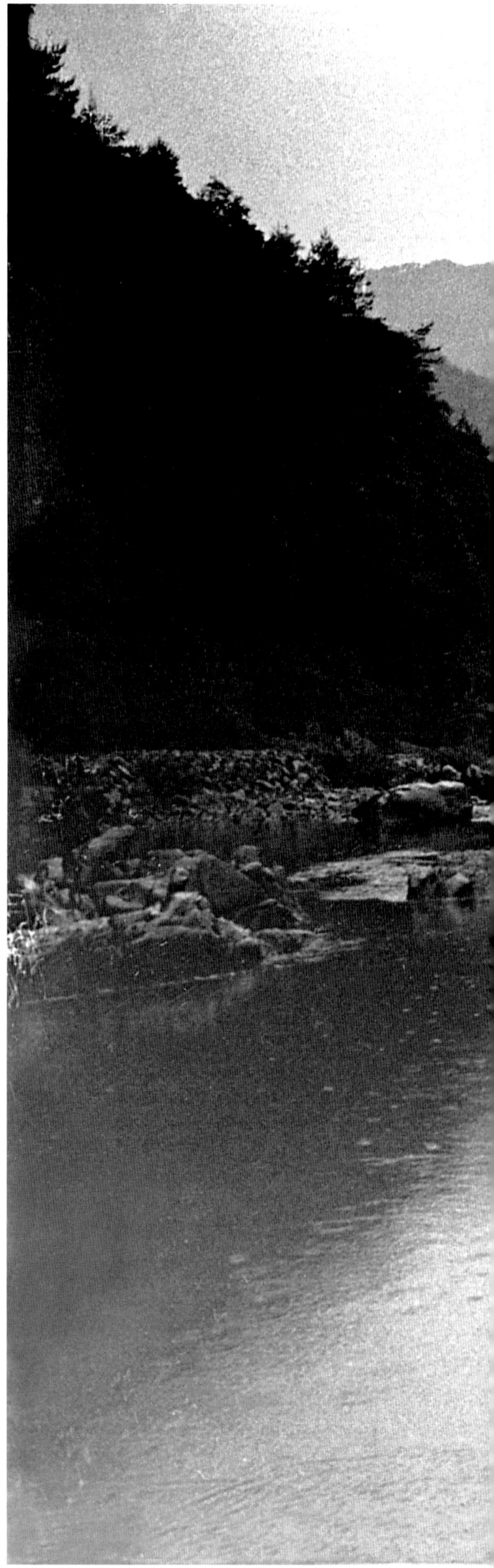

Fig. 6. Francis Hennequin, *Rapides du Hozu.Marinier.* 1912, négatif stéréoscopique sur plaque de verre. Collection particulière.

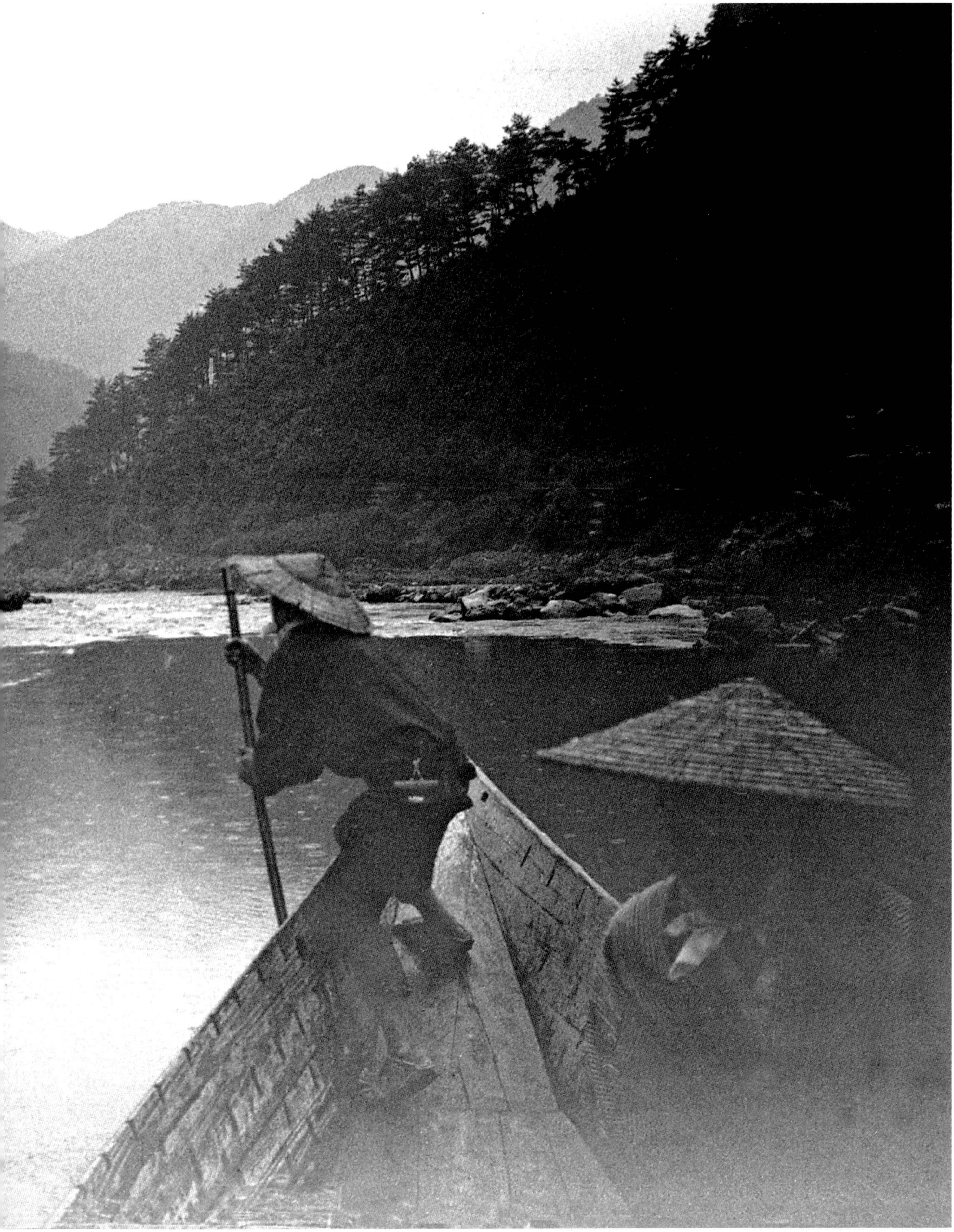

construction monumentale en bois remontant au milieu du VIIIe siècle et abritant une statue géante du Bouddha.

La docilité et la proximité des cerfs Sika qui errent dans la ville le surprennent (*Nara. Torii, lanternes, daims*), les fontaines l'enchantent. En les photographiant, il capte également quelques scènes de vie de ces sanctuaires : un bonze occupé à quelques ablutions (*Nara. Bonze à la fontaine*), une famille en costume traditionnel venue se rafraîchir.

Car même dans les scènes les plus centrées sur la monumentalité ou l'architecture de ces temples, les hommes et les femmes ne sont jamais loin (*Nara. Fontaine vue de face*). Son approche est très semblable à ce qui caractérise sa manière d'aborder la Bretagne : avec retenue, pudeur et sobriété, et toujours en privilégiant l'âme du quotidien. Son regard sur les temples est en écho à celui qu'il porte aux églises bretonnes. Le monument s'impose dans le cadrage, mais par la présence humaine il en capte une forme d'intimité (fig. 5).

Depuis le lac de Biwa et Arashiyama, Francis Hennequin va descendre les rapides de la rivière Hozugawa (*Rapides du Hozu. Marinier*) (fig. 6). Sur ce parcours de 16 kilomètres, il a pris place à bord d'une petite embarcation en bois traditionnelle dont les bordés sont associés entre eux par des agrafes ou des ligatures. L'équipée est menée par deux pilotes coiffés de chapeaux coniques. Poursuivant son périple, il arrive à Arashiyama puis se rend à Nikko et visite le Grand Temple. Au lac Chuzenji, un cliché représentant des laveuses près d'un déversoir fait écho aux scènes de lavoirs qu'il a lui-même captées dans la région de Douarnenez (*Lac Chuzenji, Déversoir, laveuses*).

Rejoignant ensuite le port de Yokohama, il s'embarque à destination du port de Victoria en Colombie britannique (Canada). Mais en guise d'épilogue, Francis Hennequin nous montre un grand port nippon et, en seulement deux clichés, la modernité et la vigueur d'un Japon achevant sa mutation : de puissants bateaux à vapeur dégageant leurs nuages de fumée se détachant sur fond de grues imposantes (*Port de Yokohama*) ; un quai en contre-plongée où s'agglutinent hommes en costumes trois-pièces et en canotiers, plusieurs en uniformes, et quelques femmes et enfants en habits traditionnels (*Yokohama. La foule au départ du Fushimi Maru*). Belle allégorie d'une métamorphose arrivée à son terme en cette quarante-cinquième et ultime année de l'ère Meiji, qui a vu la naissance du Japon moderne et la transformation radicale de sa culture (fig. 7).

De l'ensemble « Japon » de la collection Hennequin se dégage le sentiment d'une longue promenade, menée sans trop de hâte et en s'abandonnant à l'impression et au spectacle du moment. On ne peut que regretter de n'avoir pas en complément un carnet de voyage, un livre de bord, un journal où le photographe aurait consigné par écrit tout au long des points d'amers et des étapes de ce périple l'expérience de cette confrontation. Restent ces images, témoins fragiles du regard respectueux d'un homme qui laisse transparaître sa sensibilité et son goût de la découverte de l'autre.

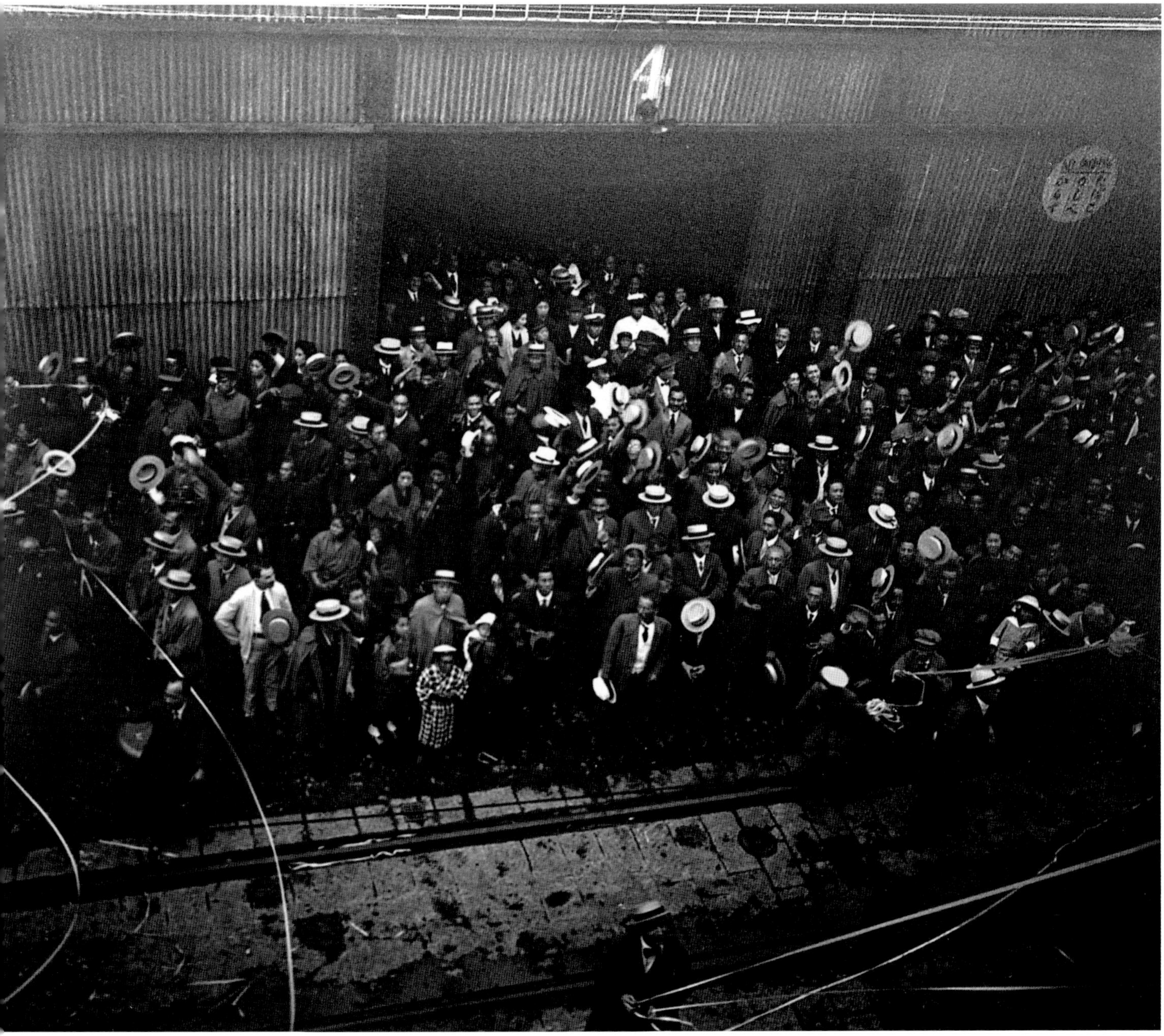

Fig. 7. Francis Hennequin,
Yokohama. La foule au départ du Fushimi Maru.
1912, négatif stéréoscopique sur plaque de verre.
Collection particulière.

L'art et la pêche au Japon

Le *Gyotaku*, symbole d'une introduction artistique dans l'activité halieutique

Jean-Marie Béchu

ORIGINES…

Formé par les deux *kanji*[1] 魚拓 , le terme *Gyotaku* signifie littéralement « poisson » (Gyo : 魚) « empreinte » (*Taku* : 拓). L'art du *Gyotaku* est donc l'art de prendre des empreintes de poissons.

La naissance de cette technique remonterait à la fin de l'époque Edo. L'histoire se déroule au début des années 1860. Un seigneur provincial, le seigneur Sakai, était alors occupé à pêcher, entouré de ses samouraïs, quand une dorade (*pagrus major*) se prit à sa ligne. Impressionné par la taille et la majesté du poisson – par ailleurs symbole de bonheur au Japon, son nom (タ イ) se prononçant en japonais comme le terme félicitation (おめでたいい) – Sakai-san voulut l'offrir au Mikado[2]. Malheureusement, l'Empereur se trouve à Kyoto, la capitale, à plusieurs centaines de kilomètres de l'endroit où la dorade a été capturée. C'est alors que l'un des samouraïs eut l'idée de prendre l'empreinte de cette dorade. Pour ce faire, il enduisit le poisson d'encre de Chine avant d'appliquer par-dessus un tissu. Ainsi, l'empreinte

[1] Les *kanjis* sont les caractères empruntés à l'écriture chinoise pour retranscrire la langue japonaise.

[2] Littéralement « sublime porte », ce terme désignait à l'origine le palais impérial, puis par métonymie, il désigna la fonction impériale. Cette appellation est reprise par les Occidentaux pour nommer l'Empereur du Japon.

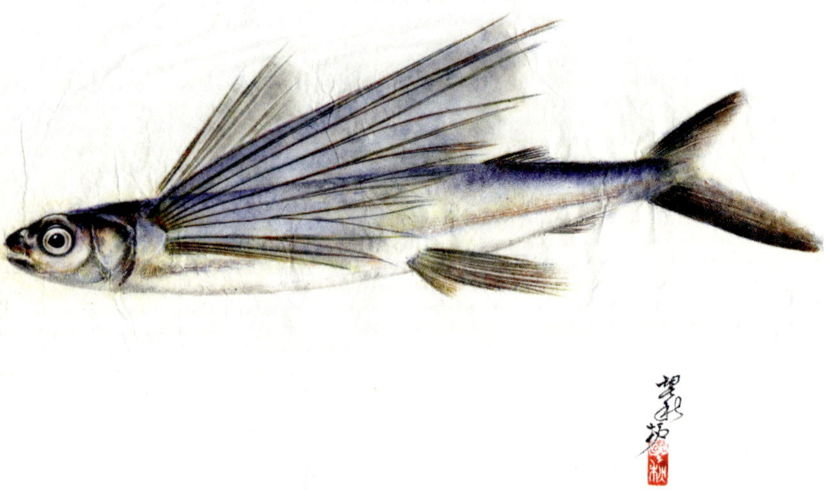

Fig. 1. Boshu Nagase, *Poisson volant du Japon*,
Non daté, impression sur papier, 57 x 53 cm.
Monaco, Musée océanographique,
Fondation Albert Ier, Prince de Monaco.

Page de droite :
Fig. 2. Nakanishi,
Grondin volant, daicocus peterseni,
Circa 1998, impression sur soie marouflée sur carton,
53 x 46 cm. Monaco, Musée océanographique,
Fondation Albert Ier, Prince de Monaco.

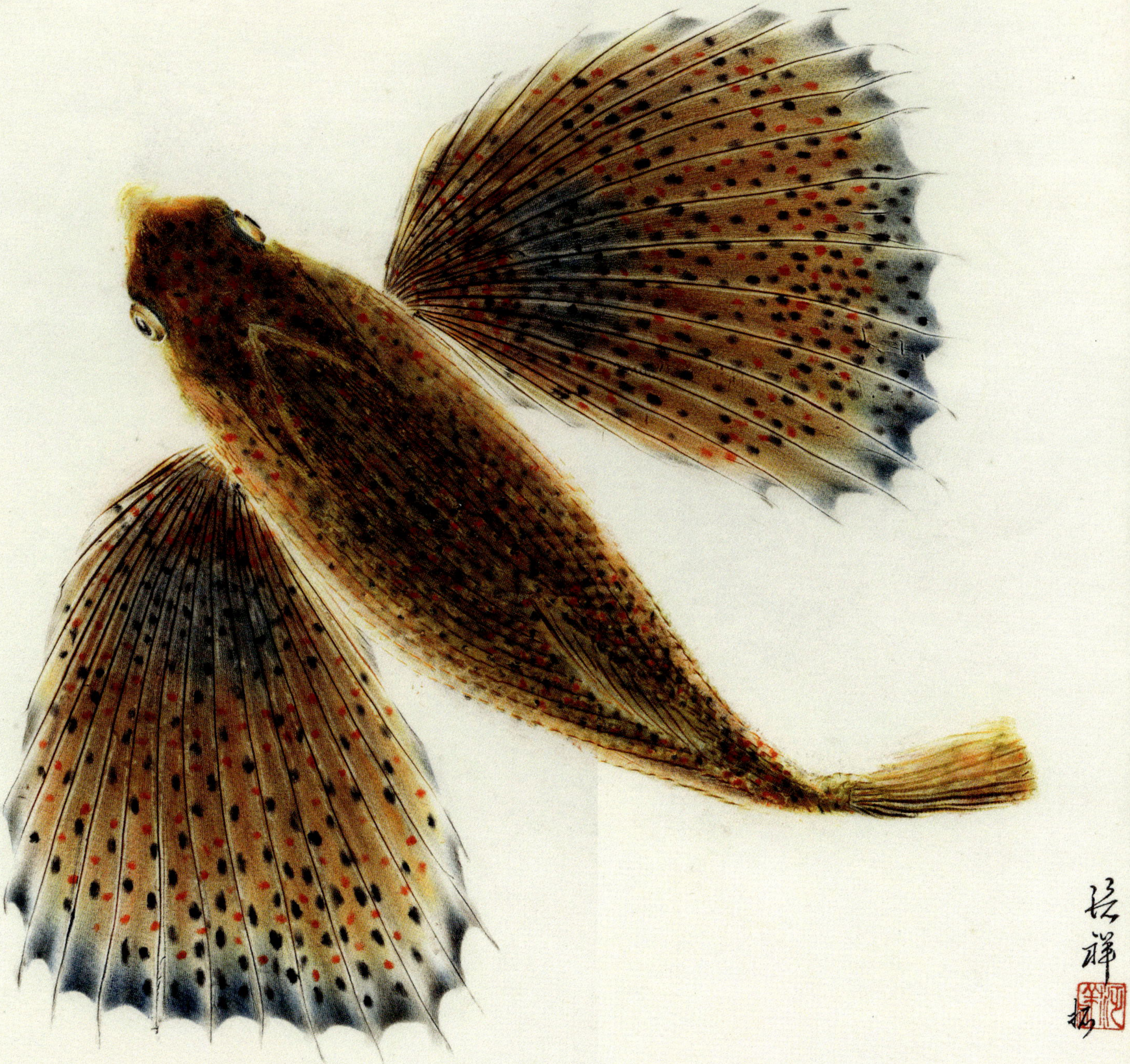

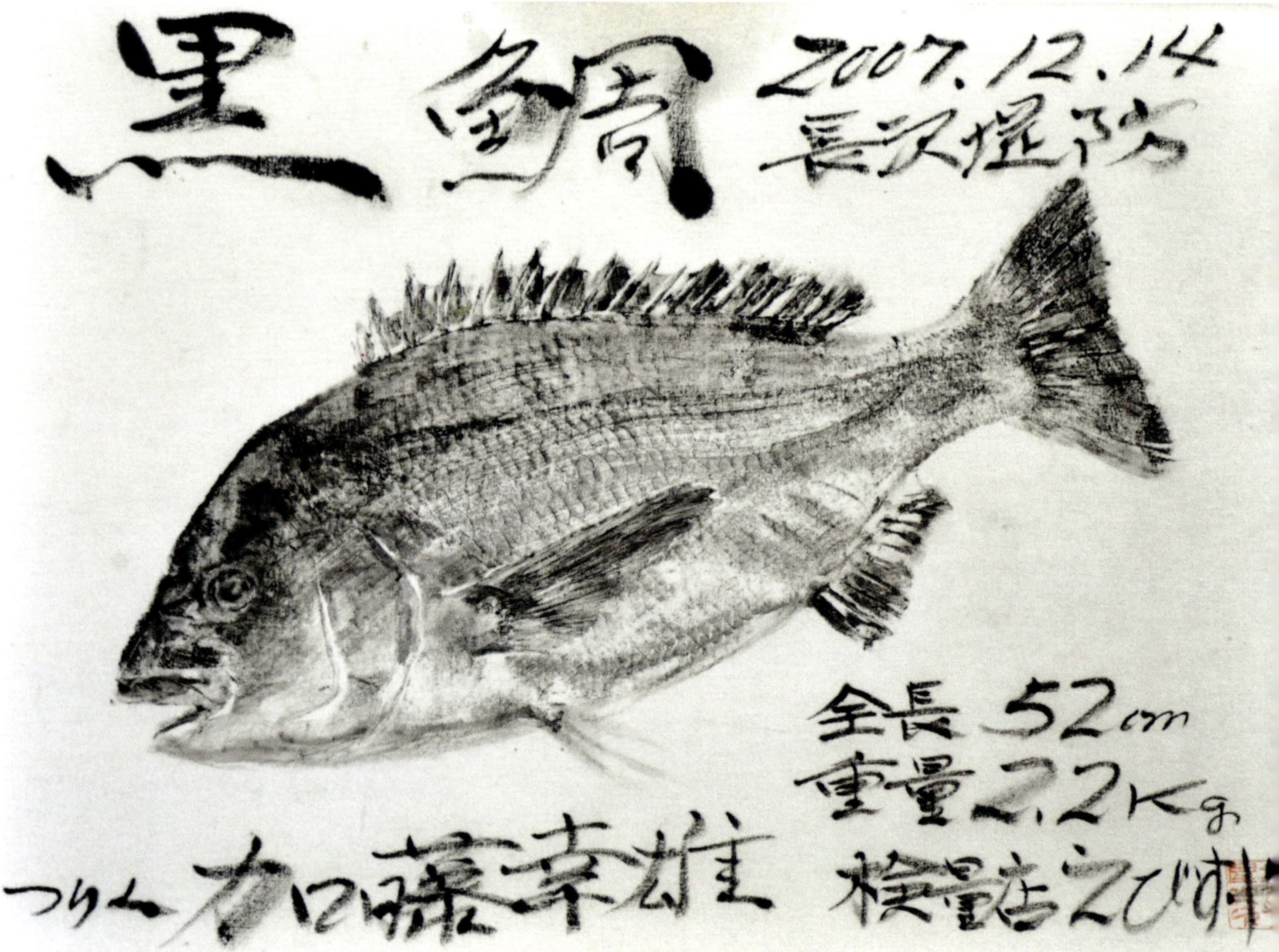

Fig. 3. Yukio Kato,
Dorade noire, kurodai acanthopagrus schlegelii,
14 décembre 2007, impression sur tissu, 65 x 76 cm.
Concarneau, musée de la Pêche (Don de M. Pardo).

du poisson fut conservée et sa splendeur envoyée au Mikado afin que lui aussi puisse bénéficier de la beauté de cette dorade (fig. 3).

Les plus anciens *Gyotakus* conservés au Japon datent de 1862. Ces estampes représentent des dorades, dont peut-être celle de la légende ? Elles sont aujourd'hui au musée Honma de la ville de Sakata. Ces *Gyotakus* sont l'œuvre d'un *bushi*[3] nommé Naotsuna Ujiie.

Cette « invention » du *Gyotaku* n'est pas née spontanément, elle est le fruit d'une tradition millénaire, celle de transposer sur un support mobile, tissu ou papier, des éléments littéraires ou iconographiques que l'on peut, de cette manière, reproduire en quantité. C'est ainsi que les prémices de l'imprimerie virent le jour en Asie, le plus ancien imprimé, le *Sutra de Diamant*, datant de l'an 868.

La technique de l'impression sur support mobile s'est perpétuée et développée. L'impression n'est pas uniquement réservée aux documents littéraires et la gravure sur bois permet aussi une diffusion des estampes.

[3] *Bushi* signifie « gentilhomme guerrier ». Ils se distinguent des samouraïs par leur appartenance à la classe supérieure des guerriers.

Fig. 4. Nakanishi, *Oplegnathus punctatus*,
Circa 1998, impression sur soie marouflée sur carton,
73 x 50 cm. Monaco, Musée océanographique,
Fondation Albert Ier, Prince de Monaco.

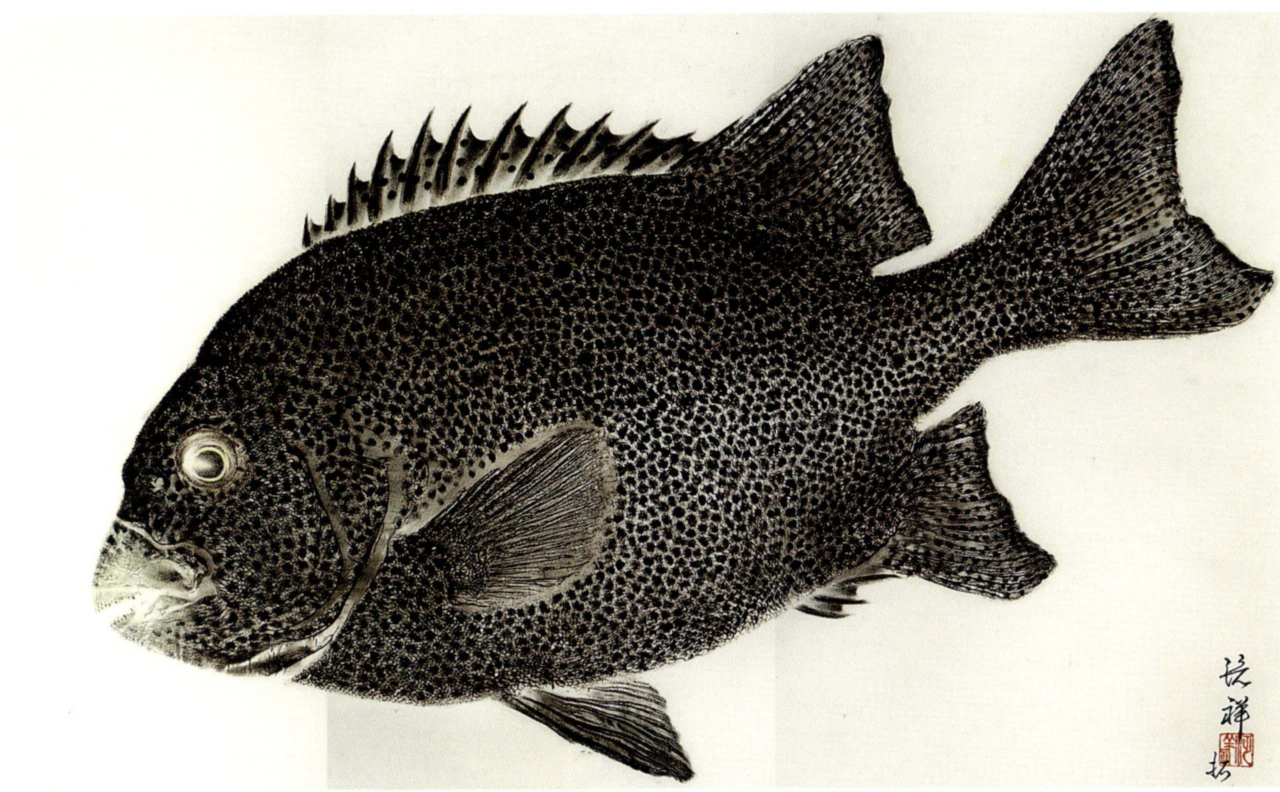

L'influence des estampes *ukiyo-e* [4] est non négligeable dans le concept de la création des *Gyotakus*. Ce type d'estampe sur bois se développe au cours de l'époque Edo. Marquée par une fermeture du Japon sur lui-même, cette période est également une ère de paix et de prospérité. Le Japon assiste alors à une perte d'influence de l'aristocratie et à l'émergence d'une bourgeoisie urbaine et marchande. Cette évolution sociale et économique s'accompagne d'un changement des formes artistiques avec la naissance de l'*ukiyo-e* et de ses estampes peu coûteuses qui se diffusent aussi bien au Japon qu'en Occident.
Cet héritage séculaire a permis l'émergence de la pratique du *Gyotaku*, l'art de l'empreinte de poisson.

La technique originelle, art des communautés de pêcheurs

Cette pratique artistique se développe sur le littoral, dans les villages de pêcheurs, jusqu'à en devenir emblématique. Quoi de plus naturel, en effet, pour un pêcheur, que de garder trace de ses plus belles prises ? La méthode du *Gyotaku*, née dans l'aristocratie, va se populariser et être utilisée par toutes les strates de la société. Cette tradition va se perpétuer selon la technique dite « directe » (fig. 4).
Ces œuvres s'inscrivent, aujourd'hui, dans une tradition populaire, ce sont les pêcheurs qui, fiers de leurs captures, réalisent eux-mêmes les empreintes des poissons. La première étape consiste à préparer le poisson. Nettoyé, il doit être débarrassé de son mucus puis le pêcheur ôte l'œil. Une fois séché, le support est enduit, de la tête à la queue, d'une encre appelée *sumi* [5], le pêcheur applique alors un papier *washi* [6] sur le poisson dans le sens des écailles, puis il frotte avec soin le papier afin que l'empreinte s'inscrive dessus. Selon la qualité artistique du rendu, différents détails apparaissent : les nageoires, les ouïes, les écailles… Enfin, l'œil, unique élément manquant, peut être délicatement peint. Il ne reste plus qu'à inscrire sur ce support la date de la prise, le lieu de pêche, sa taille, son poids et parfois, un poème de remerciement à la mer nourricière.
Le *Gyotaku* s'inscrit dans la tradition shintoïste prégnante au Japon, en prônant un profond respect à la nature, il replace l'homme comme un élément de l'univers, il rend ainsi hommage au caractère sacré du monde qui l'entoure.
Au Japon, ces œuvres décorent aujourd'hui des poissonneries ou des boutiques de pêche.

L'introduction de la couleur

Seule la technique du *Gyotaku* direct est aujourd'hui considérée comme « Gyotaku » par les japonais. Pourtant, des artistes se sont emparés de cette tradition halieutique pour la faire évoluer. En 1948, une nouvelle pratique artistique liée à l'empreinte de poisson apparait sous le pinceau du grand maître Koyoo Inada ; la méthode est appelée « Gyotaku indirect » (fig. 2).
Le *Gyotaku* prend alors une dimension artistique, introduisant l'usage de la couleur et surtout un nouveau support, un support plus noble que le papier *washi*, la soie. L'utilisation de la couleur

[4] Littéralement « image du monde flottant », il s'agit d'un mouvement artistique mettant en scène une peinture populaire traitant de thèmes nouveaux : les lieux célèbres, le théâtre *kabuki*, les lutteurs de *sumo*, les courtisanes…
[5] Appelée encre de Chine, cette encre est traditionnellement composée de suie de pin ou de suie d'huile végétale.
[6] Connu en Occident sous le nom de papier de riz, ce papier est en fait composé de longues fibres de mûriers entrelacées qui lui donnent à la fois flexibilité et solidité.

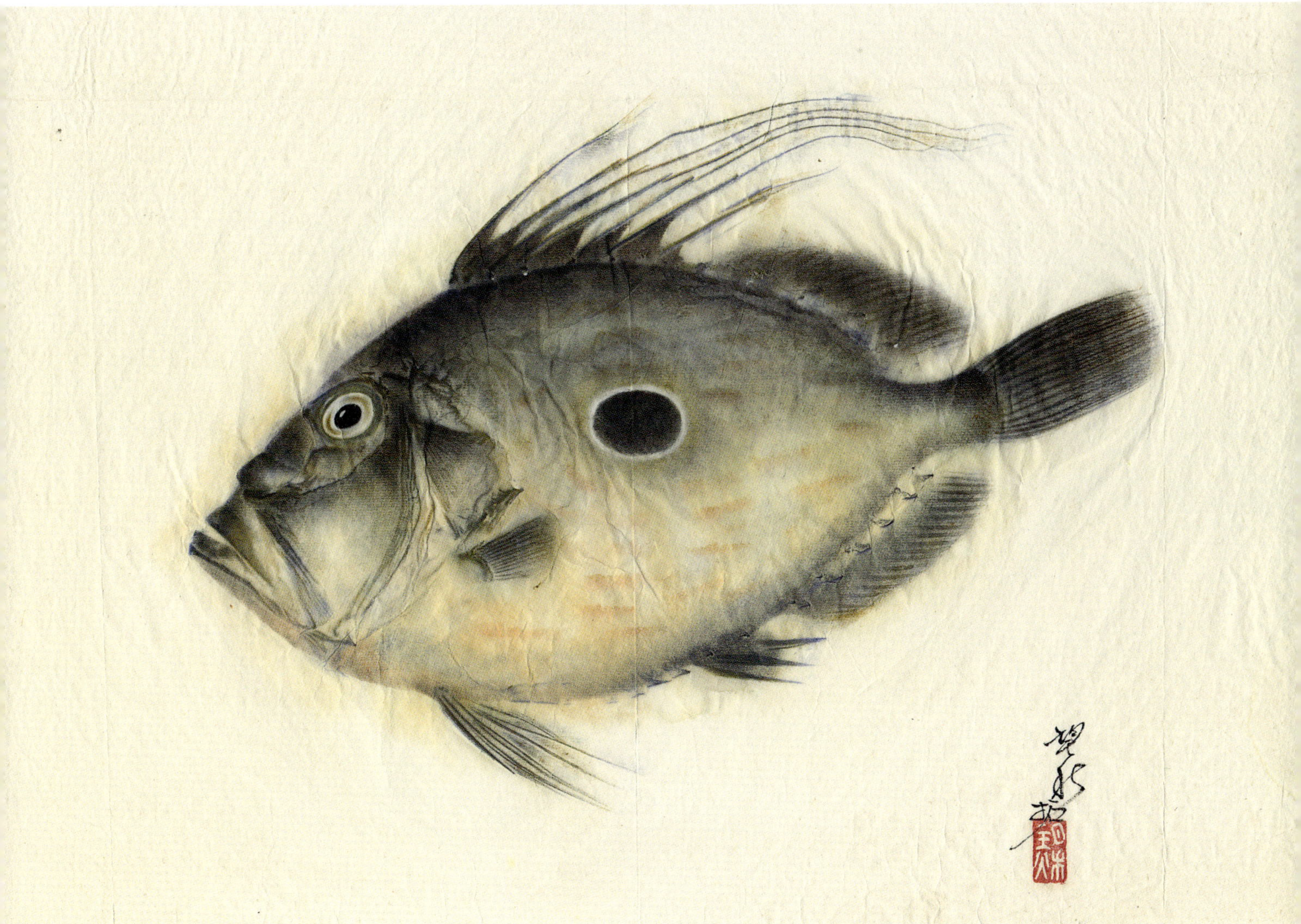

Fig. 5. Boshu Nagase, *Saint-Pierre du Pacifique*, *Zeus faber*, Non daté, impression sur papier, 45 x 34 cm. Monaco, Musée océanographique, Fondation Albert Ier, Prince de Monaco.

permet un rendu beaucoup plus fin, l'illustration obtenue reproduit ainsi fidèlement l'image du poisson (fig. 5).

Cette pratique est appelée « Gyotaku indirect » car l'encre n'est plus appliquée sur le poisson mais sur le tissu. Comme pour la précédente technique, la première étape consiste à préparer le poisson. Le dessein de cette méthode étant de reproduire une image fidèle de l'animal, des cales sont utilisées afin de stabiliser le sujet et de s'assurer que le résultat corresponde aux dimensions réelles du poisson. Une feuille de papier ou un tissu légèrement humecté est ensuite appliqué sur le sujet, l'artiste peut alors commencer à coloriser son œuvre. Les couleurs sont appliquées une à une, par étapes successives, à l'aide d'un tampon en tissu, d'abord le bleu, ensuite le jaune, suivi du vermillon et enfin du noir. Entre chaque apposition de couleur, le support est relevé afin d'être séché. La réalisation d'un *Gyotaku* demande au peintre patience et persévérance pour obtenir un rendu fidèle au sujet original.

Le Grand Maître Boshu Nagase

L'ouvrage est délicat et demande une technicité importante de la part de l'artiste. Un apprentissage auprès d'un maître est nécessaire, bien souvent les secrets de création ne se transmettent que de maître à élève. Boshu Nagase, aujourd'hui considéré comme l'artiste majeur de cette pratique artistique, fut le disciple de Koyoo Inada. N'ayant jamais pratiqué la technique traditionnelle, il s'est immergé dans celle du « Gyotaku indirect » (fig. 6).

Né en 1924, cet ingénieur de formation n'a été introduit à la méthode du *Gyotaku* que tardivement. C'est en découvrant le travail de Koyoo Inada qu'il s'immerge dans cette pratique artistique jusqu'à en devenir le grand spécialiste actuel. Pourtant, rien ne destinait Boshu Nagase à s'intéresser à cet art halieutique. Né loin de la mer, il vit aujourd'hui à Saitama, au cœur de l'île d'Honshu. Ce n'est que l'heure de la retraite arrivée, à 72 ans, qu'il se consacra entièrement à sa passion pour cette pratique artistique.

Sa réputation de maître incontesté du *Gyotaku* et son talent l'ont amené à œuvrer à des collaborations internationales.

En 2000, le Musée océanographique de Monaco l'a accueilli en résidence durant six mois. Boshu Nagase eut alors l'occasion de reproduire, selon la technique du « Gyotaku indirect », des poissons de Méditerranée. Pendant cette période, il va réaliser une cinquantaine d'œuvres restituant des empreintes d'animaux marins, certaines de ces estampes reproduisent des séries de différents poissons, d'autres sont consacrées à une seule espèce (fig. 7).

Au cours des années 2000, deux océanographes spécialistes de la biologie marine et plus spécialement de l'Antarctique, le professeur japonais Mistuo Fukuchi et le professeur australien Harvey J. Merchant, réunis par une admiration commune pour l'art du *Gyotaku*, notamment pour le travail de Boshu Nagase, eurent l'idée de le faire reproduire des poissons de cet océan. Ils firent venir les poissons de différentes stations australes, la station japonaise de Syowa, les stations australiennes de Casey, Davis et Mawson. D'autres poissons viendront agrémenter la collection, ils seront capturés lors d'une expédition de l'ICE FISH en 2004[7]. Ce travail a donné lieu à une publication, *Antarctic Fishes*[8].

[7] Cette collection a été versée au National Institute of Polar Research à Tokyo.

[8] *Antarctic Fishes*, Mitsuo Fukuchi et Harvey J. Merchant, Rosenberg Publishing, 2006, Australie.

Fig. 6. Boshu Nagase, *Barbier, anthias anthias*, 16 janvier 2001, impression sur papier, 27 x 29,5 cm. Monaco, Musée océanographique, Fondation Albert Ier, Prince de Monaco.

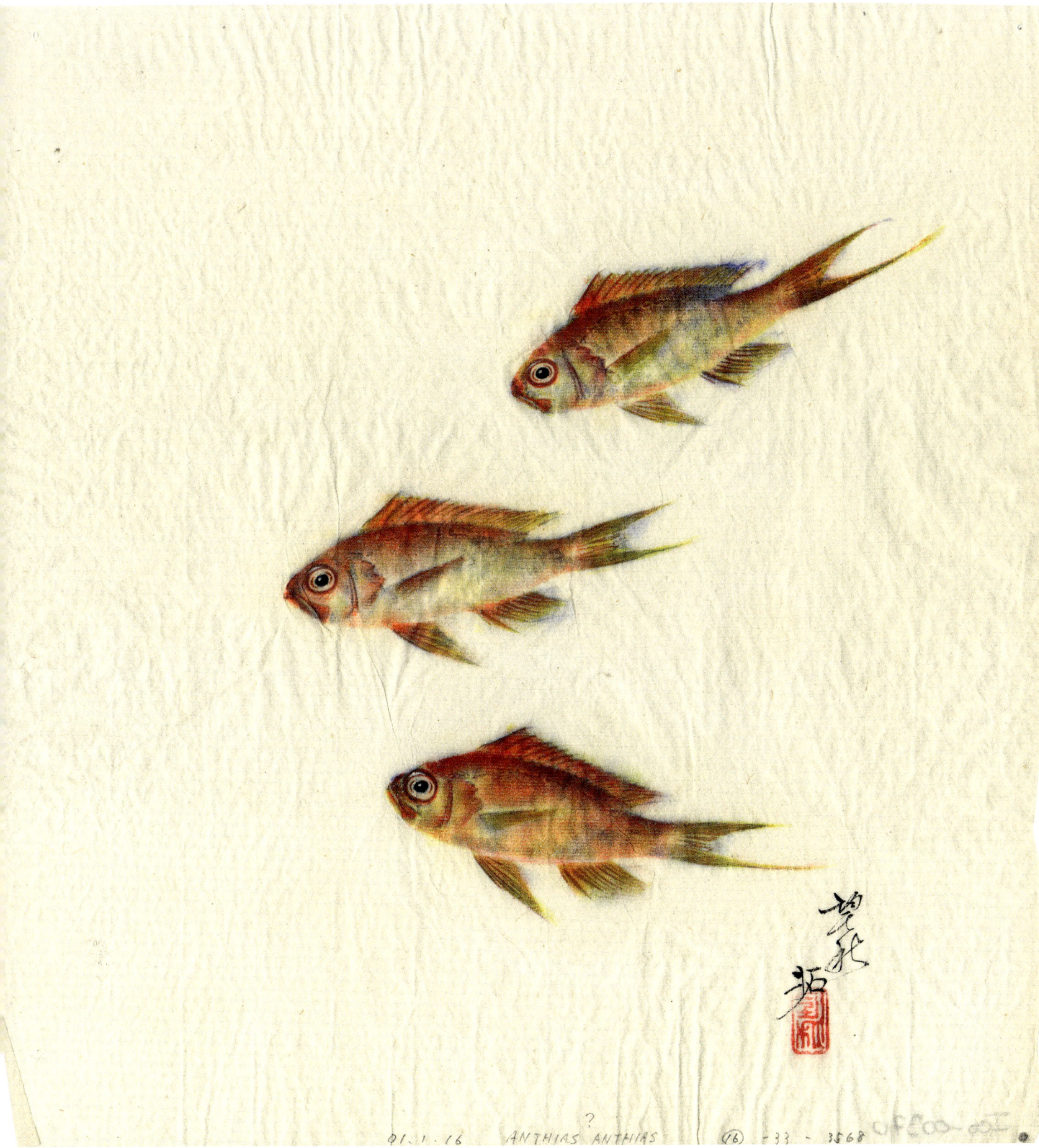
01.1.16 ANTHIAS ANTHIAS (16) -33 - 3568

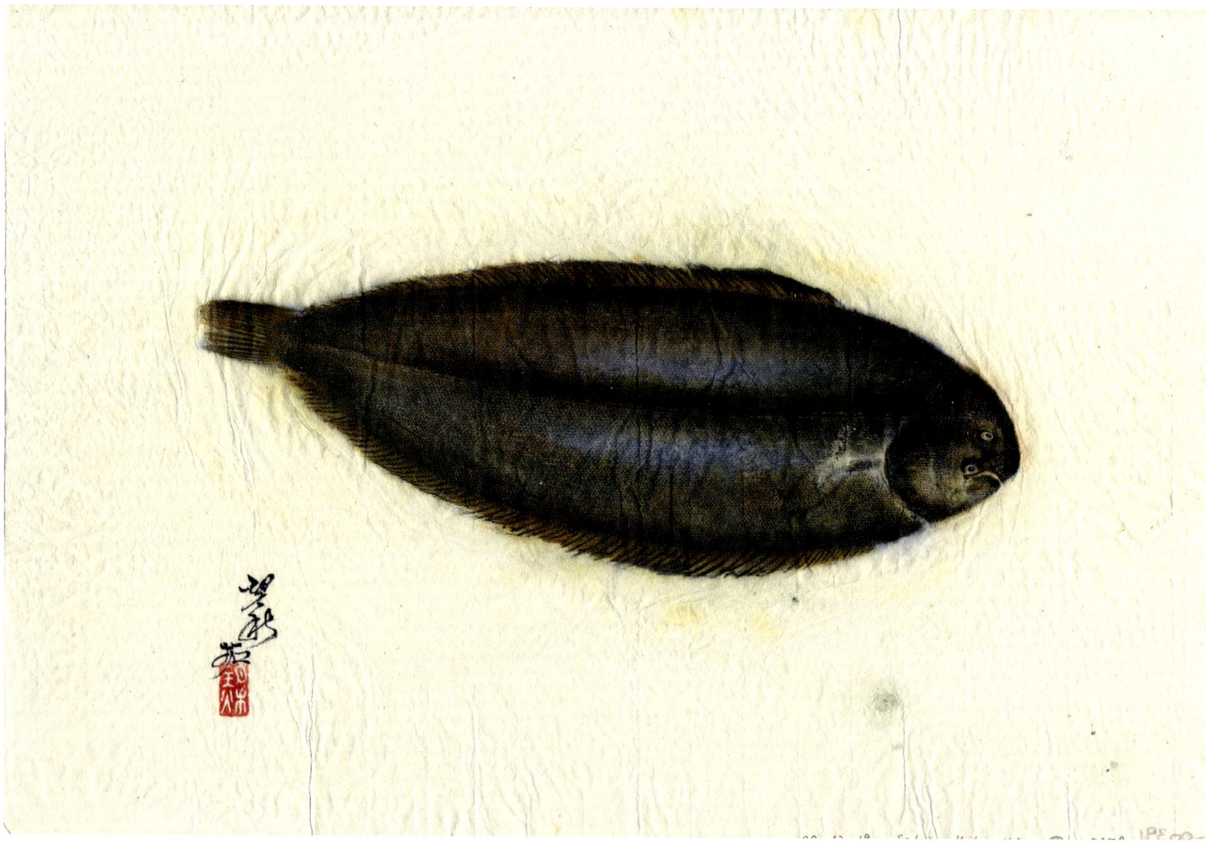

Fig. 7. Boshu Nagase, *Sole commune, solea solea*, 19 décembre 2000, impression sur papier, 34 x 46 cm. Monaco, Musée océanographique, Fondation Albert Ier, Prince de Monaco.

L'influence de la technique des Gyotakus dans l'art occidental

Longtemps confiné au seul archipel japonais, l'art du *Gyotaku* a été dévoilé aux occidentaux par des scientifiques. En 1952, un ichtyologue japonais, Yoshio Hiyama, illustra une conférence donnée aux États-Unis par l'utilisation d'œuvres d'Inada-san. Après cette première présentation, les artistes vont s'emparer de cette méthode. Parmi eux, citons deux noms dont le talent et la technicité ont marqué l'art de l'empreinte.

Artiste international, Pierre Alechinsky, a été touché, au cours de ses voyages en Extrême-Orient par sa rencontre avec la méthode du « Gyotaku direct ». De l'un de ses séjours au Japon, il ramena une empreinte de dorade qu'il avait eut l'occasion d'admirer dans une poissonnerie. Depuis, cette dorade est restée fixée au mur de son atelier, l'inspirant dans ses recherches artistiques. Lorsqu'en 2003, il eut à illustrer le poème d'André Pieyre de Mandiargues, *les Rougets*, c'est à sa dorade et à la technique du *Gyotaku* qu'il fit appel afin de produire l'empreinte d'un rouget.
S'inspirant de la pratique artistique traditionnelle du *Gyotaku*, le breton Jean-Pierre Guilleron réalise des empreintes de poisson. L'utilisation de l'aquarelle lui permet d'envisager une évolution de cet art avec finesse et légèreté. La base de ses œuvres

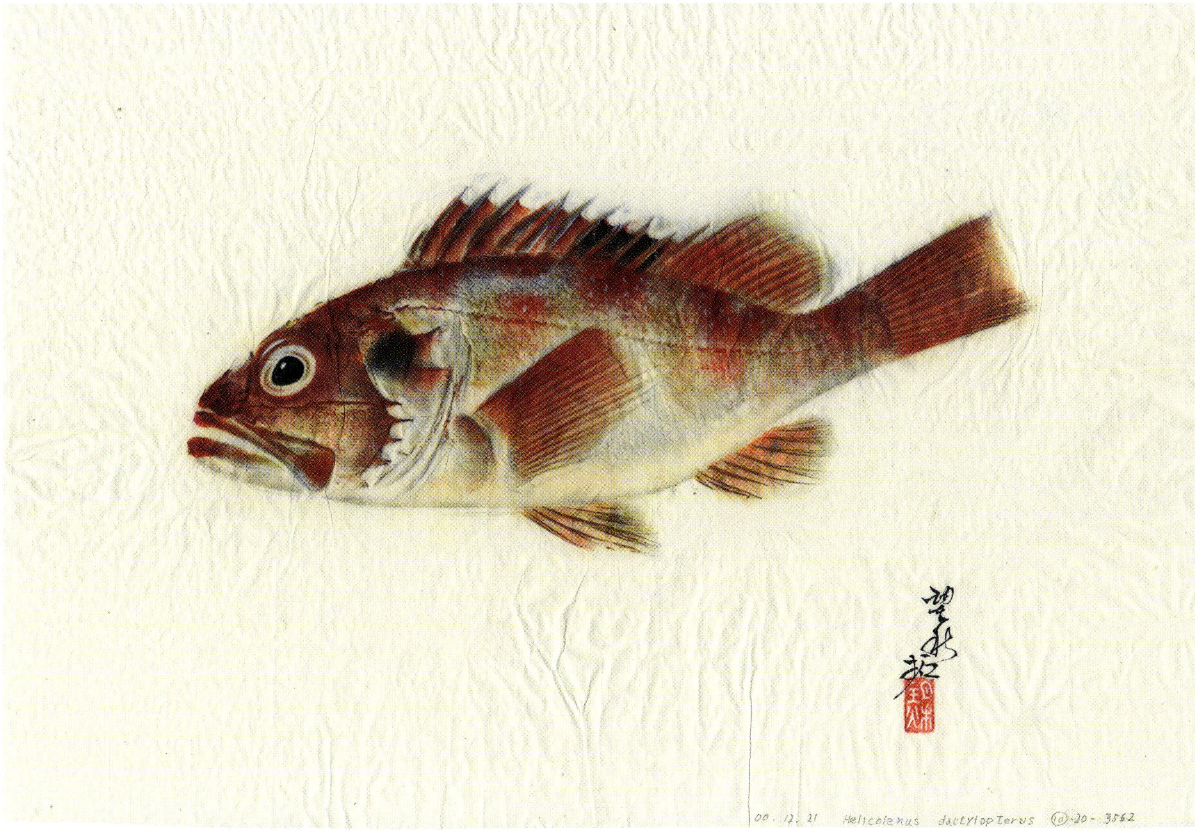

reste toujours l'empreinte, mais ces empreintes sont retravaillées « en privilégiant spontanéité et économie de moyens afin de préserver l'impression première et l'esprit du poisson ». Artiste occidental, détaché des traditions japonaises, il a pu développer et faire évoluer l'esprit du *Gyotaku* afin de proposer sa vision de l'empreinte de poisson.

Une exposition inédite

« Gyotaku, l'art de l'empreinte » (fig. 8), exposition dévoilée au musée de la Pêche dans le cadre de « Bretagne-Japon, un archipel d'expositions », est une présentation unique de l'évolution de la technique traditionnelle du *Gyotaku*, depuis les « Gyotakus directs », jusqu'aux derniers aboutissements créés par des artistes occidentaux.

Fig. 8. Boshu Nagase, *Rascasse de fond, helicolenus dactylopterus*, 21 décembre 2000, impression sur papier, 34 x 46 cm.
Monaco, Musée océanographique,
Fondation Albert Ier, Prince de Monaco.

L'originalité de « Gyotaku, l'art de l'empreinte » est de confronter des empreintes venues de plusieurs océans, Pacifique, Antarctique, Méditerranée et Atlantique.

Bibliographie

Mistuo Fukuchi et Harvey J. Merchant, *Antarctic Fishes*, Rosenberg Publishing (Australie), 2006.

Gyotaku, l'âme des poissons, sous la direction de Daniel Pardo, Spézet, Coop Breizh et musée de la Pêche de Concarneau, 2011.

Glossaire

Aiban 合い判
Estampe de format intermédiaire, approximativement 33 x 23,5 cm.

Aragoto 荒事
Littéralement « de manière brute ». Style flamboyant dans le théâtre *kabuki*, développé au XVIIe siècle.

Bijinga 美人画
Peinture de Beautés.

Byōbu 屏風
Paravent.

Chūban 中判
Feuille d'estampe de format moyen, approximativement 26 x 19 cm.

Engawa 縁側
Véranda de bois dans les maisons japonaises permettant une communication entre intérieur et extérieur.

Fukusa 袱紗
Carré d'étoffe servant à envelopper une boîte en laque, un cadeau, etc.

Furisode 振袖
Kosode à longues manches.

Fusuma 襖
Cloison coulissante.

Geisha 芸者
Dame de compagnie réservée à une clientèle de la haute société. Elle maîtrise la pratique d'excellence des arts traditionnels japonais.

Gyotaku 魚拓
Art japonais qui a pour but de reproduire l'empreinte de poisson sur papier ou sur soie.

Hanamichi 花道
Ou « chemin de fleurs », passerelle menant à la scène de théâtre *kabuki*.

Hōshogami 奉書紙
Type de papier auquel on ajoute de la poudre de riz pour l'opacité et la blancheur, destinée à la révélation des pigments.

Inrō 印籠
Boîte à plusieurs compartiments emboîtés, généralement en bois laqué ; sa première fonction fut de contenir les sceaux puis des médicaments, poudres cosmétiques.

Kabuki odori 歌舞伎踊り
C'est le théâtre traditionnel japonais. Dans sa version primitive, lorsque le *kabuki* s'est développé au début du XVIIe siècle.

Kakemono 掛物
Rouleau peint vertical.

Kamigata 上方
Région de Kyoto-Osaka, terme synonyme de Kansai.

Kantō 関東
Secteur nord-est de l'île de Honshu, centré sur Edo (Tokyo).

Karazuri 空摺り
Technique de gaufrage du papier utilisée lors de l'impression de certaines estampes.

Kosode 小袖
Kimono à poignets étroits pouvant terminer des manches courtes ou longues. Dans le dernier cas, on le désigne par le terme de *furisode*.

Koto 箏
Instrument à 13 cordes ressemblant à la cithare, introduit au Japon vers le VIIIe siècle de la Chine et de la Corée.

Mon 紋
Armoiries circulaires d'une famille ou d'une personne, portées sur les vêtements.

Netsuke 根付け
Barrette ou bouton décoré pour retenir la ceinture du kimono les menus objets suspendus à un cordon.

Nigao-e 似顔絵
« Portraits ressemblants », terme utilisé pour les portraits d'acteurs.

Nishiki-e 錦絵
« Estampes de brocart », gravure sur bois polychrome obtenue grâce à l'utilisation de plusieurs planches de bois gravé (une pour chaque couleur et le noir) à partir de 1735.

Ōban 大判
Grand format d'estampe, approximativement 46 x 33 cm ou 39 x 27 cm selon les époques.

Oiran 花魁
Courtisane du plus haut rang.

Ōkubi-e 大首絵
Portrait en gros plan.

Onnagata 女形
Acteur de théâtre spécialisé dans l'interprétation féminine.

Senmen 扇面
Éventail pliant. La surface de l'éventail.

Shita-e 下絵
« L'image de dessous », croquis préparatoire destiné aux graveurs.

Surimono 摺物
Littérairement « les choses imprimées », désignant la gravure luxueuse jouant un rôle de carte de vœux, éditée à titre privé.

Tōkaidō 東海道
Route circulant, depuis l'Antiquité, entre Tokyo, Nagoya et Osaka qui comportait cinquante-trois stations ou relais.

Torii 鳥居
Portiques d'entrée des sanctuaires *shinto*.

Tsuba 鍔
Garde de sabre.

Ukiyo-e 浮世絵
« Images du monde flottant », terme apparu vers 1680 désignant le courant pictural s'attachant à décrire la vie et les mœurs du temps, les portraits des courtisanes et les acteurs.

Uki-e 浮き絵
« Vue flottante », un style artistique employant la perspective occidentale.

Uchiwa 団扇
Type d'éventail rond en bambou et papier.

Wagoto 和事
Littéralement « manière douce ». Style théâtral réaliste développé dans la région de Kyoto-Osaka au XVIIe siècle, associé à des mélodrames sentimentaux.

Indications bibliographiques

- Brahimi Denise, *Un aller-retour pour Cipango : essai sur les paradoxes du japonisme*, Paris, Noël Blandin, 1992.
- Bellevaire Patrick, *Le Voyage au Japon. Anthologie de textes français, 1858-1908,* Paris, Robert Laffont, coll. Bouquins, 2001.
- Butor Michel, *Le Japon depuis la France : un rêve à l'ancre*, Paris, Hatier, 1995.
- Cawthorne Nigel, *L'art des estampes japonaises*, Paris, Solar, 1998.
- Collectif, *Le Japon et la France. Images d'une découverte*, Paris, 1974.
- Collectif, *Japon et Occident : deux siècles d'échanges artistiques (Dialogue in art : Japan and the Tokyo*, Kodansha International Ltd., 1976), Paris, Bibliothèque des arts, 1977.
- Collectif, *L'Âge du Japonisme, la France et le Japon dans la seconde moitié du XIXe siècle*, IIe colloque franco-japonais-Études japonaises, Tokyo, Société franco-japonaise d'art et d'archéologie, 1983.
- Collectif, *Regards et discours européens sur le Japon et l'Inde au XIXe siècle*, actes du colloque, université de Limoges, 3-4 juin 1998, Limoges, PULIM, 2000.
- Delay Nelly, *L'Estampe japonaise*, Paris, Gallimard, 2004.
- Elisseeff Danielle et Vadime, *L'Art de l'Ancien Japon*, Paris, Citadelle & Mazenod, 1980.
- Guth Christine, *Le Japon de la période Edo,* Paris, Flammarion (coll. Tout l'art), 1996.
- Inaga Shigemi, *L'Orient de la peinture : de l'orientalisme au japonisme*, Tokyo, S. Inaga, 1999.
- Koyama-Richard Brigitte, *La Magie des estampes japonaises*, Paris, Hermann, 2003.
- Kozyreff Chantal, *Les Arts du Japon à l'époque d'Edo*, La Renaissance du Livre, Bruxelles, Musées royaux d'Art et d'Histoire, 2003.
- Lambourne Lionel, *Japonisme : échanges culturels entre le Japon et l'Occident*, Paris, Phaidon, 2006.
- Lane Richard, *L'Estampe japonaise – Images du Monde flottant, catalogue illustré de* l'Ukuyo-e, Paris, éditions Vilo, 1979.
- Macouin Francis et Omoto Keiko, *Quand le Japon s'ouvrit au monde, Émile Guimet et les Arts d'Asie*, Paris, Gallimard, 1997, coll. Découvertes, 2001.
- Murase Miyeko, *L'Art du Japon*, Paris, Librairie générale française, 1996.
- Neuer Roni, Libertson Herbert, Yoshida Susugu, *Ukiyo-e, 250 ans d'estampes* japonaises, Paris, Flammarion, 1985.
- Reyns-Chikuma Cris, *Images du Japon en France et ailleurs, entre japonisme et multiculturalisme*, Paris, Budapest, Turin, L'Harmattan, 2005.
- Shuichi Kato, *Japon, la vie des formes, Paris,* La Bibliothèque des Arts, 1992.
- Shimizu Christine, *L'Art japonais*, Paris, Flammarion, 2001.
- Stanley-Baker Joan, *L'Art japonais*, Paris, Thames and Hudson, 1990.
- Sullivan S., *The Meeting of the Estern and western art, from the sixteen century to the present day*, Londres, Thames and Hudson, 1973.
- Terukazu Akiyama, *La Peinture japonaise*, Genève, Skira, 1961.
- Weisberg Gabriel P. et Waisberg Yvonne M. L., *Japonism : an annoted bibliography*, New-York, Londres, Garland, 1990.
- Wichmann Siegfried : *Japonisme*, Paris, Chêne, 1982 (1ère éd. *The Japanese Influence on Western Art since 1858,* Londres, Thames and Hudson, 1981).
- Yamada Chisaburoh-F., *Japon et Occident, deux siècles d'échanges artistiques*, Fribourg, Office du livre, 1977.

Catalogues d'expositions

- 1988 - *Le Japonisme*, Paris, Grand Palais, RMN, 1988.
- 1988 - *Japon, la tentation de l'Occident, 1868-1912*, Paris, musée Guimet, 1988.
- 1996 - *Japonisme et mode,* Palais Galliera, musée de la Mode et du Costume, Musées de la Ville de Paris, 1996.
- 2004 - *Caprices japonais, 1867-1920,* Autun, musée Rolin, Ville d'Autun, 2004.
- 2006 - *Katagami : les pochoirs japonais et le japonisme*, Maison de la culture du Japon à Paris, 2006.
- 2007 – *Satsuma – De l'exotisme au japonisme,* Sèvres, Musée national de la Céramique, Paris, RMN, 2007.
- 2008 – *Rêves de Japon : japonisme et arts appliqués*, Sarreguemines, musée de la Faïence, éd. Musées de Sarreguemines, 2008.
- 2011 - *Estampes japonaises, images d'un monde éphémère*, Paris, Bibliothèque nationale de France, 2011.
- 2011 – *Un goût d'Extrême-Orient : collection Charles Cartier-Bresson*, Nancy, musée des Beaux-Arts, Saint-Etienne, Nancy IAC éd., Ville de Nancy, 2011.
- 2011 – *The Orient expressed : Japan's influence on Western art, 1854-1918,* Mississippi museum of art, Jackson ; McNay Art Museum, San Antonio ; Seattle, Londres, University of Washington Press, 2011.

Crédits photographiques

Aurélien Bidault, couv. / Luis Gonzalez, p. 12 / Rennes, bibliothèque Rennes Métropole, p. 18 / Rennes, musée des Beaux-Arts, pp. 19, 41, 43, 47, 48, 49, 51, 52, 53, 55, 75 (RMN, Adélaïde Baudoin), 4e couv. d. / Edimbourg, National Gallery of Scotland, p. 22 / Boston, Museum of Fine Arts, p. 23 / Paris, musée d'Orsay, pp. 27g, 69 (Jean-Gilles Berizzi) / Lorient, musée de la Compagnie des Indes, pp. 37, 38, 44 / Collection G. Le Gars, pp. 39, 40, 45 / Brest, musée des Beaux-Arts, pp. 56, 57, 58, 59, 60, 61, 62, 73, 77 / Paris, RMN, musée national des Arts asiatiques Guimet, pp. 27d, 64 (Harry Bréjat), 85 (Harry Bréjat), 89 (Richard Lambert) / Morlaix, musée, pp. 65, 71 / Paris, RMN, p. 67 / Paris, Bibliothèque nationale de France, pp. 68, 74, 105, 110, 111, 4e couv. g. / Paris, RMN, musée Rodin, Christian Baraja, p. 70 / Douai, musée de la Chartreuse, p. 76 / Quimper, musée des Beaux-Arts, pp. 79, 80, 83, 84, 87, 88 / Collections particulières, pp. 81, 115, 116, 117, 119, 120, 134, 136, 137, 138, 139, 140, 143 / Loches, Maison Lansyer, pp. 86, 91 / Quimper, musée Départemental breton, pp. 93, 94, 96, 97, 98, 99, 101, 106, 108, 112, 113 / Ueda, City Museum of Art, p. 103 / Paris, Roger-Viollet, p. 109 / Lamballe, musée Mathurin Méheut, pp. 118, 122, 123 / Dinan, Maison d'artiste de la Grande Vigne, pp. 125, 126, 128, 129, 130, 131, 132, 133 / Monaco, musée Océanographique, pp. 144, 145, 147, 149, 151, 152, 153 / Concarneau, musée de la Pêche, p. 146.

La Fondation franco-japonaise Sasakawa

La Fondation franco-japonaise Sasakawa est une fondation reconnue d'utilité publique par décret du Premier Ministre du 23 mars 1990. C'est un organisme privé, sans but lucratif et de statut français qui a pour mission de « développer les relations culturelles et d'amitié entre la France et le Japon ».

Ses ressources proviennent des revenus d'une dotation initiale de trois milliards de yens (soit environ 132 millions de francs à l'époque) versée à la France par la « Fondation de l'industrie japonaise de la construction navale ». Des institutions analogues avaient déjà été créées aux États-Unis (siège à New-York), en Scandinavie (siège à Oslo) et en Grande-Bretagne (siège à Londres).

Soucieuse d'intervenir dans une grande variété de domaines (art, culture, sciences, mathématiques, éducation, sport, média, savoir-faire...), la Fondation a soutenu depuis sa création environ 600 projets, pour un montant global d'environ 13 millions d'euros.

En 2009, à l'occasion de l'inauguration de l'événement *les Sens du zen* à Paris célébrant son 20e anniversaire au Panthéon bouddhique du musée Guimet, la Fondation a reçu le Prix du ministère des Affaires étrangères japonaises en récompense de son action « pour promouvoir la compréhension mutuelle entre la France et le Japon ».

Fondation franco-japonaise Sasakawa
27, rue du Cherche-Midi - 75006 Paris / Tél. 01 44 39 30 40 / Email : siegeparis@ffjs.org - site internet : www.ffjs.org

Remerciements

Que toutes les personnalités qui ont permis par leur généreux concours la réalisation de cette exposition trouvent ici l'expression de notre gratitude, notamment :

Madame et messieurs les conservateurs François Coulon, Francis Ribemont, Olivia Savatier.

Les restaurateurs Pauline Chassing, Eva Friedman, Marie-Rose Gréca, Patricia Hood.

Tous ceux qui par leur aide et leurs précieux conseils ont contribué au projet :
Geneviève Aitken, Pierre Alechinsky, monsieur et madame Allain, monsieur et madame Jacques Baillier, Gilles Baratte, Philippe Barbe, Miquel Barcelo, Hélène Bayou, René Benoît, Olivier de Bernon, Frédéric Bigo, Sylvie Blottière, monsieur Le Bohec, Frédéric Bonnor, monsieur Boschat, Stéphanie Bouillet, madame Bourrat, Christian Briend, madame Broisin, Guy Browaeys, Agnès Buchard-Salacrou, Laurent Buchard, Marie-Paule Cabon, Marie-France Calot, Raphëlle Cartier, Guy Cogeval, Albertina Cogram, Fanchon Cottarel, Michel Dagnino, madame Daniel, madame Deleforges, Claire Denis,Virginie Desrante, Savary Dolly, Pascal Dubrisay, monsieur Flici, André Follic, Mistuo Fukushi, monsieur Gamet, monsieur Germain, madame Grellard, Marianne Grivel,Yann Le Guiffant, Jean-Pierre Guilleron, Francis Holveck, Tomo Imai, monsieur et madame Jean-Marie Cottarel, madame Jeanne-Yvonne Simon-Hamel, monsieur et madame Jean Le Minor, Yasuko Kigi, Keiko Kimura, Emako Kita, Mariko Kousaka, Anne Labourdette, Alain Leclair, monsieur et madame Lescure, Véronique Levert, Akiko Mabuchi, monsieur Macoin, madame Maille, Christophe Marquet, Caroline Mathieu, Michel Maucuer, Daniel Morane, Youenn Morvan, Manuela Moscatiello, Nathalie Muller, Boshu Nagase, madame Le Normand-Romain, madame Noufflard, Daniel Pardo, madame Petitfour, Mathilde Pigallet, Claudine Pigot, Valérie Pisani, madame Possémé, Monique Poulenc, monsieur Prigent, monsieur et madame Quentin, Bruno Racine, Ramine, monsieur et madame Ravier, Marie-Catherine Rey, Philippe Richard, Jean-François Rivière, Denis Robert, monsieur Rouillier, Emmanuel Rousseau, Christian Ryo, madame Sabouret, Aurélie Samuel, madame Schmitt-Marchal, Masako Hasegawa Sockeel, André Soubigou, Anne de Stoop, Valérie Sueur-Hermel, Ronan Taburet, Didier Théron, Yves Thierry, Sora Takahashi, Kumiko Tamura, Catherine Troprès, Régis Vallée, Yochi Yabe, Shunko Yamaguchi.

Que soient également remerciés les musées et institutions sans lesquels expositions et ouvrage n'auraient pu voir le jour :
Boulogne-Billancourt, Musée départemental Albert Kahn • Brest, Grenier Photo • Douai, musée de la Chartreuse • Kerguehennec, Atelier régional de Restauration • Loches, Maison Lansyer • Londres, Victoria and Albert Museum • Monaco, Musée océanographique • Paris, Bibliothèque nationale de France • Pont-Aven, musée des Beaux-Arts • Quimper, musée de la Faïence • Paimpol, Armel Galerie • Paris, Institut national d'Histoire de l'Art • Paris, musée des Arts décoratifs • Paris, musée Cernuschi • Paris, musée Guimet • Paris, musée de l'Orangerie • Paris, musée d'Orsay • Paris, musée Rodin • Paris, Réunion des Musées nationaux • Rennes, Bibliothèque Métropole • Rennes, Opéra de Rennes • Rennes, Livre et Lecture en Bretagne • Rennes, musée de Bretagne • Rennes, Université Rennes 2 • Rouen, Pôle Image de Haute-Normandie • Saint-Brieuc, Bibliothèque municipale • Saint-Germain-en-Laye, musée du Prieuré •Saint-Rémy-de-Provence, Éditions Équinoxe • Sèvres, Musée national de Céramique • Tokyo, Musée national • Tokyo, National Institute of Polar Research.

Organisateur du projet Bretagne-Japon 2012 : Association des conservateurs des musées de la Région Bretagne.

Les expositions de Bretagne-Japon 2012 ont bénéficié du soutien du ministère de la Culture et de la Communication,
de la Direction régionale des Affaires culturelles de Bretagne et de la Région Bretagne.

La manifestation Bretagne-Japon 2012 est placée sous le haut-patronage de l'Ambassade du Japon en France.

Comité scientifique : sous la direction de Patricia Plaud-Dilhuit,
Hiroko Amemiya, Françoise Daniel, Nathalie Gallissot, Estelle Guille des Buttes, Laurence Imbernon,
Patrick Jourdan, Geneviève Lacambre, Philippe Le Stum, Florence Rionnet.
Trésorier : Kelig-Yann Cotto.
Coordination générale : Camille Larroumet, Yoko Yu Qiu.

L'association tient à remercier tout particulièrement madame Geneviève Lacambre pour sa précieuse collaboration
et sa grande disponibilité, ainsi que madame Evelyne Schmitt, conseiller musée à la DRAC Bretagne,
pour son soutien sans faille dans la réalisation de ce projet.
Nous remercions aussi madame Florence Rionnet qui a initié ce projet.

Ce catalogue a bénéficié du soutien spécifique de la Fondation franco-japonaise Sasakawa
et de la Direction des Affaires culturelles de la Région Bretagne.

Production : Association des conservateurs des musées de la Région Bretagne
sous la direction de Laurence Imbernon.

Publication :
sous la direction de Estelle Guille des Buttes et Patricia Plaud-Dilhuit.
Coordination : Yoko Yu Qiu.
Édition : Michel Bescond et Anne Guirado.
Couverture : Aurélien Bidault.
Maquette et mise en page : Magali Penven, Studio Éditions Palantines.
Photogravure : Quat'coul, Quimper.
Achevé d'imprimer sur les presses de Lego, Vicenza, Italie
en janvier 2012.
Dépôt légal : 1er trimestre 2012.
ISBN : 978-2-35678-062-1

Le Cap-Vert
5, rue Félix Le Dantec, 29 000 Quimper.
infos@editionspalantines.com
www.editionspalantines.com

1er avril > 31 décembre 2011

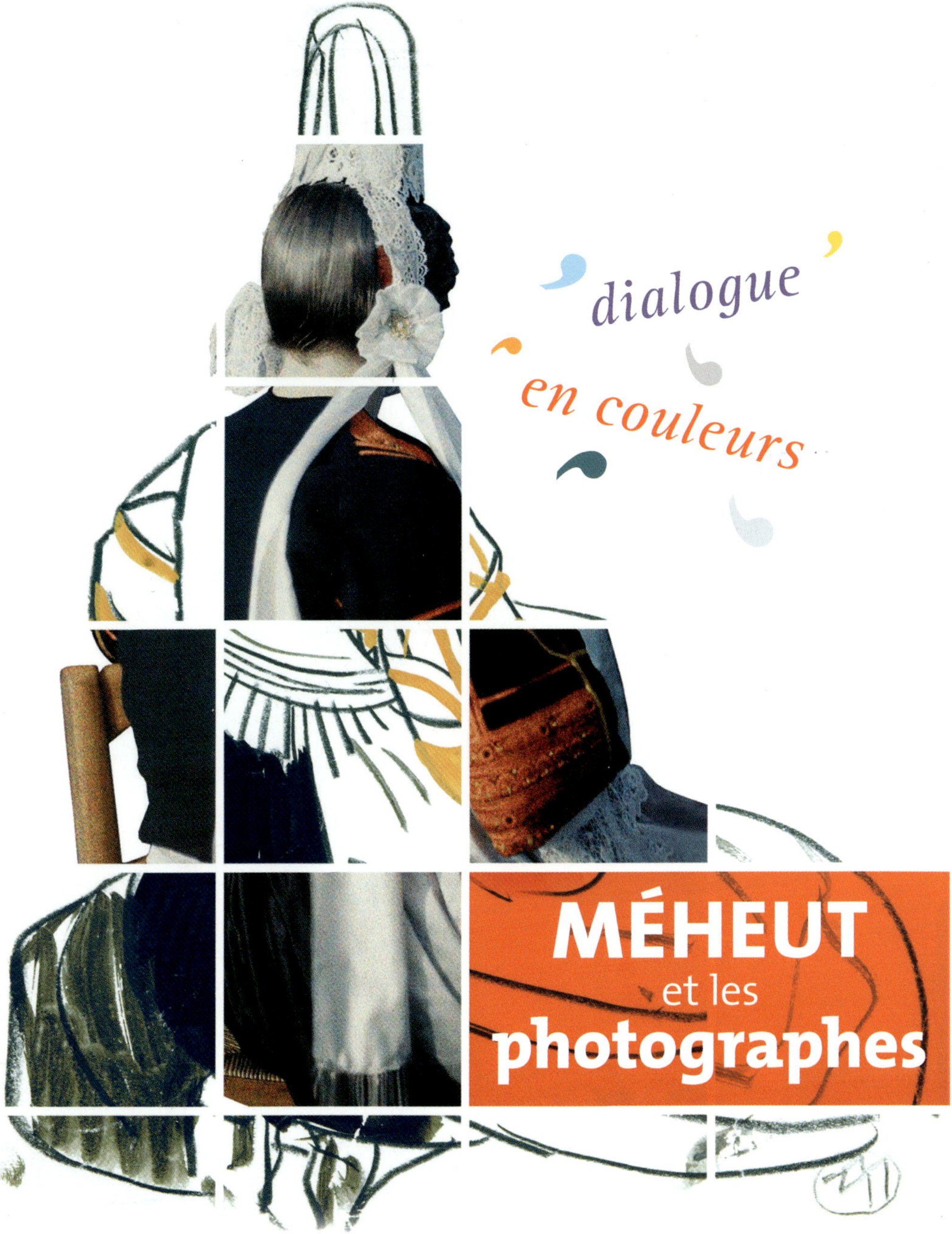

Musée Mathurin Méheut

Lamballe - Côtes d'Armor

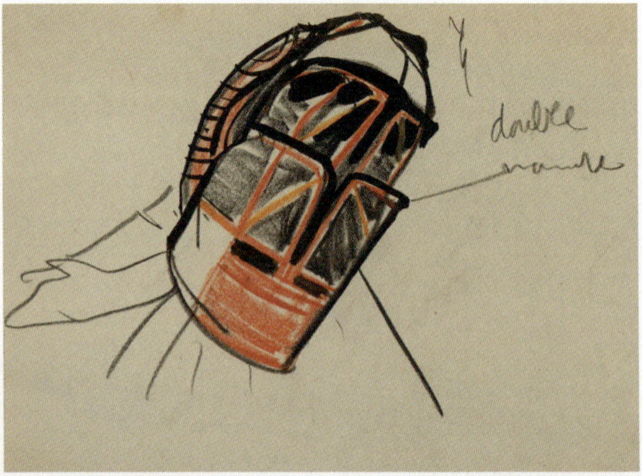

Mathurin Méheut,
Costume bigouden : étude de manche,
musée Mathurin Méheut

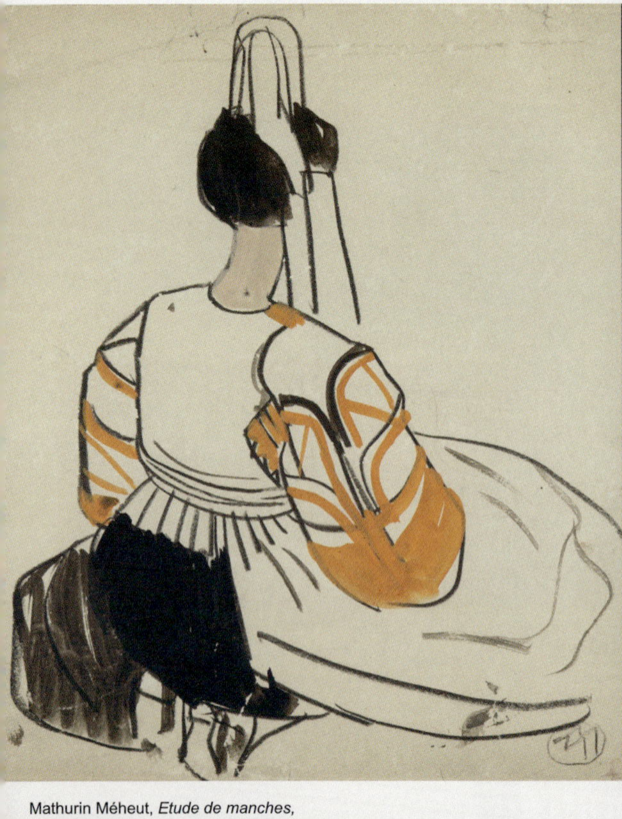

Mathurin Méheut, *Etude de manches, pays bigouden,* musée Mathurin Méheut

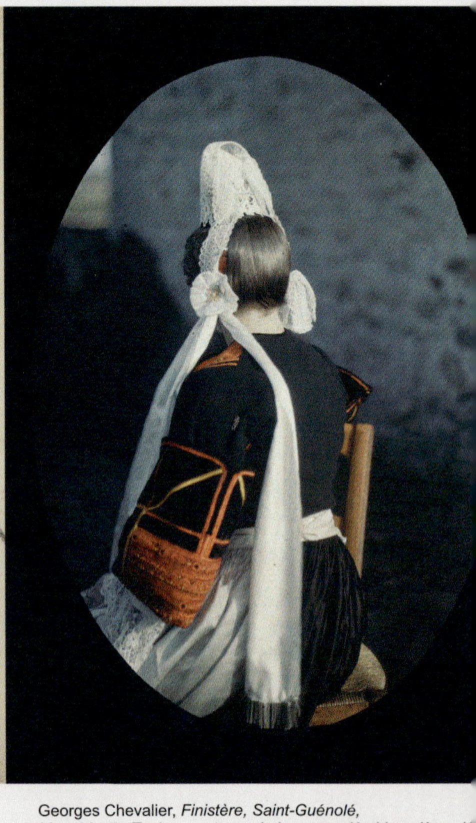

Georges Chevalier, *Finistère, Saint-Guénolé, Mme Lisette Tual en costume de jeune mariée bigoudène, 19*
Musée Albert-Kahn / département des Hauts-de-Seine
A 20351

MÉHEUT et les photographes

dialogue en couleurs

Le musée Mathurin Méheut propose en 2011 une toute nouvelle adaptation de l'exposition "Voyager en couleurs", conçue et produite par l'association *Mémoire Photographique en Bretagne.* Elle est présentée pour la première fois, aux Champs Libres à Rennes en 2007.

L'intérêt de l'exposition est de confronter les œuvres de Mathurin Méheut réalisées en Bretagne et les autochromes (ces premières photographies en couleurs), de comparer l'œil des photographes du début du XXᵉ siècle et l'œil du dessinateur.

L'analogie est passionnante : même approche documentaire et ethnographique, mêmes sujets traités, mêmes lieux et même époque.

Mais il faut préciser qu'il ne s'agit pas d'un autre sujet qui serait « Méheut et la photographie », car, contrairement à de très nombreux artistes depuis Delacroix, Méheut n'a jamais utilisé la photographie comme substitut du dessin. Les autochromistes nous livrent les « modèles » que Méheut a eu sous les yeux. A nous de comparer, non de vérifier si le dessinateur est bien fidèle au modèle au sens mimétique du terme.

La révolution de la couleur

par Nathalie Boulouch, historienne de l'art contemporain et de la photographie

En juin 1907, la Société Lumière commercialise la plaque Autochrome, le premier procédé industriel de photographie en couleurs naturelles dont elle avait déposé un brevet d'invention le 17 décembre 1903. Pour le monde de la photographie, c'est une révolution. Les amateurs et les professionnels voient dans l'Autochrome un moyen d'accéder à un surplus de fidélité et de vérité dans la représentation photographique.

Simple d'utilisation, le procédé surprend par sa conception. Il se présente sous la forme d'une plaque de verre recouverte d'un réseau composé de grains de fécule de pommes de terre colorés en rouge-orangé, vert ou bleu-violet additionnés de particules de charbon de bois. Cette mosaïque est elle-même associée à une couche d'émulsion photographique noir et blanc au gélatino-bromure d'argent. La production de l'image résulte de cette curieuse combinaison.

Bien qu'elle remporte rapidement l'enthousiasme, l'Autochrome présente des contraintes. D'un coût trois fois plus élevé que les plaques noir et blanc, sa principale limite est d'être une image

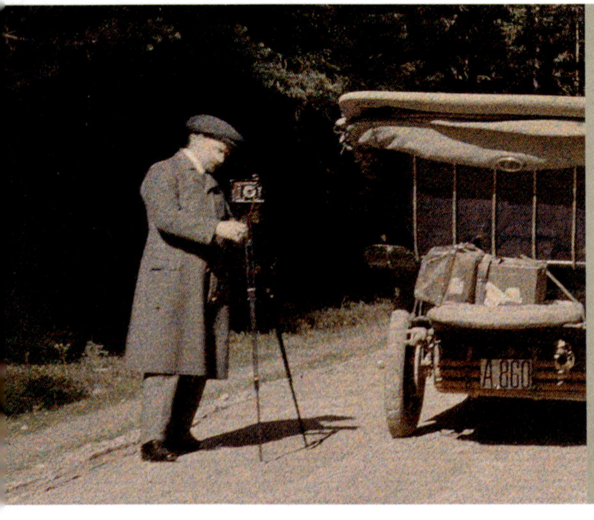

Auguste Léon, *Le photographe norvégien Anders Beer Wilse réglant son appareil photographique, Suède, vers Gävle, 25 août 1910, (détail).* Musée Albert-Kahn / département des Hauts-de-Seine

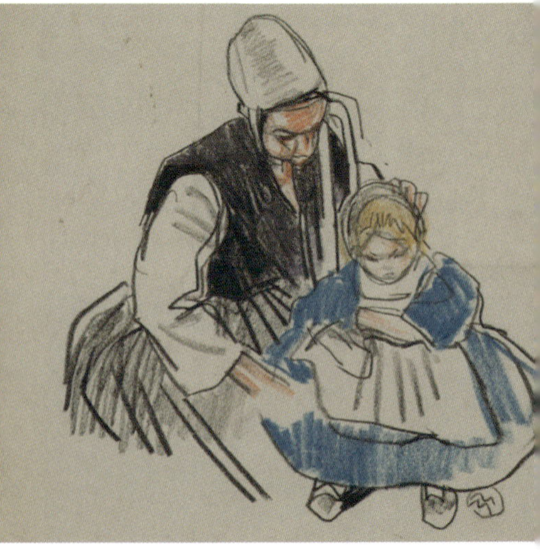

Mathurin Méheut, *Plougastel, femme et fillette,* musée Mathurin Méheut

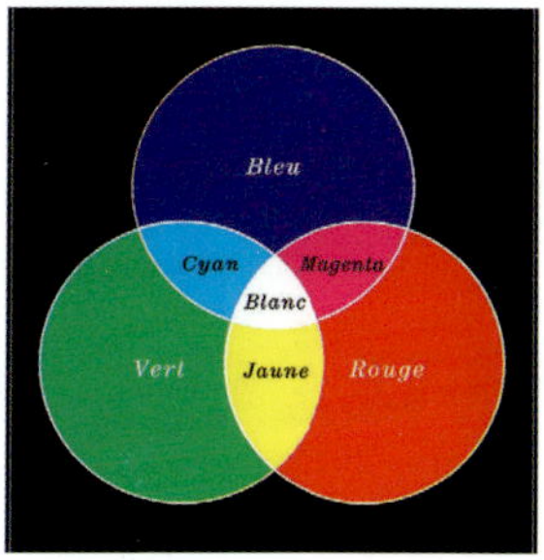

L'autochrome et la synthèse additive : L'autochrome repose sur le principe de la synthèse additive trichrome qui consiste à projeter trois images noir et blanc avec leurs filtres de sélection rouge, vert et bleu. Ces trois couleurs additionnées produisent la lumière blanche tandis que les mélanges partiels restituent l'ensemble des couleurs du spectre.

unique. Par ailleurs, du fait de la très forte absorption de la lumière, la sensibilité des Autochromes (1,25 ISO) est de soixante fois plus faible que celle des plaques noir et blanc. Dans de telles conditions, l'instantané qui était accessible pour la photographie en noir et blanc depuis une quinzaine d'années, devient impossible. Cantonné à des temps de pose qui se comptent en secondes voire en minutes, le photographe est contraint de poser son appareil sur un trépied pendant la prise de vue.

Les autochromistes vont ainsi développer une esthétique propre, affirmant le choix de sujets qui satisfont l'attrait de la couleur tout en répondant aux contraintes du temps de pose. En Bretagne, les variations de la lumière se prêtent à merveille à cette pratique qui enthousiasme les photographes.

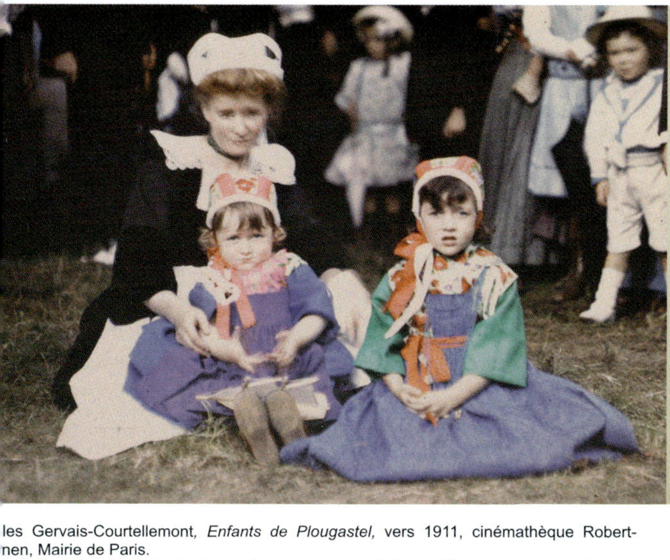

les Gervais-Courtellemont, *Enfants de Plougastel,* vers 1911, cinémathèque Robert-nen, Mairie de Paris.
rsqu'il réalise le portrait d'une mère avec deux fillettes à Plougastel, Jules Gervais-urtellemont outrepasse sa démarche documentaire : il retrouve dans les costumes un jeu couleurs (rouge-orangé, vert, bleu-violet) qui l'entraîne à une subtile mise en abîme de qui constitue sa palette d'autochromiste.

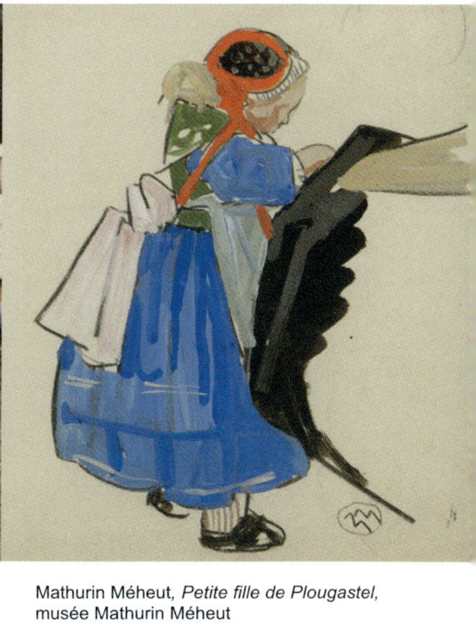

Mathurin Méheut, *Petite fille de Plougastel,* musée Mathurin Méheut

Regards croisés : Méheut et les autochromistes en Bretagne

par Denise Delouche, historienne d'art, professeur émérite de l'Université Rennes 2

Le même terrain d'action, des temps différents

Méheut, les autochromistes et les cinéastes envoyés pour les Archives de la Planète se retrouvent sur le même terrain d'action, la Bretagne.

Pour Méheut, il s'agit de son pays et, bien que vivant à Paris, il a toujours aimé y retourner pour des vacances laborieuses. En Bretagne comme ailleurs, Méheut n'a d'autre objectif que de fixer avec le crayon et la gouache, tout ce qui allait bientôt disparaître.
En cela, il a le même objectif qu'Albert Kahn qui envoie, dans la péninsule bretonne, cinéastes et autochromistes pour rapporter des images d'un pays resté traditionnel. L'objectif des *Archives de la Planète* est de témoigner sur les régions lointaines, mais aussi sur la diversité des provinces françaises. De 1908 à 1929, la Bretagne est l'objet de douze missions. C'est que la Bretagne est toujours, en ce début du XXème siècle, très attractive pour les chercheurs d'images. A l'écart de la révolution industrielle du XIXème siècle, elle est restée rurale, a gardé ses coutumes et ses costumes. Et son patrimoine architectural, des mégalithes aux enclos paroissiaux, continue à fasciner les voyageurs.

Néanmoins les lieux et le temps déployé sont foncièrement différents.
La reconstitution des itinéraires de Georges Chevalier dans ses quatre missions de 1920 à 1924 montre certes la volonté de sillonner toute la péninsule, mais l'itinéraire suit les deux axes ferroviaires, délaissant des régions entières comme le Léon. Et ces missions sont brèves, d'une dizaine de jours à deux mois.
Quant à Méheut, il serait fastidieux de dresser la liste de toutes les régions où il a travaillé, qu'il y soit venu spontanément ou pour répondre à une commande d'illustration, c'est qu'il s'agit non de missions exploratoires mais de l'attachement de toute une vie.
Le regard des voyageurs autochromistes est celui d'étrangers étonnés et sans doute séduits ; le regard de Méheut est celui du parent familier qui sympathise et revient.

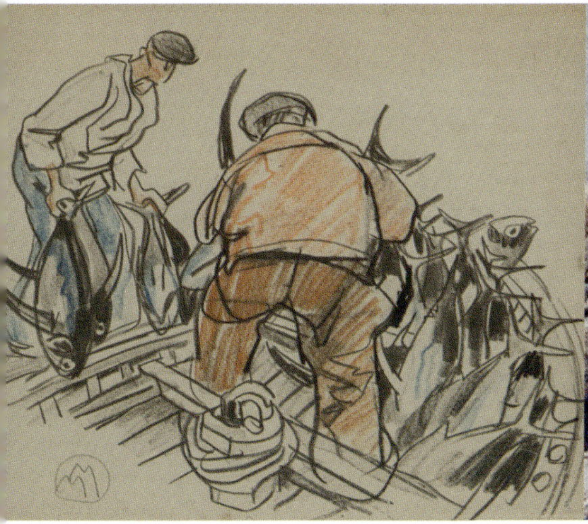

athurin Méheut, *A bord, le tri des thons,* musée Mathurin Méheut

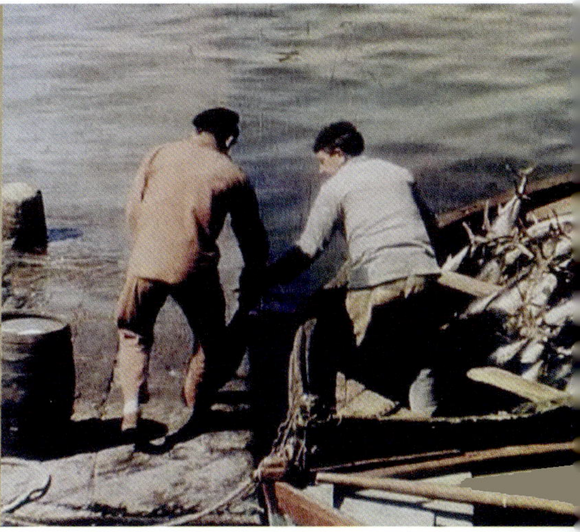

Le débarquement du thon, Concarneau, août 1929. Film nitrate positif 35 mm couleur procédé Keller-Dorian, Camille Sauvageot, Musée Albert-Kahn / département des Hauts-de-Seine - AI 18 803

Le geste du peintre, l'objectif du photographe

Si le procédé de l'autochrome a apporté un progrès énorme, la couleur, il n'en a pas moins régressé par rapport à la photographie : le long temps de pose interdit de photographier le mouvement. L'autochromiste doit faire poser ses modèles. Il choisit les rues et les monuments de préférence déserts. C'est la raison pour laquelle les cinéastes accompagnent souvent les autochromistes. Ainsi à Locronan en 1929, Camille Sauvageot filme et Roger Dumas photographie.

Méheut a acquis très tôt l'aisance et la rapidité du coup de crayon. Il sait saisir l'essentiel pour signifier le geste et le mouvement. Même si le résultat final est, comme pour le photographe, une image définitivement arrêtée sur une surface, le geste capté par Méheut n'est pas figé, contenant l'avant et l'après de son développement.

L'autochromiste peut multiplier les points de vue sur son sujet, s'approcher progressivement pour arriver au détail, mais en étapes relativement lentes. Il cadre soigneusement son image. Aucune retouche ne sera possible. Le format du photographe ne change pas. L'artiste lui, peut assembler plusieurs feuilles de croquis et arriver, si besoin, à un format très allongé.

L'autochromiste ne peut que capter toute la réalité qui s'offre à lui, le peintre élimine, sélectionne seulement ce qui l'intéresse. La comparaison des stations du chemin processionnel de Locronan est très parlante : Méheut ne dessine que la station, signifiant l'environnement par quelques lignes sommaires. Méheut multiplie ainsi les croquis, les engrange dans ses cartons ; il les utilisera le moment venu (parfois longtemps après), commande d'un décor, d'une illustration et aussi pour un tableau. Les plaques autochromes, elles, sont développées, montées au laboratoire de Boulogne, certaines mises en attente pour un développement ultérieur.

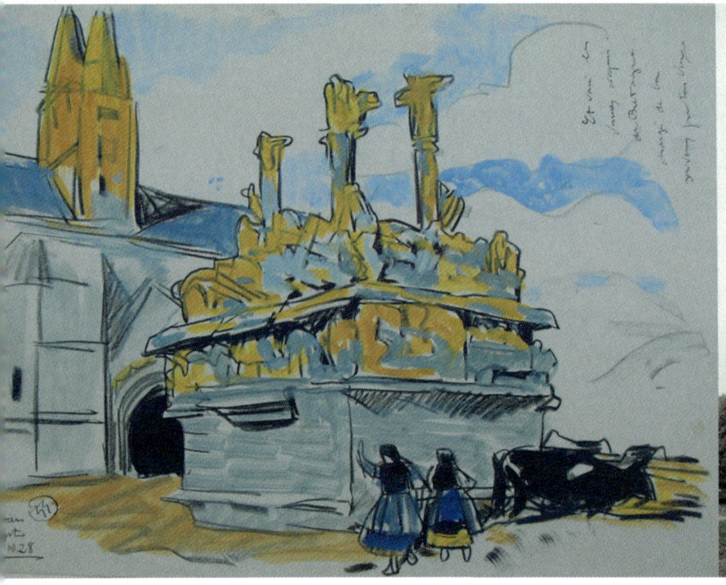

Lettre de Mathurin Méheut à Yvonne Jean-Haffen, *Le calvaire de Tronoën*,
Maison d'artiste de la Grande Vigne, LM 276
Si Méheut s'attarde devant le calvaire de Tronoën, c'est parce qu'il y revient souvent et y trouve matière à un sujet de tableau qu'il répétera « la Récolte des pommes de terre ».

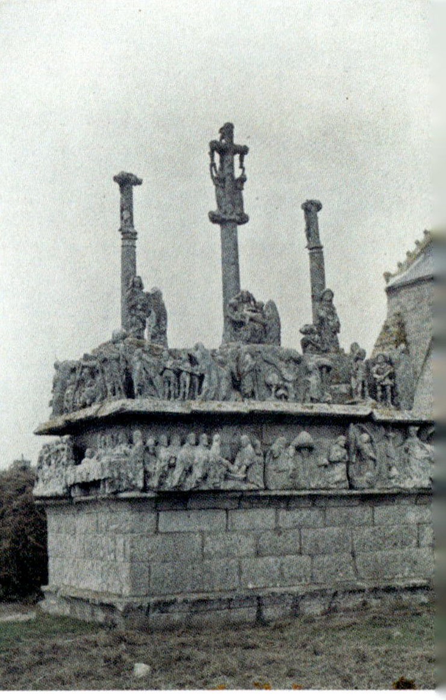

Georges Chevalier, *Finistère, Tronoën, 3 mars 1920*, Musée départemental Albert-Kah
Inv. A 20330

La complémentarité des témoignages

L'objectif des autochromistes et des cinéastes envoyés en Bretagne est clairement circonscrit par Jean Brunhes qui voit dans la Bretagne un réservoir de traditions. Il s'agit par la multiplication des documents rapportés, fixes et en mouvement, de fournir les bases en images d'une géographie humaine.

L'artiste Méheut, s'il glane le même type de témoignages, n'a jamais planifié son travail. Méheut localise souvent ses dessins, mais pas toujours. S'il le fait systématiquement, à Locronan par exemple, c'est qu'il espère la publication d'un livre sur le sujet. Mais combien de feuillets a-t-il laissé, présentant un costume, sans qu'il en précise le lieu, nous laissant la charge de situer tel « homme en bragou braz » vers Locronan ? Les datations sont encore plus rares et pour maintes coiffes bigoudènes, nous en sommes réduits à évaluer approximativement la date en fonction de la hauteur du fameux menhir de dentelle…

Les autochromistes, eux, sont obligés selon leur contrat de noter le jour, le lieu et le sujet, quitte à donner des intitulés qui nous paraissent aujourd'hui assez curieux : « Tous ces personnages sont nés à Penmarc'h, est-il écrit sous la photo d'un groupe de cinq « indigènes », ils sont de pure race de Bigoudens » !

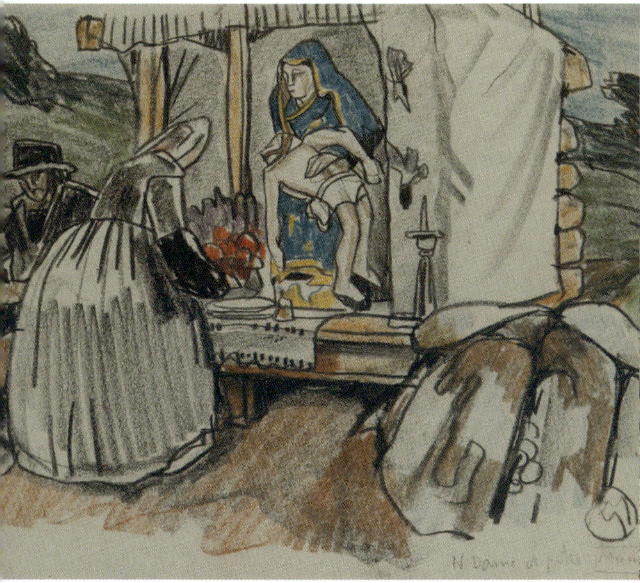

thurin Méheut, *La troménie, Notre Dame de Pitié,*
sée Mathurin Méheut (image texte 2.5)
rie est représentée souvent au pied de la croix, recevant le corps de son fils sur ses noux. "Vous qui passez sur le chemin, est-il une douleur semblable à la mienne ?". rie est notre mère dans les deuils et les épreuves qu'elle a connus elle-même.

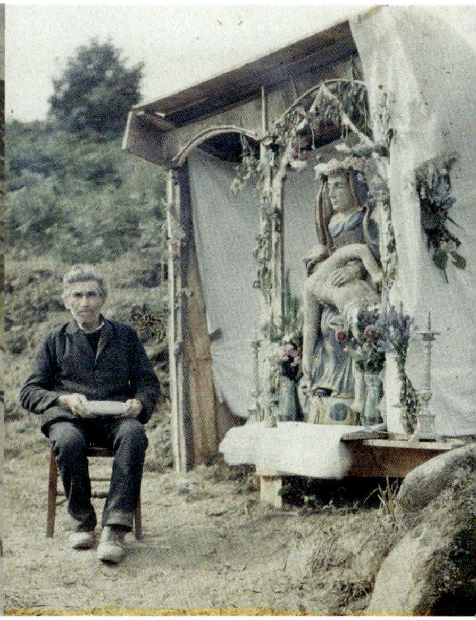

Roger Dumas, *Finistère, Locronan, La Grande Troménie - Reposoir Notre Dame de Pitié,* 14-21 juillet 1929, Musée départemental Albert-Kahn, Inv. A 60375

Dans leur moisson, les autochromistes voyageurs vont être attirés par le sujet original ; ils se situent pleinement dans la lignée des lithographes du XIXème siècle, travaillant pour les « Voyages pittoresques et romantiques dans l'ancienne France » et souvent les autochromes sont prises d'un point de vue que la carte postale contemporaine vulgarise. Méheut n'échappe pas à une telle attirance, mais plus familier des lieux, il succombe moins souvent à cette séduction de l'original. Les autochromistes captent mégalithes, calvaires, ossuaires et centres urbains médiévaux.

Quant aux sujets situant les hommes dans un cadre pittoresque, les témoignages sont très proches : dentellières au pied d'un calvaire où à l'abri d'un rocher, ravaudeuses de filets, goémoniers au bas de l'eau, marins pêcheurs sur le quai. Là, les rouges et les bleus un peu éteints de l'autochrome flamboient sous le crayon simplificateur et inspiré du peintre. Mais les autochromistes passent et l'artiste s'attarde : rien de comparable dans les photos à la suite documentaire de Méheut sur les charpentiers de marine.

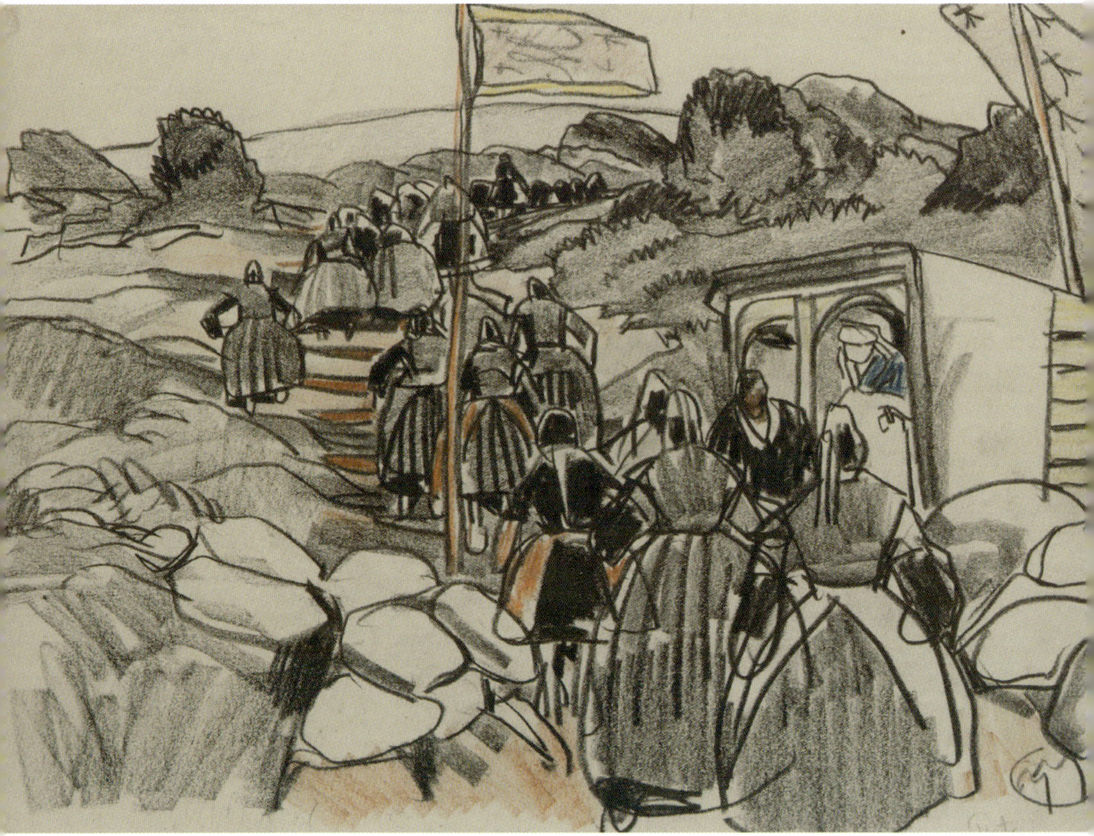

Mathurin Méheut, *Piéta au bas de la montagne,* musée Mathurin Méheut

La Grande Troménie de Locronan, 1929

La complémentarité la plus remarquable se fait sur Locronan et la Grande Troménie. Autochromistes et cinéastes y sont en 1929, l'année même où Méheut y vient pour la première fois, mais l'artiste y reviendra plusieurs fois.

Tous suivent le parcours et l'étirement de la procession, tentent de fixer les mêmes moments forts, les fidèles passant sous les reliques en rentrant dans la chapelle. Sur ce sujet de foule dense en mouvement, une image extraite du film de Camille Sauvageot nous permet de comprendre la traduction quasi abstraite qu'en fait Méheut. Sur les reposoirs dressés le long du chemin, photos et dessins s'étayent de façon exceptionnelle, Méheut dégageant l'essentiel, la forme et la structure de la hutte reposoir, la statue et sa présentation, avec le gardien ou la gardienne du temple éphémère,

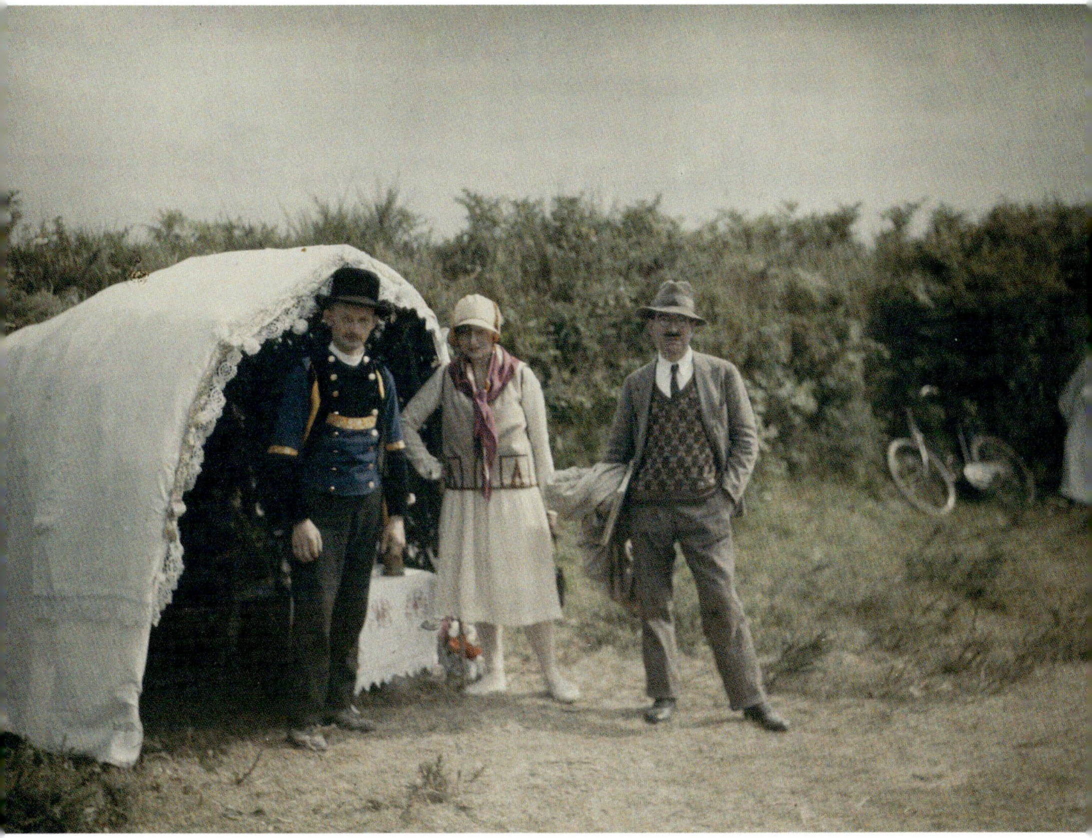

Mathurin Méheut et Yvonne-Jean Haffen à la troménie de Locronan, en 1929, Maison d'Artiste de la Grande Vigne, Dinan

toujours dans la plus grande économie des moyens, deux ou trois couleurs seulement. Le reposoir de saint Théleau nous vaut une exception dans les programmes des uns et de l'autre : une nature morte.

Il serait ridicule de conclure sur les mérites respectifs. La complémentarité est remarquable, exceptionnelle. Chacun selon ses goûts préférera les autochromes ou les dessins. Tous les amateurs d'art et les amoureux de la Bretagne se réjouiront que cette province ait suscité de telles moissons. On ne peut s'empêcher ici de regretter la dispersion partielle récente de 5 000 œuvres du fonds de l'atelier, à la suite de la décision judiciaire sollicitée par la famille, qui risque de faire perdre de vue l'ampleur du témoignage rassemblé par l'artiste sur un lieu ou un sujet donné.

Mathurin Méheut et Albert Kahn : un monde en images

par Anne-Laure Tassin, attachée de conservation, musée départemental Albert-Kahn

Lorsqu'en 1913 Albert Kahn découvre l'exposition de Mathurin Méheut au pavillon de Marsan, il est ébloui et reconnaît en l'artiste un même regard posé sur le monde. Les deux hommes ont de nombreux points communs et une longue amitié se noue entre eux.

Lors de l'exposition de 1913, le tiers des œuvres illustre des scènes de la vie bretonne. Cette attention portée au quotidien touche Albert Kahn et entre en résonance avec son projet « de fixer, une fois pour toutes, des aspects, des pratiques et des modes de l'activité humaine dont la disparition fatale n'est plus qu'une question de temps ».
Kahn s'intéresse déjà à la Bretagne depuis quelques années. En été 1908, il traverse la région avec son chauffeur, qui prend quelques vues stéréoscopiques. Puis en 1912, Jean Brunhes recrute un opérateur pour les destinations lointaines, Stéphane Passet, qui est alors semble-t-il envoyé dans le Finistère à titre d'essai avant de partir pour l'Extrême-Orient.

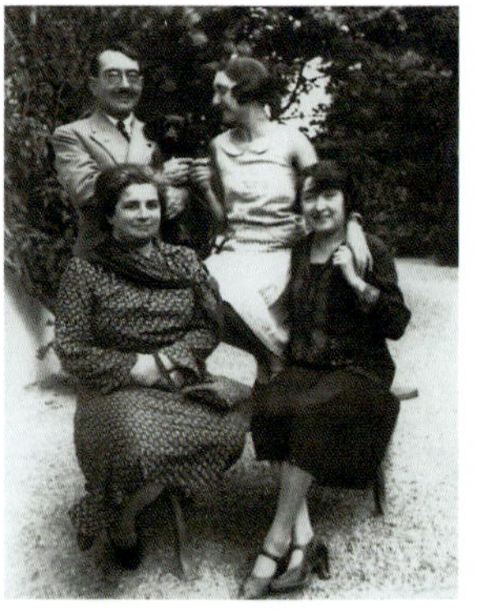

La famille Méheut en compagnie de Mme Quigrat (assise à gauche), cap Martin, s.d. Tirage noir et blanc moderne 12,7 x 8,8 cm, Émile Quigrat, don Gaston Quigrat 1988.
Dès les années 1920, Méheut séjourne régulièrement dans la propriété d'Albert Kahn au cap Martin. Il devient ami avec Émile et Noémie Quigrat, les intendants du domaine, et avec Roger Dumas, opérateur photographique et cinématographique (1920-1932), qui est également invité par Albert Kahn en ces lieux lors son voyage de noces en 1931

Après la guerre, la Bretagne entre au programme des *Archives de la Planète*. Jean Brunhes prépare avec Camille Vallaux *La Géographie de l'histoire*, ouvrage publié en 1921. Une série de 5 brèves missions est organisée en 1920, au cours desquelles le pays bigouden est particulièrement bien documenté. Lors de sa première venue, Georges Chevalier séjourne à Saint-Guénolé où il côtoie probablement Méheut qui loue une maison à son ami l'écrivain Auguste Dupouy, lui-même ami de Vallaux ; puis Lucien Le Saint revient y passer deux semaines en famille l'été suivant pour filmer entre autres la fête des Cormorans, présidée par le peintre Jean-Julien Lemordant, également ami de Dupouy.

Une archive permet d'entrevoir l'origine ou le début de ces missions : une lettre envoyée par Méheut à Brunhes, lui demandant l'envoi de « photos dont 2 en couleurs que le photographe avait faites de nous à Saint-Guénolé, c'était je crois Chevalier qui les avaient prises ». Il semblerait donc que Brunhes ait accompagné son opérateur. Pourtant le registre d'inventaire des autochromes ne mentionne pas sa participation aux missions, contrairement à celle de 1924 dans le Morbihan.

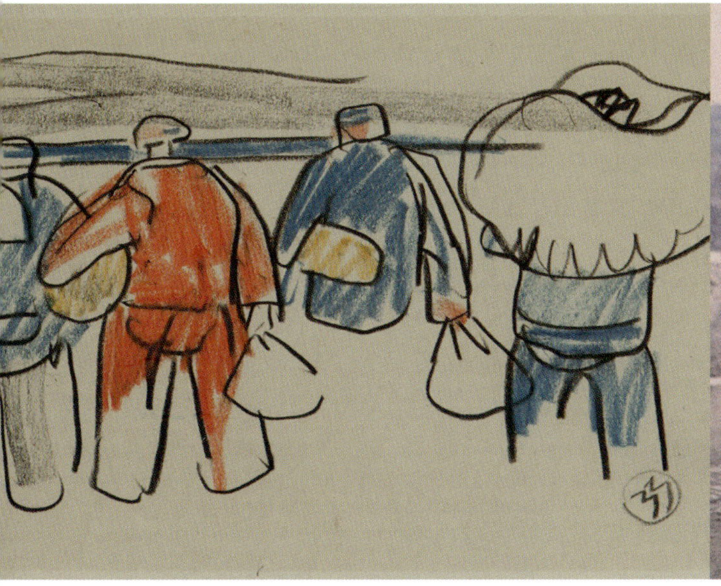

…thurin Méheut, *En route pour l'embarquement,* musée Mathurin Méheut

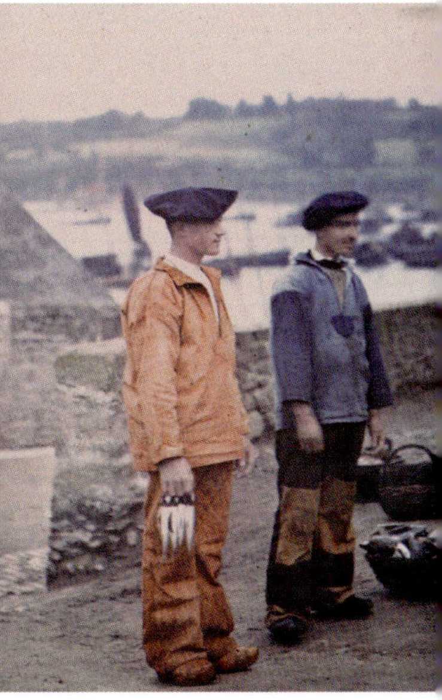

Jules Gervais-Courtellemont, *Pêcheurs de Douarnenée* [sic], vers 1911. Cinémathèque Robert-Lynen, Mairie de Paris - JGC A734

De février 1920 à août 1921, les opérateurs photographient et filment, ensemble ou séparément et de manière complémentaire, les ports, les villes de marché, les villages, les fermes, les cultures et la nature environnante le long du littoral. Loin du style « spontané » de Passet, Chevalier privilégie le point de vue strictement géographique par une explication en images du cadre de vie : il établit peu de contact avec les Bretons. En filmant des « scènes caractéristiques du pays », Lucien Le Saint et Camille Sauvageot restituent cette dimension vivante occultée.

De ces 12 missions, les opérateurs rapportent 1 054 autochromes et 2 heures 45 minutes de rushes, dont environ la moitié est montée en 7 films. Cette documentation d'une région française rejoint les quelques 33 000 plaques témoignant de la France parmi les 72 000 autochromes du fonds. De 1920 à 1932, les images de Bretagne font l'objet de 43 projections : Méheut et sa fille assistent à celle du 23 janvier 1931, présentant le montage couleur de 1929. C'est également de scènes bretonnes que le peintre illustre plusieurs publications de Jean Brunhes : les dessins pour l'édition de luxe de la *Géographie humaine* de 1926 et la couverture des *Leçons de géographie. Cours supérieur* en 1928.
De la confrontation entre dessins et autochromes se dégage ainsi l'évidence de l'engouement d'Albert Kahn, de Jean Brunhes et de Mathurin Méheut pour les enquêtes de terrain, ces enquêtes qui progressivement façonnent leurs œuvres singulières.

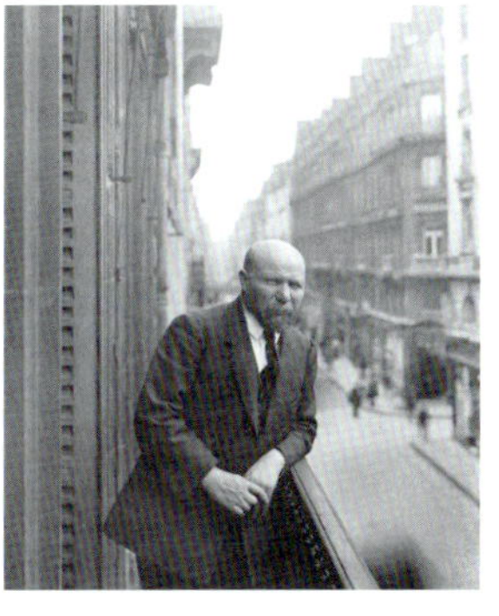

Albert Kahn au balcon de sa banque, rue Richelieu, Paris, 1914. Plaque N&B négative 12x9 cm, Georges Chevalier, I135X, musée Albert-Kahn / département des Hauts-de-Seine

L'ailleurs breton de Jules Gervais-Courtellemont et la cinémathèque Robert-Lynen, Ville de Paris

par Emmanuelle Devos, responsable des collections de la cinémathèque

Après avoir pratiqué la photographie sous diverses formes depuis 1880, Jules Gervais-Courtellemont s'oriente vers la photographie couleur dès l'été 1907. Manifestement, l'utilisation de l'autochrome Lumière provoque chez lui une véritable passion, puisqu'il abandonne définitivement la photographie monochrome.

Si Jules Gervais-Courtellemont est, en son temps, bien connu pour les images qu'il rapporte et diffuse sur l'Orient, son parcours photographique à travers les régions de France, et plus particulièrement en Bretagne, reste très caractéristique de la démarche qu'il a su développer durant sa carrière.

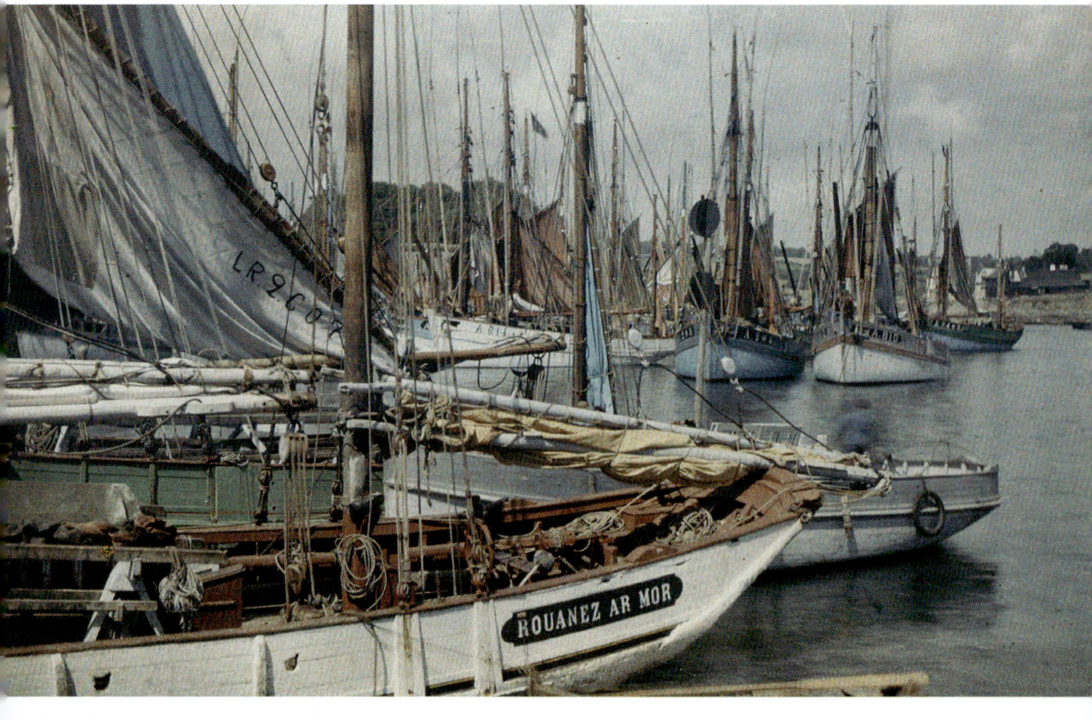

Roger Dumas, *Finistère, Concarneau, Le Port, Vues Diverses,* 14-21 juillet 1929, Musée départemental Albert-Kahn Inv. A 60447

Sur les 3 250 autochromes qui composent le fonds Courtellemont de la cinémathèque Robert-Lynen, quelque 660 ont pour thèmes les régions françaises, et une proportion importante pour la Bretagne, soit 90 plaques. Elle reste l'une des régions les plus photographiées.

Créée en 1925 sur décision du conseil municipal, la cinémathèque de la ville de Paris ouvre ses portes le 1er janvier 1926. A l'origine, il s'agissait de rassembler un ensemble de films et de photographies pouvant servir d'auxiliaire à l'enseignement.

Sur ces archives, un travail d'inventaire et de recherche a été mené depuis 1992. Ces études ont permis d'alimenter les deux axes spécifiques de la cinémathèque.
D'une part, elles ont rendu possible la valorisation de ce patrimoine lors d'expositions ou de publications avec notamment en 2002 l'édition de *Les Couleurs du voyage, L'œuvre photographique de Jules Gervais-Courtellemont (1865-1931)*; la participation à l'exposition *Couleurs de Guerre, autochromes 1914-1918*, tenue à Reims en 2005, et aujourd'hui la présence de nombreuses autochromes Gervais-Courtellemont au cœur même de *Voyager en couleurs, photographies autochromes en Bretagne (1907-1929).*

D'autre part, ces recherches ont permis de mettre en place des modules spécifiques d'activités pédagogiques destinés aux enfants. En effet, pour les sensibiliser à l'image, la cinémathèque leur donne accès à son patrimoine, afin d'appréhender des techniques diverses et d'explorer les principes du *langage de l'image*, gardant ainsi toujours sa mission première.

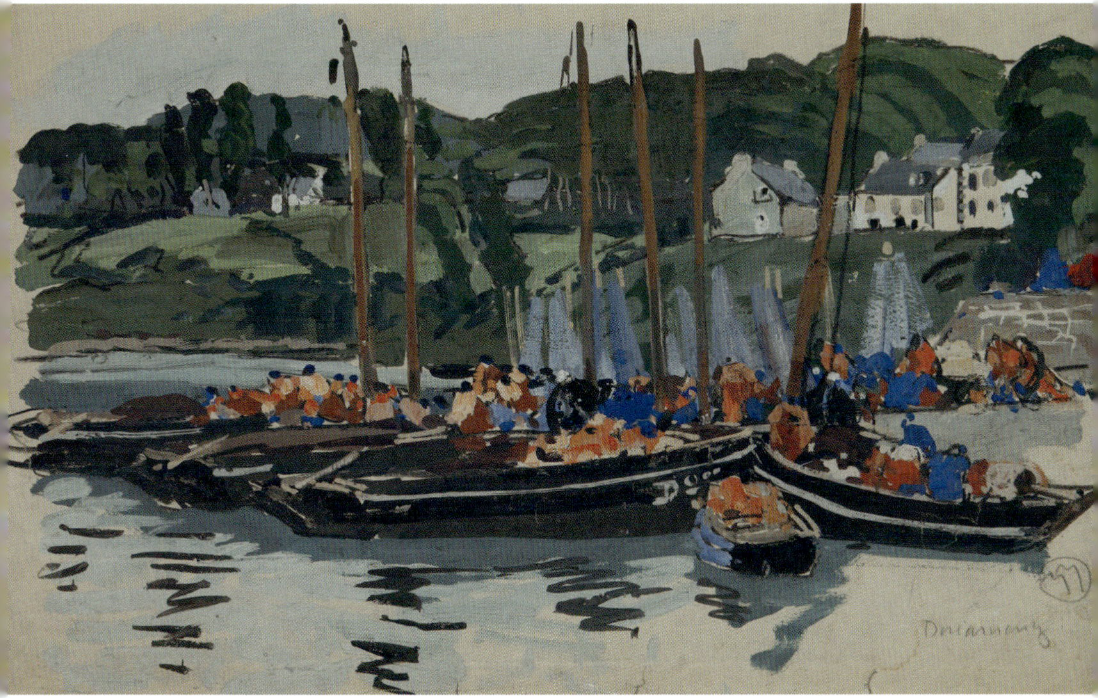

Mathurin Méheut, *Sardiniers aux Plomarc'h, Douarnenez,* musée Mathurin Méheut

MÉHEUT et les **photographes**

dialogue en couleurs

Remerciements

Le musée Méheut remercie l'Association *Mémoire photographique de Bretagne* qui a accepté que nous reprenions une partie de l'exposition "Voyager en couleurs" organisée en 2007 aux Champs Libres à Rennes et produite par la Communauté d'Agglomération Rennes Métropole en partenariat avec le musée Albert Kahn.

Merci à l'équipe du musée Albert Kahn de Boulogne-Billancourt, notamment pour le prêt des tirages photographiques, et à l'équipe du musée de Bretagne qui ont permis la réalisation de l'exposition présentée ici et qui ont coordonné l'ensemble du projet avec le musée Méheut. Merci à Rennes Métropole pour le prêt du mobilier.

Merci aux autres prêteurs : Emmanuelle Devos, responsable des collections de la cinémathèque Robert-Lynen de la Ville de Paris - Carole Sandrin, chargée des collections de la Société Française de Photographie, Paris - Frédéric Bonnor, assistant de conservation à la Maison d'artiste de la Grande Vigne, Dinan - Bernard Jules Verlingues, conservateur au musée de la faïence, Quimper.

Nous remercions également la Ville de Lamballe pour son soutien constant dans l'élaboration de nos projets et pour l'aide technique apportée lors de la préparation de l'exposition, ainsi que Lamballe Communauté.

Merci aux auteurs de cette brochure éditée dans le cadre de l'exposition :
Denise Delouche, Nathalie Boulouch, Anne-Laure Tassin, Emmanuelle Devos.

Merci aux membres du Conseil d'Administration de l'Association Les Amis de Mathurin Méheut pour leur aide précieuse. Président de l'Association : Alain Leclair - Responsable des collections et commissariat d'exposition : Chrystèle Rozé - Responsable administrative et relations presse : Elisabeth Even - Agent d'accueil et d'information : France Barbe

Merci aux entreprises ayant prêté leur concours :
Entreprise Moullec, Lamballe - Banque Populaire de l'Ouest - UGGC, Paris - Cabinet Salans, Paris

Horaires d'ouverture

- **Avril à septembre :** du mercredi au samedi : 10h/12h - 14h/18h - mardi et dimanche : 14h/18h
- **Octobre à décembre :** du mercredi au samedi : 14h/17h
- **Ouvert les jours fériés :** en pleine saison : 14h/18h - en basse saison : 14h/17h sauf les 25 avril, 15 août, 1er novembre et 25 décembre.

Musée Mathurin Méheut
Place du Martray - BP 70418 - 22400 Lamballe
Tél. : **02 96 31 19 99**
e-mail : musee.m.meheut@wanadoo.fr
www.musee-meheut.fr